中国饮食文化史

The History of Chinese Dietetic Culture

「十二五」国家重点出版物出版规划项目
国家出版基金项目

中国饮食文化史

中国饮食文化史主编 赵荣光

方铁 冯敏 著

The History of Chinese Dietetic Culture

Volume of Southwest Region

中国轻工业出版社

图书在版编目（CIP）数据

中国饮食文化史．西南地区卷／赵荣光主编；方铁，冯敏著．—北京：中国轻工业出版社，2013.12

国家出版基金项目 “十二五”国家重点出版物出版规划项目

ISBN 978-7-5019-9419-9

Ⅰ．①中… Ⅱ．①赵… ②方… ③冯… Ⅲ．①饮食—文化史—西南地区 Ⅳ．①TS971

中国版本图书馆 CIP 数据核字 (2013) 第194724号

策划编辑：马　静

责任编辑：马　静　方　程　　责任终审：郝嘉杰　　整体设计：伍毓泉

编　　辑：赵蓁茏　　版式制作：锋尚设计　　责任校对：李　靖

责任监印：胡　兵　张　可

出版发行：中国轻工业出版社（北京东长安街6号，邮编：100740）

印　　刷：北京顺诚彩色印刷有限公司

经　　销：各地新华书店

版　　次：2013年 12 月第 1 版第 1 次印刷

开　　本：787×1092　1/16　印张：26.25

字　　数：493千字　　插页：2

书　　号：ISBN 978-7-5019-9419-9　定价：98.00元

邮购电话：010-65241695　传真：65128352

发行电话：010-85119835　85119793　传真：85113293

网　　址：http://www.chlip.com.cn

Email：club@chlip.com.cn

如发现图书残缺请直接与我社邮购联系调换

050857K1X101ZBW

感谢

北京稻香村食品有限责任公司对本书出版的支持

感谢中国农业科学院农业信息研究所对本书出版的支持

感谢浙江工商大学暨旅游学院对本书出版的支持

感谢黑龙江大学历史文化旅游学院对本书出版的支持

落其实者思其树

1. 西周时期的象首纹铜罍，四川彭州出土（“四川文物编辑部”提供）※

2. 汉代的铜豆，四川宣汉罗家坝遗址出土（“四川文物编辑部”提供）

3. 唐代的釉下彩绘短流壶，四川邛崃大渔村窑出土（“四川文物编辑部”提供）

4. 汉代的庖厨俑，重庆忠县东汉墓出土（“四川文物编辑部”提供）

5. 汉代的铜簠，四川宣汉罗家坝遗址出土（“四川文物编辑部”提供）

6.“狩猎、酿酒、禽兽”汉代石刻画，四川成都出土（“四川文物编辑部”提供）

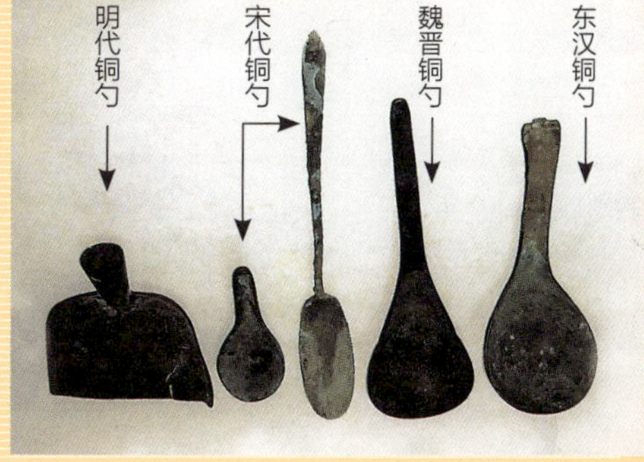

7. 四川出土的各历史时期的铜勺（周尔泰提供）

※ 编者注：书中图片来源除有标注者外，其余均由作者提供。对于作者从网站或其他出版物等途径获得的图片也做了标注。

1. 战国时期的滇国铜器之亚洲野牛雕塑

2. 云南景东的大象雕塑

3. 云南著名的古盐村——云龙县诺顿

4. 云南傣族寺庙

5. 云南新平“花腰傣”族妇女用竹筒酒杯敬酒

6. 云南傣族集市

1. 云南元阳的哈尼族梯田

2. 云南昭通著名古道上的石门关

3. 云南古茶树（《云南普洱茶 · 夏》，云南科技出版社）

4. 云南传统式样的清真寺

1. 云南马帮塑像

2. 西南少数民族喜欢喝咂酒（《西双版纳影像》，云南美术出版社）

3. 广西壮族的五色花饭

4. 西南少数民族地区的昆虫菜肴

5. 云南竹筒烟（《彝族》，云南美术出版社）

6. 傣族烤鱼（《西双版纳影像》，云南美术出版社）

编委会

编委会

各分卷名录及作者：

◎ 中国饮食文化史 · 黄河中游地区卷

姚伟钧　刘朴兵　著

◎ 中国饮食文化史 · 黄河下游地区卷

姚伟钧　李汉昌　吴　昊　著

◎ 中国饮食文化史 · 长江中游地区卷

谢定源　著

◎ 中国饮食文化史 · 长江下游地区卷

季鸿崑　李维冰　马健鹰　著

◎ 中国饮食文化史 · 东南地区卷

冼剑民　周智武　著

◎ 中国饮食文化史 · 西南地区卷

方　铁　冯　敏　著

◎ 中国饮食文化史 · 东北地区卷

主　编：吕丽辉

副主编：王建中　姜艳芳

◎ 中国饮食文化史 · 西北地区卷

徐日辉　著

◎ 中国饮食文化史 · 中北地区卷

张景明　著

◎ 中国饮食文化史 · 京津地区卷

万建中　李明晨　著

鸿篇巨制　继往开来

——《中国饮食文化史》（十卷本）序

卢良恕

中国饮食文化是中国传统文化的重要组成部分，其内涵博大精深、历史源远流长，是中华民族灿烂文明史的生动写照。她以独特的生命力佑护着华夏民族的繁衍生息，并以强大的辐射力影响着周边国家乃至世界的饮食风尚，享有极高的世界声誉。

中国饮食文化是一种广视野、深层次、多角度、高品位的地域文化，她以农耕文化为基础，辅之以渔猎及畜牧文化，传承了中国五千年的饮食文明，为中华民族铸就了一部辉煌的文化史。

但长期以来，中国饮食文化的研究相对滞后，在国际的学术研究领域没有占领制高点。一是研究队伍不够强大，二是学术成果不够丰硕，尤其缺少全面而系统的大型原创专著，实乃学界的一大憾事。正是在这样困顿的情势下，国内学者励精图治、奋起直追，发愤用自己的笔撰写出一部中华民族的饮食文化史。中国轻工业出版社与撰写本书的专家学者携手二十余载，潜心劳作，殚精竭虑，终至完成了这一套数百万字的大型学术专著——《中国饮食文化史》（十卷本），是一件了不起的事情！

《中国饮食文化史》（十卷本）一书，时空跨度广远，全书自史前始，一直叙述至现当代，横跨时空百万年。全书着重叙述了原始农业和畜牧业出现至今的一万年左右华夏民族饮食文化的演变，充分展示了中国饮食文化是地域文化这一理论学说。

该书将中国饮食文化划分为黄河中游、黄河下游、长江中游、长江下游、东南、西南、东北、西北、中北、京津等十个子文化区域进行相对独立的研究。各区域单独成卷，每卷各章节又按断代划分，分代叙述，形成了纵横分明的脉络。

全书内容广泛，资料翔实。每个分卷涵盖的主要内容包括：地缘、生态、物产、气候、土地、水源；民族与人口；食政食法、食礼食俗、饮食结构及形成的原因；食物原料种类、分布、加工利用；烹饪技术、器具、文献典籍、文化艺术等。可以说每一卷都是一部区域饮食文化通史，彰显出中国饮食文化典型的区域特色。

中国饮食文化学是一门新兴的综合学科，它涉及历史学、民族学、民俗学、人类学、文化学、烹饪学、考古学、文献学、食品科技史、中国农业史、中国文化交流史、边疆史地、地理经济学、经济与商业史等学科。多学科的综合支撑及合理分布，使本书具有颇高的学术含量，也为学科理论建设提供了基础蓝本。

中国饮食文化的产生，源于中国厚重的农耕文化，兼及畜牧与渔猎文化。古语有云："民以食为天，食以农为本"，清晰地说明了中华饮食文化与中华农耕文化之间不可分割的紧密联系，并由此生发出一系列的人文思想，这些人文思想一以贯之地体现在人们的社会活动中。包括：

"五谷为养，五菜为助，五畜为益，五果为充"的饮食结构。这种良好饮食结构的提出，是自两千多年前的《黄帝内经》始，至今看来还是非常科学的。中国地域广袤，食物原料多样，江南地区的"饭稻羹鱼"、草原民族的"食肉饮酪"，从而形成中华民族丰富、健康的饮食结构。

"医食同源"的养生思想。中华民族自古以来并非代代丰衣足食，历代不乏灾荒饥馑，先民历经了"神农尝百草"以扩大食物来源的艰苦探索过程，千百年来总结出"医食同源"的宝贵思想。在西方现代医学进入中国大地之前的数千年，"医食同源"的养生思想一直护佑着炎黄子孙的健康繁衍生息。

"天人合一"的生态观。农耕文化以及渔猎、畜牧文化，都是人与自然间最和谐的文化，在广袤大地上繁衍生息的中华民族，笃信人与自然是合为一体的，人类的所衣所食，皆来自于大自然的馈赠，因此先民世世代代敬畏自然，爱护生态，尊重生命，重天时，守农时，创造了农家独有的二十四节气及节令食俗，"循天道行人事"。这种宝贵的生态观当引起当代人的反思。

"尚和"的人文情怀。农耕文明本质上是一种善的文明。主张和谐和睦、勤劳耕作、勤和为人，崇尚以和为贵、包容宽仁、质朴淳和的人际关系。中国饮食讲究的"五味调和"也正是这种"尚和"的人文情怀在烹饪技术层面的体现。纵观中国饮食文化的社会功能，更是对“尚和”精神的极致表达。

“尊老”的人伦传统。在传统的农耕文明中，老人是农耕经验的积累者，是向子孙后代传承农耕技术与经验的传递者，因此一直受到家庭和社会的尊重。中华民族尊老的传统是农耕文化的结晶，也是农耕文化得以久远传承的社会行为保障。

《中国饮食文化史》（十卷本）的研究方法科学、缜密。作者以大历史观、大文化观统领全局，较好地利用了历史文献资料、考古发掘研究成果、民俗民族资料，同时也有效地利用了人类学、文化学及模拟试验等多种有效的研究方法与手段。对区域文明肇始、族群结构、民族迁徙、人口繁衍、资源开发、生态制约与变异、水源利用、生态保护、食物原料贮存与食品保鲜防腐等一系列相关问题都予以了充分表述，并提出一系列独到的学术观点。

如该书提出中国在汉代就已掌握了面食的发酵技术，从而把这一科技界的定论向前推进了一千年（科技界传统说法是在宋代）；又如，对黄河流域土地承载力递减而导致社会政治文化中心逐流而下的分析；对草地民族因食料制约而频频南下的原因分析；对生态结构发生变化的深层原因讨论；对《齐民要术》《农政全书》《饮膳正要》《天工开物》等经典文献的识读解析；以及对筷子的出现及历史演变的论述等。该书还清晰而准确地叙述了既往研究者已经关注的许多方面的问题，比如农产品加工技术与食品形态问题、关于农作物及畜类的驯化与分布传播等问题，这些一向是农业史、交流史等学科比较关注而又疑难点较多的领域，该书对此亦有相当的关注与精到的论述。体现出整个作者群体较强的科研能力及科研水平，从而铸就了这部填补学术空白、出版空白的学术著作，可谓是近年来不可多得的精品力作。

本书是填补空白的原创之作，这也正是它的难度之所在。作者的写作并无前人成熟的资料可资借鉴，可以想见，作者须进行大量的文献爬梳整理、甄选淘漉，阅读量浩繁，其写作难度绝非一般。在拼凑摘抄、扒网拼盘已成为当今学界一大痼疾的今天，这部原创之作益发显得可贵。

一套优秀书籍的出版，最少不了的是出版社编辑们默默无闻但又艰辛异常的付出。中国轻工业出版社以文化坚守的高度责任心，苦苦坚守了二十年，为出版这套不能靠市场获得收益、然而又是填补空白的大型学术著作呕心沥血。进入编辑阶段以后，编辑部严苛细致，务求严谨，精心提炼学术观点，一遍遍打磨稿件。对稿件进行字斟句酌的精心加工，并启动了高规格的审稿程序，如，他们聘请国内顶级的古籍专家对书中所有的古籍以善本为据进行了逐字逐句的核对，并延请史学专家、民族宗教专家、民俗专家等进行多轮审稿，全面把关，还对全书内容做了20余项的专项检查，剪除掉书稿中的许多瑕疵。他们不因卷帙浩繁而存丝毫懈怠之念，日以继夜，忘我躬耕，使得全书体现出了高质量、高水准的精品风范。在当前浮躁的社会风气下，能坚守这种职业情操实属不易！

本书还在高端学术著作科普化方面做出了有益的尝试，如对书中的生僻字进行注音，对专有名词进行注释，对古籍文献进行串讲，对正文配发了许多图片等。凡此种种，旨在使学术著作更具通俗性、趣味性和可读性，使一些优秀的学术思想能以通俗化的形式得到展现，从而扩大阅读的人群，传播优秀文化，这种努力值得称道。

这套学术专著是一部具有划时代意义的鸿篇巨制，它的出版，填补了中国饮食文化无大型史著的空白，开启了中国饮食文化研究的新篇章，功在当代，惠及后人。它的出版，是中国学者做的一件与大国地位相称的大事，是中国对世界文明的一种国际担当，彰显了中国文化的软实力。它的出版，是中华民族五千年饮食文化与改革开放三十多年来最新科研成果的一次大梳理、大总结，是树得起、站得住的历史性文化工程，对传播、振兴民族文化，对中国饮食文化学者在国际学术领域重新建立领先地位，将起到重要的推动作用。

作为一名长期从事农业科技文化研究的工作者，对于这部大型学术专著的出版，我感到由衷的欣喜。愿《中国饮食文化史》（十卷本）能够继往开来，为中国饮食文化的发扬光大，为中国饮食文化学这一学科的崛起做出重大贡献。

二〇一三年七月

序言

一部填补空白的大书
——《中国饮食文化史》（十卷本）序

李学勤

中国轻工业出版社通过我在中国社会科学院历史研究所的老同事，送来即将出版的《中国饮食文化史》（十卷本）样稿，厚厚的一大叠。我仔细披阅之下，心中深深感到惊奇。因为在我的记忆范围里，已经有好多年没有见过系统论述中国饮食文化的学术著作了，况且是由全国众多专家学者合力完成的一部十卷本长达数百万字的大书。

正如不久前上映的著名电视片《舌尖上的中国》所体现的，中国的饮食文化是悠久而辉煌的中国传统文化的一个重要组成部分。中国的饮食文化非常发达，在世界上享有崇高的声誉，然而，或许是受长时期流行的一些偏见的影响，学术界对饮食文化的研究却十分稀少，值得提到的是国外出版的一些作品。记得20世纪70年代末，我在美国哈佛大学见到张光直先生，他给了我一本刚出版的《中国文化中的食品》（英文），是他主编的美国学者写的论文集。在日本，则有中山时子教授主编的《中国食文化事典》，其内的"文化篇"曾于1992年中译出版，题目就叫《中国饮食文化》。至于国内学者的专著，我记得的只有上海人民出版社《中国文化史丛书》里面有林乃燊教授的一本，题目也是《中国饮食文化》，也印行于1992年，其书可谓有筚路蓝缕之功，只是比较简略，许多问题未能展开。

由赵荣光教授主编、由中国轻工业出版社出版的这部十卷本《中国饮食文化史》规模宏大，内容充实，在许多方面都具有创新意义，从这一点来说，确实是前所未有的。讲到这部巨著的特色，我个人意见是不是可以举出下列几点：

首先，当然是像书中所标举的，是充分运用了区域研究的方法。我们中国从来是一个多民族、多地区的国家，五千年的文明历史是各地区、各民族共同缔造的。这种多元一体的文化观，自“改革开放”以来，已经在历史学、考古学等领域起了很大的促进作用。《中国饮食文化史》（十卷本）的编写，贯彻“饮食文化是区域文化”的观点，把全国划分为十个文化区域，即黄河中游、黄河下游、长江中游、长江下游、东南、西南、东北、西北、中北和京津，各立一卷。每一卷都可视为区域性的通史，各卷间又互相配合关联，形成立体结构，便于全面展示中国饮食文化的多彩面貌。

其次，是尽可能地发挥了多学科结合的优势。中国饮食文化的研究，本来与历史学、考古学及科技史、美术史、民族史、中外关系史等学科都有相当密切的联系。《中国饮食文化史》（十卷本）一书的编写，努力吸取诸多有关学科的资料和成果，这就扩大了研究的视野，提高了工作的质量。例如在参考文物考古的新发现这一方面，书中就表现得比较突出。

第三，是将各历史时期饮食文化的演变过程与当时社会总的发展联系起来去考察。大家知道，把研究对象放到整个历史的大背景中去分析估量，本来是历史研究的基本要求，对于饮食文化研究自然也不例外。

第四，也许是最值得注意的一点，就是这部书把饮食文化的探索提升到理论思想的高度。《中国饮食文化史》（十卷本）一开始就强调“全书贯穿一条鲜明的人文思想主线”，实际上至少包括了这样一系列观点，都是从远古到现代饮食文化的发展趋向中归结出来的：

一、五谷为主兼及其他的饮食结构；

二、“医食同源”的保健养生思想；

三、尚“和”的人文观念；

四、“天人合一”的生态观；

五、“尊老”的传统。

这样，这部《中国饮食文化史》（十卷本）便不同于技术层面的“中国饮食史”，而是富于思想内涵的“中国饮食文化史”了。

据了解，这部《中国饮食文化史》（十卷本）的出版，经历了不少坎坷曲折，前后过程竟长达二十余年。其间做了多次反复的修改。为了保证质量，中国轻工业出版社邀请过不少领域的专家阅看审查。现在这部大书即将印行，相信会得到有关学术界和社会读者的好评。我对所有参加此书工作的各位专家学者以及中国轻工业出版社同仁能够如此锲而不舍深表敬意，希望在饮食文化研究方面能再取得更新更大的成绩。

二〇一三年九月

于北京清华大学寓所

前言

“饮食文化圈”理论认知中华饮食史的尝试
——中国饮食文化区域性特征

趙榮光

很长时间以来，本人一直希望海内同道联袂在食学文献梳理和“饮食文化区域史”“饮食文化专题史”两大专项选题研究方面的协作，冀其为原始农业、畜牧业以来的中华民族食生产、食生活的文明做一初步的瞰窥勾测，从而为更理性、更深化的研究，为中华食学的坚实确立准备必要的基础。为此，本人做了一系列先期努力。1991年北京召开了“首届中国饮食文化国际学术研讨会”，自此，也开始了迄今为止历时二十年之久的该套丛书出版的艰苦历程。其间，本人备尝了时下中国学术坚持的艰难与苦涩，所幸的是，《中国饮食文化史》（十卷本）终于要出版了，作为主编此时真是悲喜莫名。

将人类的食生产、食生活活动置于特定的自然生态与历史文化系统中审视认知并予以概括表述，是30多年前本人投诸饮食史、饮食文化领域研习思考伊始所依循的基本方法。这让我逐渐明确了“饮食文化圈”的理论思维。中国学人对民众食事文化的关注渊源可谓久远。在漫长的民族饮食生活史上，这种关注长期依附于本草学、农学而存在，因而形成了中华饮食文化的传统特色与历史特征。初刊于1792年的《随园食单》可以视为这种依附传统文化转折的历史性标志。著者中国古代食圣袁枚“平生品味似评诗”，潜心戮力半世纪，以开创、标立食学深自期许，然限于历史时代局限，终未遂其所愿——抱定“皓首穷经”“经国济世”之理念建立食学，使其成为传统士子麇集的学林。

食学是研究不同时期、各种文化背景下的人群食事事象、行为、性质及其规律的一门综合性学问。中国大陆食学研究热潮的兴起，文化运气系接海外学界之后，20世纪中叶以来，日、韩、美、欧以及港、台地区学者批量成果的发表，蔚成了中华食文化研究热之初潮。社会饮食文化的一个最易为人感知之处，就是都会餐饮业，而其衰旺与否的最终决定因素则是大众的消费能力与方式。正是餐饮业的持续繁荣和大众饮食生活水准的整体提高，给了中国大陆食学研究以不懈的助动力。在中国饮食文化热持续至今的30多年中，经历了“热学”“显学”两个阶段，而今则处于“食学”渐趋成熟阶段。以国人为主体的诸多富有创见性的文著累积，是其渐趋成熟的重要标志。

人类文化是生态环境的产物，自然环境则是人类生存发展依凭的文化史剧的舞台。文化区域性是一个历史范畴，一种文化传统在一定地域内沉淀、累积和承续，便会出现不同的发展形态和高低不同的发展水平，因地而宜，异地不同。饮食文化的存在与发展，主要取决于自然生态环境与文化生态环境两大系统的因素。就物质层面说，如俗语所说：“一方水土养一方人”，其结果自然是“一方水土一方人”，饮食与饮食文化对自然因素的依赖是不言而喻的。早在距今10000—6000年，中国便形成了以粟、菽、麦等“五谷”为主要食物原料的黄河流域饮食文化区、以稻为主要食物原料的长江流域饮食文化区、以肉酪为主要食物原料的中北草原地带的畜牧与狩猎饮食文化区这不同风格的三大饮食文化区域类型。其后公元前2世纪，司马迁曾按西汉帝国版图内的物产与人民生活习性作了地域性的表述。山西、山东、江南（彭城以东，与越、楚两部）、龙门碣石北、关中、巴蜀等地区因自然生态地理的差异而决定了时人公认的食生产、食生活、食文化的区位性差异，与史前形成的中国饮食文化的区位格局相较，已经有了很大的发展变化。而后再历20多个世纪至19世纪末，在今天的中国版图内，存在着东北、中北、京津、黄河下游、黄河中游、西北、长江下游、长江中游、西南、青藏高原、东南11个结构性子属饮食文化区。再以后至今的一个多世纪，尽管食文化基本区位格局依在，但区位饮食文化的诸多结构因素却处于大变化之中，变化的速度、广度和深度，都是既往历史上不可同日而语的。生产力的结构性变化和空前发展；食生产工具与方式的进步；信息传递与交通的便利；经济与商业的发展；人口大规模的持续性流动与城市化进程的快速发展；思想与观念的更新进化等，这一切都大大超越了食文化物质交换补益的层面，而具有更深刻、更重大的意义。

各饮食文化区位文化形态的发生、发展都是一个动态的历史过程，“不变中有变、变中有不变”是饮食文化演变规律的基本特征。而在封闭的自然经济状态下，“靠山吃山靠水吃水”的饮食文化存在方式，是明显“滞进”和具有“惰性”的。所谓“滞进”和“惰性”是指：在决定传统餐桌的一切要素几乎都是在年复一年简单重复的历史情态下，饮食文化的演进速度是十分缓慢的，人们的食生活是因循保守的，“周而复始”一词正是对这种形态的概括。人类的饮食生活对于生息地产原料并因之决定的加工、进食的地域环境有着很强的依赖性，我们称之为“自然生态与文化生态环境约定性”。生态环境一般呈现为相当长历史时间内的相对稳定性，食生产方式的改变，一般也要经过很长的历史时间才能完成。而在“鸡犬之声相闻，民至老死不相往来”的相当封闭隔绝的中世纪，各封闭区域内的人们是高度安适于既有的一切的。一般来说，一个民族或某一聚合人群的饮食文化，都有着较为稳固的空间属性或区位地域的植根性、依附性，因此各区位地域之间便存在着各自空间环境下和不同时间序列上的差异性与相对独立性。而从饮食生活的动态与饮食文化流动的属性观察，则可以说世界上绝大多数民族（或聚合人群）的饮食文化都是处于内部或外部多元、多渠道、多层面的、持续不断的传播、渗透、吸收、整合、流变之中。中华民族共同体今天的饮食文化形态，就是这样形成的。

随着各民族人口不停地移动或迁徙，一些民族在生存空间上的交叉存在、相互影响（这种状态和影响自古至今一般呈不断加速的趋势），饮食文化的一些早期民族特征逐渐地表现为区位地域的共同特征。迄今为止，由于自然生态和经济地理等诸多因素的决定作用，中国人主副食主要原料的分布，基本上还是在漫长历史过程中逐渐形成的基本格局。宋应星在谈到中国历史上的“北麦南稻”之说时还认为：“四海之内，燕、秦、晋、豫、齐、鲁诸蒸民粒食，小麦居半，而黍、稷、稻、梁仅居半。西极川、云，东至闽、浙、吴楚腹焉……种小麦者二十分而一……种余麦者五十分而一，闾阎作苦以充朝膳，而贵介不与焉。”这至少反映了宋明时期麦属作物分布的大势。直到今天，东北、华北、西北地区仍是小麦的主要产区，青藏高原是大麦（青稞）及小麦的产区，黑麦、燕麦、荞麦、莜麦等杂麦也主要分布于这些地区。这些地区除麦属作物之外，主食原料还有粟、秫、玉米、稷等“杂粮”。而长江流域及以南的平原、盆地和坝区广大地区，则自古至今都是以稻作物为主，其山区则主要种植玉米、粟、荞麦、红薯、小麦、大麦、旱稻等。应当看到，粮食作物今天的品种分布状态，本身就是不断演变的历史性结果，而这种演变无论表现出怎样的相对稳定性，它都不可能是最终格局，还将持续地演变下去。

历史上各民族间饮食文化的交流，除了零星渐进、潜移默化的和平方式之外，在突变、动乱、战争等特殊情况下，出现短期内大批移民的方式也具有特别的意义。其间，由物种传播而引起的食生产格局与食生活方式的改变，尤具重要意义。物种传播有时并不依循近邻滋蔓的一般原则，伴随人们远距离跋涉的活动，这种传播往往以跨越地理间隔的童话般方式实现。原产美洲的许多物种集中在明代中叶联袂登陆中国就是典型的例证。玉米、红薯自明代中叶以后相继引入中国，因其高产且对土壤适应性强，于是长江以南广大山区，鲁、晋、豫、陕等大片久耕密植的贫瘠之地便很快迭相效应，迅速推广开来。山区的瘠地需要玉米、红薯这样的耐瘠抗旱作物，传统农业的平原地区因其地力贫乏和人口稠密，更需要这种耐瘠抗旱而又高产的作物，这就是各民族民众率相接受玉米、红薯的根本原因。这一“根本原因”甚至一直深深影响到20世纪80年代以前。中国大陆长期以来一直以提高粮食亩产、单产为压倒一切的农业生产政策，南方水稻、北方玉米，几乎成了各级政府限定的大田品种种植的基本模式。

严格说来，很少有哪些饮食文化区域是完全不受任何外来因素影响的纯粹本土的单质文化。也就是说，每一个饮食文化区域都是或多或少、或显或隐地包融有异质文化的历史存在。中华民族饮食文化圈内部，自古以来都是域内各子属文化区位之间互相通融补益的。而中华民族饮食文化圈的历史和当今形态，也是不断吸纳外域饮食文化更新进步的结果。1982年笔者在新疆历时半个多月的一次深度考察活动结束之后，曾有一首诗：“海内神厨济如云，东西甘脆皆与闻。野驼浑烹标青史，肥羊串炙喜今人。乳酒清洌爽筋骨，奶茶浓郁尤益神。朴劳纳仁称异馔，金特克缺愧寡闻。胡饼西肺欣再睹，葡萄密瓜连筵陈。四千文明源泉水，云里白毛无销痕。晨钟传于二三瞽，青眼另看大宛人。”诗中所叙的是维吾尔、哈萨克、柯尔克孜、乌孜别克、塔吉克、塔塔尔等少数民族的部分风味食品，反映了西北地区多民族的独特饮食风情。中国有十个少数民族信仰伊斯兰教，他们主要或部分居住在西北地区。因此，伊斯兰食俗是西北地区最具代表性的饮食文化特征。而西北地区，众所周知，自汉代以来直至公元7世纪一直是佛教文化的世界。正是来自阿拉伯地区的影响，使佛教文化在这里几乎消失殆尽了。当然，西北地区还有汉、蒙古、锡伯、达斡尔、满、俄罗斯等民族成分。西北多民族共聚的事实，就是历史文化大融汇的结果，这一点，同样是西北地区饮食文化独特性的又一鲜明之处。作为通往中亚的必由之路，举世闻名的丝绸之路的几条路线都经过这里。东西交汇，丝绸之路饮食文化是该地区的又一独特之处。中华饮食文化通过丝绸之路吸纳域外文化因素，确切的文字记载始自汉代。张骞（？—前114年）于汉武帝建元三年（公元前138年）、元狩四年（公元前119年）的两次出使西域，使内地与今天的新疆及中亚的文化、经济交流进入到了一个全新的历史阶段。葡萄、苜蓿、胡麻、胡瓜、蚕豆、核桃、石榴、胡萝卜、葱、蒜等菜蔬瓜果随之来到了中国，同时进入的还有植瓜、种树、屠宰、截马等技术。其后，西汉军队为能在西域伊吾长久驻扎，便将中原的挖井技术，尤其是河西走廊等地的坎儿井技术引进了西域，促进了灌溉农业的发展。

至少自有确切的文字记载以来，中华版图内外的食事交流就一直没有间断过，并且呈与时俱进、逐渐频繁深入的趋势。汉代时就已经成为黄河流域中原地区的一些主食品种，例如馄饨、包子（笼上牢丸）、饺子（汤中牢丸）、面条（汤饼）、馒首（有馅与无馅）、饼等，到了唐代时已经成了地无南北东西之分，民族成分无分的、随处可见的、到处皆食的大众食品了。今天，在中国大陆的任何一个中等以上的城市，几乎都能见到以各地区风味或少数民族风情为特色的餐馆。而随着人们消费能力的提高和消费观念的改变，到异地旅行，感受包括食物与饮食风情在内的异地文化已逐渐成了一种新潮，这正是各地域间食文化交流的新时代特征。这其中，科技的力量和由科技决定的经济力量，比单纯的文化力量要大得多。事实上，科技往往是文化流变的支配因素。比如，以筷子为食具的箸文化，其起源已有不下六千年的历史，汉以后逐渐成为汉民族食文化的主要标志之一；明清时期已普及到绝大多数少数民族地区。而现代化的科技烹调手段则能以很快的速度为各族人民所接受。如电饭煲、微波炉、电烤箱、电冰箱、电热炊具或气体燃料新式炊具、排烟具等几乎在一切可能的地方都能见到。真空包装食品、方便食品等现代化食品、食料更是无所不至。

黑格尔说过一句至理名言：“方法是决定一切的”。笔者以为，饮食文化区位性认识的具体方法尽管可能很多，尽管研究方法会因人而异，但方法论的原则却不能不有所规范和遵循。

首先，应当是历史事实的真实再现，即通过文献研究、田野与民俗考察、数学与统计学、模拟重复等方法，去尽可能摹绘出曾经存在过的饮食历史文化构件、结构、形态、运动。区位性研究，本身就是要在某一具体历史空间的平台上，重现其曾经存在过的构建，如同考古学在遗址上的工作一样，它是具体的，有限定的。这就要求我们对于资料的筛选必须把握客观、真实、典型的原则，绝不允许研究者的个人好恶影响原始资料的取舍剪裁，客观、公正是绝对的原则。

其次，是把饮食文化区位中的具体文化事象视为该文化系统中的有机构成来认识，而不是将其孤立于整体系统之外释读。割裂、孤立、片面和绝对地认识某一历史文化，只能远离事物的本来面目，结论也是不足取的。文化承载者是有思想的、有感情的活生生的社会群体，我们能够凭借的任何饮食文化遗存，都曾经是生存着的社会群体的食生产、食生活活动事象的反映，因此要把资料置于相关的结构关系中去解读，而非孤立地认断。在历史领域里，有时相近甚至相同的文字符号，却往往反映不同的文化意义，即不同时代、不同条件下的不同信息也可能由同一文字符号来表述；同样的道理，表面不同的文字符号也可能反映同一或相近的文化内涵。也就是说，我们在使用不同历史时期各类著述者留下来的文献时，不能只简单地停留在文字符号的表面，而应当准确透析识读，既要尽可能地多参考前人和他人的研究成果，还要考虑到流传文集记载的版本等因素。

再次，饮食文化的民族性问题。如果说饮食文化的区域性主要取决于区域的自然生态环境因素的话，那么民族性则多是由文化生态环境因素决定的。而文化生态环境中的最主要因素，应当是生产力。一定的生产力水平与科技程度，是文化生态环境时代特征中具有决定意义的因素。《诗经》时代黄河流域的渍菹，本来是出于保藏的目的，而后成为特别加工的风味食品。今日东北地区的酸菜、四川的泡菜，甚至朝鲜半岛的柯伊姆奇（泡菜）应当都是其余韵。今日西南许多少数民族的粑粑、饵块以及东北朝鲜族的打糕等蒸舂的稻谷粉食，是古时杵臼捣制餈饵的流风。蒙古族等草原文化带上的一些少数民族的手扒肉，无疑是草原放牧生产与生活条件下最简捷便易的方法，而今竟成草原情调的民族独特食品。同样，西南、华中、东南地区许多少数民族习尚的熏腊食品、酸酵食品等，也主要是由于贮存、保藏的需要而形成的风味食品。这也与东北地区人们冬天用雪埋、冰覆，或泼水挂腊（在肉等食料外泼水结成一层冰衣保护）的道理一样。以至北方冬天吃的冻豆腐，也竟成为一种风味独特的食料。因为历史上人们没有更好的保藏食品的方法。因此可以说，饮食文化的民族性，既是地域自然生态环境因素决定的，也是文化生态因素决定的，因此也是一定生产力水平所决定的。

又次，端正研究心态，在当前中华饮食文化中具有特别重要的意义。冷静公正、实事求是，是任何学科学术研究的绝对原则。学术与科学研究不同于男女谈恋爱和市场交易，它否定研究者个人好恶的感情倾向和局部利益原则，要热情更要冷静和理智；反对偏私，坚持公正；“实事求是”是唯一可行的方法论原则。

多年前北京钓鱼台国宾馆的一次全国性饮食文化会议上，笔者曾强调食学研究应当基于“十三亿人口，五千年文明”的“大众餐桌”基本理念与原则。我们将《中国饮食文化史》（十卷本）的付梓理解为“饮食文化圈”理论的认知与尝试，不是初步总结，也不是什么了不起的成就。

尽管饮食文化研究的“圈论”早已经为海内外食学界熟知并逐渐认同，十年前《中国国家地理杂志》以我提出的“舌尖上的秧歌”为封面标题出了“圈论”专号，次年CCTV-10频道同样以我建议的“味蕾的故乡”为题拍摄了十集区域饮食文化节目，不久前一位欧洲的博士学位论文还在引用和研究。这一切也还都是尝试。

《中国饮食文化史》（十卷本）工程迄今，出版过程历经周折，与事同道几易其人，作古者凡几，思之唏嘘。期间出于出版费用的考虑，作为主编决定撤下丛书核心卷的本人《中国饮食文化》一册，尽管这是当时本人所在的杭州商学院与旅游学院出资支持出版的前提。虽然，现在“杭州商学院”与“旅游学院”这两个名称都已经不复存在了，但《中国饮食文化史》（十卷本）毕竟得以付梓。是为记。

夏历癸巳年初春，公元二〇一三年三月

杭州西湖诚公斋书寓

目录

第一章 概 述 /1

一、西南地区的地理历史概况 /2

二、西南地区的饮食文化特色 /5

第二章 史前至先秦时期 /11

第一节 四川地区饮食文明之滥觞 /12

一、巴蜀地区原始经济的开发 /12

二、巴蜀先民的饮食生活 /23

第二节 云贵桂地区饮食文化之萌起 /31

一、石器时代的生计方式及青铜文化 /31

二、青铜时代的饮食习俗 /33

第三节 西藏地区的早期文明 /35

一、各具特色的三大早期文明 /35

二、高原饮食结构及炊餐用具 /36

第三章 秦汉时期 /39

第一节 巴蜀经济兴旺，饮食文化繁荣 /40

一、巴蜀经济的全面兴盛 /40

二、茶酒食事兴旺，地域特色初显 /52

第二节 西南地区设郡县与各地文化交流 /61

一、秦汉政府西南设郡促进了西南农业发展 /61

二、多地区饮食文化的相互影响 /64

第四章 魏晋南北朝时期 /67

第一节 四川地区远离战乱的稳定与富足 /68

一、巴蜀粮足市旺丰饶依旧 /68

二、巴蜀饮食习俗及烹饪特色 /72

第二节 云贵桂地区的平稳发展 /76

一、农牧业生产与社会生活状况 /76

二、农作物食物资源与饮食习俗 /78

第五章 隋唐五代时期 /81

第一节 四川地区农丰国富空前繁荣 /82

一、川地经济大开发 /82

二、饮食文化空前繁荣 /91

第二节 云贵桂地区的经济大发展 /101

一、社会经济大发展 /101

二、崇尚生猛野味及海鲜的饮食习俗 /105

第三节 吐蕃王朝的兴旺 /109

一、吐蕃王朝建立后的诸业兴旺 /109

二、饮食文化渐臻成熟 /111

第六章 宋朝时期 /117

第一节 四川地区经济繁荣文化兴盛 /118

一、社会经济高度繁荣 /118

二、巴蜀饮食文化走向成熟 /128

第二节 云贵桂地区的稳定发展 /140

一、经济发展迅速 /140
二、饮食特色鲜明 /142

第七章 元朝时期 /147

第一节 四川地区的移民潮及宗教饮食文化的兴起 /148
一、移民促进生产恢复 /148
二、蜀中文化的衰落与佛、道饮食文化的兴起 /152

第二节 云贵桂地区行省的建立与经济的恢复发展 /156
一、云贵桂地区发展的新阶段 /157
二、多民族特色的饮食习俗 /162

第八章 明朝时期 /165

第一节 四川地区经济的持续发展 /166
一、农商经济的持续发展 /166
二、川菜调味、制茶工艺的重大进步及民族食俗 /170

第二节 云贵桂地区经济发展文化成熟 /175
一、军户移民与云贵桂经济的全面发展 /175
二、融合吸纳发展的云贵桂地区饮食文化 /180

第三节 宋元明时期的西藏地区 /183
一、汉藏贸易的发展 /183
二、多民族融合的饮食习俗 /186

第九章 | 清朝时期 /189

第一节 川地的经济发展与川菜体系的形成 /190

一、第二次移民潮与川地的经济发展 /190

二、川菜体系的形成 /200

三、四川少数民族的生计方式及饮食习俗 /208

第二节 云贵桂经济的充分开发与饮食文化的基本成熟 /209

一、西南地区大开发 /209

二、地域特色浓郁的日常饮食风味 /214

三、云贵桂地区少数民族的饮食习俗 /220

第三节 西藏地区的经贸发展与特色食俗 /227

一、清代西藏的经济贸易发展与制约因素 /227

二、藏地特色的饮食习俗 /230

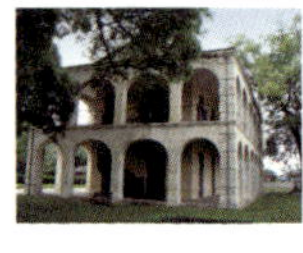

第十章 | 中华民国时期 /233

第一节 四川地区抗战大后方的稳定与繁荣 /234

一、农兴粮旺酒盛茶衰 /234

二、川地大后方内涵丰满厚重的饮食文化 /237

三、民国川地少数民族饮食文化 /254

第二节 云贵桂地区抗战大后方的平稳发展 /260

一、云贵桂地区的食品工业与农业 /260
二、平稳发展的餐饮业及民间饮食习俗 /263

第三节 西藏地区的生产与食俗 /270
一、注重盐粮生产 /270
二、饮食等级差别显著与藏地食俗 /273

第十一章 中华人民共和国初期 /281

第一节 四川地区的建国新貌 /282
一、翻天覆地的社会变革 /282
二、饮食生活新气象 /285

第二节 云贵桂地区在曲折中发展 /291
一、在曲折和困难中求发展的30年 /292
二、传统饮食文化的嬗变 /293

第三节 西藏的民主改革与特色民族文化 /296
一、农畜业的发展和日常传统饮食 /296
二、特色鲜明的民族饮食 /299
三、日常饮食礼俗与禁忌 /309
四、年节饮食习俗 /313

第十二章 改革开放以后 /319

第一节 四川地区的迅猛发展 /320
一、四川美食迅跑，川菜走出国门 /320
二、繁花似锦的四川饮食文化 /324

第二节　云贵桂地区的经济振兴与文化思考　/336
一、社会经济的恢复与振兴　/336
二、饮食文化的繁荣与思考　/337
第三节　西藏地区饮食文化空前发展　/343
一、经济迅速发展与民众饮食消费　/343
二、藏式饮食文化的形成　/349
三、其他少数民族的饮食文化　/358
参考文献　/363
索引　/371
后记　/375
编辑手记　/377

第一章 概述

一、西南地区的地理历史概况

西南地区饮食文化所涉及的地域范围，包括四川盆地、秦巴山地、云贵高原大部及青藏高原东南部，在行政区划上大致包含今四川省、重庆市、云南省、贵州省、广西壮族自治区及西藏自治区在内的广大西南地区。该地区地形十分复杂，主要以高原和盆地为主，有青藏高原、云贵高原和四川盆地。多大江大河，如长江、珠江、元江、澜沧江、怒江等；高原湖泊也多，如纳木错湖、滇池、洱海等，形成了以亚热带季风气候和高山寒带气候为主的气候类型。物产丰饶，林牧业发达。

西南地区在历史上就是一个多民族聚居的区域。除人口占绝大多数的汉族外，还有藏族、彝族、苗族、傣族、佤族等少数民族。在历史发展长河中，民族交流与融合是主流，优秀的民族文化得以继承和发展。同时，又受到自然、地理、历史、宗教等方面的影响，这些民族逐渐形成了各具民族特色的饮食文化。

本书根据西南地区饮食文化发展的历史阶段特点，将全书分为史前至先秦、秦汉、魏晋南北朝、隋唐五代、宋代、元代、明代、清代、民国、新中国初期和改革开放以后等11个时期，以此作为章节的划分。为进一步突出西南地区的地域特点并便于表述，我们在各章内将西南地区分为四川地区、云桂贵地区、西藏地区三个板块进行分述。

1. 四川地区

四川地区位于我国西南内陆腹地，西临青藏高原，东据长江三峡，北拥秦巴山地，南依云贵高原。整个地势西高东低，西部是平均海拔2000米以上的高原，高原北部属青藏高原主体的东缘，南部属横断山脉的北段，东部是著名的四川盆地，自西而东由盆西平原（亦称成都平原或川西平原）、盆中丘陵和盆东平行岭谷组成。平原、丘陵、山地和高原是构成四川地貌的四大主要类型。四川河流以长江水系为主。气候复杂多样，东西部气候迥异是一大特点，川西高原气温低，霜期长，降水量少，湿度小，日照长，属于寒温带至亚寒带气候；东部盆地则气温高，无霜期长，降水量多，湿度大，日照少，属于较典型的亚热带湿润季风气候。以上特点，也是四川饮食文化赖以生成的生态环境，对四川各地的经济类型的形成、空间分布和四川文明的发生、发展进程都产生了深远的影响。

西周至春秋时期，四川地区存在蜀国与巴国，构成了当时西南地区文明水平最高的巴蜀文明。蜀族主要在成都平原活动，并把其地建成四川最富庶的地区。巴族原在江汉一带，受周室分封建巴国，春秋中期进入川东重建巴国。蜀、巴毗邻而居。后秦国兼并蜀巴，四川盆地的经济更为兴盛。

秦汉时四川盆地以产粮丰盛闻名全国。两汉400余年间四川得到稳定发展，社会经济提高到新的水平。《后汉书·公孙述传》中称蜀地“沃野千里，土壤膏腴，果实所生，无谷而饱”。

两晋南北朝时中原动乱，但四川盆地仍保持相对稳定，社会经济继续发展，豪华宴饮为当时饮食文化的代表。这一时期，为躲避战乱，外来人口大批入川，为四川的饮食文化增添新的因素。

唐宋时期。唐代，中国封建社会达至鼎盛，四川的社会经济也出现新的繁荣，遂有“扬一益（治成都）二”之说。唐末五代，四川被前后蜀政权割据，维持了经济兴盛的局面。四川饮食文化十分繁荣，游宴与船宴盛行，酒税收入成为国家财政的大宗。两宋时期四川盆地仍保持经济繁荣，农业、制盐、酿酒、制糖业等有明显的进步。到南宋后期，南宋军民以四川为据点，与蒙古军进行了约半个世纪的拉锯战，四川经济始遭破坏。自秦国统一四川盆地到南宋后期的1500余年间，除南宋后期这一历史阶段以外，四川盆地的社会经济始终在持续发展，唐宋时期的四川饮食文化出现了高峰。

其后，元明清时期，虽战乱不断人口锐减，社会生产力遭到严重破坏，但几次大规模的“湖广填四川”，给四川带来了丰富多彩的外来文化，给四川饮食文化带来了新的生命。尤其是在抗战爆发后，四川的战略地位日显重要，全国的政治、经济中心也移到西南。一时间经济繁荣，人才济济。这一时期以高档宴席及引入西餐为重点的四川饮食文化也得到了很大发展。

1978年的改革开放，结束了“文革”的十年梦魇。使被破坏的社会经济逐渐恢复并得到迅速发展，饮食文化由此提升到一个新的层次，形成了以川菜体系为核心的西南饮食文化，在全国享有重要的地位。同时，西南诸省区有丰富的自然资源，有厚重的历史积淀和多姿多彩的民族文化，从而形成了独树一帜的西南饮食文化。

2. 云贵桂地区

云贵桂地区主要包括由云南高原与贵州高原组成的云贵高原，及其延伸部分的川西南和桂西北一部，是具有大致相同的地质构造与地貌特征的地理单元。因金沙江、元江等河流的冲击切割作用，云贵高原的地形较为破碎，呈现出多山地和高原以及山地在地表面积占很大比例的特点。西南边疆山地的普遍特点是高低悬殊、坡度陡峭及土层较薄，因此种植作物的适宜性与宜耕性均差。位于南方亚热带及热带气候范围的大面积山地，生物资源丰富，山地间分布有众多草甸，尤以滇东北、贵州的部分地区较为集中，适宜畜牧业生产。与山地形成对照的是，呈插花状分布的坝子适宜发展农业，面积较大的坝子地势平坦，地表多有河流或湖泊，土层较厚且肥力甚高。因此，该地区普遍存在坝子与山地兼有的二元性结构，这种地理环境以及由此而生成的生态环境，对这一地区的饮食文化有着深刻影响。其中，坝子饮食文化是云贵桂饮食文化的主体。

至迟在商代，云南已进入青铜时代，当时的饮食文化具有浓厚的本土色彩。两汉统治400余年，云贵桂地区开发的速度加快，在诸多郡县的治地出现了由四川移民发展起来的大姓势力，使这一时期云桂贵地区的饮食文化明显带有四川地区的色彩。从唐代前期至南宋后期，今云南、川西南等地被地方政权南诏、大理国统治，使云南、川西南等地的社会经济获得了长足发展。发展较快的大中坝子本土居民，融合两汉以来的移民后裔，形成了新的地方民族白蛮，饮食文化水平有所提高，表现出以本土为主同时受四川影响的色彩。这一时期，广西的桂西一带地貌、风土人情近似于云贵地区，饮食文化的相同点较多；桂东地区的饮食文化则类似于广东。

南宋末年，忽必烈率军平大理国后，建云南行省，治中庆（在今昆明），统辖今云南、川西南与贵州西部等地。明清继续在云南设省，从而使云贵自汉代以来受四川行政管辖的历史宣告结束，进入云贵地区的移民亦改以湖广、江西等地为主。由此，云贵饮食文化的风格，从深受四川的影响转变为积极吸收湖广及更远区域的因素。其后，在移民和文化交流中云贵地区逐渐形成了自己的饮食文化特色。

3. 西藏地区

总的来看，西藏地区从高寒的藏北草原到中部的温带农区，再到藏东南的亚热带低地，地形参差，气温和湿度殊异，物产丰寡不均。千百年来，藏族人民在青藏高原创造了一种高度适应自然环境的生存文化，并产生了游牧、农耕、半农半耕的生产方式。

青藏高原的上古居民，中原人称之为“羌”，古羌人其中的一部分即今日藏族之先民。古羌被认为是世界上最先培育出麦种的民族，对我国种麦有巨大贡献，推动了我国饮食文化的大发展。

公元7世纪，松赞干布统一青藏高原，建立了吐蕃政权，青藏高原的社会经济有了较大发展。尤其是文成公主入藏，传入了蔓菁、马骡、骆驼、蚕种，并带去了制造碾硙、纸墨及酒的工匠，促进了吐蕃文化的大发展。12世纪中叶，元朝将青藏高原统一到中央王朝的管辖下，加强了西藏与内地的经济文化联系。其后的清代和民国时期西藏发展显著。清代的西藏已有了较完备的畜牧业、农业、手工业和商业。各种蔬菜、水果的传入，丰富了西藏饮食文化。在长期的“茶马互市”与“盐粮交换”的商贸活动中，藏区逐渐形成了极富特色的饮食习俗，延续至今。

1951年西藏和平解放。通过民主改革，生产力得以解放，西藏进入新的发展时期，面貌发生了巨大变化。改革开放后，西藏发展的速度明显加快，社会经济实现了跨越式发展。西藏各民族的饮食文化丰富多彩，藏式饮食在内地也受到普遍欢迎。

二、西南地区的饮食文化特色

1. 川菜的沿革与特点

菜肴是饮食文化十分重要的外在表现。四川菜是中国的著名菜系之一，具有特色鲜明、覆盖面大和影响深远等特点，在历史上和现今都产生了重要影响。可以说，云南、贵州、广西北部和西藏东部等地，均属于四川菜风格的范围。西南地区饮食文化形成了以四川菜为主要特色的饮食风味。

一般认为川菜孕育于商周，初步形成于秦汉魏晋，发展于唐宋，成熟于明清，定型和繁荣于清末民初。成熟繁荣时期的川菜，由高级筵席菜、三蒸九扣菜、大众便餐、家常便餐与民间小吃五个部分组成，构成完整的饮食体系，菜品多达4000余种。川菜选料以禽畜鱼肉、瓜果时蔬为主，烹饪方法复杂多样，讲究“一菜一格，百菜百味”。在调味方面，川菜少用单味而多用复合味，可说是麻辣酸甜咸烫嫩鲜诸味皆备，尤以鲜味、麻辣口味见长，并善于将各种味道巧妙搭配。在烹调方面，川菜擅长小煎、小炒、干煸和干烧，代表性菜肴多出自炒烧爆拌，并流行腌卤和豆花。同时，它重视刀工火候，制作工艺精细，讲究菜肴的形色俱佳。川菜还善于采撷众家所长，做到“南菜北味，北菜川烹”。以平民性、大众性和家常性为一大特点。

流行各地的川菜，主要是以辛辣麻怪咸鲜为口味的大众菜肴，其中又包含了不同的帮系。长江上游的江津、合江、泸州、宜宾、乐山等地流行“大河帮”，以家常口味见长，烹制手法以煎炒蒸烧居多，其味偏甜酸。“小河帮”流行于嘉陵江流域及川北的绵阳、南充、广元、达川、巴中和遂宁等地，烹制菜肴既擅长传统菜，也善于制作民间菜。川中的自贡、内江、荣县、资中、资阳一带流行“自内帮”，代表性菜肴有自贡的水煮牛肉、灯影牛肉与菊花火锅，内江的夹沙肉、豆瓣鱼和皮蛋汤等。在川西、川西南等氐羌民族地区，还流行川菜与山地民族本地菜相结合的地方菜。

四川饮食文化的一个重要特点，是除以特色浓郁的川菜为核心内容外，在食料取材、副食及饮料、食器配备、相关产业等方面也得到全面发展。清代民国时期，四川的川茶享誉国内，自贡、乐山已形成大型的制盐业，各地蔬菜品种丰富，制糖业规模巨大，糕点业兴盛而普遍，酿酒技艺精良，讲究美食配美器，烟叶消费亦较普遍。在成都等饮食文化兴盛的地区，聚会、游乐、节庆等社交活动与饮食相结合，很早便形成普遍的习俗，且渊源久远，早在后蜀时四川的宴席即堪称兴盛，游宴与船宴颇为知名。宋代宴饮普遍，甚至一日数餐或达四宴之多。游宴更趋豪华，游乐活动有民间游乐、官方游乐、商业游乐等类型。明清及民国时期，成都等地的聚会、游乐、节庆等活动仍长盛不衰。

四川饮食文化较为发达的区域，主要位于经济和社会高度繁荣的四川盆地，尤以成都平原为中心；至于四川盆地周边的山地，由于开发较晚等原因，饮食文化的发展相对滞后，其风格与相连的云贵桂地区或西藏地区较为相似。

2. 云贵桂地区的饮食文化区划分及特点

云贵桂地区的饮食文化，历史积淀较厚，地方民族特色鲜明，同时受到多种外来文化的影响，但其文化发育程度较低，属于较典型的边疆地区饮食文化。这一地区高温多雨，气候湿润，山林绵延，物产丰富，民族众多，具有边疆地区多民族杂居的特色，体现出这一区域多种文化的碰撞与交融。①

（1）不同类型的划分方法　云贵桂地区自然环境的主要特点，是地表地貌和气候条件的复杂多样性，以及动植物资源的高度丰富性。若根据地理环境与居

① 方铁：《云南饮食文化》，社会科学文献出版社，2006年，第657页。

图1-1 云南山间肥美的草甸（《云南民族·经济卷》，云南人民出版社）

住的民族划分，云贵桂地区的饮食文化，大致可分为高原盆地民族型、山地民族型、高山峡谷民族型、喀斯特地貌民族型和低纬度平地民族型等类型。若以生产方式与所分布的民族划分，其饮食文化可分为农业民族类型、农业商业民族类型、畜牧采集民族类型等。在烹饪方法方面，云贵桂的诸多区域、众多民族擅长不同的烹调方法。若就发展程度而言，云贵桂饮食文化又可分为初级类型和相对成熟类型等。各地的饮食文化，相互间亦存在较明显的差异。根据这种明显的差异性，各地的饮食文化区域可以做进一步的细分。

（2）云南饮食文化区的划分　云南省大致可划分为以下饮食文化区：

① 以昆明、楚雄、玉溪为中心的滇中地区。元代以来昆明一直是省治所在地，也是全省政治、经济、文化与交通的中心。楚雄、玉溪则深受昆明风气的影响。云南饮食文化的多样性、复杂性以及兼收并蓄、百花齐放等特点，在这一地区体现得最为鲜明。滇中地区交通便利，资讯发达。随着时代发展，这里不断推出新的菜式，形成新的饮食风尚和饮食观念，引领及影响着全省饮食文化潮流的走向，同时也成为反映云南饮食文化变迁的主要窗口。云南各地的特色菜肴、酒茶水以及饮食文化传统，在这里均有一席之地。知名的菜肴有过桥米线、汽锅鸡、烤鸭、凉鸡、牛肉冷片、鸡丝草芽、菠萝鸡片、石屏豆腐等。

② 以大理为中心的滇西地区。该地区以大理白族自治州为中心，是历史上乃至现今白族人口分布最多与最集中的地区。公元8—12世纪以大理为中心建立

的南诏国与大理国，统治了云南及其附近地区500多年。大理又是联系滇东、滇西北和滇西南等地的交通枢纽，以及连通上述地区重要的商品集散地。因此，滇西地区的饮食文化，以白族传统的饮食文化为基调，较多地保留了南诏国、大理国古老的饮食传统，同时广泛吸收滇东、滇西北和滇西南的饮食文化因子，成为与滇中地区并足而立的另一个饮食文化核心区。滇西区盛产的乳制品、淡水湖泊水产品、梅子原料食品、地方酿造酒和本地茶叶等，均享誉省内外，也使滇西地区的饮食文化体现出鲜明的地方与民族特色。本地知名的菜肴主要有乳扇、乳饼、砂锅鱼和火烧猪等。

③ 以昭通为中心的滇东北地区。该地区开发甚早，2000多年前就接受了四川地区经济与文化的影响，自古又是从湖南、湖北、江西等地进入云南的交通要道。滇东北地区是历史积淀深厚，众多民族接触历史长、融合范围广的一个地区。其饮食文化具有云南地方汉族与当地少数民族（如彝族、苗族）文化交融的特点，地区性食品（如玉米、洋芋、荞麦和壮鸡）以及地方酿造酒等产品，在当地饮食文化中扮演重要的角色。当地的汤爆肚、酥红豆、竹荪、罗汉笋、云腿、牛肉干巴、肝胆糁等菜肴，亦可说是远近闻名。

④ 以丽江、中甸为中心的滇西北地区。这一地区是自唐代开通的“茶马古道”的必经之地。“茶马古道”南起大理，北至拉萨，是连接滇、藏的要道。这个地区的饮食文化，是纳西族、云南藏族的饮食文化与西藏藏族地区、大理白族地区饮食文化相融合的产物。青稞、牛羊肉、自酿粮食酒和砖茶，构成当地饮食的主体，具有重油重肉，喜以虫草、天麻、贝母等药材入菜的习惯。有名的菜肴有油炸虫草、油炸松茸、烤牦牛肉、赛蜜羊肉、虫草鸭、贝母鸡等。

⑤ 以保山、腾冲为中心的滇西南地区。这一地区自古便是著名的川滇缅印的重要中转站及各类商品的集散地。其饮食文化为外地汉族移民与当地少数民族（傣族、景颇族等）、南亚、东南亚地区诸饮食文化的结合体，同时又具有鲜明的热带、亚热带饮食文化的特点。由于当地盛产各类植物和花卉，习惯以可食的野生菌类、野菜、水果与花卉入席，同时喜饮各种果酒与发酵饮料，具有明显的地域特色。

⑥ 以德宏、西双版纳为中心的滇南地区。这一地区是傣族主要的聚集区，与缅甸紧邻，各民族跨国境而居。因此，滇南地区的饮食文化具有鲜明的民族与地方特色，一些饮食习惯明显受到缅甸、越南、泰国等邻国的影响。尤其体现出喜食酸、冷、辣等食物的口味，普遍有生食和凉食的习惯。居民喜以多种野生菜肴和昆虫、鱼虾等“异物”入席，烹饪方式主要是烹煮与烧烤，喜食糯米饭和米酒。山居的少数民族，则喜欢油炸飞蚂蚁、干笋焖鸡、罐腌猪骨、香茅草烤肉、

血鲊、芭蕉叶烧肉、竹筒煮田鸡等菜肴。

⑦ 以红河、文山为中心的滇东南地区。该地区紧邻越南，本地民族主要是哈尼族、拉祜族与壮族，对当地饮食习俗影响很深。其中，文山地区盛产珍贵药材三七，当地有以三七烹制各类药膳的传统。这一地区的饮食，以讲究精细、追求原汁原味为特色。当地知名的菜肴有酸汤鸡、酸汤鱼和狗肉火锅等。

（3）贵州饮食文化区的划分　在历史上贵州的遵义地区开发得较早，在饮食文化方面较长时期受到四川盆地的影响。其他邻近川、湘、滇的地区，在饮食习俗方面各自接近上述诸省。至于今天的黔南和黔东南地区，则较多地保留了本地民族的饮食习惯。具体来说：一是以乌江、赤水河流域的黔中菜为主导，包含其他六个市州地民俗菜、市肆菜在内的地方风味菜系；二是以清水江流域（含重安江、都柳江、阳河、剑江）及南北盘江流域古朴自然、充满个性的以苗族、侗族、布依族为主的民族菜系。其风味流派有以贵阳、安顺为代表的黔中风味，以遵义为代表的黔北风味，以毕节为代表的黔西北风味，以黔东南、黔西南、黔南为代表的民族风味。

（4）广西饮食文化区的划分　广西的行政中心早期大致在今桂林。自桂林抵梧州一带，因有自湖南入广西达广东的柳江水陆通道所经，该区域的地势亦平坦，所以开发经营甚早。明清时广西大致可分为桂东与桂西两个部分，桂东地区主要种植水稻，农业与商业较发达，受内地尤其是湖南、广东两省的影响较深；桂西地区尤其是南宁地区与左右江流域，则较多地保留了壮族等本地民族的文化和习俗。广西菜的发展，起于宋元时期，发展于明清时期，成熟于民国抗战时期，定型于新中国改革开放后。它基本形成了五种流派的风味菜。一是桂北风味：以桂林、柳州地方菜组成，口味醇厚，色泽浓重，善炖扣，嗜辛辣，尤擅以山珍野味入菜；二是桂东南风味：包括南宁、梧州、玉林一带的地方菜，用料比较广泛，口味以清淡为主，以粉食为代表的各种风味小吃更是样多味美；三是桂西风味：包括百色、河池一带的地方菜，带有浓厚的民族风味，擅长众菜合调，粗菜细做；四是海滨风味：以北海、钦州、防城地方菜组成，讲究调味，注重配色，擅长海产品制作；五是少数民族风味：讲究实惠，取材奇特，制法极有个性，富有山野风味。尤其对野生鱼种、山间珍菌、田埂野菜、乡村土鸡情有独钟。

3. 西藏地区

西藏地区位于海拔4000米以上的青藏高原，具有气温偏低、降水较少以及空气稀薄、日照充足的特点。西藏地区畜牧业发达，种有青稞、小麦、豆类等农作物。川西高原与滇西北属于青藏高原的边缘部分，物产、习俗与西藏近似。由于自然环境的殊异，青藏高原的饮食文化与四川、云贵桂的大部分地区存在明显差别。茶叶、糌（zān）粑、酥油和牛羊肉，被称为西藏地区饮食的“四宝”，由此可略知其饮食文化的主要特征。

第二章　史前至先秦时期

第一节　四川地区饮食文明之滥觞

根据古人类学的发现和研究，四川地区的史前时代最早发端于200万年以前，相当于旧石器时代早期至新石器时代末期。在200多万年前，就有原始人类在四川这块古老的土地上生息，揭开了四川地区饮食文化史的第一章。

一、巴蜀地区原始经济的开发

1. 旧石器时代以生食为主的饮食生活

四川旧石器时代晚期的遗址，有铜梁张二塘、资阳鲤鱼桥、汉源富林镇等。其中，铜梁张二塘遗址出土的石器以切割与砍劈为主要功能，表明经济活动以食物采集为主，所发现植物的果实多为野核桃。动物化石有水牛、鹿、羊、中国犀、东方剑齿象及亚洲象等，说明这些动物有可能是本地居民食物的重要来源。资阳鲤鱼桥遗址出土的石器以尖状器为主，尖状器是割裂猎物和采集植物块根的重要工具，说明当地居民的经济生活为狩猎与采集并重。富林镇遗址，除了发现石器外，还有木炭、灰烬、烧骨和少量哺乳动物化石，说明狩猎经济占有较大比重，而且开始使用火。[①] 可见旧石器时代四川地区的原始人类，大多过着《礼记》所描述的“食草木之实、鸟兽之肉，饮其血，茹其毛”的以生食为主的饮食生活。

在人类发明火以前，生食是最原始的食法。旧石器时代的生食方法我们已不

① 段渝：《四川通史》第一册，四川大学出版社，1993年，第8～10页。

可能了解，但我们可以从民族学资料中略窥一斑。原始先民的生食习俗在后世的少数民族中尚有一些遗风，据此可以推想当时的饮食状况，如采集食用植物的根茎叶、食生肉及昆虫等。蕨是世界上最早的植物，现在仍在西南山区繁茂生长。蕨根有淀粉，可以做食粮。现代凉山彝族在20世纪中叶前，若遇灾荒，还常将野生的蕨巴根挖出，洗净磨浆，过滤沉淀后得到蕨粉，用沸水冲成“糊”食用。因此凉山彝族称其为“救命草”。及至近代，四川虎牙藏族仍认为吃生肉耐饿。20世纪中叶，有的猎人在深山老林打猎时，因无火种或累极欲食，即以吃生肉充饥。又如，康区藏族有一种生食鲜牛肉的食俗，即将鲜牛肉大块分割后挂起，待半干后用刀割而食之；或做成风干生牛肉，即把胸叉肉、背溜肉割下切块，蘸盐、辣椒粉生食，剩余部分割成条形，加盐和辣椒粉风干，放至次年直接生食。此外，蛆虫也是一种食物，诸多典籍中有食虫及卵的记录。晋代郭义恭《广志》提及人捕大渡蜂取其子，“约数升为羹，亦可蒸食”的习俗。直至近现代，有些民族还有食蚕蛹、蜂蛹、蝗虫的习惯。这些饮食风俗，皆是远古时期的饮食遗风。

2. 新石器时代原始农业和渔猎经济的发展

四川新石器时代的遗址，东起长江三峡的巫山，西至川西北高原的阿坝、甘孜，北达秦巴山地的广元、阆中，南及川西南的凉山地区均有分布。

受自然地理环境的影响，决定了四川新石器时期主要存在盆地原始农业经济和高原原始畜牧业经济两大类型。四川新石器文化最重要的代表是成都平原新石器晚期文化，包括宝墩文化和三星堆第一期文化。出土的生产工具有斧、锛（bēn）、凿、有柄石锄、网坠、矛、杵、砍砸器等，以及陶器和家畜遗骨。可知其居民主要从事农业经济，辅以渔猎。巫山县大溪文化遗址位于川东长江三峡，也是四川迄今发现的最重要、最典型的新石器时代遗址之一。据发掘情况分析，捕鱼在大溪文化的居民生活中占有重要地位，遗址中出土有大量的鱼骨以及网坠、鱼钩、矛、镞等捕鱼工具。此外，还发现有猪、狗、牛、羊、马、虎、鹿等兽骨，可见狩猎是捕鱼的补充。从新石器时代遗址的出土情况，可以看出原始农业和渔猎经济的发展。

3. 原始先民的定居及农作物的栽培

四川考古资料表明，原始社会时期，农业的发展使四川建立了早期农耕聚落，主要体现在发现了排列密集的墓葬遗址和成组的房屋建筑遗址。在这些遗址中也发现有处于同一年代或相近年代的农具以及日常生活用品等，表明当时已经出现永久性定居和定居农业。[①]

西南原始先民定居并从事农业后，培育出了诸多的粮食品种。《山海经·海内经》记载，西南地区古代盛产膏菽、膏稻、膏黍、膏稷等“百谷”。四川三星堆新石器文化遗址中，虽未直接发现粮食的遗迹，但出土了大量烹煮粮食的陶器，说明人们已经从事农业。

麦，是我国古代主要粮食作物之一。其中，青稞和荞麦均是野生大麦的衍生物种，它们是藏族和彝族的主食。藏、彝民族对青稞和荞麦都有久远的栽培历史。

青稞，是藏族先民最早种植的作物之一。在青藏高原，不仅有野小麦、野大麦，而且通过细胞学观察，它们分别和普通小麦、栽培大麦染色体数目相同。云南小麦和西藏半野生小麦不仅染色体数目相同，形状也较相似。由此，从细胞学的观察研究揭示，青藏高原也可能是小麦、大麦的原产地之一。[②]考古发现，在西藏山南贡嘎县昌果乡新石器时代遗址，发现了青稞遗存，揭示了雅鲁藏布江中游流域在新石器时代就以青稞为主要栽培作物。藏文吐蕃王朝《世系明鉴》记述：公元1世纪，藏族地区已“垦原作田，种植稞麦”；《北史·列传》亦称：居住在青藏高原的附国嘉戎夷，“气候凉，多风少雨，宜小麦、青稞”；又据《唐书·吐蕃传》记载，秦陇巴国高寒地区松潘草原、青藏高原地区，最迟在唐代已种植稞麦。唐代以后，青稞在藏区普遍种植。《新唐书·吐蕃传》中也记载：“其稼有小麦、青稞麦、荞麦、莹豆。”

荞麦，原产于亚洲中部和北部。最早的荞是甜荞。据彝族史籍《西南彝志》[③]载，彝族培育荞麦的历史是久远的。荞始种于名为“实”和“勺”的部落，他们是公元14世纪中期的古代部落。传说最早发现野荞并培育出荞麦种子的人是实奢哲、勺莫额。最先培育荞麦的地方，凉山彝族说是阿乐尼山，即孕育彝族祖先之地的乐尼白，今与四川紧邻的云南会泽一带。其后，彝族普遍种荞，成为彝族人民赖以生存的主食，并从甜荞中培育出苦荞。苦荞作为古老的粮食，在彝族古诗中有“人间最伟大的是母亲，庄稼最早的是苦荞”的诗句。至今，彝族仍以

① 段渝：《四川通史》第一册，四川大学出版社，1993年，第15页。

② 罗琨、张永山：《原始社会》，中国青年出版社，1998年，第147页。

③《西南彝志》是一部比较全面地记载西南地区彝族历史的彝文献巨著。编纂者是黔西北古罗甸、水西热卧土目（今黔西县境内）家的一位慕史（歌师），姓氏无可考。成书年代不详，仅从书中一些记载推测，可能在清康熙三年（公元1664年）之后，雍正七年（公元1729年）年前。本书叙述了彝族先民对宇宙、人类起源的认识，记述了狩猎、耕牧、手工业经济等发展情况，对于研究彝族的社会历史、天文历法和文学都有重要的价值。

荞粑祀奉祖灵。

4. 始用火熟食与对火的崇拜

在新石器时代，人们已普遍使用火。人类的饮食文明史是从烹饪开始的，而熟食是烹饪史的开端，饮食文化也发轫于此。人类从无火生食，到使用天然火，再到人工取火，懂得熟食，使人类在生存斗争中掌握了一种强有力的手段。火，孕育了原始的烹饪，因为有了火，才有了食物的烧、烤、炙，才有了烧制烹饪器皿陶器的发明，进而产生了煮、煨等加工食物的方法。熟食结束了人类茹毛饮血的生食习惯，扩大了食物来源。使诸如贝类、动物甲状腺及肝脏、木薯、黄花等含有天然毒素的动植物，经过烧烤或水煮之后成为可食之物。从而丰富了人体所需的营养成分，加速了人类的进化，特别是促进了大脑的发达。火还帮助人们驱走野兽和洞穴中的潮湿，使洞穴从动物的栖身之地变成了人的居所。

由于火对人类的贡献，人类逐渐产生了火崇拜。相关研究认为，在原始宗教中，最早的火神不代表自然之火，而是家族的灶火之神，而且与曾作为家族核心的女性祖先融为一体。很多民族传说中灶火之神都是女性。例如，汉族灶神在早期的传说中是女性形象，说她着赤衣，状若美女。后来的道书则把灶神说成是昆仑山上的一位老母，叫“种火老母元君”，民间称其为“灶神奶奶”。可见作为祭祀对象的先炊和灶神都产生于母系氏族时期，这一文化特征反映了一些民族早期尊重女性的习俗，同时反映了妇女在生活中因司掌烹煮食物的家务，而与居家火塘、火炉和灶所产生的密切关系。①

5. 生活用陶器与制盐的尖底陶器

在新石器时代，陶器使用较为普遍。陶器发明初期，除陶刀、陶纺轮等少数生产工具外，基本上都是饮食用具，表明人们处理食物的方法除烧烤外，又增加了煮、蒸、熬、炖等手段。

在四川的新石器时代及夏商周遗址中发现了不少陶制品。如在成都新石器时期出土的陶器器形主要有高领罐、尖底钵、小平底罐等，由此得知先民主要从事农业经济，辅以渔猎。巫山大溪居民经济生活以农业为主，辅以家畜饲养业和渔猎业。在巫山新石器时代遗址中就出土了极为丰富的陶制生产工具和饮食器具，如豆、盘、碗、釜、罐、钵、瓶、盆和猪头形器等。陶器以红陶为主，黑陶、灰陶次之，还出现了红衣黑彩陶器。

---

① 罗琨、张永山：《原始社会》，中国青年出版社，1998年，第99页。

地处四川西南的西昌礼州新石器时代晚期遗址和西昌市经久乡大洋堆遗址，是四川另两处重要的新石器时代文化遗存，其中出土的陶器均为手制，以平底深腹器和小口瓶、壶为代表。此外，还有钵、碗、盆、杯、盘等。其中带流壶、带把罐、双联罐、桶形罐等尤具特色。

在夏商周时期，蜀陶以夹砂褐陶为主，器形以圈足豆、小平底罐、尖底罐、高把豆、鸟头柄勺、喇叭形器、三足形炊器等为典型器物群，其中最富代表性的是尖底、平底陶器和高把陶豆，具有浓郁的地方特色。特别是三足陶盉（hé）、陶甗（yǎn）的出现，说明制陶已经达到相当水平。春秋战国时期则以圜底罐、盂、釜、喇叭状口矮圈足豆等为典型器物群。新石器时代晚期与夏商周前后陶器的陶质及组合的变化，反映了制陶水平不断提高和成熟，也反映出陶器的发展演变。①

这一时期，除生活用陶器外，在川东和三峡地区的考古遗址中，发现了大量尖底陶器，尖底陶器主要有三种：尖底缸、尖底杯和圜底罐。尖底缸是新石器时代末期的主要器物，尖底杯主要流行于商代晚期至西周中期，圜底罐主要流行于

图2-1　西周至战国时期的陶双耳罐，四川西昌大洋堆遗址出土（“四川文物编辑部”提供）

① 段渝：《四川通史》第一册，四川大学出版社，1993年，第134～135页。

图2-2　新石器晚期至西周的陶鬹，四川广汉三星堆遗址出土（“四川文物编辑部”提供）

图2-3　商周时期的尖底陶杯，四川成都出土（“四川文物编辑部”提供）

西周中晚期至战国。考古最新研究显示，它们都是古代制盐工艺流程中使用的器具。这将在后文专述。

6. 蜀、巴是华夏文明中长江上游的文明中心

先秦时期，四川地区形成两个政治、经济与文化的中心：一个是以成都一带为中心的蜀；一个是以重庆一带为中心的巴。它们既是华夏文明中长江上游文明中心的两个方国，也是华夏民族多元一体中的古老民族，在历史长河中为人类文明做出了重要贡献。

巴是一个古老的部族，兴起于西北高原的黄帝部落。约在夏商之际，巴人远祖逐渐南迁至今陕西南部的汉水上游，并从母系氏族制社会发展到父系氏族制社会阶段。春秋时代，南夷衰微，楚国崛起。巴与楚数相攻伐，迫于楚国的强大势力，巴人放弃汉水和大巴山之间的故地向南迁徙，渡长江，溯清江西上，进入四川东部。从此，形成川东巴国、川西蜀国的局面。

蜀是兴起于岷江上游的一个古老部族。古史记载为黄帝的子孙，蜀人也自称为黄帝后代，反映了蜀族的先世与西北地区的氐羌先民有渊源关系。西周中叶后，来自岷江上游的强悍首领杜宇夺取了蜀族的统治权，自立为蜀王，并在汶山下建立都城，名为郫（pí，在今郫县）。杜宇在成都平原广泛推行稻作农业，各地有“渔、田之饶”“有美田”“好稻田”，促进了成都平原栽培农业的进一步发展。战国时，蜀地已是沃野千里，土地肥美，以粮食菜蔬丰饶而闻名遐迩。同时，林牧渔业也得到长足的进展。

7. 蜀国的经济状况

先秦时期蜀国的疆域北达汉中，南抵青神县，西至今芦山、天全，东至嘉陵江，而以岷山和南中为附庸。当时，蜀地拥有优越的自然环境和丰富的自然资源。早在四五千年以前，成都平原及周围边缘丘陵山地的农业就已得到初步开发。早期蜀族就是以狩猎畜牧为主，兼营粗耕农业。

农业始于对野生植物的栽培。古蜀地野生植物资源丰富，其中一些被蜀人栽培发展为农作物品种，“芋”即其中之一。《史记·货殖列传》记：“汶山之下，沃野，下有蹲鸱，至死不饥。”蹲鸱，即芋也。《华阳国志》也云，汶山郡都安县有大芋如蹲鸱。临邛、都安在川西平原边缘，适宜芋类生长。汉代画像砖中，不乏种芋的画面。从蜀人种芋的历史来看，成都平原的芋类是原产于本地的一个栽培品种。

蜀地稻作农业一般认为源于古代云南稻作农业的传播。至殷周之际，成都平原已发展成为海内栽培农业的中心分布区之一，盛产各种栽培农作物。《山海经·海内经》载：“西南黑水青水之间，有都广（成都平原）之野……爰有膏菽、膏稻、膏黍、膏稷，百谷自生，冬夏播琴（种）。”※冬夏播种，说明成都平原已是双季栽培农业。蜀国农业经济不断发展，至西周时已是当时全国农业先进的富庶之区。西周中叶后，农业成为蜀民经济生活的主要方式。春秋战国之际，蜀国由于水利设施的大规模兴建，促进了农业的长足发展，《汉书》载，“民食鱼稻，亡凶年忧，俗不愁苦”，“富于桑、漆、麻、纻之饶”。

在成都市商业街发现的战国早期大型船棺葬和独木棺葬墓中，出土的双耳瓮内装有稻粒、粟粒等粮食作物和桃、李、梨等果实，证明战国先民在主食中已有了南稻北粟交相为食与食用水果的习惯。在汶川的石棺葬中发现粟稷类作物，茂县城关和理县佳山寨石棺葬中都发现有皮大麦。粟稷和皮大麦都是高地农业普遍种植的耐寒耐旱作物。《华阳国志·蜀志》曰：“汶山郡……土地刚卤，不宜五谷，惟种麦。”与考古资料反映的情况大致吻合，但“不生谷粟麻菽”，“不宜五谷”，则与发现有异。皮大麦和粟稷类都应是本区的粮食作物品种。出土于石棺葬的这几种粮食作物，应是本地区从农业起源时代至秦汉时代以后的主要农作物品种。①

兴建都江堰水利工程意义重大。蜀国农业发展与进步，与兴修水利密切相

※ 编者注：为方便读者阅读，本书将连续占有三行及以上的引文改变了字体。对于在同一个自然段（或同一个内容小板块）里的引文，虽不足三行但断续密集引用的也改变了字体。

① 段渝：《四川通史》第一册，四川大学出版社，1993年，第94页。

连。蜀中腹地所在的川西地区，处于岷江下游，夏秋多有水害，给两岸平原的居民带来灾难。都江堰位于岷江干流上，是我国古代著名的水利工程，为蜀农业的发展创造了良好条件。约在秦昭王时期，由蜀郡守李冰修筑。都江堰设计巧夺天工，是具有灌溉、防洪和漂木等多功能的大型水利枢纽工程，是迄今为止世界上最古老、最先进、最科学、最符合生态和谐要求、唯一留存且仍在使用的以“无坝引水”为特征的宏大水利工程，堪称世界水利史上光辉灿烂的明珠。于2000年被联合国教科文组织列为世界文化遗产。此外，李冰还疏导文井江、白木江、洛水、绵水等河道，建立了农业自流灌溉系统，使得蜀地土地肥美甲于天下。《华阳国志·蜀志》载沱江流域“皆溉灌稻田，膏润稼穑”。除农业长足发展外，成都平原还积极发展经济林木的栽培。故《汉书·地理志》言：蜀地土地肥美，“巴、蜀、广汉本南夷，秦并以为郡，土地肥美，有江水沃野、山林竹木疏（蔬）食果实之饶”。《华阳国志·蜀志》中说蜀有“桑、漆、麻、纻之饶”。

蜀民肉食以家庭畜养动物为主。三星堆早期蜀文化遗址不仅出土有猪骨，在生活区的房舍中还出土了大量各种精美的工艺陶塑家养动物塑像，如牛、羊、猪、鱼、蛙等，生动地再现了当时家畜饲养的景象。成都地区各遗址出土的大量动物遗骨中，可以确认属于家养动物的有猪、犬、水牛、黄牛、马、羊、鸡等，六畜皆备。其中家猪占饲养动物的75%，说明家畜以饲养猪为主。①

在成都平原及边缘山地的早期蜀文化遗址中，出土不少虎、黑熊、猕猴、中华竹鼠、豪猪、猪獾、灵猫、犀牛、小麂、梅花鹿、水鹿、赤鹿、白唇鹿等哺乳类动物骨骼，以及鱼类和乌龟、鳖、陆龟等爬行类动物骨骼。据这些野生与家养动物骨骼共存的情况推测，野生动物也是蜀人肉食的重要来源之一。

当时的畜牧业主要分布在高原地区。如岷江上游，是古代四川最早开拓的地区之一，属于山地农业类型，其经济特点是农牧相结合。在本区发掘的大量石棺葬中，也出土有各种动物骨骼。主要是羊骨，也有兽类和鸟类骨骼，还有青色羊毛织物。反映出当地居民兼事畜牧并辅以狩猎的生计方式。

居住在川西北的氐羌民族，在商代以后已见于史籍记载。氐羌原居我国西北甘青高原，以后发展为两个族群。《说文》称，“羌，西戎牧羊人也”，《后汉书·西羌传》又说羌人“地少五谷，以产牧为业”，是以畜牧业为主并营粗耕农业的民族。《三国志·魏志·乌丸鲜卑东夷传》注引：“氐人俗能织布，善田种，畜养豕、牛、马、驴、骡。”据考，氐族是从羌族中分化出来后，由高地向低地

① 段瑜：《四川通史》第一集，四川大学出版社，1993年，第93页。

发展并主要经营农业的民族。其初始分化年代，至少可上溯至商代。①

8. 巴国的经济状况

巴人早期以狩猎渔捕为主，辅之以粗放农业。西周中叶后，由于受蜀地农业的影响，也致力于农耕。春秋战国时，农业已成为主要的生产方式。《华阳国志·巴志》载："其地东至鱼复，西至僰（bó）道，北接汉中，南极黔、涪。土植五谷，牲具六畜，桑、蚕、麻、苎、鱼、盐、铜、铁、丹、漆、茶、蜜、灵龟、巨犀、山鸡、白雉、黄润、鲜粉，皆纳贡之。其果实之珍者，树有荔芰，蔓有辛蒟（jǔ），园有芳蒻，香茗、给客橙、葵。其药物之异者，有巴戟、天椒；竹木之璝（同'瑰'）者有桃支、灵寿。"

战国初，巴国已发展到川东，推进了农业生产工具和技术的传播。在四川巴县即出土了战国时期巴人的农具——"犁铧"，《华阳国志·蜀志》中记载："后有王曰杜宇，教民务农……巴亦化其教而力务农。"促进了农业生产的发展，《华阳国志·巴志》载，江州"有稻田，出御米"（即出产优质米）。从《华阳国志·蜀志》记录的古代巴国诗歌也可窥见巴国农业取得的成就："川崖惟平，其稼多黍。旨酒嘉谷，可以养父。野惟阜丘，彼稷多有。嘉谷旨酒，可以养母。"其祭祀之诗曰："惟月孟春，獭祭彼崖。永言孝思，享祀孔嘉。彼黍既洁，彼牺惟泽。蒸命良辰，祖考来格。"又曰："惟德实宝，富贵何常。我思古人，令问令望。"这段文字述及巴地大量种植粮食，为巴地的酒文化发展奠定了基础。

巴地地理环境上的差异，造就了不同的经济发展形态。如，"土地山原多平"的巴西郡多"有牛马桑蚕"；山区和丘陵地带，则以刀耕火种的粗耕农业与狩猎结合的复合经济为主，多种植黍、稷等作物；而"三峡两岸土石不分之处，皆种燕麦。春夏之交，黄遍山谷，土民赖以充食。"②

9. 巴蜀是盐文化的发祥地

四川自古以来就是我国主要的产盐区之一，盐储藏量非常丰富，主要有泉盐、池盐、岩盐和井盐。东到万县、石柱，西至洪雅、盐源，北到仪陇、阆中、江油，南到长宁、江津等县都有盐盆分布。其中川东、川中、川西被称为三大盐盆，渝东地区是岩盐的重要产地。据《华阳国志·蜀志》所载，南安（今四川乐山市）有"盐溉"。张澍《蜀典》卷七释曰："溉，为水中滩碛之名。"此应为池盐。如此，南安盐溉，应是蜀人就地取煮盐水之地。据《水经注》《朝野杂记》

① 段渝：《四川通史》第一册，四川大学出版社，1993年，第261页。
② 曹学佺：《蜀中广记》卷六四，商务印刷馆，1935年。

等文献载，至迟在春秋战国时代，川东沿江一带多有盐泉。而盐泉则谓盐池，在巴东北井县，水出地如涌泉，可煮蒸为盐。川东大宁河也产泉盐，称为盐水。

岩盐多集中在中国西北和西南高地势的山脉区域。位于岷江上游的“**汶山有碱石，煎之得盐。**”属岩盐。又据《水经注·江水》：“**朐（qú）忍县**（今重庆云阳县境内）**入汤口四十三里有石，煮以为盐。石大者如升，小者如拳，煮之，水竭成盐。**”可知岩盐是通过煮制获取的。在古代画像砖上的盐业图，常以山作为背景，应与岩盐有关。

井盐最早出现于战国时期的巴蜀地区。《华阳国志·蜀志》记载，秦昭王时，蜀郡守李冰十分重视食盐的生产，他勘察地下盐卤分布状况，“穿广都盐井诸陂池，蜀于是盛有养生之饶焉”。这是有关中国古代开凿盐井的最早记载。李冰在总结前人经验的基础上，了解到地下盐卤水有脉络可寻，根据民间“依山可作井，隔沟不同脉”的经验，提出一套凿井、汲卤、煮盐的办法，并进行实地试验，取得成功，开创了巴蜀井盐业的先河。井盐的大量生产改变了利用天然的咸泉和咸石制盐，数量少而质量差的局面，对烹饪的发展起到重要作用。

蜀地产盐的数量很大。在《华阳国志·蜀志》中记载了秦灭蜀后第五年，在成都置“盐、铁、市官”；在蜀地出土的秦汉画像砖中亦有大量盐井操作的画面，可见盐是蜀地的主要产业之一。

渔盐也是古代巴国的经济命脉。《华阳国志·巴志》记巴地物产有：“桑蚕麻苎，鱼盐铜铁。”商末周初，川东地区的巴人就有了大规模生产商品盐的历史。考古发掘显示，今三峡地区的大宁河流域曾是泉盐的集中生产地，其中巫溪宁厂、彭水郁山和清江盐水，这三处是古代巴人最早开发的盐泉。

从整个三峡地区的考古发掘中，都发现有鱼骨渣和鱼葬品，说明巴人盐业的兴盛与渔业生产有关。水产品须用盐腌制才能贮藏与保存，发展渔业须要以盐业为支撑。同时，渔业生产又促进了盐业的再发展，从而使此“渔盐之地”成为当地的经济集聚中心。正因自古盐与巴的特殊关系，古川东一带乃至整个四川地区也称盐为“盐巴”。

巴人得盐而兴，因盐而富。《山海经·大荒南经》记载：“**有臷（dié）民之国。帝舜生无淫，降臷处，是谓巫臷民。巫臷民盼姓，食谷，不绩不经，服也；不稼不穑，食也。……爰有百兽，相群爰处，百谷所聚。**”是什么让巫臷国能够不织而衣，不耕而食？这就是盐，以及因盐而起的盐业经济。食盐贸易解决了他们所需的物品，满足了日常生活的需求。①

① 管维良：《大巫山盐泉与巴族兴衰》，《重庆三峡学院学报》，1999年第3、4期。

可以说，历史上的巴蜀之地因盐而生，因盐而聚，因盐而兴。同时也因盐而战，古代三峡地区发生的战争实际多是为了争夺对盐的控制权，如春秋战国时期巴楚之战，即是争夺清江及伏牛山盐泉的战争，其结果导致巴国衰败，终于公元前316年为秦所灭。

10. 尖底陶器与巴盐食盐的制作

从中坝遗址①的考古发掘来看，新石器时代末期，有制盐器具的堆积层，并随着时间的推移，出现储卤池、窑灶等典型制盐遗迹。盐业考古专家认为，在人类采用金属容器熬制食盐以前，曾经有过相当长的一段时期是采用陶器制盐。其制作不精，器类往往都是单调的尖底、圜底、小圈足等容器，如尖底缸、尖底杯、圜底罐等，在这些陶器残片的下面常常可以见到灶或者窑等遗迹。②

尖底缸为敞口深腹，是新石器时代末期的主要器物。据一些考古学者推测，早期煮盐应是在地面上烧柴生火，为使罐体更好地受热，增大其受热面，就必须将罐体做成上大下小的形状，若将几个尖底缸紧挨着插在地上，相邻缸体的下面就有了类似于炉膛的空间，缸体就能更有效地接触火焰，正好能满足地面生火煮盐的技术要求。2001年法国国立科学院盐业考古专家顾磊先生到中坝遗址考察后指出，这类器物的底部与他在非洲看到的盐业生产工具十分相像。

尖底杯主要出现在商代晚期至西周早期，至西周中晚期出现了少量带有圈足的尖底杯。尖底杯最开始是插在沙中使用的，很容易解决其平稳放置的问题，而圈足起着器座的作用。这种陶器，主要功能是作为制盐和盛盐的器具。它一般内壁比较粗糙，在晾晒盐水时可以使水分尽快蒸发，使杯底留下白色的盐晶。③

圜底罐最早出现在商代，后来慢慢地成为制盐的主要工具，至战国以后逐渐消失。制盐时，圜底罐需放在一个被叫作“柱洞”的凹洞中，再利用“柱洞”底部的炭火或平铺在地表的炭火余热，将从盐灶上转移来的盐卤残余少量水分蒸发，形成盐晶。

11. 质地多样的巴蜀饮食器具

巴蜀先民制作的饮食器具质地多样，如陶器、木器、竹器、漆器、青铜器

---

① 中坝遗址：位于重庆市忠县，文化堆积层厚达12.5米，是世界考古史上罕见的、迄今唯一能完整展现五千年中华古代文明发展史的古代文化遗址。

② 孙华：《四川盆地盐业起源论纲——渝东盐业考古的现状、问题与展望》，《盐业史研究》，2003年第1期。

③ 白九江：《巴盐与盐巴》，重庆出版社，2007年，第37页。

等，种类繁多，如四川新都、蒲江等地战国墓出土的，有装食物的敦；有盛食物的豆；也有以适应各种饮食盛装需要的罐；还有蒸煮食物的“甗”、甑以及装祭祀食品用的铜鼎等，反映了巴蜀祖先已有“美食美器”的审美意识。

当时的制陶业已相当发达。四川夏商时期的广汉三星堆遗址中出土的陶器有盉、杯、觚（gū）、壶、勺、缸、瓮、碗、碟、盘、豆、罐等品种多样，造型实用，极具巴蜀风格。

巴人手工业中最负盛名的是青铜的冶炼和铜器的制造，其发展水平与中原不相伯仲。古代蜀国青铜器的制造业也较发达，如在彭县竹瓦街，两次发现了西周时期的青铜器窖藏；1979年，在绵竹清道发现了春秋时期蜀人的船棺葬，随葬物有青铜酒器罍（léi）和提梁壶。[①] 青铜器的冶铸，促进了饮食器具的发展。从木、竹食具到青铜食具，是饮食文化飞跃发展的标志之一。

漆器在巴蜀手工业中占有重要地位，该地漆器的发展，与生态环境密切相关。《华阳国志·巴志》指出，巴地盛产“丹、漆”，《华阳国志·蜀志》也说，蜀有“漆、麻、纻之饶”。蜀漆的实物资料最早发现于三星堆遗址。后来在成都羊子山、荥经和青川墓群中也发现了大量蜀漆制品，多数是生活用器。从青川漆器的形制、制作工艺到装饰图案，均充分体现了蜀漆工艺在战国的中晚期已相当成熟。[②] 巴人漆器的制造也达到了较高水平，在巴县冬笋坝、昭化宝轮院和涪陵小田溪的巴人墓葬，都有漆器出土，饮食器皿有漆奁、漆盘等，多为黑红二色，有的还加有铜足、铜盖或铜箍，制作颇为精美。

二、巴蜀先民的饮食生活

1. 掌握了多种的熟食方法

烧食和烤食是人类懂得用火以后的最早食法。先民们或将食物直接放在火上、火烬中烧烤，或用工具将食物穿起、吊起进行叉烤和悬烤。清光绪《雷波厅志》曾记彝族“饮食不烹饪，以火炙之，用木盒盛而食”。至今，彝族还盛行烧烤食品。彝族的烧烤仔猪，是“叉烤”的活见证；土家族、苗族、羌族的火铺、火塘吊烤的猪膘、熏肉，纳西族的烤干鱼，即为“悬烤”的生动写照。羌族、藏

① 四川省博物馆、新都县文管所：《四川新都战国木椁墓》，《文物》，1981年第6期。

② 李昭和：《青川县出土战国漆器》，四川省文物志编辑部编：《四川省志·文物志》报审稿，1990年，第175～178页。

图2-4　四川甘孜藏族同胞将面馍放入火灰中烘烤

族的烧、烤馍，凉山彝族的烤土豆，都是将食物埋入火烬中烤熟的，此为远古时期人类烧、烤食物的遗风。

人类还较早地发现能够利用炽热的石块或石板烘烤食物，这种方法较之将食物放在火上直接烧烤又前进了一步。聚居在滇西北地区，属横断山脉纵谷区中部山原地带的普米族，是具有悠久历史和古老文化的民族之一。他们的石烤粑粑就是先将石头烧得炽热，然后再将调好的粑粑放置在石头上，片刻即可烤熟。

在陶器发明以前，人类还学会了用水煮熟食的方法。据民族学资料显示，普米族曾用羊胃煮肉。届时把羊胃掏空洗净，装水，再放进羊肉，然后将羊胃放在火上，以煮熟当中的食物；他们还用木桶煮食，即是先在木桶中盛冷水，再把食物放入水中，而后把烧炽的石头放入木桶内，持续不断，直至水开食熟为止。又如，云南的傈僳族、佤族、怒族、景颇族，日常都用竹筒盛水煮饭，其方法沿袭至今。

汽蒸之法的历史也很悠久。在三星堆博物馆的陈列中，有一件引人注目的炊煮器——陶盉，即为水烹汽蒸的炊具。这种三足形炊具，有三只袋形大足协调撑开，袋足中空，并与口部相通，容水量很大，足下可生火加温，既稳当，受热面又广。口上为宽盘沿，上面可放食物。当下面的火焰燃烧起来时，沟槽状的宽沿上可将水烧沸，又可加盖烹煮食物，开了水烹汽蒸的先河。这种烹煮方法至今还存留于彝族、羌族和藏族之中。

2. 围火聚食的饮食方式

新石器时代的饮食方式，尚可从考古遗址与近代原始民族的饮食习俗中窥知

图2-5 陶盉，四川广汉三星堆遗址出土（“四川文物编辑部”提供）

一二，如手抓、咂饮、聚餐、席地而食，等等。

进餐不用筷子而用手抓，是古老的进食方式。直至20世纪中叶以前，藏族、彝族进餐如吃肉、馍时，基本不用汉族传统的筷子，一般仍用手抓食。

“咂饮”是南方民族最原始的吸饮饮料的方式。吸饮工具多为空茎的植物枝条，如芦秆、钩藤、竹枝等，故咂酒又名“钩藤酒”或“竿竿酒”。因为人类饮用最原始的酒，是野果经自然发酵而成的果酒，所以空心植物茎枝为理想的饮酒工具。

围火席地而食称之聚餐，是最古老的饮食方式。新石器时代氏族制度下流行同爨（cuàn）共饮。炊间在住屋的中央，上有天窗出烟，下有火塘燃物，在火上作炊，就食者围火聚食。女性老人是炊饮的制作者，也是食物的分配者。不论饭菜，都由她平均分给每个人。这一聚餐方式和平均分配制绵延后世，及至近代仍有许多少数民族留存。至清末民初时，四川地区的少数民族中还不乏其例。清光绪《越西厅全志》记载：“夷人……无灶，以三石支釜，名曰‘锅庄’，肉菜杂煮。肉半生，席地或团坐竹笆分食；汤用木勺取贮，团转分食。”而现代纳西、普米族人吃饭时仍沿袭传统，全家围坐火塘四周，由家庭主妇分配饭菜，每人一份。家长的第一碗饭必须由女子盛给。这种习俗带有原始母系社会的遗迹，也是聚餐制的遗留。

3. 由手抓到陶器的饮食器具演进

上古先民从抓食掬饮，茹毛饮血，发展到利用自然物燔炙熟食，再到制作陶器，成为历史上人类生活的几个发展阶段。但最早的饮食容器并非是陶器，而是

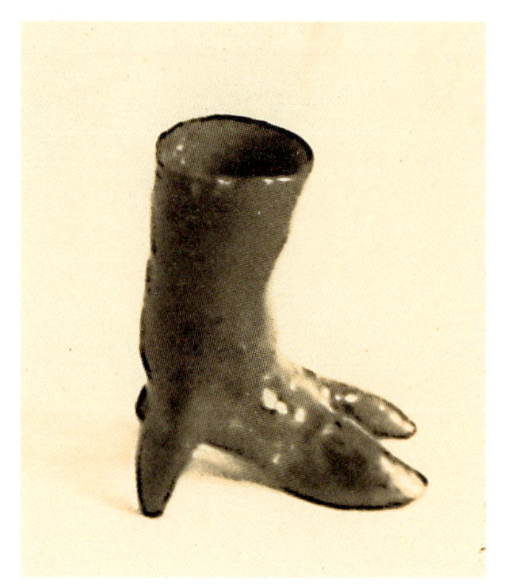

图2-6　四川凉山彝族的猪蹄酒杯

用石、木、竹、角、骨等自然物加工制成，或用瓠类植物的果壳及植物的茎做成的。很多民族都有使用木、石、角、骨食器的历史，这些器具至今还遗存于西南诸多民族中。傈僳族过去使用的食具皆用木、竹制造。木器完全靠剜削，有的木食器几乎保留着木材本身的自然形状，稍加修饰即成用具。四川甘孜县藏族，曾在食完牛头肉后，将颅骨正中劈开，取出大脑组织后剩余的脑颅骨呈勺状，以此作为舀汤的勺用。凉山彝族则以牛角、猪蹄挖空为酒杯。

陶器的前身是瓦器。瓦器对原料要求不高，也不上釉，火候容易掌握，所以早于陶器。新石器时代后期龙山文化遗址中出土的白、灰、红、黄四种瓦器，都属于早期的陶器。这种瓦甑，现在还遗存于巴渝地区。在渝东大山深处的云阳县黄石镇，当地居民还自制自用这种黄泥瓦甑。镇上居地，木材随手可取，可制作大量的木甑。但人们却宁愿使用瓦甑，其原因是认为它比木甑方便，木甑易脱水，松散，蒸饭前还要用水浸泡一段时间，且饭带木腥味。瓦甑则避免了这些不足，用瓦甑蒸的饭不仅特别香，而且剩饭放在瓦甑中可以保存几天不馊。[①]陶器的发明，为先民提供了具有历史贡献的烹饪器具。陶器不仅可以盛放固体食物，还可以盛放液体食物。它的出现，使人们处理食物的方法，除烧烤外又增加了煮、蒸、熬、炖等手段，极大提升了先民的饮食水平。

① 乔光友：《瓦甑》，《民俗研究》，2001年第2期。

4. 蜀地蔬菜丰富，有“筑场圃”之俗

蜀地水利工程的护佑，改善了当地生态环境，促进了农业的发展。《华阳国志·蜀志》形容“其山林泽渔，园圃瓜果，四季代熟，靡不有焉。”说明蜀地蔬菜类食物十分丰富，从而使蜀人“水旱从人，不知饥馑。”所谓“饥馑”的“馑”，指蔬菜歉收。《尔雅》云：“菜不熟为馑。”但先秦时期菜品种很少，《诗经》中提到132种植物，其中作为蔬菜的只有20余种。战国秦汉时略有改善，但品种仍不多。《素问》一书将“葵”“藿”“薤（xiè）”“葱”“韭”列为“五菜”，葵菜，植物学上称为冬葵，是菜中之王，至唐代已不为人重视，后来就无人种了。藿，是先秦时的蔬菜，是大豆的嫩叶，《战国策》说：“民之所食，大抵豆饭藿羹。”韭菜，是我国原产，因季节性极强，在古代是上等的蔬菜。此外还有萝卜、蔓菁等根类菜。《诗经·邶风·谷风》说“采葑采菲”，葑，蔓菁；菲，萝卜。《诗经·豳风·七月》曰：“九月筑场圃。”说明当时蜀人已有了“园圃”，已经开始了蔬菜种植。朱熹《集传》释曰：“场圃，同地，物生之时，则耕治以为圃而种菜茹；物成之际，则筑坚之以为场而纳禾稼。”此习俗在四川农村一直延存。

5. 讲究“调和”之味

古人讲求肴馔的五味调和。《吕氏春秋·本味》对“调和”作了如下描述：“调和之事，必以甘酸苦辛咸，先后多少，其齐甚微，皆有自起。”又说“鼎中之变，精妙微纤，口弗能言，志不能喻。若射御之微，阴阳之化，四时之数。故久而不弊，熟而不烂，甘而不哝，酸而不酷，咸而不减，辛而不烈，淡而不薄，肥而不腠，言皆得其中适。”

食物原料本身有各种不同的性能与味道，所谓“调”，即去其恶味提其美味，使之更能符合人们喜爱的口味。“和”则是使食材和作料的气味互相渗透，达到美味的境界。此外，还有调色与调形，使食物的色彩、形状让人悦目，引起人的食欲与视觉上美的感受。这体现了中华民族饮食文化中“尚和”的核心思想，不仅体现在烹饪技术层面的“五味调和”，还体现在人际关系的和谐与和睦。比如，羹是先秦时代流行的重要食品，即是用肉类或搀菜制成的带有浓汁的食物。《礼记·王制》：“羹食，自诸侯以下至于庶人，无等。”制羹要调和五味，反映了当时烹调的最高水平；而且人人都可以吃，说明在饮食上的平等、和谐。周代时羹的种类丰富，有牛羹、羊羹、豕羹、犬羹、兔羹、雉羹、鳖羹、鼋（yuán）羹、鱼羹等。

先秦时期，巴蜀地区的调味品资源十分丰富。最早作为调味品的盐，既是“百味之王”，更是巴国盛衰之所系。中国早在商代即已知用盐做调味品，用来配制美味的羹汤。《尚书·说命》：“若作和羹，尔惟盐梅。”意思是若要调和肉

羹的味道，只有靠盐和梅子，而盐是调味品的主角。[①]《尚书·禹贡》还记载青州"厥贡盐𫄨"，即夏代就有"贡"给奴隶主国家的盐，故中国关于食用盐的最早记载可以溯推至西周中期。至周代已把咸味作为"五味"之一，并用于医治疾病，《周礼·天官·冢宰》中有"以咸养脉"记载，《管子·海王篇》云："以碱养血，盖与五谷同。"《管子·轻重甲篇》说"无盐则肿"，说明人体缺少盐会生病。盐对牲畜的生长也有好处，《后汉书·西南夷传》载："地有咸土，煮以为盐，麢羊牛马食之皆肥。"《汉书·食货志》称盐为"食者之将，人人仰给"，这说明中国人很早便认识到盐对健康的重要作用。

巴蜀自古产姜，也是川菜的重要调味品。《吕氏春秋·本味》曾记商王成汤的庖宰（掌管膳食的官）伊尹向汤介绍天下的美味食品时，谈及"和之美者，阳朴之姜"，汉代高诱注："阳朴，地名，在蜀郡。"即今川西的一个地方。《史记·货殖列传》也把姜列为巴蜀的土特产品，后魏的《齐民要术》、西晋左思的《蜀都赋》、南朝梁陶弘景的《名医别录》等史籍，都有关于蜀姜的记载。

此外，四川还产花椒、茱萸等调味品，奠定了川味的基础。《华阳国志·蜀志》说，蜀中饮食习俗是因为"其辰值未，故尚滋味；德在少昊，故好辛香"，而尚滋味、好辛辣，喜鲜香、重味素的饮食习俗延续至今，可谓四川地域饮食文化的一大传统特色。

6. 茶叶发源于巴蜀，巴蜀人种茶饮茶

西南是野生茶树的原生地。有日本学者先后到我国的台湾、海南岛和泰国、缅甸以及印度阿萨姆进行调查，又三次到云南、四川、广西、湖南等地作考察，发现茶的传播是以四川、云南为中心，往南推移，由缅甸到印度阿萨姆，向乔木、大叶形发展；往北推移，则向灌木化、小叶形发展。[②]

我国最早利用和生产茶叶的是位于巴、楚之地的古代民族。唐代陆羽在《茶经》中说："茶之为饮，发乎神农氏，闻于鲁周公。"有学者考证了神农氏发现茶叶的传说，认为"神农"是被称为"三苗""九黎"的南方氏族或部落，最早可能生息在川东和鄂西山区，即古代巴、楚之地。他们在这里首先发现茶的药用，进而把茶作为采食对象，并且逐渐在食用茶的基础上发明了茶的饮用。[③]

据史料记载，我国最早的饮茶、种茶的地区是位于四川东部的巴国。巴蜀是

---

① 张莉红：《在闭塞中崛起——两千年来西南对外开放与经济、社会变迁蠡测》，电子科技大学出版社，1999年，第52页。

② 王从仁：《玉泉清茗》，上海古籍出版社，1991年，第6页。

③ 陈祖椝、朱自振：《中国茶叶历史资料选辑》，农业出版社，1981年。

茶文化发源地，也是饮茶文化的起源地。西周时，古蜀国的贡品中，即有茶和蜜。《华阳国志·巴志》载："武王既克殷，以其宗姬封于巴，爵之以子。""……丹、漆、茶、蜜……皆纳贡之。"《华阳国志·巴志》又说巴地"园有芳蒻，香茗"，香茗即茶，说明至迟在周代，巴族就已经在园圃中种植茶树，并把茶作为珍贵的贡物献给周室，可见最早将茶树从野生改为人工栽培的应在巴蜀地区。南宋蜀人魏了翁《邛州先茶记》言："且茶之始，其字为荼。如《春秋》书齐荼，《汉志》书荼陵之类。陆、颜诸人，虽已转入茶音，而未敢辄易字文也。若《尔雅》，若《本草》，犹从艸从余。惟自陆羽《茶经》、卢仝《茶歌》，赵赞《茶禁》以后，遂易'荼'为茶，其字从艸、从人、从木。"说明茶字最初是蜀人的称呼，也证明了茶发源于蜀。

据《华阳国志》载，汉代茶的名产地如涪陵郡（今彭水县）、广汉郡（今什邡县）、犍为郡的南安、武阳（今乐山市）、平夷郡（今贵州毕节）以及蒙顶山等都是巴蜀的故地。再从《僮约》《方言》等史籍来看，西汉时巴蜀已有饮茶之风，并有茶市。《僮约》为西汉时蜀郡文学家王褒所著，书中记载了四川资中男子王子渊在成都买奴仆后，相互间订立"买卷"，规定"奴当从百役使，不得有二言"，百役中就包括"烹茶尽具""武阳买茶"。武阳在今四川省彭山县，至今仍产茶，在仙女山顶有古茶园。这是全世界最早记载"烹茶"和"买茶"的重要史料。西晋人张载《登成都白菟楼》诗有"芳茶冠六清"之语，证明成都的茶为饮品之最。《茶经》引傅咸《司隶教》有"蜀妪作茶粥卖"语，说明吃茶已普遍流行于巴蜀一带。

7. 巴蜀自古即酿酒、饮酒之乡

巴蜀酒史源流远长。从考古资料得知，四川各地均大量出土商周至战国时期的酒器和礼器。其中酒器有罍、壶、尊、觯（zhì）、彝、瓶、缶、觚、盉、钫、鍪（móu）、勺等种类。

酒器是酒史发展的实物见证。在公元前11世纪蜀王朝都邑广汉三星堆遗址的第二期至第四期（商周时期）"早蜀文化"中，出土了大量的陶、铜酒器具，包括各种酿酒器具、盛酒器和饮酒器，如盉、杯、瓶、觚、壶、勺、缸、瓮、尖底盏、尊、罍、方彝等，还有两个双手过顶捧着酒尊作供献状的青铜人像。这些酒器从酿造、贮藏到饮用，一应齐全，数量很多，反映了古代巴蜀酒文化的成熟发达，说明在3000多年前的蜀中大地饮酒已相当普遍和讲究。

巴蜀酒文化在文献记载中以巴酒为最早。《华阳国志·巴志》引先民之诗："川崖惟平，其稼多黍。旨酒嘉谷，可以养父。野惟阜丘，彼稷多有。嘉谷旨酒，可以养母。"以好粮酿酒孝敬父母，说明酒作为一种高级饮料在巴蜀先民生活中的重要地位。战国时期，川东地区出现一种名酒称"巴乡清"，《水经·江水注》

图2-7　战国单耳铜鍪（周尔泰提供）

说："江之左岸有巴乡村，村人善酿，故俗称巴乡清。"据考，巴乡村即今奉节县西边的云阳县龙峒乡。"巴乡清"属"清酒"中的一种，而清酒是一种酿造时间较长且浓度较高的酒，名列《周礼》"三酒"①之一。战国初期的酒称为薄酒，酒汁不清，又称浊酒，邹阳《酒赋》称："清者为酒，浊者为醴；清者圣明，浊者顽呆。"宋代窦苹《酒谱》亦言："凡酒以色清味重为圣，色如金而醇苦者为贤。"由此而定酒清、酒精成分高者为上品，反之为次品。巴人善酿清酒，说明酿酒技术甚高，酿酒业发达。

蜀酒文化的历史同样悠久，可以追溯到开明氏蜀国（蜀国的最后一个王朝）的"醴"。蜀国的古酒虽无史籍像"巴乡清"那样明确记载，但"醴"却见于史籍。据《华阳国志·蜀志》载，西周末年，"九世有开明帝，始立宗庙，以酒曰醴，乐曰荆，人尚赤，帝称王"。近年四川出土的古蜀国青铜器中有许多贮酒器，如尊、罍、卮（zhī）、爵等。其中铜鍪是巴蜀青铜器中颇具特色的容器，从形制来看，属于实用器物，其形状为小口、短颈、圆腹、圜底，肩部有一两个辫索耳的釜形器，它起源于商周时代早蜀文化中的圜底陶罐，在成都十二桥、指挥街等遗址都有出土。

巴蜀酒饮的发达，还表现在已有了专门的酒宴。成都百花潭出土了战国"嵌错宴乐攻战纹铜壶"，其上有三层画面，其中第二层左组为宴乐武舞图，其中有

① "三酒"：《周礼·天官·冢宰》，"辨三酒之物，一曰事酒，二曰昔酒，三曰清酒。"郑司农云："……清酒，祭祀之酒。"

一幅饮酒画面：一人前置觚，双手捧觯；其面向左第一人，作敬酒状。第二人一手举觯，另手似执一勺。前面有釜置于架上。第三人垂手而立。可见酒在贵族阶层中作为生活享乐的表现。

先秦时期的巴蜀酒文化十分发达，其影响力远播四邻。如在贵州、湖南、湖北等省甚至远到朝鲜乐浪（今平壤），都曾出土巴蜀地区生产的漆酒器。可见巴蜀酒器作为巴蜀文化的代表流传甚广，它促进了巴蜀文化圈的形成，这是和中原不尽相同的区域性文化现象。①

第二节　云贵桂地区饮食文化之萌起

西南云贵桂地区是我国人类重要的摇篮之一。这一地区的古老居民，很早就生活和劳作在这块土地上，他们写下了这一地区饮食文化史上的一页。

一、石器时代的生计方式及青铜文化

1. 石器时代的渔猎生活及稻作文化的起源

旧石器时代是云贵桂地区饮食文化的启蒙期。

该地区多处发现旧石器时代遗存，早期的以云南元谋人、贵州黔西观音洞等遗址为代表。元谋人大约生活在距今170万年前，从出土的石制品、大量的炭屑和哺乳动物化石来看，他们已学会使用石器捕获野兽或采集食物，并掌握了用火制成熟食的方法，开始摆脱茹毛饮血的时代。观音洞遗址距今约20万年至4万年，这里出土了大量石制品和哺乳动物化石，表明先民以狩猎和采集为生。

旧石器时代中期及晚期，则以云南保山塘子沟及贵州的桐梓岩灰洞、平坝飞虎山等遗址为代表，除早期文化遗存的石器、炭屑和动物化石外，还出土了不少螺蛳与河贝的弃壳，说明水产是当时人们的重要食物来源。一些地方甚至发现了包括火塘、柱洞和夯土面的房屋遗迹，充分体现了先民们生活能力的增强。并在火塘内发现有残留的烧土、炭屑与烧骨，可知当时的人们已懂得利用火取暖，并掌握了烧、烤、烘、煨等火烹和石烹熟食的方法。火的使用扩大了人类食物的来源，也有利于食物营养的吸收，对人类的大脑和身体的发展都十分有利。

① 林向：《巴蜀酒文化比较研究》，《巴蜀文化新论》，成都出版社，1995年，第129页。

新石器时代是云贵桂地区饮食文化的萌芽期。

进入新石器时代以后，最显著的进步是出现了以农业为主的垦殖经济。如在云南、贵州地区的遗址，普遍发现主要用于砍伐树木、开辟种植用地的大型石斧与石锛。尤其是在大墩子、白羊村、闸心场等处遗址，还出土了打磨锋利、带有钻孔的新月形石刀，用来割取稻穗；并且发现了稻谷。经研究发现，当时种植的稻谷主要是粳稻，属旱地种植的品种。这一时期，也出现了畜牧业。在遗址中普遍发现了猪骨和牛骨，说明人们已饲养猪、牛、狗以及鸡等禽畜。

而广西地区的新石器时代早期遗址，如柳州鲤鱼嘴下层、桂林甑皮岩下层等遗址的文化堆积层富含各类兽骨与鱼贝类的残骸，还发现了不少骨针和骨鱼钩；出土石器主要是以砾石为原料打制的砍砸器与刮削器，少见石斧；有掺砂粒或蚌末的夹砂粗陶。表明人们除狩猎和采集外，还捕捞鱼及贝类等水产。其中桂林甑皮岩遗址出土的陶片经碳14测定为9000年前，说明广西古人在那时即开始使用陶器烹食。这可以说是广西烹饪诞生的标志。在新石器时代中期，广西地区才开始出现农业。在防城亚萨山、马兰嘴山与杯较山等地的遗址中，出现不少磨制的斧、锛、凿、磨盘与杵等与农业生产有关的工具。至新石器时代晚期，广西地区的农业有了很大的发展。钦州独料遗址出土了斧、锛、凿、锄、刀、镰、犁和磨盘，大致包括用于农业砍伐开垦、平整土地、除草和收割的基本工具。在有些遗址中也发现了稻谷遗存。在广西南部的遗址还普遍出土颇具特色的大石铲，反映出农业生产较发达。

考古研究表明，西南地区等地是亚洲地区人工栽培稻谷的起源地。栽培稻由野生稻培育而成，从古至今云南、广西一直有野生稻生长。生活在这一地区的百越族群，最早培育出了人工栽培稻，对亚洲文明做出了重要贡献。

2. 青铜器发展的鼎盛时期

继新石器时代末期，西南各地先后进入青铜时代。据《史记·西南夷列传》，西南诸族可归为三类，即滇、夜郎和邛都（居今四川西昌地区）。其中“滇”国约始建于战国中期。其势力范围主要在云南，大致以滇池周围为中心，东至曲靖、陆良与泸西，西到禄丰，北达会泽，南面抵元江、新平一带。其主体民族是僰人，即《史记·西南夷列传》中所说“魋（tuí，同‘椎’）结、耕田、有邑聚”的农业民族。农业和畜牧业是其重要的经济部门。在楚雄万家坝春秋时期的墓葬中就发现有青铜农具100余件，其中有54件青铜锄。青铜农具在一个地方如此大量出土，在全国实属罕见，可见滇国农业之发达。

“夜郎”始于战国时期，是一个分布较广的部落联盟，其活动范围在今贵州及其相邻的地区。该地自古重视农业发展，在夜郎地区的墓葬中，出土有镢、

图2-8 战国时期的滇国铜器“牛虎铜案”雕塑

锄、刀、斧等青铜制的农业生产工具，在贵阳、盘县、赫章、兴义、威宁等地还收集到一些青铜制的尖叶形镢、长条形锄、斧和刀等器物。另外，在毕节瓦窑商周遗址中还发现了杵、研磨器、砧等磨制石器。

青铜器约在商周时传入广西，武鸣马头乡出土的周代墓中有石范（青铜铸模），说明在西周末期广西人就掌握了青铜技术。约在战国时期，这里进入了青铜文化的鼎盛阶段。器型有鼎、罍、卣（yǒu）、盘、尊、杯、壶、鬲、簋、镬（huò）、刀、匕等。但广西地区制造的青铜器，生活用具和礼器多于生产工具，且只有部落首领才使用青铜烹器，平民仍以陶器为主。因为，有限的铜资源须先满足奴隶主贵族制造礼器与高档生活用具的需要，也与铁器在岭南（唐中期前，今广西、广东和越南北部通称为岭南）较早的推广使用等因素有关。广西铁器大约在战国初从楚地传入，多为生产工具，用于烹饪的不多，只有鼎、镬、刀、匕等。此外，还有漆具，如漆盒、漆豆、漆碗等。

二、青铜时代的饮食习俗

云贵桂地区在新石器时代晚期进入了金石并用的时代，尤其是在今云南地区的滇国创造了灿烂的青铜文化。在这些青铜器的图像中，我们可以读出当时人们的饮食生活。如在祥云大波那铜棺墓中发现有牛、鸡、马、羊、猪、狗等六畜的模型或图像。在晋宁石寨山的青铜贮贝器上有马、猪、牛、羊（山羊、绵羊两类）、鸡的图像，可见养畜业的发达。其中以牛的图像最多，因为牛是财富的象征。滇人赋予了饮食资源以文化的内涵。

由于生产力的发展，食物的数量与种类开始丰富起来，滇国的饮食与烹饪，较石器时代有了很大的进步。稻米是农业地区居民的主食，有熬粥、蒸饭、磨粉制成面食等多种吃法。副食则有家养畜禽及猎获野兽的各种肉类，以及从江湖中捕捞的鱼虾螺蛳和采自田园或野外的瓜果菜蔬。当时常见的炊具有青铜或陶土制的釜、甑、罐和镬，人们把这些器物安置在锅桩石、三足架或灶台上，对食物进行细心的烹制。滇人常用的食器，有铜、陶以及竹木制成的碗、盆、勺与箸等。滇国盛行饮酒的风气，在各地墓葬中都有青铜铸造的壶、尊、杯等酒具出土。

在贵州的普安铜鼓山等地的墓葬中，发现有径粗10厘米的石臼与径粗约4厘米的石杵，显然是用于稻谷的脱粒加工。由此推知，当时的夜郎国种植水稻，并需要对稻谷进行规模性的加工，可知当时人们日常吃米。

由于进入了青铜和铁器时代，广西生产力有了飞跃性的变化。饮食生活也随着农业、手工业和商业的发展而进步。首先，水稻、黍类与杂粮共食，兼采集野生植物性食物。如《吕氏春秋》中提到的“越骆之菌”等。其次，肉食种类大幅拓展。水产仍占重要地位，亦有猪、狗、羊、牛等家畜，以及捕获的鸟兽蛇虫等。其三，陶器、铜器与铁器制作的烹饪器具兼而使用。其四，上层奴隶主贵族饮食调料，已有咸、甜、酸和辛香之味。此外，从兴安县、平乐等地出土的春秋战国时期的铜杯、铜壶、铜卣，以及陶壶、陶杯等来看，此时广西已出现造酒技术。

图2-9　战国时期的滇国铜器“牧羊图”雕塑

第三节　西藏地区的早期文明

一、各具特色的三大早期文明

从考古资料可知，在旧石器时代，现今西藏高原的大部分地区就已有古人类活动。进入新石器时代，西藏高原形成了三个各具地域特色的原始文化：以藏东河谷区卡若遗址为代表的“卡若文化”，以雅鲁藏布江流域拉萨曲贡村遗址为代表的“曲贡文化”，藏北高原以细小打制石器为特征的“藏北细石器文化”，共同构成了西藏新石器时代文化的基本面貌和格局。

1. 卡若文化

卡若文化的先民定居于藏东河谷，主要是以农耕为主，兼狩猎、畜牧的生产方式。现代考古表明，卡若文化遗址（距今4600多年）中发现有大量炭化粟米，以及一些保存很好、未经炭化的植物种壳，经专家鉴定为粟。①研究表明，粟应是当时栽培的主要农作物，并在当时的粮食生产中占有相当大的比重。②在遗址中，除粟米外，还发现有猪、鼠、兔、鹿、马、牛、羊、獐等动物的遗骸。此外，还发现有陶器，以小平底的罐、盆、钵为基本组合，也发现有彩陶。陶质均为夹砂陶、手制，纹饰以刻画纹、锥刺纹和附加堆纹为主。石器中有铲形器、砍砸器等。

2. 曲贡文化

曲贡文化的先民聚居于拉萨河谷地带，从事以农耕为主，畜牧、狩猎、捕鱼为辅的经济生活。在曲贡文化遗址（距今3500—3800年）中出土了大量的石器，主要用作农耕。如砍伐类石器，是用于砍伐灌木丛，以及开垦河谷地带的土地；切割类的石器石刀，用来收割谷物；石磨和磨石（磨棒），则是粉碎谷物的必备加工工具等等。曲贡文化遗址出土的绵羊、牦牛和狗的遗骸，充分说明了当时家畜饲养的存在，显示了家畜饲养是藏族先民饮食生活的一项重要来源。遗址中还出土了大量狩猎工具矛头和箭镞，同时也发现了许多野生动物骨骸，有马、鹿、麝、野猪、藏野驴和飞禽等。遗址出土的网坠、鱼骨则表明捕鱼也是当时藏族先民的一个辅助经济手段。此外，在雅鲁藏布江中、下游地区的另一支流尼洋河与雅鲁藏布江交汇处的居木遗址、云星遗址、红光和加拉马等遗址中，也发现了捕

---

① 吴玉书：《卡若遗址的孢粉分析与栽培作物的研究》，文物出版社，1985年。

② 傅大雄：《西藏昌果沟遗址新石器时代农作物遗存的发现、鉴定与研究》，《考古》，2001年第3期。

鱼的网坠。这一现象说明，西藏腹心地区的一部分藏族先民从事渔猎生产活动。在曲贡遗址中，陶器组合以罐、盆、豆、碗为主，还出现有单、双耳罐、大肚高颈罐和工艺水平极高的棱形纹黑陶罐。陶器表面多经磨光，尤以磨光黑陶最为精美。

3. 藏北细石器文化

藏北细石器文化是以藏北为中心，分布广泛的新石器晚期文化。它地处藏北高原游牧区和拉萨河谷农牧区相连接之处，海拔均在4300米以上，气候寒冷干燥，不适宜农作物的生产，但分布着大面积的高山草甸，是优良的天然草场。其中以加日塘文化遗址（距今约2900—3200年）最为典型，这个遗址是活动于藏北高原地区主要从事游牧和狩猎的游牧居民群体留下的。该遗址的出土物主要有船底形石核、楔形石核、柱形石核、石镞、尖状器、穿孔石球、凹窝石球等，其主要用途均与狩猎和畜牧经济活动有关。

二、高原饮食结构及炊餐用具

从四五千年前开始，藏族的祖先就生活在雪域高原。因西藏高原绝大部分地区属于亚热带的暖风带，有着极其丰富的自然资源，又由于平均海拔在4000米以上，空气稀薄、降水量小、日照充足等方面的原因，形成了西藏地区独特的饮食文化。

图2-10　炒青稞（《西藏民俗》，五洲传播出版社）

1. 主食

青稞和荞麦是藏族先民最早种植的作物之一。据考古发现，在卡若和贡嘎两处新石器时代遗址中，均有青稞、粟的炭化物出土；曲贡遗址虽然未发现具体的粮食作物，但出土了用于收割、粉碎谷物的石器和磨粉的工具石磨、磨棒，以及现在该地区的主要粮食作物青稞等，可推知藏族先民的主食是青稞及粗面食。由此可以看出，分布于雅鲁藏布江中游及其支流的西藏中部、南部河谷平原地区的藏族先民应以青稞和粟为主要栽培作物和主要粮食。

2. 肉食与食鱼禁忌

从石器时代考古遗址中得知，西藏先民已饲养猪、牦牛和藏绵羊，作为日常肉食的主要来源。此外，还依靠狩猎和捕鱼作为肉食的补充。从动物遗骸看，猎获的有马、鹿、麝、牛、羊、獐、野猪、藏野驴、鼠、兔和飞禽等。

从出土的网坠和鱼骨来看，捕鱼是当时的一个辅助经济手段。但是，藏族食鱼的习俗是因地因时而异的，藏学家格勒博士认为很可能与原始信仰或巫术有关。他引述了藏文典籍《贤者喜宴》中的一段记载："赤年松赞与妃没庐萨莫杜杨娴之子为仲年代如。此子因疑虑之病致使身受癞病之苦，俟后，他自达布娶一名为琛萨路杰之美女，此女后来变丑，（赞普）问其原因，美妃答道：我家乡有一种食物，因无此物，是否由此之故？于是赞普遣人取之。随后女仆取回众多油烹青蛙，并置于库中。琛萨路杰因食蛙而复变美。仲年代如想到，我也食之！遂以钥匙打开仓库之门，因见蛙尸，而生疑虑，遂之染疾。其时，吐蕃其他地方不食鱼，而称达布为蛙食之乡。据称，该地食鱼，并称鱼为蛙。"格勒先生认为，这段记载说明远古的西藏社会确实存在着以鱼为禁忌食物和不以鱼为禁忌食物的氏族部落，从藏东"卡若文化"先民傍江而居但无渔业（不食鱼）的历史来看，早在新石器时代就已经存在禁忌食鱼和不禁忌食鱼的氏族部族，食鱼与否也就成为部族之间的区别所在。[①] 这一远古影响延至近现代，对鱼的禁忌与否也存在地域差别：塔布一带居民仍以鱼为食；雅鲁藏布江流域的日喀则、拉萨和山南等地，也有打鱼为生的渔夫和渔村存在，当地居民在一定季节也食鱼（但山南穷结、泽当一带禁忌食鱼）；卫藏地区的城镇居民仍有部分人吃鱼。而在广大的农牧区，尤其是藏东地区的人至今几乎不吃鱼和虾。

3. 炊具与餐具

远古时期，藏族先民已有使用炊具熟食的传统。昌都地区卡若新石器时代遗

① 石硕：《西藏文明与东向发展史》，四川人民出版社，1994年第2版，第32页。

址中发现有石灶。灶在住房中间，口大底小呈锅状，灶周围嵌10块石头为一圈，均沿坑口略向外斜倾，其中有三块石头突出，成为三个支点。少数陶盆（陶锅）的表面有明显的火灼痕迹，此为目前所知西藏最早的炊具。遗址中发现有大量餐具，如陶罐、陶盆、陶壶、陶钵、陶碗等，盆的器形较大，敞口平底而深腹，制作较精；碗的形器较小，敞口平底，可分直口和多口两型；罐的器形大小悬殊，制作精良。这些器具多为夹砂陶，大部分表面经过打磨。陶色有红、黄、灰、黑四种，以黄灰色为主。器面以刻划纹为主，也有绳纹、附加堆纹、压印纹、篦纹、蓝纹、抹刷纹等。主要图案为三角折线、方格、菱形、连弧、贝形、圆圈及四方形纹等彩绘装饰。

曲贡文化遗址中发现的陶器有炊具、盛器、水器和食具，主要器类有罐、钵、杯、碗、盘、底座等，以罐为大宗，有单耳罐、双耳罐、高颈罐、大口罐，还有圈足碗、豆、盂、单耳杯、圜底钵等。陶器制作水平较高，其面貌与卡若遗址相比显示出进步性。例如，陶质火候较高，泥质磨光黑皮加工精细，器表光亮如黑釉，器胎薄约2毫米。陶胎质密、坚实、纹饰较为丰富，陶器的腹颌耳部有刻划纹、重菱纹、三角纹、波折纹或蛇纹，多饰于陶器的腹、颌、耳部。从陶器的纹饰和器种来看，卡若遗址与曲贡遗址的陶器存在密切的关系，并对西藏以后的制陶工艺产生了重要影响。

上述考古发掘，为我们复原西藏远古先民的生活环境、食物结构等提供了不可多得的重要资料。

第三章 秦汉时期

第一节　巴蜀经济兴旺，饮食文化繁荣

秦汉时期，都江堰水利工程的成功，促进了蜀地农、牧、渔、副业的发展，为蜀地饮食发达提供了丰足的物质基础，使成都平原有了“天府之国”的美称。

“天府之国”的四川，饮食文化发达。《后汉书·公孙述传》中说：“蜀地沃野千里，土壤膏腴，果实所生，无谷而饱。”得天独厚的生态环境，为饮食文化的发展提供了丰富的物质基础，使秦汉时期的巴蜀饮食文化表现出千姿百态的繁荣景象。

一、巴蜀经济的全面兴盛

1. 巴蜀地区的各民族与区域经济

秦汉时期，中原人口大量进入蜀地，与四川盆地腹心地带的原巴蜀土著逐渐融合。巴蜀土著皆以农牧渔猎并重，农业为旱地作业，广种薄收；牧业系小规模的定居放牧，以羊马居多；渔业、狩猎在整个经济活动中所占比重仍然很大。

秦汉至三国时期，在巴蜀境内的周边地区还生活着除华夏族以外的少数民族，主要有邛人、夷人、氐羌等。

邛人是川西南的主体民族。《史记·西南夷列传》载：“自滇以北君长以什数，邛都最大。”邛都即邛人所在地，滇以北即越西地区，这是西汉邛人的分布中心，该地邛人为农耕民族，习居平原或浅山。东汉中期，邛人集中分布在今四川安宁河流域，这一带气候温暖，适宜稻作农业，当地邛人以稻作农业为主。

图3-1 汉代画像砖“放牧”，四川宝兴出土（“四川文物编辑部”提供）

夷人发源于川西北，秦至三国蜀汉时期活动于川西高原。夷人的支系甚多，《华阳国志·蜀志》说：“汶山曰夷，南中曰昆明，汉嘉、越嶲（xí）曰筰（zuó），蜀曰邛，皆夷种也。”汶山即今阿坝地区，在秦至蜀汉有“六夷七羌九氐”。这里的夷、昆明、筰等为同一民族在各地的不同称呼。筰人主要分布在川西高原的中段和南段。《史记·西南夷列传》说：“西南夷君长以什数，夜郎最大；其西靡莫之属以什数，滇最大；自滇以北君长以什数，邛都最大：此皆魋结，耕田，有邑聚。其外西自同师以东，北至楪榆，名为嶲、昆明，皆编发，随畜迁徙，毋常处，毋君长，地方可数千里。自嶲以东北，君长以什数，徙、筰都最大；自筰以东北，君长以什数，冉駹（máng）最大。其俗或士著，或移徙，在蜀之西。自冉駹以东北，君长以什数，白马最大，皆氐类也。此皆巴蜀西南外蛮夷也。”“夷”系民族依山而居，其经济为半农半牧，农业主要种麦等耐寒作物，牧业一般为定居性放牧。

西南地区的氐羌，主要居住在川西北一带。《史记·西南夷列传》说：“自冉駹以东北，君长以什数，白马最大，皆氐类也。”羌是汉代四川西部的重要民族。这些部落的畜牧业在汉代很发达，史称巴郡“土产五谷，牲具六畜”，其他地区则以越嶲郡和蜀郡冉駹都尉辖境为最，所产牦牛、笮（zuó）马大量外销，是巴蜀的主要商贸产品之一。东汉安帝时，曾在越嶲郡置长利、高望、始昌三苑养马。

秦汉时期，巴蜀地区因地理环境的不同，而形成不同的经济发展形态。有学者将其分为六类。①

第一类，成都平原锄耕农业经济区。这类地区以农业为主，土质优良，灌溉

① 罗开玉：《四川通史》第二册，四川大学出版社，1993年，第223页。

充足，农作物主要有水稻、小麦、玉米、红薯、豌豆等粮食，有茶、油菜、麻等经济作物，以及枣、梨、橘等各种水果。池塘养鱼亦颇发展。手工业生产占有重要地位。如广汉生产的漆器闻名天下，临邛为因冶铁而知名的重要城市，成都附近盐井的开凿，使成都成为盐业集中之地。

第二类，川西北高原牧业经济区。这类地区主要居住"西戎"系统的夷人、氐人和羌人，过着以放牧、狩猎为主的生活。史籍载，这里生长有旄牛，无角之"童牛"，肉重千斤，还出产名马和食药鹿。盛产牦牛、犏牛、绵羊等牲畜。

第三类，川西南山地农牧区。该地区主要是夷人居住，影响较大的有笮都人、青衣人以及邛都人。农作物主要有玉米、荞麦，个别地区有水稻等粮食作物，以及油菜、大麻等经济作物。畜牧业与农业同等重要，狩猎仍是社会生产的重要部分，主要牧养牦牛、绵羊、马和水牛。

第四类，盆地南部农牧并重区。主要是僰人所居住。主要农产品有玉米、小麦、红薯、豆类和水稻，经济作物有甘蔗、茶等。本地区有大小河溪数百条并形成河网，山丘树林中的动物鸟兽资源也十分丰富，渔猎经济仍起着重要作用。该区的突出特点，是以荔枝为代表的园植业特别发达。《华阳国志·蜀志》说：僰道"**有荔支（通'枝'）、薑、蒟（蒟蒻，俗称魔芋）。**"《太平御览》卷一九七引《郡国志》说，"**西夷有荔支园，僰僮施夷中最贤者，古所谓僰僮之富，多以荔支为业，园植万株，收一百五十斛。**"表明以荔枝为代表的园植业，在该地区经济中有重要的地位。

第五类，四川中部丘陵区。主要是巴人的板楯（shǔn）蛮部族和廪君部族活动区。农作物有水稻、小麦、红薯、豆类、姜、瓜、茄、葱、芋和藕。从资中人王褒在《僮约》中对奴仆所规定的活计，可看出其农业、园植的水平。《僮约》规定奴僮必须缚落锄园、种姜养羊、种瓜作瓠、别茄披葱、焚槎发芋、园中拔蒜、池中掘荷、收芋、九月当获、十月收豆、棆（lún）麦、窖芋、拾栗、采橘，并要"植种桃、李、梨、柿、柘、桑"等，这份《僮约》非常充分地反映出川中地区农作物和果木种类的丰富程度。本地区还以渔、猎为副业。

第六类，川东北、川东渔猎农并重区。此为巴人的主要分布区。这一地区主要是江河捕鱼，没有或很少人工养鱼。狩猎占较大比重。在坝区和谷地，种植水稻等作物，浅山地带多种杂粮。

秦入主巴蜀后，进行过三次大规模移民，《华阳国志·蜀志》言："始皇克定六国，辄徙其豪侠于蜀，资我丰土。"这一时期即开始孕育以成都为核心、巴蜀盆地为内圈，辐射西南地区的巴蜀经济区。至西汉中晚期，全国形成了十大经济区，巴蜀为其中之一，成都亦为全国六大都市之一。东汉时成都的经济更加发展，人口也增加了。西汉时成都有户26万，人口124万；至东汉时已增加到30余万户，人口135万。人口的增加及大都市的兴起，为饮食文化的发展带来有利条件。东汉顺帝时泰山人吴资为巴郡守，屡获丰收，民众用“歌”来表达喜悦的感情，歌曰：“习习晨风动，澍雨润乎苗；我后恤时务，我民以优饶。”在“足食”的条件下，巴蜀地富民强，汉代四川的饮食文化出现了千姿百态的繁荣景象。

2. 都江堰水利工程促进巴蜀的经济发展

以成都为中心的今川西地区，是巴蜀经济最发达的区域。西汉末年，蜀郡守文翁扩大都江堰水利灌溉工程，浇灌新繁、彭县、唐昌一带的良田达1700余顷。东汉时，广都县“开望川源，凿石二十里，引取郫江水，灌广都（今双流县境）田”①，今新津、彭山、武阳等县地“藉江为大堰，开六水门，用灌郡下”②。都江堰水利工程使川西大批地区受益，从而全面地促进了蜀都农、牧、渔、副业的发展，成都平原遂有“天府之国”的美称。

成都地区物产丰富，江河纵横，生态繁茂，人们以富相尚，为饮食烹饪提供了丰富的禽类、水产、蔬菜、水果等原料。《汉书·食货志》亦云：巴蜀有江水沃野，山林竹木，蔬食果食之饶，“民食稻鱼，亡凶年忧，俗不愁苦，而轻易淫佚”。《后汉书·公孙述传》说：“蜀地沃野千里，土壤膏腴，果实所生，无谷而饱。”农业生产的发展，为川菜的多样化提供了物质基础。此时，巴蜀地区的农作物有水稻、麦、芋、瓜、瓠、姜、葱、蒜、莲藕、蔓菁等。主食丰足，蔬菜种类繁多，蜀地先民的饮食结构已基本形成。

这一时期，川地的经济作物也获得蓬勃发展，荔枝、龙眼、卮、姜、桑、麻之类遍布四川各郡。《华阳国志·巴志》载：“其果实之珍者，树有荔芰，蔓有辛蒟，园有芳蒻、香茗，给客橙、葵。”奉节、乐山、夹江一带以产橘著名，设有负责橘业管理的橘官和橘官社。大量巴蜀水果外运，并出现了一批园植专业户。广大农户也把园植业作为副业。西汉扬雄《蜀都赋》言称蜀地：“尔乃其裸，罗诸圃欧缘畛，黄甘诸柘，柿桃杏李枇杷，杜樼栗榛，棠黎（梨）离支，杂以挺橙，被以樱梅，树以木兰。”左思《蜀都赋》说蜀地“家有盐泉之井，户有橘柚之园。其园则有林檎枇杷、橙柿楟（yǐng）櫂（tíng）、榹（sì）桃函列、梅李罗生。百果甲宅，异色同荣。朱樱春熟，素柰（nài）夏成”。

由于水利系统的发达，渔业也由单纯捕捞发展至人工饲养。《汉书·地理志》

---

① 范晔：《后汉书·郡国志》，中华书局，1965年。
② 郦道元：《水经·水经注》，中华书局，2007年。

说，巴、蜀、广汉“民食鱼稻”。汉代川人把鱼作为主要副食，巴蜀地区池塘堰湖数以万计，大都用于养鱼，巴蜀成为著名的富庶之乡。《华阳国志·蜀志》载：“**汉安县郡东五百里。土地虽迫，山水特美好，宜蚕桑；有盐井、鱼池以百数，家家有焉，一郡丰沃。**”但在四川境内的长江流域地区，獽（ráng）、蜑（dàn）等族群仍以捕鱼为业。秦汉时，不论是政府的法规还是乡规民约，均强调保护鱼类资源，规定春季不能结网捕鱼，不能毒杀鱼鳖，即使在允许捕捞的季节，也主张放生捕到的小鱼，即“不中杀不食”，说明秦汉时期的先民，已经有了可贵的生态意识，注意到了人类与自然和谐相处的关系。

3. 稻麦为主要粮食作物

秦灭巴蜀后，牛耕迅速传入巴蜀。秦人牛耕主要使用黄牛，但巴蜀人在平原、丘陵、一般山地主要使用水牛，而在高原地区和高寒地区也使用黄牛。由于牛耕技术的推广，大大提高了生产效率，再加上水利发达，使得四川水稻产量较高。出土的汉代陶水田模型图案，都能清楚地看出稻田与水渠、水塘相依托的关系：几乎所有的稻田，都与水渠相连接；约有一半稻田，旁有专门的水塘鱼塘。[①]《华阳国志·蜀志》载：“绵竹与雒各出稻稼，亩收三十斛，有至五十斛。”据考证，这产量约相当于今亩产水稻780斤～1160斤。麦也是四川重要的粮食作物。有些地区麦甚或是唯一的粮食作物，如汶山郡“土地刚卤，不宜五谷，惟种麦”。此时的巴蜀地区还流行将麦磨成粉状后再加工食用。从粒状食物到粉状食物的发展，是人类饮食文化史上重大的进步。

我们从汉代画像砖中，能获知巴蜀劳动者从点种到收获，再到粮食加工的完整农作画卷，生动而形象地再现了秦汉时期的劳动场景。彭县“点种”画像砖上，二农夫衣裙齐膝，腰间束带，一人正高举农具松土或掩种，另一人正弯腰拄“点种棒”点种。这是在旱地点种的方法。而新都“薅（hāo）秧农作”画像砖上，画有两田，中间田埂上有一调剂水量的缺口。左边田里插有秧苗。二农夫正用双手交替薅秧除草。右边田里二农夫则正举锄刨土。这一薅秧形象，从古至今未变，地方特点甚为明显。

成都东汉墓出土的“弋射收获”画像砖图像，下部为收获。稻田有二人用铁镰刈草。这是一种比较大型的镰刀，装有木柄，双手持而刈之，刈禾面积比较宽，功效较高，称之为“钹（pō）镰”，是当时较为先进的工具之一。左边三人

---

① 罗开玉：《四川通史》第二册，四川大学出版社，1993年，第259页。

图3-2　汉代画像砖“弋射收获”，四川成都出土（“四川文物编辑部”提供）

图3-3　汉代画像砖“舂米”，四川彭州出土（“四川文物编辑部”提供）

则在割谷穗，所用工具是手镰，古称“铚”（zhì）。这种场景在19—20世纪的四川农村常可见到。彭县“舂米”画像石，反映了汉代进行谷物加工时的过程。画上有一座干栏式建筑，为储粮的仓房。房基有较高的木桩，以防潮。图左置二杵臼，臼石平放于地，杵的翘杆上有二人凭栏伸腿，弓身舂米。右下方一人肩横负圆桶，对准筛子倾倒粮食。对面一人执筛除糠。

4. 盐业发展迅速

巴蜀盐井是我国第一批盐井，在全国盐井史上有开创先河的意义。汉代，四川的盐井开凿发展迅速。西汉宣帝地节三年（公元前66年），在临邛、蒲江凿盐井20所。至东汉，盐业更加发展，广都县（今双流县）、江安县（今内江境）、南安县（今乐山市）、定笮县（今盐源县）、什邡县、郪县（今三台县）、牛鞞（bǐng）县（今简阳市）、汉阳县（今泸州市）等近10个县皆有盐井。巴蜀郡县设置盐官达16处之多。

汉代西蜀还是世界上最早采用天然气煮盐的地区。《华阳国志·蜀志》载：临邛县“有火井，夜时光映上昭。民欲其火，先以家火投之。顷许，如雷声，火焰出，通耀数十里，以竹筒盛其光藏之，可拽行终日不灭也。井有二，一燥一水。取井火煮之，一斛水得五斗盐；家火煮之，得无几也”。西晋左思在其《蜀都赋》中写下了“火井沉荧于幽泉，飞焰高煸于天垂”的名句，即是对临邛火井的描绘。

近年在成都发现的东汉“盐井”画像砖，描绘了汉代巴蜀地区的井盐生产的完整流程。盐场坐落在山峦、树丛之中。画像的左下方有盐井一口，井上搭架，架上安装单滑轮，上系吊桶。架分两层，每层相对站立二人，正拉动绳索提取盐卤，然后倾入架右侧的盆内，并通过枧（jiǎn）筒引流至灶旁方形缸，再注入盐锅熬煮。右下方有一长形灶，上置锅五口，灶成斜形逐渐升高，这样可以利用火力，使盐卤由淡而浓，最后熬成盐粒。灶门前一人加柴摇扇以助火力。灶后有通气烟囱。山麓上二人背盐包而行。这种“置镬煎盐”的方法，一直沿用到民国时期。①

图3-4 东汉画像砖“盐业生产”图，四川邛崃市花牌坊场出土（“四川文物编辑部”提供）

① 余德璋：《成都市“盐井”画像砖》，四川省文物志编辑部编：《四川省志·文物志》报审稿，1990年，第80页。

图3-5　东汉画像砖“盐业生产”图，成都市郊出土（“四川文物编辑部”提供）

四川少数民族地区发明了各种煮盐方法。除岷江上游汶山郡“有碱石，煎之得盐”外，汉代摩沙夷在盐源县开采盐池，称“黑盐塘”。它是一个大口的浅井，制取方法是先烧炭，以盐水沃炭，刮取盐。因从木炭上刮取的盐混有炭屑，所以盐呈黑色，亦称“黑盐”。把黑盐做成圆筒形状，每个重量数十斤至数百斤不等，俗称“筒筒盐”。据《华阳国志·蜀志》：汉晋时制盐的方法是“积薪，以齐水灌，而后焚之，成盐。”唐代仍然流行这种黑盐，直到宋代，盐源地区才改制为白盐。

自汉武帝起始设盐法，实行官盐专卖。自汉以来巴蜀食盐行销金沙江南北地区，盐泉为一方所仰。西南地区，盐业商业利润收益的增加引起了部族间、部族与中央王朝的冲突，如滇人与哀牢争夺比苏盐泉，蜀汉与摩沙夷争夺越嶲（xī）郡定笮（盐源）盐池而发生冲突。汉以后，这种冲突也未间断。①

秦汉时期，食盐贸易成为南方丝绸之路经济交流中最有活力的经济活动，它直接促进了中国西南地区之间，以及中华民族与缅甸、印度的经济贸易交流。

5. 冶铁业的发达

在四川临邛，冶铁业十分发达。《华阳国志·蜀志》说：临邛县“有古石山，有石矿，大如蒜子，火烧合之，成流支铁，甚刚，因置铁官，有铁祖庙祠。”临

① 张莉红：《在闭塞中崛起》，电子科技大学出版社，1999年，第55页。

邛生产的铁制农具远销西南各地以及今越南、泰国等地。据考，近代在“古石山”（今成都市南部的蒲江县西）发现了汉代临邛古石山冶炼遗址。

秦汉时期，巴蜀地区的冶铁业发展与秦灭六国移民入川的卓氏、程郑氏有关，他们原擅冶铁，入蜀后仍重操旧业。《汉书·货殖列传》谓：“**卓氏之先，赵人也……致之临邛，大憙（xǐ），即铁山鼓铸，运筹算，贾滇蜀之民，富至童八百人，田池射猎之乐拟于人君。**”还有“**程郑，山东迁虏也，亦冶铸，贾魋结**（魋结，西南夷）**民，富埒**（liè，等同）**卓氏。程、卓既衰，至成、哀间，成都罗裒**（póu）**訾**（通‘赀’，钱财）**至巨万……擅盐井之利，期年所得自倍，遂殖其货。**”临邛、武阳、南安等地冶铁业的发展，使巴蜀成为西南的冶铁中心。

冶铁业的发达，在巴蜀开发史中具有重大的意义。新型的铁制农具普遍增多，促进了社会生产的发展。铁犁、斧、刀、钎、锤、锸、铲、锄等铁制工具的普及，推动了大规模的水利建设和农业的发展。巴蜀铁制工具远销外地，促进了当地经济的繁荣。

6. 饮食器具各具特色

秦汉时期的巴蜀内地，陶器、瓷器、漆器、铜器的饮食器具大有发展。质量较高，品种多样，器型与中原相似。

（1）陶器　据考古发现，西汉至蜀汉时期的巴蜀内地饮食生活离不开陶器。出土有各类陶制炊具、饮器、酒器等，东汉至蜀汉是巴蜀内地制陶业大发展的时代，陶器出现了许多新的器型、种类十分多样。主要有罐、钵、釜、甑、耳杯、壶、瓮、豆、勺、鼎、鉴、盂、盆、盘、碗、碟等。此外，能够直观反映这一时期百姓生活的陶器模型也有大量出土，形象生动逼真，细致精巧，为这一时期的陶器代表作。如有椭圆形、筒形、长方形、方形的“仓房模型”，仓上还配有仓眼、楼梯、守仓人员、运粮工具等。有“井房模型”，井架上有房，架上设梁，上悬辘轳。有“水田模型”，包括各种形状的水田，模型中的田、沟、池和路清晰了然。田中或有庄稼、农人，池中或有鱼鳖。“水塘模型”一般有引水渠、水门，塘内有鱼、莲花、荷叶等。还有不少与饮食有关的模型，如“俎模型”，多配有圆盆、肉、鱼、鹅等；有“案模型”，案上置鱼、肉等；有“灶模型”，多配有烟囱、锅；还有平房、楼房模型，畜圈以及大量的猪、狗、鸡、鸭、马等牲畜俑。古人“事死如事生”的观念，让这些陶器再现了成都平原优良的生态环境与丰裕的生活。

巴蜀的周边地区，如川西北地区陶器的制造也相当发达，常见器物有各式罐及鼎、盆、碗、豆、瓮等。大渡河——青衣江流域在这一时期的陶器比例较大，有三足和四足的双耳罐、以铜泡装饰的陶器，极具地方特色，这些器具均未见于

图3-6 东汉双耳陶釜（周尔泰提供）

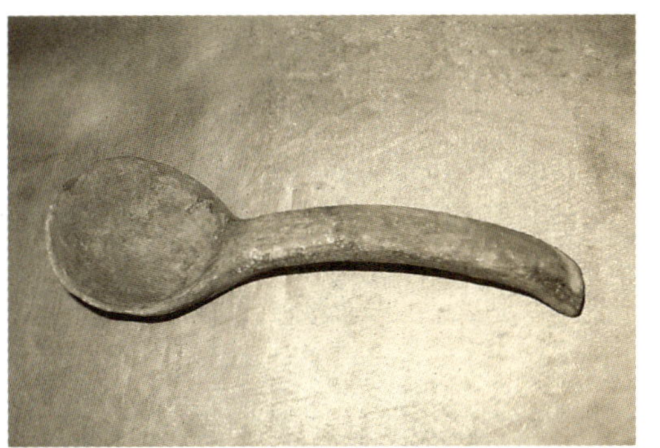

图3-7 东汉陶勺（周尔泰提供）

外地。川西南地区，这一时期的陶器主要有双耳罐、单耳罐、杯、带流壶等。而川西高原，以双耳罐最富特点，双耳特大、颈小、口小、腹大、底大，数量极多。这与该地居民习惯于吊烧、吊煮食物密切相关：耳大，方能承受吊重；腹大、底大，受热面积才大；颈小口小，散热慢，在寒冷的高原地区容易保温，反映了饮食文化对生态环境的适应。

东汉中晚期，巴蜀地区已出现大批烧造工艺很成熟的釉陶器，而且普遍使用青瓷器。巴蜀汉代青瓷器的特征是，烧造时多用间隔垫烧，烧成后在内外壁上留有钉疤，罐耳多为立型，不同于长江中、下游地区的牛鼻型；纹饰多为长方形回型纹，不同于外地的松针几何纹。

（2）铜器　在秦统治巴蜀期间，冶铜业有了一定的发展，有兵工与私人两种作坊。其产品分为两类，一类具有浓厚的土著文化风格的“巴蜀式”饮食铜器，是当地土著民族及其后裔所作，有鍪、釜、甑、壶等容器；另一类则是中原、关中或楚地的产品样式，如鼎、甗、罍、匜（yí）、盘、钫、盉、盆、壶等。业主主要是外来的移民，多出于官营作坊。西汉初期，各种铜生活用品迅速普及，如鉴、釜、钫、壶、洗、盘、鐎、尊、勺、锅、耳杯等。但具有“巴蜀文化”风格的产品明显减少，有的器类甚至消失。西汉中期，铜器多被铁器取代。由于铁器易锈，炊具仍多用铜铸，除大的铁质鍪、釜、三脚架外，常见的器类有铜质的釜、甑、鼎等。日常炊餐器具的主要品种有杯、勺、箸、钫、锺、洗、壶、瓮等。东汉时已出现铜筷、铜案和铜耳杯。

（3）漆器　秦至蜀汉，巴蜀的漆器也十分走俏。漆容器因美观、轻便、耐用、不易破碎而成为广受欢迎的产品。巴蜀成为当时全国最大的以官办为主的漆

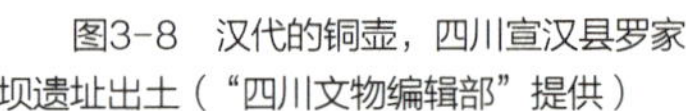

图3-8　汉代的铜壶，四川宣汉县罗家坝遗址出土（“四川文物编辑部”提供）

图3-9　汉代的铜罍，四川宣汉县罗家坝遗址出土（“四川文物编辑部”提供）

器生产基地。蜀郡、广汉郡的金银工、漆工最为有名，而漆器多是饮食用器。两汉时，蜀郡、广汉两郡生产的漆器独步天下。无论耳杯抑或饭盘，制造漆器均须经过造型、制胎、打磨、髹漆、镏金、绘图、清理等七道工序，还有总设计师、工头以及官吏负责监制。《盐铁论》言：“文杯（即漆器）一具，较铜杯贵十倍，制成文杯须经百人之手。”可见漆器极为精美，“美食美器”已达到极为讲究的程度。

竹木漆器品种繁多，饮食器具主要有耳杯、卮、鼎、盂、匜、钫、勺、筷、盘、壶、盒、杯、扁壶、案、樽等。一般漆容器的胎质主要有木、竹、夹纻、陶、皮五大类，每一类又可细分为若干种。仅木胎就有旋、雕、挖、砍、削、卷等制法。从东汉开始，民间开始流行陶胎漆器，如陶胎漆耳杯、陶胎漆钵、陶胎漆案等。巴蜀漆器的代表作是“扣（釦）器”，即在耳杯、盘、壶、盒等器物的口沿、耳部、圈足或腹部等部位，镶上镀金银的铜箍、铜壳、铜环，有的则饰以金银等部件。这种漆器技术，亦由西蜀漆工首创。

（4）金银器　四川境内发现的金银器早至战国早期，其镶错工艺即已臻成熟。秦汉时这一传统工艺得到发扬与提升。出土的饮食器皿主要是错金铜壶、耳杯及错金铁刀等。金银器和漆器的工艺技术也达到了较高的水平，其技法主要有

图3-10 东汉时期的铁釜（周尔泰提供）

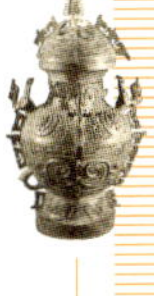

金银错、鎏金和扣金。从漆器的铭文可知，制造金银器的中心在巴蜀的广汉与蜀郡，制造金银器和扣器的工艺相当复杂，“一杯卷用百人之力”，扬雄的《蜀都赋》即有描绘成都“雕镂扣器，百技千工”的记载。

（5）竹器 总的来看，秦、蜀汉时期，巴蜀大部分地区使用的饮食器皿，仍以陶器和竹木器为主。《汉书·地理志》言“巴蜀、广汉有竹木之饶”，在饮食器具方面，常见的竹木器有筷、桌、竹篮、箩筐、箕、桶、刀、鱼竿等种类。这一时期，由于推广竹料的剥皮、刮丝等技术，出现了高级编织竹器，推动了竹质饮食器皿制造业的发展。

7. 商业繁荣

公元前311年，秦筑成都城，遂在城中开辟商品交易市场，采取了秦国的商业管理制度，在市场上又按不同的商品种类设立“列肆”，除设立“亭”吏管理市场外，还对盐、铁两种特殊商品设吏，实行单独管理，从而促进了巴蜀地区商品经济的进一步发展。

秦末汉初，全国战乱，巴蜀独安，经济发达。《史记·货殖列传》形容当时的市场情况说：“通邑大都，酤一岁千酿，醯（xī，醋）酱千瓨（xiáng，长颈大腹的陶器），浆千甔（dān，陶制罂类容器），屠牛羊彘（zhì）千皮，贩谷粜千锺，……马蹄躈（qiào，口）千，牛千足，羊彘千双，……蘖麴盐豉千荅（dá，容量单位），鲐（tái）鮆（ci）千斤，鲰（zou）千石，鲍千钧，枣栗千石者三之，……佗果菜千锺。”描绘出成都饮食业的兴旺景象。扬雄《蜀都赋》谓成都是“东西鳞集，南北并凑，驰逐相逢，周流往来”“万物更凑，四时迭代”。

图3-11 汉代画像砖“酒肆”，四川彭州出土（“四川文物编辑部”提供）

汉代成都的商业延续了秦时的繁荣，从成都东汉墓出土的“市井”画像砖可见一斑。图上的市井为井字形四隅区建筑，有垣墙环绕，三面设门。市井中央立五脊重檐市楼一座，为管理市场的官署治所。以市楼为中心，向四方展向四条通衢大道，形成井字形四个商业区，每区有三至四列，古称“肆”或“市肆”。肆内有着长服者，有跽（jì）坐者，有弓身站立正与对方交谈者，有席地而坐的议价交易者，有长服曳地，伸手言欢者，有着长服的佩剑者，有执杖站立者，有执物正向高楼走去者，有短袴齐膝，手推独轮车与人交易者，还有手执扁担者。在靠近市墙处，又有纵横交错的市廛（chán），亦称“邸舍”，为货栈及馆驿住所。经考证，画像砖上所绘内容，即《寰宇记》所记东汉成都著名的“青羊肆”，可见其时成都商业的繁荣景象。

二、茶酒食事兴旺，地域特色初显

1. 两汉时期饮食文化的长足发展

两汉时期，饮食文化获得了长足的发展，并呈现出鲜明的特点。

（1）两汉时期出现了专职的炊爨人员　四川地区出土的汉代画像砖中有许多“厨房”“庖厨”的图像，以及庖丁俑、厨俑等从事炊事人员的形象。忠县涂井蜀汉崖墓出土了4件庖厨俑，有男有女。女庖厨俑头饰双髻，系巾，右衽衫，卷袖。其面前的长方形俎上，堆放有鸡、鸭、鱼、龟、猪、牛头、菜蔬等。女俑左手按鱼头，右手作切鱼状。男庖俑头戴帻，跽坐于长方形俎后。俎上放满鸡、鱼、猪

图3-12　东汉男子庖厨俑，四川彭山出土（“四川文物编辑部”提供）

图3-13　东汉女子庖厨俑，重庆忠县出土（“四川文物编辑部”提供）

图3-14　东汉陶鸭，重庆忠县出土（“四川文物编辑部”提供）

图3-15　东汉陶鸡，重庆忠县出土（“四川文物编辑部”提供）

头、龟、笋等。左手持鱼头，右手作切鱼状。从俎上陈列食品之丰富，有男女两个庖俑来看，描述的是达官贵人家的奢侈生活。[①]另一“东汉灰陶庖厨俑”，是专门刻画女庖俑形象的。此俑头饰花冠，双耳佩环，正在作配菜状。其身前有一案俎，摆满了山珍海味，罗列的佳肴有犬头、羊头、猪头，及各种鳖鱼虾类、蹄

①《忠县出土蜀汉庖厨俑》，四川省文物志编辑部编：《四川省志·文物志》报审稿，1990年，第65页。

腿、青笋、瓜菜、面食等18品之多。[①] 有人认为，我国第一位被典籍记载的专业厨师是夏末商初的政治家、军事谋略家伊尹，被后人尊为厨师之祖。而从事烹调的职业妇女最早出现在北宋。[②] 四川出土的汉代画像砖可以说明，汉代就出现了专业厨师，有“女厨”，也有“男厨”。由此把女厨出现的时间提前了700多年。

（2）市民饮食富足　这一时期，在多地汉墓出土的画像砖中，都有神采各异的“庖厨”图出现，成为汉代饮食文化的亮丽一景。如成都东汉“庖厨”画像砖中的图像，表现了市民饮食生活的富足。整个画像砖为一宽大的厨房，廊檐下置肉架一排，架上挂有大鱼、家禽肉。肉架右坐一庖丁，正将鱼置于案上，右手运斧砍下；画像砖右边一庖丁正将一狗牵入，似准备宰杀；右下有一灶台，台上置釜，一庖丁双手握长竹管向火膛吹气；其身后有一庖丁跪地洗剁畜肉；右下角有二庖丁围着灶台操作。整个画面反映了庖丁宰杀、洗剁、烹饪的场面。彭州的“庖厨”画像砖，左上有一悬挂畜肉的肉架，架旁重叠四层矮几，分别排放碗碟。庖丁搧火煮食，于案前操作。表现了庖丁忙碌的场面。德阳地区的“庖厨”画像砖，也表现了庖丁炊厨的景象，画面上，厨内有灶、案及炊具，架上悬畜肉，庖丁正忙于烹调。[③]

从四川出土的庖厨画像砖中可以看出，两汉巴蜀地区长于熏鱼、肉的烹饪，

图3-16　汉代画像砖“庖厨”，四川彭州出土（“四川文物编辑部”提供）

---

① 陈丽琼：《东汉灰陶庖厨俑》四川省文物志编辑部编：《四川省志·文物志》征求意见稿（第二集），第241页。

② 江礼旸：《食趣》，学林出版社，2001年，第209页。

③ 刘文杰：《成都市庖俑画像砖》，四川省文物志编辑部：《四川省志·文物志》报审稿（下册），第93页。

如王褒《僮约》所记：“**舍中有客，……斫（zhuó）苏切脯，筑肉、臛芋、脍鱼、炮鳖……牵犬贩鹅。**”其中亦可见，狗肉也是当时主要的肉食之一。《汉书·樊哙传》谓哙“**以屠狗为事**”，颜师古注：“**时人食狗，亦当羊豕同，故哙专屠以卖。**”画像砖中所展现的饮食画面内容之丰富，表现出汉代对饮食生活的重视和饮食生活的兴旺。

（3）资源丰富，豪门庄园兴起　两汉时期巴蜀地区饮食文化的发展，源于当地饮食资源的丰富。《汉书·地理志》载：“其地土地肥美，有江水沃野，山林竹木蔬食果实之饶……民食稻鱼，亡凶年忧，俗不愁苦。”另外，豪族势力的发展，是促进蜀地饮食发展的社会因素。蜀地豪族初兴于西汉中期，发展壮大于东汉时期。由于豪族们掌握大量钱财，拥有大量田地山林湖泽，逐渐形成了相对独立的、自给自足的经济体系——庄园，内有农林牧副渔及手工各业。如西汉王褒，当时仅系巴蜀资中一地的一般名门，尚不属豪族，但其《僮约》一文所要求奴仆做的劳动，即有农作、水利、畜牧、打猎、打渔、园林、手工和制船等。园林劳动如种植桑树、果树，手工副业劳动如织席、编绳等。迄至东汉中晚期，自给自足的体系更趋完善。东汉巴蜀豪族，往往家有盐井、酒坊、冶炼作坊等。而各大豪族相互攀比，以富相尚。《华阳国志·蜀志》形容为“工商致结驷连骑，豪族服王侯美衣，娶嫁设太牢厨膳……祭奠而羊豕夕牲。”为饮食和酒业的繁荣带来了动力。

（4）饮食文化类著作出现　饮食文化的发展还表现在饮食文化类著作的出现。这一时期，扬雄在《蜀都赋》和《方言》中都提及饮食文化的内容，为四川及中国饮食文化提供了重要的文献资料。扬雄（公元前53—公元18年），西汉末蜀郡成都人，是我国古代著名的辞赋家，其著《蜀都赋》首次对四川的饮食烹饪状况进行了描述和记载，在饮食文化史上具有开创之功。此赋比较系统地描述了汉代四川地区的烹饪原料、烹饪技艺、川式筵宴和饮食习俗，成为当世及后世人了解和研究汉代四川饮食烹饪的重要参考资料。《蜀都赋》描绘和赞美了家乡的饮食烹饪，反映出扬雄的饮食观。扬雄极为重视饮食，认为饮食有“颐精神养血脉”的作用，可以保养与维持人的生理健康和心理健康。表现出扬雄注重人的社会属性，把饮食与人的生存、发展、享受结合起来。晚年的扬雄潜心学术研究，所著《方言》搜集、记录了西汉时期各地关于动植物烹饪原料、烹制方法、餐饮器具、饮食品及饮食习俗等众多方面的方言材料，并加以对比分析，后人从此书所记载的大量方言材料中可以了解到汉代全国的一些饮食烹饪和饮馔语言的状况，为后人留下宝贵历史资料，对四川乃至中国的饮食文化作出了重大贡献。

2. 秦汉时期巴蜀开启种茶的历史

一般认为，开启人工种茶历史始于西汉甘露元年（公元前53年），在四川名山县蒙山。据《天下大蒙山》碑记：蒙山芬祖师吴理真将七株“灵茗之种，植子（蒙山）五峰之中”，说它是“高不盈尺，不生不灭，迥异寻常”的“仙茶”。这是我国最早栽茶的文字记载，开启了蒙山茶的历史，也掀开了中国茶文化的新篇章。

巴蜀气候温和，土地肥沃，自古盛产名茶。汉时，除驰名的“蒙山”“仙茶”外，《华阳国志·蜀志》言：“什邡县山出好茶”，其茶产于县西山区，今仍产茶。“南安、武阳皆出名茶”，南安茶主要产于今丹棱、洪雅一带；从《僮约》中“武阳买茶”的记载，也说明当时新津、邛崃一带产茶。产茶的地区还有涪陵、湔（jiān）底道等。至汉代蜀中以产茶闻名的地区已有数处，并已开始形成不同的地方品种。

在秦汉的种茶和饮茶者中，土著民族占很大比例。川东巴人与川西氐人，均已饮茶成俗；川南僰人也以产“香茗”闻名。当时，制茶主要靠日晒，不用锅炒，外来移民很快从巴蜀学会种茶和饮茶，并传播到外地。清人顾炎武在《日知录》中说：“是知自秦人取蜀而后始有茗饮之事”，可知秦汉时巴蜀地区饮茶已很普遍。

最早记录茶事的，大都是四川人。如汉代成都人司马相如撰写的《凡将篇》中就有茶的记载；而最有价值的记载，是西汉时资中人王褒所撰《僮约》。西汉末年，成都人扬雄《蜀都赋》这样赞美茶：“百华（花）投春，隆隐芬芳，蔓茗荧郁，翠紫青黄。”东汉成书的《本草》，亦有川茶的记载。

3. 秦汉蜀酒酿、销两旺

秦汉时期，巴蜀酒文化高度发达。最直观反映当时酒文化发展盛况的，是四川地区大量出土的汉代画像砖，从中可了解到酒的生产、销售与消费的过程。

当时，巴蜀地区酿酒业兴盛，出现了专门的酿酒作坊。成都东汉“马厩、织机、酿酒”画像石，反映了当时地主庄园酿酒的情景：图中有五口酿酒的大陶缸；画像石右侧一农夫手牵牛车，将满车的粮食运到作坊酿酒。另有画像砖反映了蜀城邑中出现了专门酿酒的作坊，市场上还有专门批发酒的商铺，路边道旁是一大批专门酤酒的小店，道上有载酒的独轮车与挑酒的挑夫。这些画像砖形象地反映出汉代酿酒售酒两兴旺的情景。据《汉书·货殖列传》载：“通邑大都，酤一岁千酿。”唐人颜师古《注》：“千瓮以酿酒。”说明在大都市和交通要道上的城邑，一年之中至少可买卖上千瓮的酒。而商肆林立的成都，沽酒业必然兴旺。酒业兴盛还表现在当时已经存在一整套系统的酒器。在宜宾汉代墓葬及窖藏中就出土了一大批酒器，主要有铜罍、铜壶、铜镳（jiāo）斗、铜勺、耳杯、筒形陶提罐、高颈领陶罐等，经确定，其中包括了酿酒器、盛酒器、温酒器、饮酒器等类。酒的畅销，说明饮酒之风盛行于秦汉时期的巴蜀地区。

秦汉时期，酒文化中的“礼”也逐渐成熟，多与各种日常活动联系起来。在宜宾长宁的东汉纪年画像岩墓，刻有一幅“夫妻饯行图”：妻子举杯为丈夫饯行。酒不仅作为日常饮料，而且作为祭祀之品。泸州城西1984年出土的第8号汉代石棺，有一幅《巫术祈祷图》的祭祀画像，图上两位巫师正以杯中之酒为祭物，进行祈祷仪式。蜀地喜饮酒的并不分官吏与普通百姓，虽奴僮亦如此，在《僮约》中即有奴隶“欲饮美酒，不得倾杯覆斗”的规定。

四川江河众多，岷江水质清澈甘甜，是酿酒的优良水源，加之汉代酿酒技术的提高，已普遍使用“曲”酿酒。从秦至蜀汉时期，巴蜀地区的名酒已有多种。例如：甘酒，为用粮食酿制的酒，其酿法是“少曲多米，一宿而熟”，操作简易。20世纪90年代在西蜀汉墓中，多次发现写有“甘酒”字样的陶罐。西汉成都的清醥（piǎo）酒，冬酿夏成，发酵期长，酒味醇正，浓度较高，据说有“一醉累月”的效力。酴醾（túmí）酒，酿时酒中加花，色香味俱优。清酒，巴人善酿，此酒酿造时间较长，浓度较纯。朐忍巴乡村（今重庆云阳县东六十里）村人尤善酿此酒，俗称“巴乡清”。旨酒，为甜米酒。巴诗云：“旨酒嘉谷，可以养父”，“嘉谷旨酒，可以养母”，说的就是这种酒。此酒度数不高，男女皆宜。

巴蜀地区酒的产量甚大，质量也很高，善饮之人颇多，西汉文学家扬雄即好酒。《汉书·扬雄传》中说：扬雄“家素贫，嗜酒，人希至其门，时有好事者载酒肴从游学”。他撰写的《酒赋》一文，就极言饮酒的乐趣。扬雄所著的《方言》中提及的地方所产名曲有八种，并说明已发明了饼曲。他在《蜀都赋》中还列举了蜀地名产“蒟酱酴酒，众献储斯”，“蒟酱”是产于今宜宾的名酒，后为传世的“屠苏”酒。一些少数民族地区的酿酒业也颇兴盛，多用果物酿制，今宜宾一带的僰人善于以荔枝或沙棘酿酒。

4. 富商大贾的宴饮盛行

汉代中后期，由于关梁（关口和桥梁。泛指水陆交通必经之处。这些地方往往设防戍守或设卡征税）开放，山泽弛禁（指盐铁私营），四川出现了富商大贾。《汉书·货殖传》记述了成都巨富罗裒，有钱百万。在成都与都城长安两地间做买卖，积钱一万万。而此时的成都也成为西南最大的商业城市。繁荣的都市与聚居的富商，催生了宴饮之风盛行。

四川丰富的物产，成就了富商大贾的设宴隆重。《华阳国志·蜀志》称富豪们“娶嫁设太牢之厨膳，……染秦化故也。”所谓“太牢”，是指牛羊猪三牲。扬雄在《蜀都赋》中，详细描述了汉代四川的烹饪原料、烹饪技艺、川式筵宴及饮食习俗。赋中说：“其浅湿则生苍葭蒋蒲，藿茅青苹，草叶莲藕，茱华菱根。……其深则有猵獭沉鳣（shàn），水豹蛟蛇，鼋蟺（shàn）鳖龟，众鳞鳎（tǎ）鰬。……尔乃五谷冯戎，瓜瓠饶多，卉以部麻，往往姜栀附子巨蒜，木艾椒蓠，蔼酱酴清，众献储斯。盛冬育笋，旧菜增伽。……乃使有伊之徒，调夫五味。甘甜之和，勺药之羹。江东鲐鲍，陇西牛羊。糴（dí）米肥猪，麀麈（zhuī sì，鹿一岁曰麀，二岁曰麈）不行。鸿䴔䴘乳，独竹孤鸧。炮鸮被纰之胎，山麢髓脑。水游之腴，蜂豚应雁。被鴳（yàn）晨凫，戳鶂（yì）初乳。山鹤既交，春羔秋鼦（竹鼠，似鼠而大），脍鲅（suō）龟肴，粳田孺鷩（bì，锦鸡）。形不及劳，五肉七菜，朦猒（朦，蒙之借字；猒，yàn，饱、满足；山珍有臊，海味含腥）腥臊。可以颐精神养血脉者，莫不毕陈。……若其吉日嘉会……置酒乎荥川之间宅，设座乎华都之高堂。延惟扬幕，接帐连冈。众器雕琢早刻将皇。”所言五肉，指牛羊鸡狗猪之肉；七菜，指葱蒜姜韭芹薤芫荽；所谓“朦猒腥臊”，是说有充足的山珍海味。

从此赋可以解读到以下内容：蜀地有丰富的蔬菜，如嫩芦苇（“苍葭”）、茭白与香蒲（“蒋蒲”）、嫩豆叶（“藿”）、茄子（“伽”同茄）和莲藕；有辛香味调料茱萸、姜、蒜等来调配多种味道；有多种水生食物：菱角、水獭（“猵獭”为獭的一种）、鳝鱼（“鳣”）、“水豹”、水蛇（“蛟蛇”），以及大鳖、蚯蚓、龟、鲵鱼（“鳎”，俗称娃娃鱼）等。五谷也极为丰盛（“冯戎”，意为丰盛），还有蒟酱（“蔼酱”）和酴酒（“酴清”）。以及从江东运来的河豚、鲍鱼，还有陇西盛产的牛羊。在这些原料中不仅有人工种植、养殖的食物原料，还有众多山珍野味，有山上奔跑的獐（“麢”）、幼鹿（“麀麈”），有水中的野鸭、野鹅，有田里的麦鸡和硕大的竹鼠，还有飞翔的鸿雁、仙鹤，烹饪所用动植物食材竟达70余种，山珍海味水陆杂陈，其豪华奢侈可以想见。扬雄在《蜀都赋》中还记述了富商大贾大宴宾客时，用绣花白縠（hú）装饰墙壁的奢华场面，宴席中觥筹交错、杯盘狼藉。《盐铁论·散不足》载，西汉中等以上的富裕人家，多用“银口黄耳，金错蜀杯”，其中的“金错蜀杯”即嵌错金花的蜀竹木漆杯，十分精美华贵。

这种豪华的“宴饮”已演为世风，这在汉代画砖中多有反映，如四川成都、新都、彭县、德阳、广汉等地，出土了许多反映日常“宴饮”的画像砖。如成都地区出土的东汉画像砖中即有如此图像：七人席地而坐，男者高冠长服，女者头挽高髻，身着广袖袍衣。上排三人，座前设案，左一人捧盘，中者进食，右上一人举杯饮酒。下方四人对坐，席间置案，旁有耳杯和盂，盂内放勺。他们取杯欲饮。成都东汉“庭院”画像砖上为二进四合院俯视图。厅堂内竖有高大的立柱，下有方形柱础。堂上二人，高冠长服，席地而坐，席间置有案、杯等，正饮酒叙谈，一面观看舞鹤为乐。新都出土的画像砖：厅内三人围案而坐，饮酒进食，案

图3-17 汉代画像砖“宴饮图”，四川成都出土（“四川文物编辑部”提供）

图3-18 汉代画像砖“饮食图”，四川新都出土（“四川文物编辑部”提供）

图3-19 汉代画像砖“猜拳饮酒图”，四川彭州出土（“四川文物编辑部”提供）

上置箸与杯，其中男女二人猜拳饮酒。德阳出土的画像砖，画中人物醉态甚浓。正如张载《登成都白菟楼诗》云："鼎食随时进，百和妙且殊。披林采秋橘，临江钓春鱼。黑子过龙醢（hǎi，肉酱），果馔逾蟹蝑（xièxū，蟹酱）。芳茶冠六情，溢味播九区。人生苟安乐，兹土聊可娱。"把成都的果、鱼、茶、酱等佳食美味称赞全备，认为成都是人生享受安乐的极佳地方。对汉代成都的酒宴风习，扬雄亦有生动描述，《蜀都赋》云："若其吉日嘉会，期于倍春之阴，迎夏之阳。侯、罗、司马，郭、范、畾、杨，置酒乎荣川之间宅，设坐乎华都之高堂。延帷扬幕，接帐连冈。众器雕琢，早刻将皇。"

此时的宴饮多与观赏乐伎相结合，提高了饮食享乐的层次。这样的画像砖石也在四川发现不少，如成都出土的东汉"庭院"画像砖、郫县出土的东汉石棺画像"宴饮观伎、曼衍角抵"画像石、成都市东汉"车马出行、乐舞百戏"画像石等。画像中的宴饮场所大都为达官贵人的重檐四阿式楼房，或长廊式的五脊平连的庭院，厅堂宽敞，厅内设长席；抑或是地主豪族的几进四合庭院，院角还有高耸望楼，有方井、庖厨及莲池等。画面中的宾主并排跽坐，饮酒观伎，展现了主人宴客时歌舞百戏助兴的热闹情景。

这一时期还盛行郊游宴饮之风。在众多的宴饮画像石中，就有郊游宴饮的画面，如成都市东汉"车马出行、乐舞百戏"画像石。画面上，可以看到在郊外的宽敞厅堂内挂着帷幔，左边为主客敬酒及观看表演，右边长席上有奏乐者。图的中部为舞蹈与杂技表演。图左设庖厨，用帷幔与厅堂相隔，一人端盘从厅外进入。备宴的厨内置案、鼎、缸、盘、杯等，庖丁们正忙着洗菜、剖鱼、备菜、烹调。帷幔处还有一管家席地而坐，伸手指挥庖丁操作。厨役们正忙碌着端盘、端菜，展示了主人们相互敬酒，观看表演和备宴的情景。

5. 巴蜀地域饮食文化特点的初步形成

四川有一马平川的成都平原，其地物产丰盈，鱼肉蔬菜充足，造就了巴蜀发达饮食文化的物质基础。《华阳国志·蜀志》记："箫鼓歌吹，击钟肆悬，富侔公室，豪过田文，汉家食货，以为称首。盖亦地沃土丰，奢侈不期而至也。"四方移民对巴蜀饮食文化亦有"调和"之功。巴蜀归秦后到三国时期接纳了来自四方的移民，也融合了各地的饮食文化。在秦惠王和秦始皇时期就有两次大规模移民入川；东汉末年，中原南阳、三辅居民数万家为避战乱迁居入蜀；公元211年，中原将领韩遂、马超率关中数万部卒投奔蜀汉。他们带来了中原地区的先进文化和生产技术，为巴蜀地区的经济发展、饮食文化繁荣奠定了基础。正是由于秦汉统治者对移民实行按族聚居的制度，使得各族的饮食传统得以完整保存，这是四川饮食文化的源头之一。

巴蜀饮食本身具有“尚滋味”“好辛香”的特点。有学者认为，这是四川饮食文化具有悠久而独立的始源。《华阳国志·蜀志》曰：“其辰值未，故尚滋味；德在少昊，故好辛香。”而其尚好，始源于西周时，或许更早些。“尚滋味”，一是喜多味，二是喜特殊味。主要指苦味和甜味，或苦甜的混合味。“好辛香”中的“辛”指带刺激性的气味，“香”是带芬芳性的气味。辛香味主要取用于调料，巴蜀独有的花椒、姜、蒜等，都具有“辛香”的特点。其中，花椒又称蜀椒、巴椒、川椒，姜亦以蜀产为最好，秦汉时，姜即是和美的调味品。椒麻而姜辣，此为辛香的主要调料。当时的辣味应是姜辣，而非后世川菜麻辣特点的“辣椒”之辣。①

巴蜀饮食注重“五味调和”，才成就了两汉巴蜀饮食百菜百味的特点。正如，扬雄《蜀都赋》中将巴蜀饮食文化概括为：“有伊之徒，调夫五味”，又言，“辛香温”和“五味”（酸、甜、咸、麻、辣）都是川人饮食的喜好。这些都说明了秦汉时期的巴蜀地区已经开始出现地域性特征较强的饮食风格。

第二节　西南地区设郡县与各地文化交流

秦汉时期的云贵桂地区是饮食文化发展多元复杂的交合共生阶段。统治者统一这一地区后，采取设置郡县、移民和加强地区间交流的政策，使这一地区的饮食文化融入了更多的元素。

一、秦汉政府西南设郡促进了西南农业发展

1. 云贵地区的农业进步

两汉称今云贵地区及其居民为“西南夷”。西汉武帝继位后，于公元前135年至前109年数次经营西南夷，先后在今云贵地区设置犍为郡（治今四川宜宾）、牂牁（zāngkē）郡（治今贵州黄平西南）、越嶲郡（治今四川西昌）、益州郡（治今云南晋宁以东）。东汉明帝永平十二年（公元69年），又设永昌郡（治今云南保山）。至此，云贵地区全部纳入中原王朝的版图。

设置郡县之后，西南夷地区农业的进步明显。据《后汉书·西南夷传》：益

① 江玉祥：《川味杂考三题》，四川省民俗学会等：《川菜文化研究》，四川大学出版社，2001年。

州郡太守文齐修造陂池，垦田2000余顷。东汉时今昭通地区的灌溉农业也较发达，据记载昭通盆地有大泉池，僰名“千顷池”，又有龙池，灌溉种稻。水稻种植在今滇东北平坝地区已较普遍，大小盆地广为种植。《后汉书·西南夷传》中说：滇池周围地区“河土平敞，多出鹦鹉、孔雀，有盐池田渔之饶，金银畜产之富。人俗豪忲，居官者皆富及累世”。永昌郡“土地沃美，宜五谷、蚕桑”。此时，出现了使用畜力耕种的方法。20世纪70年代，在昭通东汉墓发现了一块东汉时的画像砖，上面有一椎髻披毡之人以细绳牵着一头黄牛，画像砖上系绳穿鼻之牛当为耕牛。

2. 广西与内地的交流及农业生产的发展

古代称五岭以南的今两广地区为“岭南”。秦统一六国不久，遂对岭南发动进攻。平定岭南后，即在今广西地区设桂林郡和象郡。桂林郡，以今桂东北为中心，大致统治粤西南与广西东北部；象郡，治今广西崇左，大致辖有今贵州东部、广西西南部及其以南的一些地区。秦政府采取移民开发政策，从内地移入大批“以为士卒衣补”的女子，留驻几十万“适戍”的士卒，以及不断遣入十几万“逋亡人、赘婿、贾人”等与“越杂处”，从而传入了中原先进的文化和生产、生活技术。秦末中原爆发农民大起义，赵佗击并南海、桂林、象三郡，自立为南越武王。他采取了“和辑百越”的策略，缓和各民族矛盾，促进了经济发展，融合了各族饮食文化。至公元前112年，西汉出兵平定了南越国，在其旧地设置儋耳、珠崖、南海、苍梧、郁林、合浦、交趾、九真、日南等九郡，统治范围大体包括岭南及其以南的部分地区，使广西地区实现了较短时期的统一，为该地区饮食文化的进步创造了积极的条件。

秦汉在岭南置郡县后，广西地区的经济有了较大发展。20世纪50年代以来，在广西发掘出不少有中原文化特点的汉墓，徐闻、梧州、合浦和桂平等地较为密集。广西地区西汉墓葬出土的随葬品，除少量铜制的鼓、桶等器物外，大部分物品与中原类似。东汉墓葬则为内地常见的砖室墓，普遍出土有房屋、井、灶、粮仓和六畜的陶制模型。如合浦汉墓出土有长方形陶仓，梧州云盖山墓葬出土有滑石粮囷等，均表明当地农业生产已有长足的进步，粮食也有较多的剩余。

早在南越国时岭南就已较多地使用了铁制生产工具。汉朝在岭南设郡县后，铁器的使用更为普遍，水稻等粮食作物的品种也明显增加，在一些地区还种植了双季稻。农家已知收集和施用畜肥与人肥，在贵港和合浦等地的汉墓中出土了猪圈的陶制模型，合浦望牛岭一号汉墓还出土了一座“干栏”式陶屋，上层设有厕所并有孔与下层的猪圈相通，表明主人已有积肥的意识。在梧州、合浦等地的东汉墓还发现有陶牛和陶牛车，表明使用牛耕和以畜力耙地亦较普遍。在广西合浦、梧州、钟山等地的汉墓，还发现了不少陶制水井的模型。水井主要用来汲水给人畜饮用，也可浇灌农田。

家畜饲养也很普遍。除黄牛与水牛外，猪也是大量饲养的家畜。广西汉墓常见的陶屋模型几乎都附带猪圈，圈中养猪一二头或四五头。各地汉墓出土的随葬品，也常见牛、羊、马等家畜和鸡、鸭等家禽的陶或铜质的模型。在都安拉仁乡东汉墓陶屋模型的屋檐下，发现有鸽子伏窝的雕塑，表明至迟在东汉时广西已驯养鸽子。

各种饮食器具也有所发展，尤其是铜铁、陶瓷、漆器制作的饮食器具，适应了不断产生的新的烹饪技法和新的饮食内容。此外，汉代广西的金银器，无论在质量上还是数量上均有较大发展。受社会生活丰富化和内地厚葬习尚的影响，东汉时的一些大墓，各种材质的随葬品其种类和数量明显增加。如从贵港罗泊湾汉墓即出土了800件漆器，贺州金钟汉墓亦出土了大批漆器，其中有许多餐具，如盘、盒、豆、盆、耳杯等。

与西南夷中部地区的情形相似，这一时期岭南的广西地区也是吸收内地经济文化因素较多、变化较大的区域，这主要是与该地区交通方便，并邻近社会经济发展较好的地区有关。在岭南西部，内河航运十分发达，秦朝时期为运粮，在今广西兴安县境内修建了“灵渠”，这是世界上最古老的运河之一，有着“世界古代水利建筑明珠”的美誉，沟通了湘江与漓江两大水系，打通了南北水上通道，促进了当地的生产和经济的发展。此外，秦汉时期还开辟了四川经牂牁江、温水、郁水达番禺的水运航线，贯通了黔西与岭南东西部的水运。变化最大的主要

图3-20 广西灵渠

是位于今广西东北部的苍梧郡与濒海的合浦等地。而苍梧郡与经济发达的南海郡、桂阳郡为邻，合浦又是海运的重要港口，这些都为广西经济的发展创造了有利条件，同时也打开了广西对外交流的窗口，扩大和推进了广西与内地的商业交流，引进了先进饮食文化，并融合于本土。

二、多地区饮食文化的相互影响

1. 影响云贵饮食文化形成的因素

西南边疆特有的自然环境，深刻影响了当地的饮食文化。云贵地区多山地与高原，形成了复杂多样的地貌与气候的环境，这里有着极为丰富的动植物资源，这些资源分布于不同海拔高度的地区，呈立体状分布。云贵高原的各民族，很早便分别居住在不同海拔高度的地区，从而形成了不同的生计方式和饮食文化。如世居云贵高原河谷平原、平坝地区的壮、侗、布依等民族，生计方式主要是农耕稻作，是精耕农业文化；而世居云贵山区的怒、佤、景颇等民族，其生计方式则是山地农耕、刀耕火种，是初级农业文化等。

除自然环境的影响外，云贵地区文化的形成还深受四川文化的影响。秦对今云贵地区的经营始于对巴蜀开发的成功。从秦朝至元朝初年的约1500年，今云贵地区便与四川结下了不解之缘，两地文化相互影响深远。主要是由于：其一，长期以来，云贵地区是四川大行政区的一部分。其二，约1500年间，五尺道与灵关

图3-21 始于秦代的“五尺道”

道把云贵地区与四川紧密地联系在一起，加强了两地人民的文化交流。历代统治者都从四川向今云贵地区派遣军队和官吏，并以官方名义或以民间性质向云贵地区移民。如在两汉时期，由官方组织了大量蜀地人民进入云南，以今滇东北和滇中地区最为密集。因此，数千年间云贵地区的经济和文化受到巴蜀地区的深刻影响，绝非偶然，饮食习俗便是最有力的说明。今云贵地区居民的饮食习俗同四川十分相似，如普遍嗜好辛辣，崇尚辛香，口味偏咸，嗜食河鲜与野味；菜肴的原料必须丰富、新鲜，菜肴的味道讲究色香味俱全；风行市肆风味与地方特色菜等等。这些饮食习俗的特点，可以说早在1000余年以前便已基本形成。

再有就是来自外地汉族移民的影响。20世纪中期以来，在云南的东部、中部和西部，以及贵州的中部与西部，先后发现不少称为“梁堆”的东汉至魏晋时期的墓葬。普遍出土汉式铜器与锄刀等生产工具，大量模仿建筑、畜禽、生活用具和人物的陶制明器，以及盆、罐、碗、壶等陶瓷用品。还有铸有“朱提”“堂狼”字样的壶、洗、盘、釜等铜制生活用具，其形制、纹饰均与外地汉族器物相同。“梁堆”墓葬反映了生活在郡县治地的汉族移民的饮食生活状况。

2. 广西地区的饮食结构进一步优化

两汉时期，在外来移民与本地民族的共同努力下，广西地区的农业生产有了较大发展。主食来源进一步拓宽，形成以稻谷为主要农作物，兼食粟、豆、薏、芋、薯等杂粮及各种果蔬的饮食结构。目前发现汉代稻谷遗址有五处，分别是贵港市罗泊湾西汉前期墓、贵港风流岭西汉前期墓、合浦堂排西汉后期墓、梧州低山东汉墓和昭平界塘东汉墓。1975年考古工作者在合浦堂排汉墓中，在一口铜锅中发现了稻谷与荔枝，保存完好。

薯类杂粮在广西地区的平民生活中占重要位置。《异物志》有“甘薯出交广南方……南人专食以当米谷，蒸炙皆美食”的记载；此外岭南还出产优质薏苡，薏苡既能治湿痹病，又可充饥代粮。据《后汉书·马援传》：东汉初马援出征交趾，因常食薏苡深感其益，他还称赞交趾的薏苡品质佳、果实大，军还时带回一车薏苡良种，准备在内地种植。

蔬果品种十分丰富。在以上广西的这些汉墓中，除了稻谷、粟米和豆类以外，还发现有葫芦、黄瓜、姜和木瓜等菜蔬，桃、李、橘、梅、荔枝、龙眼与橄榄等水果，以及花椒、金银花等经济类作物，表明这些作物在这时期已被广泛种植。岭南出产的荔枝、龙眼、橘、柚等水果，经常输入内地供宫廷享用。如《后汉书·和帝纪》载，“旧南海献龙眼荔枝，十里一置，五里一候，奔腾阻险，死

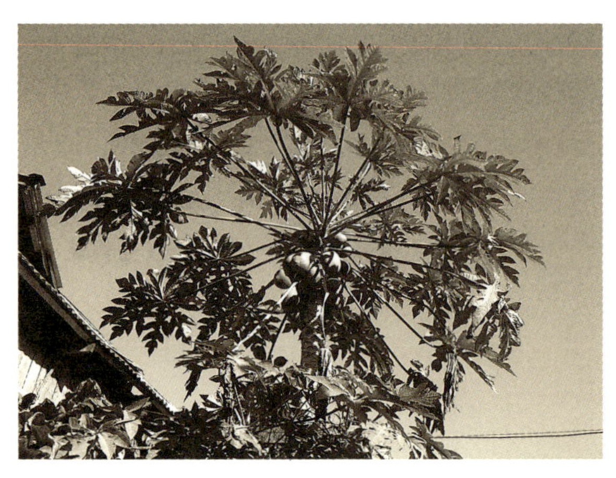

图3-22 南方著名水果木瓜

者继路”。汉武帝时广西先民种植的橘、柚大量输入内地，深受百姓欢迎，以致“民间厌橘柚”。

肉食以饲养的畜禽为主。从贵港、梧州等地汉墓出土的动物模型可以看出，广西的畜禽肉食主要有猪、狗、羊、鸡、鸭、鹅等。此外，水产和鸟兽鼠虫也占一定比例。

此外，广西先民为了在“瘴疠之乡”的广西生存下去，他们在长期的生活实践中，逐渐摸索总结出了“医食同源”的文化思想。他们生产珍贵药材，亦作饮食之用。东汉医学家张仲景撰写的《伤寒论》记载110份药方，其中有约20个药方以桂枝为主药。岭南是肉桂的重要产地，尤以广西最多。为满足内地的需要，交趾等地开辟了专植桂树的桂园，合浦出产的肉桂也远近出名，晋人郭义恭在《广志》中说：“桂出合浦，而生必于高山之巅。”西汉史游的《急就篇》记有“菌桂、牡桂之属，百药之长”，可知，汉时广西肉桂有丹桂、菌桂和牡桂三种。

第四章　魏晋南北朝时期

第一节　四川地区远离战乱的稳定与富足

魏晋南北朝时期是四川历史中承前启后的重要时期。三国时期，中原大战，而巴蜀地区战乱较小，蜀人凭借优厚的自然条件，基本维持着繁荣的局面。西晋的统一极其短暂，东晋南北朝时期中国经历了将近三百年的分裂，此间长期战乱，由是，巴蜀地区被视为土境丰富、民物殷阜之地，成为南北政权争夺的重要地区。这一时期四川东部的土著居民大量外徙，而众多的少数民族又相继迁入，使得巴蜀地区的人口和民族构成发生了巨大变化，对巴蜀的经济、文化产生了直接影响。

一、巴蜀粮足市旺丰饶依旧

1. 丰富的粮食蔬果品种

以四川盆地为中心的东部地区，有优越的自然条件，悠久的农耕历史，较高的农业生产技术，使水稻成为成都平原最为主要的粮食作物。早在秦汉时期，这里就已是全国著名的“有粳有稻”的水田稻作区。两晋南北朝至唐代，四川主要仍是种植早稻，《齐民要术·水稻》引晋人郭义恭《广志》：“青芋稻，六月熟；累子稻、白汉稻，七月熟。此三稻，大而且长，米半寸，出益州。”形成了成都平原地区以大米为主而少面食的主食饮食结构。

四川广阔的丘陵和低山地区，缺乏水利灌溉条件，所以适宜种植麦、黍、粟等耐旱的粮食作物，但产量远低于平原地区。据《华阳国志·巴志》记，巴西、梓潼、广汉、犍为四郡，均有“山原田”或“山田”。《蜀中广记·方物记》曰：“三峡两厓（yá）土石不分之处皆种燕麦，春夏之交，黄遍山谷，土民赖以充食。”四川各地的旱作技术差别很大。在平原周边的丘陵山区，旱作种植技术较为成熟，普遍深耕，并注意选用良种。为避免过量降雨的影响，而普遍采用垄作法。其方法是耕田整土后起土成垄，再清出垄沟，把耐旱的粮食作物种在垄台之上，垄沟则间种蔬菜与芋，这种方法延续后世。其中芋在巴蜀地区有悠久的种植历史，《广志》说：“蜀汉既繁芋，民以为资。”

成都地区是四川最早从事农业生产的地方，也是最适宜农耕的地区，它是巴蜀主要的蔬菜产地。《华阳国志·蜀志》称其“**山林泽鱼，园圃瓜果，四节代熟，靡不有焉**”。其中，魔芋的发现与种植是巴蜀地区对饮食的一大贡献。魔芋古称“蒟蒻”，《华阳国志·巴志》曰：“**蔓有辛蒟，园有芳蒻。**”据《华阳国志》校注者刘琳考证，“蒻”就是“魔芋”。西晋左思《蜀都赋》亦言：“**其园则有蒟蒻、茱萸、瓜畴、芋区、甘蔗、辛姜。**”刘逵注：“**蒻，草也，其根名蒻头，大者如斗，其肌正白，可以灰汁，煮则凝成，可以苦酒淹食之，蜀人珍焉。**”蜀人还取其块茎供药用。晋代巴蜀地区还以魔芋为原料入菜，还有将块茎磨成水粉，去毒处理后制成魔芋豆腐的做法。还有一种在巴蜀地区广受喜爱的蔬菜是“芜菁”，又名蔓菁、圆根，它是一种南北都种植的寻常蔬菜。因芜菁易栽种，产量高，叶和根都可以食用，所以蜀汉时的四川对芜菁十分青睐。唐刘禹锡《嘉话录》：“**诸葛所止，令兵士独种蔓菁**”。当时受欢迎的程度仅次于葵（冬寒菜），在人们的饮食中占有重要地位。

水果种植也有较大的发展。柑橘与荔枝在巴蜀地区种植甚早。据《华阳国志·巴志》：园有“给客橙”。“给客橙”又名“卢橘”或“金橘”，即今四季柑。荔枝为水果中的珍品，据《华阳国志·巴志》，汉晋时巴蜀地区的荔枝主要产自江阳郡、犍为郡僰道县与巴郡江州县。其他果物种类也很丰富。左思《蜀都赋》言：“家有盐泉之井，户有橘柚之园。其园则林檎枇杷，橙柿梬楟。榹桃函列，梅李罗生。百果甲宅，异色同荣。朱樱春熟，素柰夏成。”

2. 家畜饲养有了长足的发展

畜牧业是巴蜀西部边地的重要产业。如阴平地区（今甘肃文县、四川南坪、青川、平武、江油一带）、汶山地区（今阿坝州）均主要从事畜牧业生产，以马、牛、羊闻名。《魏书·宕昌列传》：“宕昌羌者，其先盖三苗之胤……皆衣裘褐。收养牦牛、牛、豕以供其食。”除西部地区外，东部的四川盆地也有畜牧业，据《华阳国志》记载，牛马等大牲畜主要产自巴西郡和巴郡的垫江县。今川西南的诸蛮部落喜养黄牛，饲养的羊有绵羊、山羊两种，川西高原主要产绵羊，川西南一带则以山羊为主。各地家庭普遍饲养猪、鸡、鸭和鹅，但羊、驴的饲养不甚普遍。①

巴蜀普遍养猪，其历史可追溯至蜀汉时期。养猪方法依地域不同而有差异，平原地区养猪流行圈养，这一时期墓葬中出土的陶猪多属肥壮型，腰身和四脚粗壮、嘴筒略短，具有早熟、易肥、发育快、肉质较好的优点。丘陵地区则流行野外放养，在西汉王褒的《僮约》中有“持哨放猪”之语。据考古材料表明，因为是放养，所以丘陵地区出土的陶猪多为瘦型猪，且当时普遍采用了“阉割术”。从成都附近的新都、双流、金堂及西昌等地出土的东汉陶猪俑可以看出，四川现代猪的若干品种至少在东汉时即已初步形成。头短体粗，颜凹耳略垂，正是现代黑猪的主要形象。

各地的小型家禽家畜饲养业也发达。从墓葬中的画像砖和出土陶俑的资料来看，饲养较多的有犬、鸡、鸭、鹅与兔。犬主要用于放牧狩猎。鸡、鸭、鹅、兔是主要家禽，大都在平坦地区饲养，当时流行阉割的公鸡为肉用鸡。蜀汉时期墓葬出土的木质马、牛、猪以及东汉崖墓群中出土的陶质犬、马、鸡和鸭，都显示出这一时期家畜业有了长足发展。

自汉晋以来，四川的平原或丘陵地区，一直是利用潴（zhū，蓄积）水和陂塘池水灌溉农田。陂塘在四川地区相当普遍，据《华阳国志》记载，巴郡江州县、蜀郡广都县、广汉郡德阳县、犍为郡南安县、江阳郡汉安县等地，均有陂池或鱼池。陂塘池除了灌溉农田外，还可以养鱼、种莲、栽菱，具有多种经济效益，例如，新都县出土的“农作捕鱼”画像砖，即是把养鱼与种植水稻相结合的艺术写照，此为巴蜀地区的一大创造。《太平御览》引曹操《四时食制》中说：“郫县子鱼，黄鳞，赤尾，出稻田，可以为酱。”宜宾出土的一个陶田模型，其中水田和渠道约占模型的3/5，其余部分为水塘与鱼塘。水塘的两个排水缺口高矮不一，可保证鱼塘用水。鱼塘排水口与鱼塘底部同高，并使用不同的木板关水、排水，平时可使水缓缓流动，捕鱼时便于将水排出。②类似形制的鱼塘，在成都、峨眉、重庆、乐山、西昌等亦有发现。

3. 饮食器具工艺有所发展

晋代，在巴蜀地区饮食器具的品种中增加了瓷器。但陶器仍是主要的饮食器具，在不少墓葬中都有出土。至南北朝时瓷器器具的形制增多，在广元、绵阳、

① 李敬洵：《四川通史》第三册，四川大学出版社，1993年，第186～188页。

② 秦保生：《汉代农田水利的布局及人工养鱼业》，《农业考古》，1984年第1期。

德阳、涪陵、忠县等地墓葬所出土的青瓷器，与前代相比无论是器物的类别和造型、花纹装饰都发生了很大变化。

这一时期巴蜀地区出土的瓷器多为火候高的青白釉，胎骨为高岭土。其中以饮食器具为多，主要有罐、壶、碗、杯、盘（高足盘）、钵等。壶的形制多以瘦长为主，广元宝轮院崖墓群出土了四耳壶与四耳锅，这两种器物适宜“吊烧”烹煮。特别是盘口桥形四系罐、盘口桥形四系壶等均由短颈变长颈，短腹变深腹。耳系亦流行桥形系，还新创了一种圆环耳。碗亦由浅腹变深腹，平足增高（即假圈足），大大增加了碗的美观与实用价值。

由于南朝佛教盛行，莲花是佛教的象征之一，故以莲花为题材的纹饰广泛流行在食器上，如昭化、重庆都出土有莲花纹盘口壶、碗等。这一时期，在壶的装饰上刻意创新，如盘口壶的颈上饰以竹节纹。尤为典型的是，在邛崃十方堂窑出土的盘口四系壶，其形制为盘口短颈，颈肩之处设四圆环耳，丰肩，平足。该壶花纹装饰在腰上部施以青釉，而后用黑彩绘出两株草叶纹和“永元”二字，相隔其间织成纹饰。由此可知至少在南齐永元年间（公元499—500年），就已开创用笔绘出黑彩装饰的新工艺。[①] 使饮食器具的审美价值又上了一个台阶。

4. 城乡商业的繁荣

西晋时期四川成都的商业繁荣，这在左思的《蜀都赋》中有充分的表述：“市廛所会，万商之渊。列隧百重，罗肆巨千。贿货山积，纤丽星繁。都人士女，袨（xuàn）服靓妆。贾贸墆（zhì）鬻（yù），舛错纵横。异物崛诡，奇于八方。”文中勾勒出晋代的成都商业发达，店铺林立的情景，其规模之大、门类之杂、品种之多，均穷极于时。与秦及西汉早期相比，这时成都市场上的奢侈品明显增多，如丝织品、金银漆器、金银漆饰车具等都成为全国的抢手货。当时一件镶金银漆耳杯的价格，相当于10～20个同样大小的铜耳杯的价格。[②] 成都纤丽星繁的商业贸易，与它“水陆所凑，兼六合而交会焉”的交通发达息息相关。蜀地的物产不仅自销兴盛，且流向省外广东等地，“邛杖传节于大夏之邑，蒟酱流味于番禺之乡”。

南北朝时期，四川农村出现“草市”。“草市”是农村中的商业城镇，有的也称为“市”，如蜀州青城县的青城山草市与味江市、彭州唐昌县的建德草市与九陇县的堋口市、雅州严道县的遂斯安草市、阆州的茂贤草市、梓州盐亭县的雍江

① 陈丽琼：《试谈四川古代瓷器的发展及工艺》，《史学论文集》，四川人民出版社，1982年，第212页。

② 罗开玉：《秦汉三国时期成都商业大都会的建成》，《成都大学学报》社科版，2010年第6期。

市等。其功能是商品交换，主要通过集市贸易的方式进行。乡村居民可以不定时地把农副土特产品如盐、麻、鸡、鱼等出售给商贩，又从商贩那里购买回生活用品。这些位于州城、县城以外的草市，都是无固定店铺的商业点，商业设施也较城市商业区简陋，但是这类商业点的形成与发展，却是四川农村商业中最重要的进步，也使饮食原料有了交换、售购与调节余缺的空间。

5. 盐业的发展

自秦汉以来，巴蜀地区一直是全国最重要的井盐产地。两晋南北朝时期，除个别少数民族地区出产岩盐外，大多数地区生产井盐。所生产的食盐，不但可保证当地居民的需要，还能进行对外商贸活动。据《华阳国志》记载，汉晋时期，巴蜀地区的井盐产地主要在以下地区：巴郡临江县（今重庆市云阳县境）、巴东郡朐忍县（今重庆市云阳县境）、涪陵郡汉发县（今重庆市酉阳县境）、巴西郡南充县、蜀郡的临邛（今四川邛崃）县、广都县、广汉郡的什邡县、郪（qī）县、犍为郡牛鞞县、江阳郡的江阳县、汉安县、新乐（今四川省南溪县境）县、越嶲郡定笮县、南广郡南广县（今四川省珙县境）等，共计10郡14县。此外，梓潼郡的梓潼县出伞子盐。

由于食盐为人民生活必需品，盐利成为国家财政收入的重要来源，统治者十分重视对盐业的管制。《三国志·魏书·邓艾传》载，司马昭平蜀后，拟“留陇右兵二万人，蜀兵二万人，煮盐兴冶，为军农要用”。《太平御览》引《晋令》曰：“凡民不得私煮盐，犯者四岁刑，主吏二岁刑。”南朝弛盐禁，准许百姓煮盐。北周末年又禁民开采井盐，至隋文帝才废除禁令。

二、巴蜀饮食习俗及烹饪特色

1. 奢侈的宴饮之风

中国历史上的魏晋南北朝时期，是一个战乱频仍的历史时期，中原地区经历着“八王之乱”及“五胡乱华”的动荡局面，政局空前混乱。战争带来的灾难使得大批北民流入南方；而南方相对稳定的社会局面，丰富的物产资源，使得巴蜀地区饮食文化平稳发展。然而社会政治的动荡，使贵族统治阶级深感朝不保夕，于是及时行乐、讲究奢侈之风日盛，在物产丰富的巴蜀地区催生了豪华的宴饮之风。西晋文学家左思的《蜀都赋》，生动地描写了当时的宴饮豪华与奢侈：“出则连骑，归从百两。若其旧俗，终冬始春。吉日良辰，置酒高堂，以御嘉宾。金罍中座，肴槅四陈。觞以清醥（piǎo，清酒），鲜以紫鳞。羽爵执竞，丝竹乃发。

巴姬弹弦，汉女击节。起西音于促柱，歌江上之飉（liáo）厉。纡长袖而屡舞，翩跹跹以裔裔。合樽促席，引满相罚。乐饮今夕，一醉累月。”金碧辉煌的座场，满桌的菜肴、美酒、果品，宾客互相敬酒，更有巴姬弹弦，汉女击节，演唱歌曲助兴，丝竹悠扬，长袖飘舞，主客尽情享受宴饮之乐，即使醉倒一个月也不在乎。作者把弦歌丽舞助兴、盛筵歌舞的景象描绘得淋漓尽致，鲜活生动。

在“以富相尚”的影响下，各种宴饮活动也表现得十分铺张，《华阳国志·蜀志》中写道：“娶嫁设太牢之厨膳，妇女有百辆之徒车。”晋代的《官品令》规定，一品、二品官人可纳四妾，三品、四品可纳三妾，五品、六品可纳二妾，七品、八品可纳一妾。纳妾者多为官员富豪，“太牢”婚宴想必更为豪华。这种仪式在南北朝时期变得繁琐而且奢费，嫁娶又尚奢侈，故南朝有“银杯连卺”及“牢烛”之俗（即新婚夫妇共用一个牢盘进食），北朝婚嫁则尽为奢靡，牢羞之费，罄竭资产。①

古代四川早已把豪华宴饮与游玩结合在一起，在经济较发达地区成为世风，成为一种民俗传统。如踏青游玩的野宴、江河游玩的船宴，狩猎之余的猎宴，以及各种庙会、灯会、花会，无不荟萃美食的饮食民俗，美景与美食，而且有乐舞助兴，使人同时得到味觉享受、视觉享受和听觉享受，构成了美食与美景交相辉映的饮食文化。这一传统盈盈不衰，延续至宋。

2. 巴蜀茶酒习俗

这一时期巴蜀地区盛行饮茶。据《三国志》记载，东吴有采茶煮茗粥的习俗，西晋蜀地出现了卖茶粥的蜀妪。西晋人傅咸在《又教》中有：“闻南市有蜀妪，作茶粥卖之，廉事打破其器具，使无为卖饼于市，而禁茶粥，以困老姥，独何哉。”这是我国关于售卖茶粥的最早记载。表明在西晋时期，巴蜀地区已出现卖茶者，其销售方式即挑售茶粥、沿街叫卖。近现代四川流行“好看不过素打扮，好吃不过茶泡饭”的俚语，说明“茶泡饭”在民间是人们喜爱的饮食习俗，其源头可能就是“茶粥”。西晋时，张载《登成都白菟楼》诗有赞誉蜀茶之句：“芳茶冠六清，溢味播九区。”据说这是我国最早一首描绘饮茶的诗。“六清”指水、浆、醴、醇、醫酏等六种饮料，而茶以其醇香味厚居于“六清”之上，受到了很高的评价。至南北朝后，随着各民族的大融合，饮茶习俗由南而北延伸，北方人也开始有了饮茶的嗜好。

晋代酒酿继续发展，西晋张载《酃（líng）酒赋》说：“物无往而不变，独

---

① 李敬洵：《四川通史·两晋南北朝隋唐》，四川人民出版社，2010年，第598页。

居旧而弥新，经盛衰而无废，历百代而作珍。”反映出饮酒在人们生活中占有重要地位和酿酒业的发达。北魏贾思勰在《齐民要术》卷七《笨曲并酒》中，详细记述了蜀地酿酒之法：“十二月朔，取流水五斗，渍小麦曲二斤，密泥封。至正月二月冻释，发漉去滓，但取汁三斗，杀米三斗，炊作饭，调强软合和，复密封，数十日便熟，合滓餐之，甘、辛、滑如甜酒味，不能醉人。”文中所言即今日的醪糟甜酒，几乎家家可做，深受四川各地民众喜爱。有的酿制独创一格，并采用蜀地特产为酿制器皿，颇具地方特色，如著名的“郫筒酒”，便是此时发明的。制作方法是把麦曲置竹筒发酵酿成，因产自成都附近的郫县而得名。《华阳国志·蜀志》：“郫地出大竹，截之盛酒，间以藕丝，包以蕉叶，信宿香达，曰郫筒酒。”据《郫县志》卷二《秦汉以来职官表》说，郫筒酒的发明者是名为山涛的县令所发明。据说酿制三日便有香气散出，两个多月剖开竹筒后，百步之外乃闻其香味，饮之味如梨汁蔗浆，美不可言。

3. 巴蜀烹饪特色

这一时期巴蜀烹饪的地方特色已初步形成，主要表现在三个方面：

一是喜甜。巴蜀盛产蜂蜜和甘蔗，汉晋时巴蜀以产优质蜂蜜而著称，及至唐以后，四川仍是全国重要的蜂蜜产地。蜂蜜分为家蜂蜜与野蜂蜜两类。家蜂蜜是人工饲养所得，野蜂蜜则是取自野生蜂所酿。因野蜂筑巢之处及巢质有异，野蜂蜜又分为木蜜、土蜜和岩蜜数种。木蜜是“悬树枝作之，色青白，树空及人家养作之者，亦白而浓厚，味美”；土蜜则是“土中作之，色青白，味碱”；岩蜜又称“石蜜”，是“高山岩石间作之，色青赤，味小碱”。[①]蔗糖即以甘蔗汁制成的食糖，当时有不同的名称，扬雄《蜀都赋》中称甘蔗为“诸拓”，左思《蜀都赋》则谓之“甘蔗”。

在调味品不多的古代，蜂糖和蔗糖是一种重要的调味品。蜀汉时肉食的特点是都略带甜味。《北堂书钞·蜜》引三国魏文帝《与朝臣诏》：“新城孟太守道：蜀猪、羊、鸡、鹜（鸭）味皆淡，故蜀人作食，喜着饴蜜，以助味也。”与东汉扬雄《蜀都赋》所总结的蜀人“尚甘饴”的特点基本相同。即使在今天，川味不少菜喜放入糖调味，因此正宗川味也并不只是麻辣味型，而有甜香、甜鲜、咸甜、糖醋等多种味型，且有其久远的源头，这是物产因素决定的。

二是喜辛辣。巴蜀盆地多为高山峡谷，日照时间短，空气湿度大。自古以来人们就喜好辛香之物，如姜、椒、茱萸类辛辣调料。这些调料具有药用价值，可

---

① 苏敬等：《新修本草》卷一六《虫鱼部·石蜜》，安徽科学技术出版社，2005年。

温中祛寒、开胃除湿，具有治寒湿痹痛和杀菌的功效。如生姜，它可将自身的辛辣味和特殊芳香渗入菜肴，使之鲜美可口，又可健胃温肺，特别是还可解鱼蟹毒素。花椒，性温味辛，不仅可除各种肉类的腥气，还具健胃散寒、除湿解毒的作用。因此，它们既是调料，也是药物，体现了医食同源的饮食思想。

这些香辛调料沿用至晋。东晋时，四川人常璩在《华阳国志·蜀志》中对蜀中饮食习惯归纳为“尚滋味”“好辛香”，“辛香”之味乃指姜、芥、韭、葱、花椒等日常调料。晋人葛洪《神仙传》言鱼脍中不可或缺姜，晋束皙《饼赋》说烹调面条时，“姜株葱本”为调料之首，并谓“椒兰是畔”，说明花椒也是重要调料。直到现在，四川的面食中还一脉相承地大量使用姜葱椒为调料。《太平御览》引晋代张华《博物志》，详细记载了蜀人炮制姜的方法：“伏波将军唐资传蜀人熬姜法：先洒扫，别粗细为三辈，盛著笼中，作沸汤，没笼，著汤中。须臾，取一片，横截断，视其熟否，里既熟讫，便内著瓫中，细捣米末以覆上，令姜不见，讫，以向汤令复沸，使相淹，消息视瓫中，当自沸，沸便阴干之。”其法被后世传承并有所发展，由此生产出腌甜姜，这也是由生态因素决定的。

三是杂味并存。魏晋南北朝是我国各民族第二次大交流大融合的时期，外来人口大批入川，给原有的巴蜀土著文化增添了新的内容。《华阳国志·大同志》载，西晋元康七年（公元297年），雍州、秦州大旱。次年，略阳、天水、扶风、始平、武都、阴平等六郡（在今甘肃、陕西境），僚、氐流民数万家为逃避饥饿入蜀。略阳临渭（今甘肃南安县）氐族李特家族，随饥民由汉川转益州就食。以后，李氏家族在成都建立成汉政权，又大量迁移僚、氐部族入蜀。西晋末年开始了全国性的北人南迁，豪门贵族、商贾工匠通过秦岭入蜀，以避战乱。南北文化大规模交流，不仅为巴蜀带来了各地的生产技术，也带来了各地区的风俗习惯。由于对移民实行按族聚居制，不杂于土著民族中，移民可以完整地保留原来的饮食传统，成为四川饮食文化的源头之一。如他们带来了中原河南地区的咸、辣风味，也带来了山东以重用甜面酱调味见长的烹饪技法。而“咸、鲜、酱”味，都是川味中的基本味型。这些都是移民带来的影响。

此外，汉魏时期还出现了不少节令食品。相传馒头即是诸葛亮南征时因祭祀而发明的。左思《蜀都赋》中提到了“麪（miàn）有桄榔”，“桄榔”为树名，树干去皮后出淀粉状物，如麦面，可食，谓之“桄榔面”。西晋张载《登成都白菟楼》反映了西晋时成都的饮食状况：“蹲鸱蔽地生，原隰殖嘉蔬。虽遇尧汤世，民食恒有余。郁郁小城中，岌岌百族居……鼎食随时进，百和妙且殊。”每逢节令，巴蜀人有“尝新”的习俗：“披林采秋橘，临江钓青鱼；黑子过龙醢，果馔逾蟹蝑。芳茶冠六清，溢味播九区。人生苟安乐，兹土聊可娱。”“龙醢”或为虾酱，“蟹蝑”则是蟹肉干或蟹黄，而本地所产“黑子”“果馔”超过虾酱与蟹黄，可知其味甚美。这种饮食民俗传统绵延后世，不断发展。

第二节　云贵桂地区的平稳发展

魏晋南北朝时期，中原战争纷繁，但西南的云贵桂地区却相对稳定，人民得以休养生息，地方经济有了长足发展，饮食文化也体现了西南少数民族的独有特色。

一、农牧业生产与社会生活状况

1. “南中”地区农弱畜强的生产状况

东汉与西晋称今云贵地区为“南中”。通过蜀汉时期的刘备和诸葛亮的平定与经营，蜀汉逐渐从巴蜀“大姓”移民等豪强势力手中恢复了对南中的统治。并设军政机构庲（lái）降都督，先后驻南昌县（治今云南镇雄）、平夷县（治今贵州毕节）、味县（治今云南曲靖），以管辖南中。这一时期，蜀汉对南中组织了大规模的屯田，有军屯和民屯。开垦土地，促进当地农业生产的发展，并迁永昌郡（治今云南保山）的少数民族数万人至云南郡与云南东部，巩固了对这一地区的统治。西晋后期至南朝在云贵地区设宁州，多有经营，但经西晋“华夷之辨”的偏见而引起的战乱，使这一地区生产破坏严重，民不聊生。直至隋朝统一后，才有所恢复。

当时“南中”的畜牧业较为发达。诸葛亮平定南中后，征收大量金银、丹漆、耕牛、战马，“以给军国之用”。后又以耕牛、战马为征收的常赋，说明该地区的耕牛、战马产量颇大，反映了畜牧业兴盛。在云贵地区出土的汉晋时期墓葬中，常见马、牛、狗、鸡、鸭等畜禽的模型。近年在云南保山汪官营发掘了一座刻有“延熙十六年（蜀汉后主年号，公元253年）”字样的砖墓，在随葬品中发现了牛、鸡、狗与粮仓的陶质模型。由此可见除牛马羊等大牲畜外，在农业地区普遍饲养的还有狗、鸡、鸭等畜禽。另外该地还有牧猪的习俗，据《华阳国志·蜀志》：三缝县（在今四川会理县）有长谷，其中之石猪坪有石猪，达子母数千头。当地长老传言：过去夷人牧猪于此，一日猪化为石，以后夷不敢牧猪于此地。虽是“传言”，但反映了晋代以前当地有野外牧猪的习俗，而且群牧的猪达数千头之多。至今云南山区的一些少数民族，仍将猪、马、牛等一起赶到野外牧养，仍保留了古老的遗风。

这一时期，不仅大牲畜的数量增长较快，而且培育出一些新的优良品种。据《华阳国志·蜀志》：晋代会无县（治今四川会理）有“天马河”，曾有日行千里的“天马”，“后死于蜀，葬江原小亭，今天马冢是也。县有天马祠。初，民家马牧山下，或产骏驹，云天马子也。”滇池地区也有类似传说，据《华阳国志·南中志》：长老相传：滇池中有神马，与常马交配即生骏驹，俗称“滇池驹”，日行500里。这一良种马与唐代南诏进献之日行数百里的“越赕（dǎn）骏”应属同一品种，并非是以负重登山见长、形体矮小的云南山地马。现代研究证明，用野马配种对家马基因的提纯复壮有积极作用，早在1600余年以前，今云贵地区的居民已掌握这一先进的育马技术。

2. 广西地区诸族的社会生活

魏晋南朝时期的广西地区大部分在交州的行政范围之内。这一地区在东汉末年被孙吴占据，社会安定，“中国士人往依避难者以百数”，社会经济得以发展。晋灭吴后，据《晋书·陶璜传》，因朝廷对该地区不够重视，封建王朝的统治力量十分薄弱，影响力甚微。南朝时期，统治者也是鞭长莫及。而实际控制岭南的主要是当地的豪族或大姓，封建王朝常授其首领以官职和爵位。他们以俚、獠与乌浒等百越后裔为主，并结合一些落籍的汉族官吏与军将。他们以村或洞聚族而居，首领有很大的权势和号召力，相互间为掠夺人口财物及争夺地盘而争斗。

从考古发现可看出，两晋南朝时期广西地区的农业生产有所发展。在广西梧州的南朝墓葬，发现了耙田的模型。模型所使用的耙有六齿，装于横木之上，横木的上端有扶手柄，使用时一牛牵引木耙，一人在耙后扶之，与今天广西使用的木耙大致相同。在苍梧出土了一组晋代的陶质模型，其中有驾车、犁田等活动和牛圈、禽舍、粮仓等建筑的模型，可视为当地农业社会生活的写照。此外还出土了青瓷骑俑、陶牛车、陶侍俑和手持武器的部曲，表明当地出现了豪族大姓。在桂林尧山发现的两座南朝时的砖石墓，其中一座出土了青瓷碟、石俑、滑石猪、石制钱币和滑石刻成的阴地券，表明当地已存在土地买卖。类似的滑石地券在广西融安、鹿寨等地也有发现。

其地主要居民是俚、獠。这在《魏书·獠传》言之甚详：獠人依树积圆木建筑类似今竹楼之“干栏”住房，人居于其上。獠人擅长铸造大口宽腹的铜器，名曰“铜爨”。“铜爨”既薄且轻，易于烹饪熟食。其“铜爨”或即南方蛮夷视为重器的铜鼓，铜鼓起源于陶釜或铜釜，早期的铜鼓亦可作为炊具使用，这与“铜爨”的情形也相一致。

《魏书·獠传》还说，獠人能卧水底持刀刺鱼，流行以口嚼食而以鼻饮水。

图4-1 南方少数民族居住的干栏

图4-2 彝族同胞饮交杯酒（《云南民族·文化卷》，人民出版社）

可见捕捞仍是獠人谋取生活资料的重要方式；“鼻饮”即以竹管导水入鼻而饮之，“鼻饮”时气管口自然会关闭，不至于呛水。这一习俗在南方一些少数民族中流行，据说试以“鼻饮”，其感觉快不可言。若口嚼食而同时鼻饮，非经过练习十分熟练不可。

在这个地区生活的还有俚人，俚人的习俗是椎髻、文身、穿贯头衣、喜鼻饮，以及崇信鸡骨卜和善用毒箭等。推测这一类习俗主要流行于僻远溪洞的俚人之中。至于居住在郡县附近地区的俚人，则以种植稻谷为业，大部分已成为郡县管辖下的编户。

二、农作物食物资源与饮食习俗

1. 芋薯豆类为主，兼食野生桄榔

两晋南朝时期，由于经常发生战乱，人们正常的生产生活得不到保证。除了主要粮食作物水稻和旱稻外，还要开辟另外的食物资源。人们充分利用各种野生植物代替主要粮食，并得到广泛的开发。这一时期人工种植的副食类作物有芋类、薯类、豆类、瓜类等，野生植物有桄榔木等，这些人工作物与野生的植物，逐渐成为云贵地区汉民与蛮夷重要的食物来源。

两晋时期，芋在宁州得到广泛种植。芋富含淀粉，对种植条件要求不高，各地不仅普遍种植芋，而且还培育出一些优良的品种。其中君芋、车毂芋、旁巨芋和青边芋被认为是芋中的佳品。据《太平御览》引晋《广志》记，其芋块大如

饼，少子易熟，有味，茎还可做羹，“为芋之最善者也”。知名的芋类还有：蔓芋，大者达二三升；鸡子芋，色黄如鸡子；百果芋，产量甚高，一亩可收百斛；卑芋，七月熟，无粮时可救急；九面芋，芋块亦大；叶榆县所出百子芋与永昌郡的魁芋，也都是高产、大块的芋种。

在兴古（今云南砚山）等地还普遍种植甘薯。《太平御览·果部》引晋代《南方草木状》说兴古等地的民家“常以二月种之，至十月乃成卵，大者如鹅，小者如鸭。掘食，其味甜。经久得风，乃淡泊耳”。芋和甘薯均耐瘠薄并适应粗放经营，甘薯在山地亦可生长，芋则适宜在卑湿的地方种植。这两种作物的普遍种植，为生活在山区和边疆湿热地区的诸族解决口粮提供了有效的途径。

宁州地区还大量栽种各种豆类，如《初学记》引晋《广志》记载的优良品种有：重小豆，一岁三熟；椠甘白豆，粗大可食；秬豆，苗似小豆，紫花，碎之可为面。这几种豆类主要产自朱提郡与建宁郡。普遍食用的还有竹笋。南方竹子种类甚多，所出竹笋大小不同，风味各异。吃法一般是在春季大量挖取竹笋，晒为笋干保存食用。

为补充主粮的不足，牂牁郡、兴古郡、滇南的梁水郡与交趾地区的百姓，常以桄榔木中的淀粉代粮。桄榔木是一种称为“董棕”的羽叶棕榈，其皮和树屑富含淀粉，采之“可作饼饵”。史载的制法，是取坚硬表皮下的内部树皮与树屑，干捣成赤黄色粉末，复淋以水，干燥以后即得桄榔面。汉晋时今云贵地区的居民多以野生植物代粮的饮食方式，反映了古代百姓的饮食智慧，也最大限度地扩大了饮食来源。

此外，该地区还有其他一些经济作物。据晋《华阳国志·南中志》：平夷县（今贵州毕节一带）“山出茶、蜜”，这是我国采集茶叶较早的记载。东汉及晋，宁州地区诸族还种植多种水果，其中以荔枝最富经济价值。据《太平御览》引晋《郡国志》记载，居住在犍为、僰道地区的僰人，多以种植荔枝为业，园植万株，可收150斛。《太平御览》引晋代郭义恭《广志》亦说：“犍为僰道南，荔枝熟时百鸟肥。”可见出产的荔枝产量很大。据《太平御览·果部》记，这一地区还培育出各具特色的优良品种，例如：焦核、春花、朝偈三个品种的荔枝，因质优味甜、特点鲜明而出名，其中“焦核”味美而核特小。此外还有名为“鳖卵”的品种，个大味酸，专供制醋之用。

2. 饮食内容丰富的广西地区

这一时期广西地区的少数民族众多，以俚、僚与乌浒等本地民族为主要居民。随着生产的发展，他们的饮食资源进一步拓展。其种稻水平进一步提高，稻作种类增多。晋人郭义恭《广志》记，当时的水稻有紫芒稻、赤芒稻、白米稻、虎掌稻、蝉鸣稻、青芋稻等十余种，其中东晋俞益期《与韩伯康书》中还记载有“白谷”与“赤谷”，应是当时普遍食用的“两熟之稻”。此时，广西水稻已有粳、糯之分，都为当地人所喜爱。

果蔬品种之多，也被时人所记载。西晋嵇含《南方草木状》中记有蕹菜，称其为“南方奇疏也”，并记载了“南人编苇为筏”的植蕹方法。水果种植更加普遍，西晋张勃《吴录》记“苍梧多荔枝，生山中，人家也种之”等。受自然气候和地理环境的影响，本地民族嗜食槟榔及蛇、蝉、鼠等野味，并擅酿美酒。

该地盛产槟榔，吃槟榔是当地食俗。据《南方草木状·卷下》：“槟榔树，高十余丈，皮似青桐，节如桂竹。树干上下粗细仿佛，千万株整齐若一。树干无枝，端顶有叶。叶似甘蕉，如插丛蕉于竹林；风至摇动，似举羽扇之扫天。叶下系数房，房集缀数十枚果实。果实大如桃李，其味苦涩。剖去其皮，核坚如干枣。以扶留藤、贝壳灰并食之，有下气、消谷的功效。岭南人视之为贵物，逢婚礼宴客必先进奉，如怠慢不设，客人必心生怨恨。”槟榔为棕榈科植物槟榔的干燥成熟种子，味苦辛，功能杀虫、消积。槟榔碱为有效驱虫成分，口服可麻痹及驱除绦虫、姜片虫、杀鼠蛲虫和蛔虫；有轻泻、刺激唾液分泌的作用，同时可治疗食积胀满、泄泻及痢疾腹痛等症，具有很好的食疗作用。

岭南诸族不仅喜食各类水果，还擅长以水果酿酒。据《南方草木状·卷下》：岭南椰子大如西瓜，剖壳现白肤，厚约半寸，味似胡桃而极肥美。以椰浆酿酒，饮之乃醉，俗称“越王头”。杨梅，五月中熟。大者如杯碗，青时极酸，既红味甜如崖蜜。以之酿酒，称为“梅香酎”，非贵人重客，不得因献而饮。

此外，这一时期的饮食用具亦有显著发展。其品种多样，工艺精良，炊具、盛器、食器、饮器一应俱全。其中广西青瓷从战国至西汉萌芽发展，东汉出现，至南朝已趋于成熟，并逐渐成为日常主要的生活用具。

第五章　隋唐五代时期

第一节　四川地区农丰国富空前繁荣

唐代是我国封建社会的鼎盛时期，四川地区的经济也出现空前繁荣。成都平原为全国农业最发达的地区之一，不仅盛产各种稻米和蔬菜，还盛产多种经济作物，茶的产量与质量居全国前列。杜甫在《为阆州王使君进论巴蜀安危表》中赞美蜀地“土地膏腴，物产繁富”，成都地区时称“益州”，人谓扬州与益州为天下极沃之土，遂有“扬一益二”之说。

五代时期的前蜀和后蜀政权，在历史上占有特殊的地位。在当时社会经济遭受严重破坏的局面下，它们对维持巴蜀地区的稳定起到了重要作用。这一时期，不少中原士大夫入蜀避难，为巴蜀饮食文化的发展作出了突出贡献，并为宋代的进一步发展创造了条件。

一、川地经济大开发

1. 大规模兴修水利促进了农业发展

这一时期，成都平原与毗邻的岷江冲积平原、涪江冲积平原出现了自秦汉之后的又一次大规模水利建设，促使蜀地西部的灌溉面积进一步扩大，如远济堰溉田达1600顷，通济堰“溉田一万五千顷”，鸿化堰“溉田二百余顷”，蟆颐堰“共溉田七万二千亩有奇”等。再加上唐以前就建成的都江堰、蒲江大堰等水利设施，可以说，在唐代巴蜀几个主要的平原地区，都在不同程度上得到灌溉之利，从而形成一个以自流灌溉为基础的水田稻作区。在维修、管理其庞大的灌溉网渠方面，亦形成了一套“赋税之户，轮供其役”的独特“岁修”制度，使成都平原的水利工程能够长期发挥作用，从而为这一地区农业生产的稳步发展奠定了坚实基础。

由于大规模兴建水利工程，水稻种植范围逐渐由成都平原扩大到地处涪江冲积平原的绵州、岷江冲积平原的眉州。此外，沱江、嘉陵江、长江等河流所形成的冲积平原为中晚稻的栽培提供了土地条件。从而使巴蜀地区成为“人富粟多，顺江而下，可以兼济中国”的粮食主要生产区。关中若发生饥馑，朝廷或从蜀地调运大批粮食接济。

由于受水利灌溉之利，使水稻种植大为获益。据《重修成都县志·食货志·物产》记载，这一时期巴蜀地区出现了众多的水稻品种，一类是带黏性的糯稻，亦称“秫稻”，唐代眉州出产的秫米即属此类；第二类是不带黏性的秔（jīng）稻，亦称“粳稻”，为巴蜀种植最广的水稻品种，因此称为“饭谷”。根据成熟季节的先后，稻谷又可分为早熟、中熟与晚熟三类。唐代以前蜀地主要种植早稻，入唐后开始种植中晚稻。杜甫《暂住白帝复还东屯》诗云：“落杵光辉白，除芒子粒红”，形容的即是五月播种、九月成熟的中晚稻品种“红莲稻”。其稻“米半有红粒，碓时红粒先白，其味甚香”。直到清代，成都平原仍普遍种植红莲稻。还有一种中晚稻谓“䆉稏（bàyà，稻摇动貌，借指稻）稻”，“其粒长而色斑，五月而种，九月而熟。”[①]《全唐诗》中韦庄《稻田》诗云：“绿波春浪满前陂，极目连云䆉稏肥。”

唐代蜀地推广水旱轮作制，成都平原也种植各种旱地作物。在盆地西部及其邻近的地区，以粟、麦为主的轮作复种是普遍采用的农作制度。西蜀地区主要种植冬麦。《全唐文》中杜甫《说雨》言：“今西蜀十月不雨……冬麦枯黄，春种不入。”因此其地居民的主食是面食。轮作复种的旱地作物还有黍、豆、蔬菜等，尤以蔬菜的轮作复种面积最大。

这一时期芋的种植已从四川盆地西部扩大到整个盆地，受到时人的普遍认可，在诸多诗人的诗词中都有吟咏，如王维《王右丞集·送梓州李使君》称“汉女输橦布，巴人讼芋田”，岑参《晚发五渡》诗有“芋叶藏山径”之语，《全唐诗》中杜甫《秋日夔府咏怀奉寄郑监李宾客一百韵》也说：“紫收岷岭芋，白种陆池莲。”芋的品种很多，主要可分为水芋、旱芋两类。水芋不耐旱，宜择肥近水处种之，巴蜀地区的水芋种植分布在成都平原和有坡塘、潴水的丘陵地区。旱

① 李敬洵：《四川通史》第三册，四川大学出版社，1993年，第190页。

芋虽不及水芋味美，但产量较高，在丘陵山区广泛种植。

五代时期农业发展，粮食丰裕，遂使米价低廉。《十国春秋·后蜀一·本纪》载，后唐天成四年（公元929年），蜀中“大饥，米斗钱四百文”，可推知在平常年份中米价更低。《蜀梼杌（táowù）》中记述了后蜀广政十三年（公元950年）由于蜀中久安，赋役俱省，使得“米斗三钱，城中之人子弟不识稻麦之苗，以笋芋生于林木之上，盖未尝出至郊外”。“米斗三钱”不及894年彭州被围时“斗米五千”的千分之一，也仅为公元929年蜀中大饥时“斗米四百文”的百余分之一，甚至比盛唐时“米斗不过三四钱”还低，足以说明五代时期四川的农业发达，粮食充足，府库充溢。据《新五代史·郭崇韬传》载，在前蜀灭亡时，其库中所存，还有粮食二百五十三万石，钱一百九十二万缗，金银二十二万两，珠玉犀象二万，文锦绫罗五十万匹。可见当时四川的农丰国富。

2. 水产资源丰富

这一时期，蜀地的水产也十分丰富。虽然见诸史籍很少，但在文学作品中多有描述，由此可见一斑。在杜甫笔下，对鱼类及其馔肴描述甚多，种类有鲂鱼、鲤鱼、雅鱼、黄鱼、白小鱼与鲫鱼等。如《戏题寄上汉中王三首》描述了绵阳一带鲂鱼、鲤鱼之多之美，故其咏曰：“江鱼美可求。”人们常把鱼制成鱼脍，诗中赞叹道“绵州江水之东津，鲂鱼鲅鲅色胜银。渔人漾舟沉大网，截江一拥数百鳞。众鱼常才尽却弃，赤鲤腾出如有神。……饔（yōng）子左右挥霜刀，脍（斩细的鱼肉）飞金盘白雪高”，并称“鲂鱼肥美知第一”。《将赴成都草堂途中有作，先寄严郑公》诗则称“鱼知丙穴由来美”，丙穴鱼又称“嘉鱼”，是一种岷江、大渡河水系常见的食用鱼，学名为“齐口裂腹鱼”，因盛产于雅安，故又名“雅鱼”。雅鱼是川菜河鲜中的名菜。

3. 盛产各种经济作物，蔗糖加工技术提升

柑橘是巴蜀种植分布最广的水果。重要产地有筒州、资州、绵州、梓州、普州、荣州、果州、合州、巴州、开州和夔州，即今四川盆地中部和东部的低山与丘陵地区。荔枝种植也颇具规模，其产地扩大到戎州、泸州、渝州、涪州、万州与忠州等地。尤以戎州的单产最高，“一树可收一百五十斗”；涪州妃子园的质量最好，“颗最肥大”。成都平原也出产荔枝，张籍《成都曲》言：“锦江近西烟水绿，新雨山头荔枝熟”。

甘蔗的种植和加工也有较大发展。甘蔗的主要产地是益州、蜀州、资州、梓州、绵州和遂州。唐代成都、梓州和遂州的工匠，均已熟练地掌握了甘蔗熬糖的技术。制作蔗糖的方法，是把蔗浆曝晒或煎熬为糖浆，又称“稀糖”。若

在煎熬时加入少许石灰，使其结晶，便制成颜色紫红的砂糖。蜀地的砂糖主要产在益州、蜀州和梓州，均为土贡之物。代宗时制造糖霜的技术传入遂州，使巴蜀成为我国最早制造冰糖的地区之一。据说糖霜是一高僧发明的。《太平寰宇记·遂州·土产》有记，大历年间，“有僧跨一白驴至伞子山下。山民以植蔗凝糖为业。驴食蔗，民咎僧。僧曰：‘汝知蔗之为糖，而不知糖为霜，其利十倍。’因而示法，遂成蔗霜，色如琥珀，称奇品。”这位僧人据说名“邹和尚”，来自西域。他所传授的“窨蔗糖为霜”的方法，是把榨取的甘蔗汁反复煎炼，浓缩成饴糖状，之后倒入瓮中，插进竹编，瓮口用簸箕盖上，使蔗糖在自然冷却的过程中于竹编上结晶。此外，还可将砂糖“用水、牛乳、米粉合煎”，制成黄白色的饼糖，称为“石蜜”。

隋唐五代时期，四川仍是全国重要的蜂蜜产地，其产地进一步扩大，涪州、黔州、开州、夔州、通州、集州、壁州、利州、翼州、松州、文州、巴州和眉州等地，均出产蜂蜜。

4. 开采腹地井盐与争夺边陲井盐

井盐，是通过开采地下盐卤或利用天然盐泉所提取的食盐。由于井盐生产的投资与开凿难度较大，而产量较低，故其价格比池盐和海盐高。隋代和唐前期，因官府对食盐的销售无限制，致使价格低廉的东南海盐和山西的池盐被人贩运入蜀，一度成为巴蜀食盐的重要来源，由此抑制了巴蜀制盐业的发展。安史之乱后，唐朝实行了食盐管榷制度，并划定蜀地为井盐销售地区，禁止海盐入川销售，由此推动了巴蜀制盐业的发展。

唐后期四川盐业鼎盛，剑南的东川有盐井460口，分布在梓、遂、绵、合、昌、渝、泸、资、荣、陵、简等11个州；西川有盐井13口，分布在邛、眉、嘉3个州；山南西道有盐井123口，分布在果、阆、开、通四州境内；夔、万2个州则设盐监13处。五代时四川井盐仍沿袭中唐后的生产布局，前、后蜀政权对井盐生产较为重视。以四川盆地中部丘陵地区的盐井数量最多，分布最广；长江三峡的峡内诸州成为另一重要的产盐区。据《新唐书·食货志》，唐代蜀地有盐井639口；另据《宋史·食货志》，宋初巴蜀有盐井632口，二者相差无几。说明自唐到宋初，巴蜀盐井的数量比较稳定。

自汉代以来，争夺食盐的冲突从未间断。公元680年，吐蕃设置神川都督控制了云南丽江地区，还统治了滇川交界地区的宁蒗、木里、盐源、盐边等有麽些人居住的地区。为争夺巴蜀盐产地，吐蕃与麽些人（南诏统治时期的“麽西蛮”，今纳西族先祖）进行了长期的战争，以争夺四川盐源县的盐池最为频繁。四川盐源县，古名定笮县，唐改置昆明城。定笮县的盐池在汉代即属麽些人占有。756

年前后吐蕃将盐池从麽些人手中夺走。《蛮书》卷七载："昆明城有大盐池，比陷吐蕃。"《资治通鉴》卷二三五载：贞元十一年（公元795年），"南诏攻吐蕃昆明城，取之"。可见，吐蕃占有昆明城的盐池30多年后，又被南诏收复了。但吐蕃不甘心失去盐池而复战，南诏遂与西川节度使韦皋联兵再攻吐蕃。《资治通鉴》卷二三六载：贞元十七年（公元801年），韦皋屡破吐蕃，遂围维州及昆明城。次年吐蕃遣其大相论莽热率兵10万攻昆明城，也未能把盐池夺回。吐蕃与麽些为争夺食盐而战的历史，也反映在藏族史诗《格萨尔王传·姜岭大战》中。[①]

5. 茶业勃兴

汉晋时期，在川西雅州蒙山已有人工栽培的茶树。中唐后，四川茶业勃兴，为成都平原毗邻的丘陵、山区农业的发展开拓了新路。至唐代后期，四川茶叶生产迅速发展，成为全国最重要的茶叶产区之一。

四川是全国七大茶叶产区之一。在全国产茶的七区31州中，四川占8州；全国50余种名茶中，巴蜀占18种。当时四川盆地的茶叶产地集中分布在两大地区：一是位于盆地西部的绵、汉、彭、蜀、邛、雅、眉、嘉、简、茂等10州，为蜀地最重要的产茶区，其中心在雅州。《太平御览》引袁滋《云南记》谓："凡蜀茶尽出此"，即蜀茶多出自川西的产茶区。二是位于盆地南部的长江河谷地带及其以南地区，包括泸、渝、涪、忠、渠、开、夔、黔、思、播、夷、费等12州，其中大部分在四川境内。这些地方的茶叶主要采自野生茶树。据《茶经》记载，茶树树干周长有一尺、二尺乃至数十尺者，"其巴山峡川有两人合抱者"。最初的采集法，是砍倒茶树摘取茶叶，以后逐渐被攀登采摘取代。《太平寰宇记·茶谱》说："泸州之茶树，夷獠常携瓢寘（tián）侧，每登树采摘芽茶，必含于口，待其展，然后置于瓢中，旋塞其窍。比归，必置于暖处，其味极佳。"

入唐后，茶叶生产与销售大增。成都平原以西的丘陵地区，虽缺乏灌溉之利，却非常适宜茶树的生长，遂开始大规模种植茶树，以改变丘陵地区农业落后的状况。中唐以后，蜀茶逐渐成为四川主要的外销产品，盛销于全国，声名远播。唐代杨晔《膳夫经手录》说："惟蜀茶南走百越，北临五湖，皆自固其芳香，滋味不变，由此尤可重之。自谷雨后，岁取百万斤，散落东下，其为功德也如此。"在陆羽《茶经》中即有10多处写到川茶，详细记述了四川产茶、制茶和饮茶的情形。蜀茶不仅产量多，而且质量好，雅州的蒙山茶是有名的贡茶。还有绵

---

① 张银河：《中国民族文学暨古代盐文化的绝唱——〈格萨尔王传·姜岭大战〉赏析》，《中国盐业》，2007年第10期。

州的神泉小团、昌明兽目，彭州的仙崖、石花饼茶，蜀州的散茶，也都是闻名遐迩的上等茶。

唐代的散茶也主要出自蜀州，《太平寰宇记·茶谱》中记：“其横源雀舌、乌嘴、麦颗，盖取其嫩芽所造，以其芽似之也，又有片甲者，即是早春黄芽，其叶相抱如片甲也。蝉翼者，其叶嫩薄如蝉翼也。皆散茶之最上也”。

五代时，四川茶叶生产有较大发展。产茶地增加，据曾任前、后蜀中枢大员的毛文锡所著《茶谱》，唐代蜀中产茶的地区有彭州、眉州、蜀州、雅州、邛州、泸州、涪州、渠州和渝州，在这些产茶州中都增加了新的产地，如在邛州增加了洪雅、昌阖；在蜀州增加了晋原、洞口、味江等。这一时期的名茶也多了起来，如蜀中有八大名茶：雅州之蒙顶、蜀州之味江、邛州之火井、嘉州之中峰、彭州之堋口、汉州之杨村、绵州之兽目、利州之罗村。邛州的早春、火前、火后茶，涪州的宾花茶，泸州的泸茶，渠江的薄片，彭州、眉州的饼茶也都知名。其中名气最大的数蒙顶与味江。

在茶叶的制作方面，四川的加工茶有饼茶和散茶两种。饼茶历史十分悠久，《太平御览》引《广雅》言：“荆、巴间采茶作饼成，以米膏出之。若饮先炙，令色赤，捣末，置瓷器中，以汤浇覆之，用葱、姜芼之。其饮醒酒，令人不眠。”早期的饼茶制作方法较简单，即直接把新鲜茶叶放入米膏中熬煮，以米膏为黏合剂制成茶饼。中唐后开始用“蒸青法”制作饼茶，即把采摘的鲜茶放入甑子，蒸熟杀青除去青草味，然后用火焙干取出捣碎。这样制成的茶称为“研膏茶”。雅州也出产研膏茶，五代毛文锡《茶谱》说：“蒙顶有研膏茶，作片进之，亦作紫笋。”散茶是相对饼茶而言。最初的散茶是指直接煮饮的鲜茶叶，以后把新鲜茶叶经炒制做成散茶。朱墨《猗觉寮杂记》载，当时普遍使用“旋摘旋炒”的加工方法，“一铛之内，仅用四两，先用文火炒，次加武火催之。手加木指，急急抄转，以半熟为度，微俟香发，是其候也”。中唐后又出现“蒸青”制作散茶的方法，制作过程和蒸青饼茶有相同之处，也是先把鲜叶蒸青，只是在蒸青后不捣不压，而是用炒、晒、焙等方法，除去茶叶中的水分，能较好保存茶叶固有的香气，茶味亦较饼茶纯正。

四川茶树在人工栽培后，开始向外传播。经考证，基本有两条路线。第一条是从四川今雅州、眉州等川西北茶区向北推进，沿川陕大道进入陕西南部至兴州（今略阳）至梁州（今南郑）而达金州（今安康），即今陕南茶区。由于秦岭屏障北面之阻，茶树折南沿汉水进入湖北的襄州（今襄阳）而到河南的义阳郡至光州（今黄州）；再向东移动，入安徽西部的寿州（今六安），形成今皖西茶区、河南信阳茶区。第二条路线是从四川泸州分路：一是沿长江往南入支流黔江到江度河两岸的思州、婺州和贵州（德江），再由小支流到夷州（石阡），最后直到播州（遵义），形成黔中茶区，即今贵州茶区。二是从泸州往东到夔州（奉节），再到归州（巴车）、峡州（宜昌），到荆州（江陵），形成今湖北宜昌茶区。①

6. 商业交通日趋繁荣

隋唐时四川商业日趋繁荣，《隋书·地理志》曰：成都“水陆所凑，货殖所萃，盖一都之会也。”入唐后成都新设东市、南市和北市，并成为当时全国最繁华的商业都会之一。五代时期，成都仍是蜀地最发达的商业城市，设有专门从事交易的东市、西市、南市与北市，既有坐商的店铺，也有流动摊贩，出售各种生活生产用品。除成都外，四川重要的商业城市还有号称“蜀川巨镇”的梓州，盐业发达的陵州，以及地处交通要冲的阆州与夔州。巴蜀大部分地区设有商业集市。有的集市还逐渐发展为米市、花市、炭市等专门的集市。各地还出现了许多“草市”主要通过定期集市交换商品。今成都市北门仍留有“草市街”，其他知名的草市还有彭县的建德草市、蜀州的青城山草市、雅安的遂斯安草市、阆州的茂贤草市等。吴处厚《青箱杂记》说“蜀有痎（jiē）市，而间日一集，如痎瘧之一发，则其俗又以冷热发歇为市喻”。“痎”，隔日发作的疟疾，引申指两日而集的集市。这种集市习俗，在现代的四川农村仍能见到。

四川有水陆交通之便，这一时期交通也有较大发展，促进了粮食、茶叶、食盐供需的扩大。重要水路有联系蜀地与荆吴的岷江——长江航线，还有嘉陵江上游与陇右（今甘肃地区）之间的水陆通道。商人把蜀茶贩运至陇右地区，而成州（今属甘肃天水地区）的井盐沿江输入蜀地，大部分运转山南西道（今陕西汉中地区）。嘉陵江中下游是盆地中部最重要的水上通道，粮食、食盐、柑橘、药材、布帛的运输，多走这条水路，使饮食原料供需关系的畅通与扩大有舟楫之利。四川与关中的陆路主要有两条：一条自成都经今广汉、绵阳、梓潼，过剑阁，抵广元沿嘉陵江谷道北上，达今陕西略阳，再过大散岭经宝鸡入关中，为蜀地与关中最重要的通道。另一条是从广元经今陕西宁强达西县百牢关，沿汉水进抵汉中，翻越秦岭进入关中平原。蜀地与川西高原及甘肃的通道，主要有西山路、和川路和灵关路。其中西山路从成都经灌县，沿岷江河谷过茂汶抵松潘，然后分为两路，一路与长安和西域之间的大路会合，另一路穿柴达木盆地达西域。这是重要的商路，吐蕃、西域的药材由此路贩运入川，而蜀中的茶叶、纺织品等经此路输

① 陈椽：《茶业通史》，农业出版社，1984年，第48～49页。

入西北地区。[1] 在川南，蜀滇之间的交通路线也很多，形成较为方便的出行通道。

7. 瓷器发展的成熟阶段

隋唐五代时代四川的瓷窑分布很普遍，川南、川西皆有。著名的有成都青羊宫窑、华阳琉璃厂窑、大邑窑、邛崃什邡窑、彭县窑、新津石厂湾窑与中江胖子店窑。这一时期的瓷器以青白瓷为特色，瓷窑多烧制青瓷与白瓷，兼烧青釉加彩的器物。其中尤以什邡堂邛窑最为有名。它初烧于隋，盛于唐而衰于宋。隋唐五代时期的饮食瓷器有以下特点：

首先，造型有了进一步发展。初唐时，碗、盘、杯等由隋代的小平足改为圆圈足。至中晚期改为大平足，而后为玉璧底，还新创了一种高足杯。壶、罐的耳系由圆环耳或桥形耳改为复式系。壶的流（壶嘴）有八棱短流、管状短流两种，壶身略呈圆柱形，盘的形式已有花瓣形。邛崃县什邡堂窑址生产的生活用具，有造型奇巧、形象生动的鹅杯、鸳鸯杯、鹦鹉杯等各式饮杯，釉色丰富多彩，以单彩、双彩、三彩著称，与北方"唐三彩"所不同者，是以烧造日用生活用器的高温釉为主，釉呈黄、绿、褐色，釉面平整、彩绘水不脱落，故称"邛窑三彩"。

其二是对饮食器具的质地进行了改进。如青羊宫窑以烧造青瓷为主，兼烧陶器。其特点是胎骨轻薄，擅长制作细小的杯、碟、洗等器物，大宗产品为长颈盘口壶、高脚盘，以及钵、罐等，纹饰主要有弦纹、朵花纹、单叶纹、莲瓣纹和联珠纹。

图5-1 唐代邛窑各式点彩陶壶（周尔泰提供）

① 陈世松：《四川简史》，四川省社会科学院出版社，1986年，第108～110页。

图5-2　唐代管状流执壶（周尔泰提供）

其三是讲究饮食器具的色彩。如邛窑三彩为釉下彩，有深浅、浓淡不同的青、黄、绿、蓝、褐、白、灰、紫等20余种颜色。青羊宫隋唐瓷窑的装饰工艺，除刻画、模印、堆塑工艺外，还出现紫、黄、绿三彩绘的新工艺，釉色有豆青、青灰、米黄、姜黄、酱黄、褐青等。①

其四是饮食器具的工艺水平明显提高。如大邑所产白瓷，色白胎薄，既坚且轻，敲之有美玉之音，可与河北邢窑的白瓷媲美。杜甫作《于韦处乞大邑瓷碗》诗赞美："大邑烧瓷轻且坚，扣如哀玉锦城传。君家白碗胜霜雪，急送茅斋也可怜。"

"身未入席心已醉。"饮食器具的发展，从古朴到精致，从实用到实用与审美巧妙结合，表明饮食不仅能满足人们的口腹之欲，而且能升华为一种精神享受。"美食配美器"顺理成章地成为饮食文化的一句名言。餐具的美与食物的美相得益彰，增添了人们对美的欣赏与追求。

8. 少数民族的生产能力大幅提升

在隋以前，四川盆地中部的丘陵地区与盆地东部的岭谷区，生活着生产力水平落后的，以僚人为主的本地民族。一些地区还过着刀耕火种和以渔猎为主的生活。进入唐代以后一些地方进步很快。如遂州在唐初还是"人多好猎采，捕虫

① 陈丽琼：《试谈四川古代瓷器的发展及工艺》，《史学论文集》，四川人民出版社，1982年，第216页。

鱼"，到中唐以后则"号为沃野，皆有厚赋"。唐前期还是"好鸟不妄飞，野人半巢居"的利州，[①]至德宗贞元年，则出现"耕夫陇上谣，负者途中歌。处处川复原，重重山与河。人烟遍馀田，时稼无闲坡"的情景。[②]

随着僚人等民族逐渐汉化，汉族人口不断徙入丘陵山区，使蜀地的丘陵地区得到进一步开发。入隋之后，在岷江上游和涪江上游半农半牧地区的农业生产逐渐发展，《隋书·地理志》"连杂氐羌，人尤劲悍，性多质直。皆务于农事，工习猎射。"至唐代，经济作物面积增大，如悉州土贡有"柑"，说明柑橘已得到较广泛的种植。在少数民族地区，因畜牧、狩猎还是占重要地位，因此土贡之物大都还是牦牛尾、牛酪、犀、羚羊角等物。五代北周时期，分布今甘肃南部和川高原北部的党项羌，逐渐南下深入岷江上游地区。党项羌诸部亦以畜牧为主，《旧唐书·西戎·党项羌传》："畜牦牛、马、驴、羊，以供其食。不知稼穑，土无五谷。"位于党项与附国之间的诸羌部落，风俗略同于党项，其中有一支定居川西北地区，演变为今日的羌族。西南部的邛部川蛮亦称"大路蛮"。其首领招徕汉人种地，收取地租，称为"蕃租"。大渡河以南之十分之七八的蕃田是由汉人租种，封建经济逐步发展。

二、饮食文化空前繁荣

隋唐五代四川处于相对安定的时期，成都也成为全国知名的大城市。稳定的社会生活与繁荣的地方经济，给四川饮食文化的发展以有力支撑，造就了四川饮食文化的空前繁荣。

1. 典籍诗集中的饮食文化

隋唐五代时期，是川菜进入蓬勃发展时期，有关典籍渐有记载。如唐段成式所撰《酉阳杂俎》，书中的《广动植》各篇对四川物产记载较多。书中还记述了当时民间风土习俗，其中"酒食"篇记载了20条，所记菜点有"汤中牢丸""蜀梼炙"等127种之多。又如《艺文类聚》是唐代编纂的类书，其中记录了大量动植物类的饮食资料。这些典籍，为我们研究这一时期四川地区的烹饪技术水平和烹饪原料，以及川菜的形成提供了重要线索。[③]

① 杜甫：《五盘》，《全唐诗》卷二一八，中华书局，2008年。

② 欧阳詹：《益昌行》，《全唐诗》卷三四九，中华书局，2008年。

③ 杜莉：《川菜文化概论》，四川大学出版社，2003年，第138～139页。

当时四川的饮食备受欢迎，诗人赞誉颇多。蜀地的蔬菜、水果受到世人的关注，在诗文中给予热情的赞美。如杜甫在《园官送菜》中说，乱世荒芜，好菜无法生长，园中只剩苦苣和马齿苋："苦苣刺如针，马齿叶亦繁。青青嘉蔬色，埋没在中园。"莼菜也是受人们欢迎的蔬菜。杜甫《赠王二十四侍御四十韵》，描述了他寓居成都时烹莼菜待友的情景："网聚粘圆鲫，丝繁煮细莼。"《蜀中广记》引《益州记》载："锦竹东武山有江池，出白莼。冬夏带丝，肥美为一州之最。"杜甫《野人送朱樱》，描写了蜀中樱桃红润之美："西蜀樱桃也自红，野人相赠满筠笼。数回细写愁仍破，万颗匀圆讶许同。"又于《解闷十二首》回忆居泸州、宜宾时采食鲜荔枝时的情景："京中旧见无颜色，红颗酸甜只自知"。

文人们对四川的风味饮食也多有描摹，甚或亲手烹制。如李白幼年随父居绵州昌隆（今四川江油县），25岁时离蜀。李白爱吃当地的焖蒸鸭子。天宝初他入京供奉翰林，乃将焖蒸鸭子用百年陈酿花雕、枸杞、三七等烹蒸后献给玄宗，玄宗大悦，命名此菜为"太白鸭"。唐代烹饪中广为使用的一种调料是豆豉。川人常以佐饭，如《太平广记》卷三九引《原化记》记载了崔真请一老人就餐的故事，老人云："大麦受四时气，谷之善者也。能沃以豉汁，则弥佳。"巴蜀人用豆豉调拌牛肉，号称地域名吃。这在《云仙杂记・甲乙膏》一书中即做了记载："蜀人二月，好以豉杂黄牛肉，为甲乙膏，非尊亲厚知，不得而预。"这种特制的烹饪美味，只有受尊崇的老人和非常亲密的亲友才能享用。关于芋，也衍生出了民间文化习俗并见于记载。蜀人先以芋为粮食，以后又充为菜蔬。最妙的是将芋蒸煮熟后捣成芋泥，加入面粉捏塑成郎君状，各家在正月十五进行比赛，看谁制作巧妙。以芋泥和面造型芋郎君的习俗，在唐宋时的成都、洛阳最为流行。宋代赵必豫《薄厅壁灯》有词记曰："茧贴争光，芋郎争巧，细说成都旧话"。

唐代重面食，巴蜀地区较为有名的面食有面条、面饼等。面条，古称汤饼、索饼、水引饼等，此时最著名的是水煮凉面"冷淘"。杜甫在四川居住时写过《槐叶冷淘》一诗，详细地描写其制法与色味之美："青青高槐叶，采掇付中厨。新面来近市，汁滓宛相俱。人鼎资过熟，加餐愁欲无。碧鲜俱照箸，香饭兼苞芦。经齿冷于雪，劝人投比珠。"可见当时吃冷淘常配以菜蔬。这种类似手工凉面的冷淘，唐代以后有所发展，宋时有甘菊冷淘、水花冷淘等制法。至今四川仍保留以植物汁制面条的方法，如菠菜面、番茄面、胡萝卜面等。《酉阳杂俎》中多次提到长安城里有"毕罗肆""毕罗店"，毕罗是一种包馅面食，北人呼为"波波"，南人称为"磨磨"，现在四川民族地区藏族都叫面饼为"馍馍"。《资暇集》卷下有记曰："毕罗者，蕃中毕氏、罗氏好食此味，今字从食，非也。"可知毕罗起源于周边少数民族，是一种包馅面食。[①] 直到清同治期间，四川藏区《章谷屯志略》中还称“麦面、荞面等物作毕罗，中馅以齑（jī），入灰火中炙令熟。”即是这种面食的延续。

2. 宴席兴盛，酒肆昌隆

入隋后，巴蜀地区经济发展，社会物质生活富庶，《隋书·地理志》：“汉中之人……性嗜口腹，多事田渔，虽蓬室柴门，食必兼肉……每至五月十五日，必以酒食相馈，宾旅聚会，有甚于三元。”富裕人家则争相烹饪名菜肴馔。孙光宪在《北梦琐言》中记：“巴、巫间民，多积黄金，每有聚会，即于席上罗列三品，以夸尚之。”“三品席”是当时的川菜高档席，以其夸耀富足为一种时尚。《隋书·地理志》还说：蜀人“多溺于逸乐，少从宦之士，或至耆年白首，不离乡邑。”“女勤作业，而士多自闲，聚会宴饮，尤足意钱之戏”。

唐代酒肆之多，位于各饮食行业之首。巴蜀酒肆最为集中之地是成都。据说，当时唐人入川，总要品尝一下成都酒家的风味。《北梦琐言》卷三记载：“蜀之士子，莫不酤酒，慕相如涤器之风也。陈会郎中，家以当垆为业，为不扫街，官吏殴之。”《太平广记》卷八五引《野人闲话》说，有好酒者“在成都酒肆中，以手持二竹节相击，铿然鸣响，有声可听，以唱歌应和，乞丐于人，宛然词旨皆合道意。得钱多饮酒，人莫识之，如此则十余年矣”。《全唐诗》卷八二引张籍《成都曲》有云：“锦江近西烟水绿，新雨山头荔枝熟。万里桥边多酒家，游人爱向谁家宿。”

五代时期，饮食行业出现连锁店形式。前蜀时由于饮食业的发达，一个专卖烧饼的小商贩竟然成为一方富豪，而且在经营上独创异举。孙光宪的《北梦琐言》记载：赵雄武者号“赵大饼”，因善于经营而为富豪，名声传扬蜀中各郡，其店号也开到了各诸郡。这可能是我国最早的关于连锁店经营的记载。

3. 游宴之风兴起

盛唐、前后蜀时期的四川，宴饮的名目和形式越来越多，凡婚丧嫁娶、节令岁时，无不有宴。其中尤为兴盛、独具一格者便是游宴和船宴。游宴，是指人们在游赏自然景观或人文景观时所举行的宴饮活动，是野宴活动的延伸，是游与食相结合、相并重的饮食形式。而船宴是在游船上举办的宴会，也是游宴的典型形式之一。后蜀游宴和船宴的盛行，是唐五代时期饮食文化发展的高峰。

---

① 王赛时：《唐代饮食》，齐鲁书社，2003年，第16～17页。

唐时蜀地船宴颇具规模。《太平广记·崔圆》载："天宝末，崔圆在益州，暮春上巳，与宾客将校数十百人具舟楫游于江，都人纵观如堵……初宴作乐，宾从肃如。忽闻下流数十里，丝竹竞奏，笑语喧然，风水薄送如咫尺。须臾渐进，楼船百艘，塞江而至，皆以锦绣为帆，金玉饰舟，旌纛盖伞……中有朱紫十数人，绮罗伎女凡百许，饮酒奏乐方酣。"崔圆为剑南节度使，他在成都见到的船宴，近百艘船塞江而至，满目彩帆、金玉、乐舞、美女与佳肴，游者在船上欣赏沿途景色，同时饮酒欢宴，十分奢华。

五代时全国战乱频繁，但蜀国统治者偏安一隅，沉湎于游宴之乐。《资治通鉴》载，前蜀后主王衍"奢纵无度，日与太后、太妃游宴于贵臣之家，及游近郡名山，饮酒赋诗，所费不可胜纪。"后蜀时期，景焕《野人闲话》："每春三月，夏四月，有游花院者，游锦浦者，歌乐掀天，珠翠填咽。贵门公子，华轩彩舫游百花潭，穷极奢丽。"后蜀主孟昶在《蜀梼杌》卷下记述了游浣花溪时的情景："是时蜀中百姓富庶，夹江皆创亭榭游赏之处。都人士女，倾城游玩……昶御龙舟，观水嬉，上下十里，人望之若神仙之境。"孟昶观看水上嬉戏时常设宴，其妃花蕊夫人所撰的百首《宫词》中记船宴活动的有八首，如"海棠花发盛春天，游赏无时列御筵。绕岸结成红锦帐，暖枝低拂画楼船"；"预进活鱼供口料，满筐跳跃白银花"；"酒库新修近水傍，拨醅初熟五云浆"；"春日龙池小宴开，岸边亭子号流杯。沉檀刻作神仙女，对捧金尊水上来"；"厨船进食簇时新，侍宴无非列近臣。日午殿头宣索鲙，隔花催唤打鱼人"等。从上述描述可看出，孟昶在宫中御池举办船宴，有专厨作馔肴侍候，用料是新捕的鲜活鱼类。这样的奢侈游乐风气，与当时全国大部分地区战乱与残破的情景，形成了极其强烈的反差。

除皇室贵胄外，普通百姓也流行游乐。游宴的高峰出现在节日和集市上，如上元节、踏青节、浣花节、蚕市、药市等。其中，上元节行乐是隋炀帝所倡，成都近郊的郫县，每年上元办灯会，热闹非凡；陵州在上元节时，乡民扶老携幼进城游乐，一派兴旺气象。每年春季，蜀中许多州县要办蚕市、药市，即纵民交易和游乐的集会。聚会与游乐过程中，饮食是必不可少的，这属于饮食文化的组成部分。

唐五代蜀中的游乐之风盛行，与这一时期蜀中相对稳定的社会环境，发达的农业、繁荣的商业和手工业是分不开的。正是由于四川地区特殊的自然和社会条件，造成社会财富的积累和转化不能顺利进行，从而使这些财富大量地通过奢侈性游乐进行消费。这种消费，往往在时间上和数量上相当集中，促进了城市的繁荣和饮食文化的发展。张泳《悼蜀诗》描述五代宋初的成都时说："虹桥吐飞泉，烟柳闭朱阁。烛影逐星沉，歌声和月落。斗鸡破百万，呼声纵大噱。游女白玉珰，骄马黄金络。酒肆夜不扃，花事春渐作。”①

4. 食疗养生论著丰硕

我国传统医学认为，许多食物既可充饥果腹，又可治疗疾病，千百年来形成的“医食同源”的思想，是传统食疗和营养治疗的重要理论基础。中国民间有一种说法：“药补不如食补，食疗胜似医疗。”无论古今，食疗在中医药界和民间都很盛行，成为中国饮食文化中的一朵奇葩。在四川民间，有许多医食合一，医厨相通的传统运用于百姓的日常生活中，形成以食代医的食疗、药膳养生民俗。

有关食疗，早在战国末期成书的《黄帝内经》就提出，“无积者求其截，虚则补之，药以祛之，食以随之”，“谷肉果菜，食养尽之”的至理名言，提倡“毒药攻邪，五谷为养，五果为助，五畜为益，五菜为充，气味合而服之，以补益精气”的膳食配制原则。唐以后，孙思邈所著《千金要方》中有《食疗篇》专论，对154种食物药理进行了分析，精辟地阐述了食医食疗和疾医的关系。四川医家对食疗方面的论著也很多，如盐亭唐代名医严龟撰有《食法》十卷，是我国较早的食疗专著。成都医博士唐代名医昝殷所著《食医心鉴》，成书于唐大中七年（公元853年），主要介绍以具有疗效的食物为主组成的药方。其食疗方法有羹、煎、粥、馄饨、饼、茶、酒等，如其中有“面四大两，鸡子清四枚，右以鸡子清溲面作索饼，熟煮于豉汁中，空心食之”，可“治脾胃气弱、见食呕吐、瘦薄无力”。同书中还记有羊肉索饼、黄雌鸡索饼、姜汁索饼、榆白皮索饼等，各有其功效；该书还记载了痢疾患者用蜂蜜拌马齿苋做食品，可减少疾症等等。一些食疗方在临床上应用较为广泛。本书是一部比较重要、系统、完备的食疗著作，对后世研究食疗法及营养学有一定参考价值。此外，五代剑州医林高手陈士良著有《食性本草》十卷，是一部合本草、医方编撰而成的食疗专著。

药膳是一种特殊食品，它由药物、食物和调料组成。药既可以入食，食又可以为药，食借药力，药助食物，形成了药膳。药膳美味可口、健身养命，深受民众喜爱。在四川，使用日常蔬菜调料、药膳防病治病几乎是家喻户晓。如四川民间的虫草炖鸭、天麻蒸鸡既是佳肴，亦是强身补品。用芡实、红枣、花生加入适量红糖合成大补汤，具有易消化、营养高、调补脾胃、益气养血的作用，对体虚、贫血、气短者，以及脾胃虚弱的产妇有良好疗效。此外，薏苡仁粥（饭）具有清热除湿、补益脾肾的作用，对脾虚腹泻、风湿痹痛、水肿等症有显著功效。

① 谢元鲁：《论唐五代宋蜀中的奢侈之风》，《前后蜀历史与文化学术讨论会论文集》，巴蜀书社，1994年，第48～56页。

食疗养生为何历经数千年而盈盈不衰，是有其深厚的生态、历史、人文、文化因素的，现简要归纳为以下几点：

第一，中国有世界上独一无二的中医药学，食疗是以中医学理论为指导，运用饮食治疗疾病的方法，且是除药物治疗之外的、一种极为有效的辅助方法。从我国现存最早的一部医学理论和实践经验相结合的医书《黄帝内经》开始，中医就十分注重饮食对治疗的影响。后经历代名医在理论和实践中不断完善。如扁鹊、张仲景、华佗、葛洪、陶弘景、孙思邈等重视食疗养生的医学家，使食疗有一脉相承的理论与验方，并不断得到发展。因其有很强的应用性，故在医药界和民间得到普遍认同与使用，并在此基础上建立了中医食疗理论。

第二，有得天独厚的生态条件。中国地大物博，植物和动物门类非常多，在成书于两千五百多年前的我国现存最早的一部诗歌总集——《诗经》中，提到的可以入药的草木鸟兽鱼虫的名称就有260多种。其中，木本植物54种，草本植物100种，鸟类38种，兽类27种，昆虫和鱼类41种。据此，三国吴陆玑还写过一本专著《毛诗草木鸟兽虫鱼疏》，以考证研究诗经为保存祖国医药学宝贵遗产所作出的贡献。[①] 在中医的研究和民间的生活实践中，人们将这些饮食原料既用于饮食，也用于医药，讲究食物的性味和不同食法，达到保健强身、防病治病、延年益寿的目的。

第三，上下阶层有饮食养生、追求健康长寿的人本传统。在我国古代，帝王历来追求健康长寿，非常重视饮食养生。据《周礼·天官》载，早在公元前5世纪，我国已有“食医”的记载，据说食医专门掌管食疗之事，安排帝王的一日三餐和四时饮食。注重以食养生、健康长寿的思想上呼下应，饮食养生得到倡导。饮食养生是基于对人体生命的高度重视和对延展生命美好愿望的强烈追求，它延伸于民间，百姓把长寿列为五福之先。尤其在缺医少药的年代，医食同源成为中国养生法宝。

第四，根植于中国古代哲学思辨的文化传统。中国食疗养生，是中国传统文化的重要组成部分，是一个极其博大精深的科学与思想体系。中国古代哲学讲究“天人、阴阳、五行”观念，注重天人协调、天人合一，使人的生命自觉地顺应大自然的变化规律，是中国食疗养生的又一重要思想。人作为宇宙的一员，与大自然的关系极为密切。日月运行、四季循环、寒暑更替、燥湿变化等，所有这些，无一不是对人体生命活动产生或隐或现、或微或著的影响，极符辩证法。食

① 时荣海、郑曦：《中老年养生诗话》，中国轻工业出版社，2009年，第11页。

疗养生强调“和于阴阳、调于四时”，“顺四时而适寒温”，要顺应自然界的阴阳变化主动调摄，保护生机，以达健康长寿的目的。

作为中华民族文化的一部分，中国医食同源、食疗养生的饮食文化思想，深深根植于中国传统哲学和传统医学的沃土中，历经数千年而盈盈不衰，形成了枝繁叶茂、独具特色的理论体系。

5. 精美的巴蜀糕点

四川糕点历史悠久，源远流长。晋代左思《蜀都赋》云：“异物崛诡，奇于八方，布有橦华，面有桄榔。”所述“面桄榔”即桄榔粉制作的点心。入隋以后，四川的糕点品种渐多。隋开皇年间峨眉县有了专门生产“峨眉糕”的作坊。唐代蔗糖生产的出现，进一步促进了糕点业的发展。安史之乱时，唐玄宗逃至成都，当地官吏供奉各式点心，其中一种称“富油饼”，糖重油多，色香味形俱佳，唐玄宗喜食，后来称为“明皇饼”。蜀地还有香甜可口的“蜜饼”，传说是唐元和年间白居易任忠州（现忠县）刺史时创制，又名“香山蜜饼”。忠州还有一种“胡麻饼”的芝麻饼，白居易不仅喜食，还以之馈赠万州刺史杨归厚，并题诗一首《寄胡饼与杨万州》：“胡麻饼样学京都，面脆油香新出炉；寄与饥馋杨大使，尝看得似辅兴无？”前蜀王建时期，宫廷内有一种点心叫“红棱饼”，是例行赏赐臣下的物品。这种饼延续到现在，就是今重庆地方名产“红棱酥”。属酥皮包馅类，有色彩、有形象，口味颇好。这一时期，还形成有巴蜀特色的风味食物“芙蓉酥”，以糯米为原料，香酥可口。传说后蜀孟昶在成都遍植芙蓉，芙蓉花红白相间，灿若锦绣，成都因此叫“芙蓉城”，又因糕点出于此城，故名。除糕点外，以芙蓉命名的食品还有芙蓉饼、芙蓉鸡片、芙蓉锅蒸与芙蓉肉片等。在现今川式糕点中，“芙蓉糕”仍是著名的品种。

6. 蒙顶茶独占鳌头，茶文化醇厚绵长

唐代以后，饮茶习俗逐渐普及，茶叶成为日常生活中必不可少的消费品，因而茶的消费量急剧增加，人们更加注重茶的质量与品位，其中最负盛名的是雅州名山的蒙顶茶。

唐代的四川，蒙顶茶独占鳌头。蒙顶茶得益于独特的生态环境。蒙山位于邛崃山脉，海拔1500多米，逶迤的五峰林木葱郁。山上气候瞬息万变，终年烟雨蒙蒙，冬无严寒，夏无酷暑，土壤酸性，年平均气温约13℃，尤宜茶树生长。唐施肩吾咏“蜀茗”，“越碗初盛蜀茗新，薄烟轻处搅来匀。山僧问我将何比，欲道琼浆却畏嗔”的诗句，可见四川茶叶品质之高档。自唐玄宗天宝元年被列为贡品，作为天子祭祀天地祖宗的专用品一直沿袭到清代。曾被人品评说：“蒙茸香叶如

轻罗，自唐进贡入天府”，这在中国茶叶史上是罕见的。贡茶有两种：一种是“正贡”，专指七株种在皇茶园中的“仙茶”；另一种是“陪贡”，又称“凡种”，指除仙茶之外的五峰顶上之茶。蒙顶山贡茶的采制十分讲究。每年春季采贡茶之前，当地县官都要身穿朝服，率僚属与全县僧众上山，焚香朝拜仙茶。仪式后选12位僧人入茶园采摘，每芽只取一叶，共采365叶，由寺僧中善制茶者在新锅中翻炒，用炭火焙干，贮入银盒进贡，以供皇帝祭祀之用，此茶称“正贡”；稍后采制者供皇室一般成员享用。在采摘和焙制过程中，众僧围绕诵经，以示贡茶珍贵。正贡的12僧人，所采的365叶，象征12个月及365天，暗喻岁岁平安、年年丰收。四川地区在唐代作为“贡茶”送京的，还有“龙珠茶”“鸡鸣茶”等。

蒙顶山茶有香气持久、茶味醇厚及汤色明亮的特点，唐代李肇《国史补》卷下有“风俗贵茶，茶之名品甚众，剑南有蒙顶石花，或小方，或散芽，号为第一”的记载。蒙顶茶甚至被夸张到神化的地步。毛文锡《茶谱》记载民间传说：“蒙之中顶茶，尝以春分之先后，多构人力，俟雷鸣之时，并手采摘，三日而止。若获一两，以本处水煎服，即能祛宿疾；二两，当眼前无疾；三两，固以换骨；四两，即为地仙矣。”人们把蒙顶茶当作除病祛疾、延年益寿、返老还童、羽化成仙的灵丹妙药，虽为过誉之评，却充分表达了人们对蒙顶茶的喜爱以及对茶饮于人体健康大有裨益的认识。蒙顶山出产的研膏茶、压膏露芽、不压膏露芽均为名茶。[①]蒙顶茶在唐代盛极一时，《国史补》将它列为贡茶首品。

蒙顶茶为历代文人所讴歌。广为流传的诗句是白居易的《琴茶诗》吟：“琴里知闻唯渌水，茶中故旧是蒙山。”《嘉靖青州府志》引《国朝少保兼都御史黎阳王越云芝茶诗》，“若教陆羽持公论，应是人间第一茶”。另有北宋文同《谢人寄蒙顶新茶》载：“蜀土茶称盛，蒙山味独珍”等词句，都对蒙山茶交口赞颂。

7. 美酒名诗写就唐代酒文化

唐代是我国政治、经济、文化繁荣鼎盛时期，粮食和其他农业生产进一步发展，为酿酒业的发展创造了优越条件，造酒技术在盛世的竞争中长足进步，蜀地的酿酒业已名列全国前茅。

酿酒业也以成都最为发达，其地生产的春酒被列为贡品。唐李肇《国史补》中将“剑南之烧春”著录在全国名酒之列。《新唐书·德宗本纪》载：“大历十四年五月辛酉，代宗崩。……剑南贡生春酒。”可见剑南春酒在唐代已知名，而且流传至今盛名不减，故“唐时宫廷酒，盛世剑南春”成为今天剑南春酒的广告

① 陈世松、贾大泉：《四川通史·五代两宋》，四川人民出版社，2010年，第144页。

图5-3 剑南春酒坊遗址发掘全景（“四川文物编辑部”提供）

词。四川是名酒的故乡，酒，更是文人墨客的嗜好。文人们把酒吟诗，写就了唐代醇厚的酒文化。在文人笔下，酒是“思”的信使，是文的伴侣，是诗的源泉，丰富多彩的赋酒诗词给后人留下了古代酒文化的浓重印迹。巴蜀酒的美妙，酒肆的繁盛，酒器的华丽，一一收入文人的诗词中，是极为丰富的酒文化遗产。

李白和杜甫先后游历蜀中，记下了蜀中各地的名酒，如剑南烧春、郫筒、射洪春酒、云安曲米春、巫峡酒、青城乳酒、嘉州酒、鹅儿黄、重碧酒等，此外还有竹叶青、临邛酒、绿蚁酒。开元初年，年轻的李白在蜀中漫游时，先后到过绵州（绵竹）、成都、峨眉等地，其《月下独酌》咏：“天若不爱酒，酒星不在天。地若不爱酒，地应无酒泉。天地既爱酒，爱酒不愧天……但得酒中趣，勿为醒者传。”为游览唐初名道士王玄览的故居，李白到了绵竹县。当时他并不富裕，但为了痛饮剑南烧春，乃脱下貂皮衣换酒，留下了“士解金貂，价重洛阳”的佳话。

杜甫也为川酒写下不少诗篇。唐乾元二年（公元759年）杜甫弃官入蜀，以后游历了绵竹、梓州、汉州、戎州等地。每到一地，几乎都写下了对当地酒的颂歌。据《全唐诗》记载，他在《将赴成都草堂途中有作，先寄严郑公五首》中吟，“**鱼知丙穴由来美，酒忆郫筒不用酤**”；在射洪时作《野望》诗中说，“**射洪春酒寒仍绿**”；在夔府时作《拨闷》云，“**闻道云安曲米春，才倾一醆即醺人**”；其《送十五弟侍御使蜀》曰：“**数杯巫峡酒，百丈内江船。**”杜甫夸蜀酒的特点在于“浓”或“重”，《戏题寄上汉中王三首》之“**蜀酒浓无敌，江鱼美可求**”，成为对蜀酒赞叹的名句。《谢严中丞送青城山道士乳酒一瓶》云：“**山瓶乳酒下青**

云，气味浓香幸见分。”游至嘉州，复撰《狂歌，赠四兄》云：“今年思我来嘉州，嘉州酒重花绕楼。”他还夸汉州的酒是“鹅儿黄似酒，对酒爱新鹅”。至五粮液的故乡宜宾，古称“戎州”。杜甫曾对戎州的美酒写下了《宴戎州杨使君东楼》“重碧拈春酒，轻红擘荔枝”的诗句，其中，“重碧”在指深绿色，“春酒”是唐时戎州的官酿酒，色呈深碧，味醇爽口，冬季酿制，用黄泥封存，来年春天开封取饮，故得名春酒。杜甫将重碧酒与当时贡品荔枝相提并论，可见对重碧酒的高度评价，因此使重碧酒名声大噪。之后，人们才把春酒称为重碧酒，后改名“春碧酒”。苏东坡对春碧酒也十分赞赏，诗云：“东楼谁记倾春碧。”可见春碧是当时戎州的名酒并延续至宋。也有一说重碧酒是今五粮液前身。

约在白居易时代四川出现了烧酒。白居易《荔枝楼对酒》：“荔枝新熟鸡冠色，烧酒初开琥珀香。”蜀人雍陶《到蜀后记途中经历》诗窥见一斑：“自到成都烧酒熟，不思身更入长安。”装烧酒的酒瓮名“烧罂”，贾岛有《送雍陶及第归成都宁亲》诗：“制衣新濯锦，开醞旧烧罂。”约从白居易时代起，烧酒、烧春、烧香之名逐渐以“烧酒”为名趋于定型。① 以后“剑南烧春”成为唐人对蜀酒的泛称。“剑南”指剑门关之南，是唐代“剑南道”的简称。五代前蜀时，牛峤《女冠子》吟，“锦江烟水，卓女烧春浓美”，也说明唐代的川酒特点是浓香，并成为川酒的特色。

从诗词的内容还可看出，蜀酒已成为宫廷用酒。前蜀相韦庄在《河传》中用“春晚，风暖，锦城花满……翠娥争劝临邛酒，纤纤手，拂面垂丝柳”的诗句，描绘了临邛酒作为前蜀宫廷宴饮用酒的生动场面。饮酒普及，酒肆自然增多，同样反映在诗人的诗作中。杜甫《琴台诗》云：“酒肆人间世，琴台日暮云。”张籍《成都曲》也有“万里桥边多酒家”的诗句，让人想见当时酒肆如市、繁华昌盛的景象。

8. 水果保鲜技术的发展

巴蜀地区盛产水果，水果保鲜达到了很高的水平。据研究，这一时期蜀地有以下保鲜水果的方法：一是储藏法。如广柑保鲜，采用下窖存储法；梨子保鲜，则将梨置于绿豆坛；储藏板栗则是藏于干河沙中。且禁饮过酒的人接近水果，以免加速发酵。二是以蜡封蒂法。此为民间所创。在实践中，人们发现果蒂是细菌最易侵入而发生腐烂之处，于是用蜡封蒂，以防止细菌从果实最薄弱的一环侵入，从而进行预防性保鲜。《隋书》称：隋文帝喜食柑橘，几乎都是巴蜀土贡。

① 龙晦：《蜀酒与烧酒》，《中华文化论坛》，2001年第2期。

巴蜀官吏为讨好皇帝，便在采摘时用蜡封住蒂口防腐保鲜。三是用纸或布包裹柑橘。《大唐新语》卷十三记述了一段因此而发生的笑话："益州每岁进柑子，皆以纸裹之。他时长吏嫌纸不敬，代以绸布。既而恐柑子为布所损，每怀忧惧。俄有御史甘子布使于蜀，驿使驰白长吏：'有御史甘子布至。'长吏以为推布裹柑子事，惧曰：'果为所推。'及子布到驿，长吏但叙以布裹柑子为敬。子布初不知之，久而方悟，闻者莫不大笑。"这一创造过程，也是由实验到肯定的过程。这一保鲜法，今天仍在使用。如出口的苹果，不仅上蜡，而且用纸包裹。四是沙埋、瓶贮方法。蜡封和纸布包裹效果好，但费时费工，不方便也不经济。为了简便省时，于是创造了沙掩、锡瓶储存法。《物理小识》卷六说："藏柑以盆盛，用干沙掩之"，"收湘橘用煮汤锡瓶收之，经年不坏。"有学者认为，《物理小识》所述的保鲜法，是从四川的保鲜法借鉴、演变而来。[①] 五是药物保鲜。周密《齐东野语》卷十七说："青、果色也，盖藏果者，必以铜绿故耳。"铜绿为碱式碳酸铜，《本草纲目》称它能杀虫，治癣。癣是真菌性疾病，能治癣就说明它有杀菌作用，故用于水果杀菌保鲜。由于周氏语焉不详，其使用方法未流传下来。

第二节　云贵桂地区的经济大发展

隋唐五代时期的云贵桂地区是多元饮食文化发展的一段时期。云贵桂地区加强了与中原地区的联系，传入了中原先进的生产方式和政治制度，促进了各民族社会经济的发展，在农业、手工业、商业、交通、文化等方面都有较大的进步。

一、社会经济大发展

1. 唐文化影响下的南诏

云贵地区在经两晋南北朝长时期的动荡中，与内地失去了正常的联系，直至隋朝统一全国后，在云南设南宁州总管府（驻今曲靖），于今滇东北、滇中置恭州（治今昭通）、协州（治今彝良）、昆州（治今昆明），中原王朝才恢复了对这一地区的统治。公元618年唐朝建立，于同年接管这一地区，以今滇东北、川西南为根据地，逐渐扩展势力，形成以若干都督府统辖羁縻府州分片管理的格局，

① 冯汉镛：《四川科技史》，四川大学出版社，1995年，第163～165页。

图5-4　修建于唐代的大理三塔

加强了与内地的联系。至7世纪末期，洱海地区的乌蛮部落南诏借抵御吐蕃之机不断壮大，逐渐形成了与唐王朝对抗的实力。公元750年，南诏主阁罗凤派兵攻下姚州都督府治地姚州城（今云南姚安），与唐朝的矛盾公开化。后趁安史之乱，阁罗凤与吐蕃结盟，南诏遂发展为一个强大的地方政权，统治云南及附近地区达254年之久。

南诏势力极盛之时，统治范围包括今云南全省、贵州西部、四川西南部与中南半岛北部。在南诏统治时期，云南尤其是洱海与滇池两地的社会经济有了很大的发展。期间从唐朝辖地获得大量的人口与财物，受到唐朝经济、文化的深刻影响。被俘留在南诏的汉族士人及其后代，仍长期保留包括饮食习俗在内的汉族习俗，南诏与大理国的上层社会，亦受到了汉文化的较大影响。于汉晋时期民族融合而形成的白蛮，以及在南诏时期大量迁入的汉人，逐渐融合成为在今云贵地区起主导作用的民族，促进了当地经济发展水平的提高。

这一时期，水利建设的发展促进了农业生产的进步。据《南诏德化碑》：唐初洱海地区已从雪山引泉水浇灌农田，建陂池浇溉果木与菜圃，这一地区号称“家饶五亩之桑，国贮九年之廪”。南诏王劝丰佑，修建自磨用江至鹤拓的横渠道大型水利工程，灌溉东皋及城阳的田地；又于点苍山建蓄水池“高河”，导山泉下泻为川，灌田数万亩，“民得耕种之利。”使洱海、滇池地区的农业实现了精耕细作。据《蛮书·云南管内物产》：“从曲靖州已（通“以”）南，滇池已西，土俗唯业水田，种麻、豆、黍、稷，不过町疃。水田每年一熟，从八月获稻至十月十二月之交，便于稻田种大麦，三月四月即熟。收大麦后，还种粳稻。小麦即于冈陵种之，十二月下旬已抽节如三月，小麦与大麦同时收刈。”水稻每年一熟，收割后轮种大麦与蚕豆，并于山陵种小麦。这种麦、蚕豆与水稻轮种的方法延续至今。现今仍称种水稻为“大春”，收获后间种麦、蚕豆为“小春”。农业地区不仅采用牛耕，还普遍推广二牛三夫犁田法。其法是使用长丈余之三尺犁，两牛相距七八尺，一农人走前牵牛，一农持按犁辕，另一人在后掌犁。因牵牛、扶辕与掌握犁田深度均有专人，故而既提高犁田的质量，又可深耕。在云南的剑川、洱源等地，至今还在使用这种传统的耕作方法。

除粮食作物以外，农业地区还种植各种蔬菜、水果，池塘中喂养各种鱼类，植种菱、芡等水生作物。《蛮书·六赕》说：“蒙舍川（今云南魏山，南诏发源地）肥沃宜稻禾，又有大池，周回数十里，多有鱼及菱芡等物。”《通典·松外诸蛮》中记：“自夜郎滇池以西，皆云庄蹻（jú）之馀种也。其土有稻、麦、粟、豆，种获亦与中夏同，而以十二月为岁首。菜则葱、韭、蒜、菁，果则桃、梅、李、柰。”这些地区沟渠纵横，农田成片，蔬果茂盛，农舍点缀其间，宛若江南地区的水乡。《新唐书·南诏传》亦云，居洱海、滇池之间的白水蛮，富足的程度甚至接近四川盆地。

南诏治下的畜牧业发展也很快。《蛮书·名类》说天宝战争以前，东北至曲靖州、西南至宣城的地区，“邑落相望，牛马被野”。饲养的畜禽有牛、羊、马、猪、犬、骡、驴与兔，以及鸡、鹅、鸭、鸽等。各地放牧大牲畜，都根据气候的变化选择放牧地点，夏处高山，冬入深谷，这一点与北方游牧民族依水草迁徙有所不同。这一时期，在今滇西、滇中等地还大量饲养沙牛，沙牛在水草肥美之地生犊甚勤，天宝中一家便有沙牛数十头。通海以南多野水牛，“或一千二千为群”。《蛮书·云南管内物产》中记：“马，山越赕川东面一带，……有泉地美草，宜马。初生如羊羔，一年后，纽莎为拢头縻系之。三年内饲以米清粥汁，四五年稍大，六七年方成就。尾高，尤善驰骤，日行数百里。本种多骢，故代称越赕骢（cōng），近年以白为良。膝充及申赕亦出马，次赕、滇池尤佳。东爨乌蛮中亦有马，比于越赕皆少。一切野放，不置槽枥。唯阳苴咩及大厘、登川各有槽枥，喂马数百匹。”“越赕”，即今天腾冲龙江流域，南诏时期，这里有藤越国，是南诏的属国。

2. 东部和西部发展不均衡的广西地区

唐咸通三年（公元862年），分岭南为岭南东道（治今广州）和岭南西道（治今南宁）。此即划分广东与广西两地的由来。唐朝在岭南西道下设桂、容、邕三管，管下设州县。其中属东部的桂、容两管与全国其他州县一致，但对西部的邕管则设羁縻州县，实行“以夷治夷”，土流并治的羁縻统治政策[1]。而东部地区推行与全国一致的均田制和租庸调制，其经济发展基本与中原同步。如此，由于唐朝政策的关系，致使广西地区东部和西部发展不平衡。

在经济发展上，羁縻府州不申报户口，并实行轻徭薄赋，反映出这一地区农业生产的水平还较落后。据《旧唐书·穆宗纪》：元和十五年（公元820年），朝廷颁令邕管、安南等97州，不须申报户口账目。另据《旧唐书·食货上》：唐在岭南征收的税赋，较内地要轻得多；而本地民族输纳者仅为编户的一半，可谓征收甚轻。而东部地区的发展较快。

唐政府在广西地区发展屯田，兴修水利，促进了农业的发展。为解决驻军的口粮，唐朝组织军士在广西地区实行屯田，一些地方官吏也以发展农桑为要务。有关记载如：《旧唐书·王晙传》，景龙末年（公元707年），桂州（治今广西桂林）都督王晙筑堰闸江水，开屯田数千顷，“百姓赖之”。《新唐书·韦丹传》载，容州（治今广西北流）刺史韦丹，教民耕织，兴办学校，还置办屯田24处。据宅中出土刻于唐高宗永淳元年（公元682年）的《澄州无虞县六合坚固大宅颂》碑文：“黎庶甚众，粮粒丰储，纵有十载无收，从人无菜色。”刻于武周万岁通天二年（公元697年）上林县的《智城洞碑》说：“前临沃壤，凤粟与蝉稻芬敷。”农业生产的发展，使唐初实行轻徭薄赋的广西地区也开始征收夏秋税。据《旧唐书·懿宗纪》载：在桂州、邕州和容州的一些地区，唐朝曾征收了夏秋税。

这一时期，广西地区的农业生产技术也有所进步，培育出一些优良品种的稻米，因所产稻米质量较好，朝廷规定可以大米充抵所纳户税。农副业都得到极大发展。韩愈《柳州罗池庙碑》中记：“乐生与民，宅有新屋，涉及新船，池园修洁，猪牛鸡犬藩息。”另据《岭表录异》卷上，新泷等州的百姓，在山田蓄水种稻，同时放养鲩鱼，鱼排粪可作为肥料，一二年间鱼长大食草根几尽，“**既为熟田，又收鱼利**”。人们已知利用生物食物链以及生物的共生关系开展多种经营，这在当时是十分先进的。除水稻外，亦有麦食，黍、粟已很普遍。

人工种植菜蔬的品种进一步扩大，数量也有所增加。如木耳、香菇、笋、山姜等“菌笋”特产，在前朝，因稀少而作为贡品，在这一时期已大量人工种植。荔枝、龙眼、柑、蔗等水果的种植面积更大。如孟诜《食疗本草》中记载了广西此时的甘蔗已有“荻蔗”和“昆仑蔗”之分，并记“竹蔗以蜀及岭南为主”。

此外，广西地区的家禽畜饲养也有发展。这一时期，牛得到广泛饲养，并有

---

① 羁縻政策：即封建中央王朝为笼络少数民族的一种地方统治政策。包括用军事和政治的压力加以控制，以及以经济和物质利益给以抚慰的政策。

食牛之俗。唐刘恂《岭表录异》载：“容南土风，好食水牛。”养鱼业大增，鱼类丰富异常，《岭表录异》中记有鲤、鲢、鳙、鲩草、鲶等鱼十几种。

唐代广西地区也是全国闻名的产茶地。据《新唐书·食货四》记载，穆宗时增天下茶税，茶税成为唐朝国库的重要来源。江淮、浙东西、岭南（包括岭南西道）、福建、荆襄等地为重要的茶叶产地，盐铁使王播亲自掌握征收茶税。五代时植茶业有更大发展。据《旧五代史·马殷传》记载，楚王马殷对民间的茶叶“抑而买之”，除每年贡奉朝廷数万斤外，其余茶叶转卖中原等地，牟利“岁以百万计”。

二、崇尚生猛野味及海鲜的饮食习俗

1. 极具地方特色的南诏饮食习俗

今天我们能较多得知南诏的社会生活及饮食方面的情形，很大程度上是得益于《蛮书》。《蛮书》的作者樊绰，是唐懿宗咸通年间任唐朝安南（治今越南河内）都护府的官吏。樊绰为了解南诏，遂留意收集有关南诏历史和现状的材料，所著《蛮书》内容详细而真实，备受世人珍视。其书计十卷，其中的六诏、名类、云南城镇、云南管内物产、蛮夷风俗等卷，详细记载了南诏各民族的生活习俗，是研究云桂贵地区风土人情的可贵资料。

据《蛮书》载，南诏腹地通常以稻米、黍、稷、大麦、小麦和豆类为主食。居民将稻米、黍、稷等谷物脱粒后，装入木制甑子蒸熟。木制甑子上覆以稻草编成的锅盖，以免蒸饭时甑子漏气，此即“云南十八怪”之“草帽当锅盖”的由来。木制甑子蒸出的米饭，颗粒分明，松软饱满，供即食或数日食用，无不相宜。大麦、小麦或磨粉制饼，或供酿酒之用。豆类可供主食，新摘时亦是重要的时鲜蔬菜。云南人喜欢将去壳的新鲜蚕豆或豌豆，与火腿或老腊肉拌以蒸熟的米饭，热油快炒起锅，称之为“豆焖饭”，其味美不可言，这一烹饪方法已有上千年的历史。

南诏人普遍畜养牲畜家禽，可供选择食用的肉类甚多。据《蛮书·云南管内物产》曰：“象，开南、巴南多有之，或捉得，人家多养之，以代耕田也。猪、羊、猫、犬、骡、驴、豹、兔、鹅、鸭，诸山及人家悉有之。”南诏时培育出了畜禽的一些优良品种，如“大鸡”，“永昌、云南出，重十余斤，嘴距劲利”，既能驱之为猎鸟，也是重要的肉用家禽，可惜以后失传。南诏饲养淡水鱼类相当普遍。滇池鱼类味美，如蒙舍池塘饲养的鲫鱼，大者重达五斤。“西洱海及昆池之南接滇池”，虽冬月，“鱼、雁、鸭、丰鸡、水扎鸟，遍于野中水际。”南诏还成功驯养象、鹿等野生动物，养象以耕田，有些地区或食象肉；养鹿多为食用。令人诧异的是养“豹”以供食用，而且“诸山及人家悉有之”。推测可能是果子狸一类的野生动物，笼养以供不时之需。南诏还大量猎取犀牛与虎，犀角可制酒具亦可入药，犀皮是制甲的优质原料；南诏猎虎主要是为取其皮以制衣披，南诏官制规定：各级官吏、将领须穿虎皮衣披；所穿衣披色彩鲜明与否，依级别高下而异。既然大量猎取犀牛与虎，推测其肉亦可烹饪上桌。

烹饪技术亦有提高，擅长以各种畜类、禽类、鱼类、蔬菜以及野生动植物为原料制作菜肴，并有南诏御用厨师。如南诏王异牟寻接待唐朝使者袁滋一行，宴席上有“割牲”（烤小猪）肴品一道，并以奔马头纹饰之银质盘二件盛之，以小刀割以佐酒。异牟寻说此银盘为唐朝先前所赐，可知“割牲”为宴席上的珍贵菜肴。

南诏人有食生肉的习俗，“不待烹熟，皆半生而吃之”。据《蛮书·蛮夷风俗》：凡猪牛鸡鱼皆生食之，“和以蒜泥而食”。食畜禽肉或略烹煮，待水沸即食。白蛮食鹅肉之法如下：取生鹅宰后按方寸切之，和以生黄瓜及椒盐啖之，称为“鹅阙”，以之为上味。迄今大理等地还喜食以剁细肉类加香料制成的“剁生”。一些少数民族也曾流行食用生肉，如侗族喜食生的腌牛肉与腌鸟肉；布依族喜食拌以生猪血的炒杂碎；至于食用生的鱼虾等海鲜，在不少地区则属常见。南诏还流行制作肉脯及肉干。据《蛮书·南蛮条教》：南诏每出兵作战，皆允许军士各携粮米一斗五升，“各携鱼脯”。

南诏人有自己的岁时节令食俗及宴饮食俗，据《蛮书·蛮夷风俗》载，每年十一月一日，白蛮、乌蛮必盛会宴客，“造酒醴，杀牛羊，亲族邻里，更相宴乐。”是日户外列设桃茢（liè），如同新年贺岁。至于其他节日，则与汉族地区略同，“唯不知有寒食清明耳。”白蛮、乌蛮宴会之时，凡饮酒开始，赴宴者即起，至前席奉觞劝酒。未能饮者乃至前席，相互扼腕推辞，或挽或推，情礼之中以此为重。另据《新唐书·南诏上》：白蛮青年喜吹四管葫芦笙。举行宴会时，若巡酒至客前，吹奏者以葫芦笙推盏劝客以饮。南诏王族用金银为饮食器皿，其余官将、百姓则用竹器。贵族饮食，惯用箸但无匙；至于寻常百姓，则以手取食而已。

南诏人好饮茶，《蛮书》中详细叙述了南诏王族及南诏各民族的饮茶习俗。南诏王族喜饮茶，所饮之茶产自银生城（在今云南景东）地界诸山。至今这里仍为大叶种优质茶的重要产地。可见这一地区的大叶种优质茶在当时已享有盛誉。但那时尚无茶的炒制方法，饮时将茶叶与椒、姜、桂一起烹煮。据《茶经·六之饮》：唐代流行“用葱、姜、枣、橘皮、茱萸、薄荷之物煮之百沸，或扬令滑，或煮去沫”的饮用方法，与南诏王族的饮茶方法大致相同，南诏人的这种饮茶方法应由唐朝传入。其中的椒、姜、桂等香料，均有暖胃、益中的作用，可能与所饮的大叶种茶性质稍显苦涩，因此掺入香料以矫正有关。

南诏人酿酒十分普遍。时人还认为若以稻米为曲酿酒，酒味必致酸败，其实是时人酿造还不甚得法。除粮食酒与果酒外，南诏诸族已经学会制作药酒。如丽水山谷出产一种有药效作用的植物叫“㳦歌诺木”，枝“大者如臂，小者如三指，割之色如黄蘗。土人及赕蛮皆寸截之。丈夫妇女久患腰脚者，浸酒服之，立见效验。”

此外，南诏人还嗜好各种水果。《蛮书·云南管内物产》提到永昌、丽水、长傍、金山等地有荔枝、槟榔、椰子等果品，都是当时的名产。丽水城出波罗蜜果，“南蛮以此果为珍好”。唐五代时，段成式《酉阳杂俎》称：“南诏石榴子大，皮薄如藤纸，味绝于洛中。”“甜者谓之天浆，能已乳石毒。”可见石榴在云南已广泛种植，并远近闻名。

唐代，云贵桂地区还住有一些其他少数民族，如今贵州东南丘陵地带居住的“东谢蛮”，其经济状况虽不及发达地区，但在唐代，其社会经济状况仍有所进步，据《旧唐书·西南蛮传》载，东谢蛮仍保留畲田的习惯，虽植种五谷，但牛耕还不普遍；以饲养牛、马、羊等大牲畜为主的畜牧业比较发达。饮食方面的情形是：汲清流供饮，“婚姻之礼，以牛酒为聘”。还有一些民族，仍以狩猎、采集为获取食物的重要来源。据《蛮书·名类》载，滇西南的“扑子蛮”善用泊箕竹弓，深林间射飞鼠发无不中；食无盛器，以芭蕉叶盛之。“寻传蛮”射豪猪生食其肉，取其两牙双插头顶两旁为饰。居寻传城以西地区的“裸形蛮”，“其山上肥沃，种瓜瓠长丈余，冬瓜亦然，皆三尺围。又多薏苡，无农桑，收此充粮”。

2. 以野味海鲜为主的广西地区饮食习俗

岭南（包括岭南东道和岭南西道）气候炎热，草木蔬菜可经冬不衰。如所种茄子，二三年间渐长枝干，乃成为茄子树。每年夏秋季茄子成熟，须搭梯摘之。三年之后，茄子树渐老，结子渐稀，乃伐去茄子树另种新苗。还有一些野菜野果亦可食用。如山橘子，大者熟如土瓜，次者如弹子丸。果实金色，味颇酸。岭南人带枝叶藏之，挽入油醋，味遂转甜美。又如山姜，根不堪食，而于叶间吐花穗如麦穗，粒嫩红色。岭南人取其花茎叶嫩者，以盐腌制，藏入甜酒糟。经一冬颜色如琥珀，香辛甜美，可用为菜肴的脍料。若以盐腌藏，晒干煎汤，能治冷气之疾。

岭南地区最具特色的饮食，仍数以野味与海鲜为主的地方菜肴。据《岭表录异》卷上，当地多野象。若捕得象，争食象鼻，谓象鼻肥脆可口，尤其适宜作烤肉。另据《岭表录异》卷中，岭南蚁类极多，当地人以席袋贮蚁，连其子窠售于市。蚁窠如薄棉絮囊，连带枝叶，蚁在其中，遂连窠卖之。溪洞之间，当地民族多收蚁卵，淘洗令净，遂卤以为酱。蚁卵酱的味道酷似肉酱，俗甚重之，非官客亲友，不可获赠。

对诸鱼、蚌蛤类海鲜，岭南西部也有多种烹饪的方法。据《岭表录异》卷中，梧州戎城县江水口出产的嘉鱼，十分肥美，众鱼莫可与之相比。若进行炙烤，须以芭蕉叶隔火，以免鱼脂滴下致火灭。黄腊鱼，即江湖中的横鱼，头嘴长而鳞皆金色，亦可煎或晒为鱼干。竹鱼，产自江溪间，形如鳢鱼，大而少骨，青黑色。鳞下间有红点，烹之以为羹，肥而美。乌贼鱼，海边人往往获其大者，巨大如蒲扇，烤熟佐以姜醋食之，味极脆美。或入盐浑腌为鱼干，槌平如肉脯，味道亦美。石头鱼，状如鳙鱼，脑中有如荞麦大小之二石子，莹白如玉。有好奇者，多购其鱼之小者，贮于竹器，任其坏烂，淘之取其鱼脑石子，以为饮酒中所用筹码，颇为脱俗。

蚶子头，因其壳上有棱如瓦楞，又称“瓦屋子”，壳中有肉，紫色而满腹，多烧以下酒，俗称为“天脔炙”。水蟹，螯壳内皆咸水，自有其味。岭南人取之，淡煮后吸其咸汁下酒。黄膏蟹，蟹壳内有肉膏如黄酥，调之以五味，于壳内拌之，食亦有味。赤蟹，壳内有黄赤膏，如鸡鸭蛋黄，肉白，于其壳中拌和黄赤膏，淋以五味，捘以细面，珍美可食。牡蛎，每逢涨潮，诸蚝皆开房壳，见人即合之。海边人以斧起开壳，烧以烈火，蚝即启房壳。挑取其肉，贮以小竹筐，赴墟市以之换酒。肉大者可腌待炙烤，肉小者可炒食。牡蛎肉颇有滋味，据说食之能补肠胃。水母，其性暖，可治河鱼之疾，但甚腥，须以草木灰点生油，再三洗之，则莹净如水晶紫玉。烹饪之法：煮以椒桂，或取豆蔻、生姜缕切而捘食；或以五辣肉醋，或以虾醋如鲙，食之最为适宜。

这一时期饮酒之风非常盛行。广西地区酿酒流行掺以诸种药材，酿造方法亦有独到之处。《岭表录异》卷上言其方法甚详：“淘净粳米晒干，加入诸药，和米捣熟。加热水团之，使之形如面饼。以手指刺入米团中心作一窍，布放竹席上，以枸杞叶包裹之，一如造酒曲之法。既而以藤篾贯串，悬于灶火之上。岭南气候炎热，春冬季节七日应熟，秋夏季节五日可熟。既熟，贮以瓦瓮，燃牛粪微热之，即成供食。”

广西人的节令时俗很有特色。据《岭表录异》卷上：岭南地区普遍重视的节日，先后为腊一、伏二、冬三、年四。届时主人大办宴席，宴请左近邻居与各地亲友。而一些具有地方性特点的食法，则为诸族所嗜好。如容南一带好食水牛肉，食客均赞其脆美。烹饪之法，或煮或炙，尽食一牛。众人食水牛肉既饱，即以盐酪姜桂调“齑”而啜。“齑”为水牛肠胃中近乎消化的草料，又称“圣齑”。

据说如此食法使人腹不胀，据称有清热解毒的功效，俗语："羊吃百草，百病除了。"又如：交趾（北面部分属于今广西地区）之人，重视称为"不乃"的羹汤。其羹以羊、鹿、鸡、猪肉及骨同置一锅煮之，令其汤极肥极浓；再捞去余肉，加入葱姜，调之以五味，贮之以盆器，食时置盘中上桌。羹中必有一枚可盛一升浓汤的银杓。主人先满斟一杓，仰首缓缓饮尽，再传杓以客人，轮流如此食之。食毕其羹，方才端上诸馔，宴会正式开始。交趾人谓这一食法为"不乃会"，意思是食"不乃"羹汤的聚会。

这一时期广西人的主食以稻米饭粥为主，兼吃麦粮、杂粮和薯粮等，《岭表录异》中亦有以槟榔粉制成饼食的记载。饮食加工的器皿亦多有讲究。加工稻米通行的方法为踏木杵以舂之。据《岭表录异》卷上："**岭南各地皆设有舂堂，当地人刳圆木为槽，一槽两边约立十杵；男女间次而立，足踏其杵以舂稻谷，既舂不时敲磕槽沿，以求稻谷覆转均匀；舂时槽声若鼓，声闻数里。**"岭南陶家还大量加工制作宜于用作炖煮之器的"土锅镬"，以供日常烹饪或煮药所需。制造的方法是：烧热未加工的土锅镬，内部涂之以油，其洁净逾于铁器，尤宜煮药。一器仅值十钱，乃济贫之物，爱护者可用多日。若燃以烈焰，导致汤干镬涸，则土锅镬随即破裂。

第三节　吐蕃王朝的兴旺

一、吐蕃王朝建立后的诸业兴旺

公元7世纪，藏族的杰出领袖松赞干布统一了西藏高原，建立了强大的吐蕃王朝。它是西藏历史上的第一个王朝，国力最强时，北至吐谷浑，控制了"丝绸之路"；南至泥婆罗（今尼泊尔）、天竺恒河以北；东邻唐朝。社会经济得到较大发展。

1. 繁荣的吐蕃农业

受高原寒冷气候的影响，吐蕃时期的农产品主要有小麦、青稞、荞麦和芸豆等高寒农作物。《旧唐书·吐蕃传》记"**其地气候大寒，不生秔稻，有青稞麦、䓨（yíng）豆、小麦、乔麦。**"但是，吐蕃统治区内也有稻子种植，工布地区（包括今工布江达县、林芝县和米林县）气候湿润，已种植稻米。《册府元龟·外臣部·土风二》记，吐蕃属国之一的悉立即是种稻地区之一，"**其谷宜秔稻、麦、豆，饶甘蔗诸果。**"生产工具也有进步，吐蕃时已有斧头、镰刀、牛轭、犁、手斧、锯等工具，他们扩大耕地是采用畜力耕作，犏牛是主要耕畜，耕作方式为耦耕（双牛耕地）。耕畜的运用，促进了农业发展。此外，吐蕃还积极兴修水利，治田灌溉，采用蓄水灌溉和引河水灌溉，又在谷口处垦田引水浇地，使河谷地带人口增多，逐渐发展为村镇。吐蕃时期，西藏的农业呈现出繁荣的景象。特别是在文成公主入藏后，十分注意吐蕃农业生产的发展。她专门带去了吐蕃没有的蔓菁种子，并帮助当地人建造水磨。她带去的书中有“六十种讲说工艺技巧的书籍”，记有“各种食品、饮料配制法”，其中还有造酒的技术，这对西藏地区农业的发展和丰富藏民的生活有深远的影响。

2. 畜牧业发达

据《旧唐书·吐蕃传》记载，吐蕃人“其畜多牦牛猪犬羊马”，敦煌古藏文史料还记有母牦牛、山羊、犏牛、驴和驼等。关于放牧方式，《新唐书·吐蕃传》称“其畜牧，逐水草无常所”，与游牧经济相符，但并不单一为“逐水草而牧”，而是分季节有一定的固定放牧地点，各部落有划分的草场范围，进而根据不同的生态环境放牧不同的牲畜，如在草原上放牧绵羊，在森林中放牧山羊，在沼泽地放牧马匹，在田野里放牧犏牛，在岩洞里放牧猪。畜产品有皮革、毛类、牦牛尾及酥油、肉乳等，除自用外还与邻族交换。狩猎也是吐蕃人重要的辅助经济，吐蕃文书中有猎鹿围牛、出猎野兽和捕鸟的记载。

3. 手工业进步

这一时期，吐蕃人的手工业有了很大进步，如制陶业即是。他们从汉地引进了相关的制陶技术，至公元7世纪时，制陶业已达到了一定的规模，制陶种类主要有刻画纹的碗和小花瓶，釉色丰富，有蓝、紫、绿、黄等种类，藏民把这种釉陶称为“唐碗”，反映了中原唐王朝对吐蕃的文化影响。

4. 盐的发现及盐粮的交换

西藏地区，早在公元前20世纪，苯教的《苯医四部》中就记有关于食盐方面的内容。《智者喜宴》中还记述了藏北牧民发现了盐的过程：赞普朗日松赞时期，赞普的两个巨人侍从在藏北草原猎杀野牦牛后，肉放在马背上，在运送途中肉掉进了藏北的“扎松挺玛湖”，捞出后发现肉上有盐的味道，方知此湖是产盐湖泊。从此便开始了从藏北运盐，藏北牧民也便开始了用盐与西藏农区交换粮食等物的贸易。因为在西藏北部传统的安多牧区（青海、甘肃南部和四川西北一带藏族地区的统称）气候高寒不能种植粮食，食品绝大部分来自家畜，如牛羊肉、奶及奶制品，缺少重要的粮食类食品糌粑。于是牧民就把多余的畜产品和从盐湖驮回的盐，以驮牛和驮羊作为运输工具，长途跋涉，到拉萨的堆龙德庆、山南、日喀则等农区换取糌粑，起到农牧产品互补与调剂的作用。这种古老的盐粮交换方法，一直延续至20世纪80年代。

5. 茶马贸易

据藏族史料记载，西藏高原盛行饮茶之风始于松赞干布时期与唐朝之间的茶马贸易。松赞干布统一西藏，迎娶了唐朝文成公主后，西藏的商业贸易遂兴盛起来，茶马贸易成为吐蕃与唐朝的主要贸易。唐高宗时的“绁马交易”和唐玄宗时的赤岭（今青海湖东面的日月山）“互市换马”开启了唐朝与吐蕃茶马市场之端，吐蕃人用良马和唐朝换茶。对此，唐朝专门成立了“茶马司”，负责与吐蕃之间的茶马贸易。公元743年，唐蕃会盟，立碑于赤岭，确定了“茶马互市”。为了交换茶叶，吐蕃也派专人经营藏汉茶叶贸易，被称为“汉地五商茶”。

6. 酒的酿造

在吐蕃王朝时期，藏族饮用的酒的种类较多。在敦煌出土的写于公元9—10世纪的《苯教殡葬仪轨书》中记载着，当时人们所饮用的酒类饮料有小麦酒、葡萄酒、米酒、青稞酒、蜜酒等五种。其中提到工布地区小王向吐蕃赞普奉献的“酿酒粮食”为“青稞、大米任何一种均可”，而小麦是藏族主要粮食之一，量虽不如青稞大，但也宜采用内地传入的麦酒酿制法生产，故吐蕃时是有小麦酒的。但当吐蕃于公元9世纪崩溃后，已不能从河陇和川滇等地获取稻米。米酒的酿造便难以为继。同样的原因，西藏产葡萄之地不多，葡萄酒自吐蕃失去对西域的统治后，来源亦日趋减少，产量十分有限，只能供上层享用。这样，以青稞酿酒，便自然而然地成为藏族人民普遍采用的制酒方式。青稞酒亦成为藏族酒的主要饮料。

吐蕃王朝于公元9世纪后半叶崩溃，奴隶制开始解体。此后进入漫长的分裂时期，直至公元13世纪。

二、饮食文化渐臻成熟

入唐以后，吐蕃人的饮食生活已较为丰富，茶、酒文化亦多姿多彩，还出现了有关饮食养生的重要文献著作。至此，吐蕃人的饮食文化渐于成熟。

1. 吐蕃人的日常饮食

吐蕃时期，西藏高原藏民的饮食生活已比较丰富，许多食品成为现今藏族特色食品的源头，如糌粑、酥油茶、牛羊肉、青稞酒等，构成了藏民族饮食文化的主要特点。

这一时期，青稞和小麦是吐蕃人的主要粮食作物，也有蔬菜和水果。吐蕃人最具代表性的主食是糌粑和各种饼类食品。据吐蕃简牍记载：（每组）“油炸薄饼和果子各十五个，饼和发面饼各二十五份，杏干和葡萄干各三捧，切玛（用酥油、奶渣、酸奶揉成的糌粑）各三两，酸奶一勺，上好糌粑五升半。”“青年及同行二十人，平均每人食品……（四个）圆饼、发面饼、青菜、腌菜、碗。”[①]《王统世系明鉴》亦记有：“彩虹般的各种色彩的帐房，在空中像宝盖般罩住赞普御座，摆上了甘蔗、葡萄等糖果，端来了芳香扑鼻的百味珍肴。”[②]近代史学家根敦群培在所著《白史》中说，吐蕃早期的饮食方法是将青稞麦捣碎掺牛奶和成面，捏出碗的形状，在其中倒进牛奶、奶酪、肉羹，进餐时先喝牛奶，再连容器带羹酪一起吃掉，以手捧酒以饮，后来才有了木碗。故前述吐蕃简牍上在记载主食及蔬菜的同时，还专记了“碗”，这是作为主食之一的碗状糌粑碗，而非其后意义上的木碗。这种食法直到现今在西藏东部林芝山区仍然存在。从中也可得知，吐蕃人已能熟练掌握发酵技术，用来制作发面饼、酸奶；也会制作干果和腌菜；有常食用青菜和水果的饮食习惯，如杏、葡萄、甘蔗等。

到了吐蕃晚期，日常饮食又有了新的内容。据《贤者喜宴》载，吐蕃王热巴巾赞普在位（公元815—836年）时已有了葡萄酒，并创造了加盐的酥油茶。食品内容也大为增加，多种汉地食品如豆腐、粉丝、白菜、韭菜、芫荽、萝卜、水腌菜、酱油、醋、扁食（饺子）、馒头（包子）等也已传入吐蕃。其饮食文化的进步显然是吐蕃奉行进取开放政策，博采众长的结果。

吐蕃人喜肉食，尤重吃牛肉。除畜牧饲养的牦牛、羊、猪肉外，还吃野生动物的肉以及鱼肉。以肉食为主的饮食结构具有营养好、含热量高的特点，是青藏高原寒冷气候所需的最佳食品。

2. 吐蕃酒俗

藏族酿造酒的历史十分悠久。松赞干布时期就获得了唐朝的酿酒技术。吐蕃人早期酿制青稞酒是先将青稞（大麦的一种）发芽，经糖化后加入酵母菌（蘖），使其酒化而成酒的。史诗《格萨尔王传》对珠牡酿造青稞酒有生动的描绘：“做酒的青稞好像野鸟成群飞”，“煮酒的蒸气好似香烟蓬起”，“撒上一块曲，好像紫雕腾空飞”。待酒浆盈盈取饮时，初次兑水出的酒叫头酒，再兑水就依序叫二道、三道……这一时期，除青稞酒外，还有米酒、葡萄酒、蜜酒和小麦啤酒。

---

① 王尧、陈践：《吐蕃简牍综录》，文物出版社，1985年。

② 才让：《吐蕃史稿》，甘肃人民出版社，2007年，第264页。

吐蕃人喜饮酒。在《王统世系明鉴》中记载了吐蕃佞佛普热巴金“饮米酒酣睡”（《智者喜宴》中记载为“饮葡萄酒”），被臣下扼杀的事。可知在吐蕃王室和贵族中，当时比较盛行饮米酒。这一习尚，很可能是受唐之影响。《旧唐书·吐蕃传》中说吐蕃人“接手饮酒”并以酒待客。为防酗酒误事，松赞干布在制定的法律中提到饮酒要节制，并认识到多饮会给身体带来危害。《敦煌本吐蕃医学选编》中记载了过度饮酒带来身体不适的状况：“男女相会饮酒过度，头一天饮酒，第二天酒力发作后，不进任何稀食物，继续饮酒，此时肝胆分离，酒入肝胆之内，必然发病”。并载有治疗方法。

吐蕃人还有用酒祭祀以取悦神灵的习俗。吐蕃早在公元670年就占有西域的龟兹、于阗、焉耆、疏勒四镇，并与波斯、大食、印度、尼泊尔等有交往，吐蕃的葡萄酒当从西域输入。葡萄酒色红，而吐蕃人尚红，故葡萄酒在祭祀与宴饮中一度较盛行。《吐蕃简牍综录》中记有“献降神酒”，“一小满罐祭神之酒”，“猴年，祭神之酒及雇白马费用运至……”等内容；而且，苯教巫师也喜酒，每日饭前要饮酒，“苯教徒七人及苯教主二人，共九人，分坐两排，伙食相同，吃晚饭前，每人一天供应十满瓢‘头遍酒’，共计酒三‘土’。”雇工也不例外，只是酒的程度略差。同牍载“二十七名（苯教徒）每人平均五瓢酒。‘二遍酒’四瓢半，一百二十个雇工每人三满瓢酒……”这种大量饮用的酒，可能是低度的青稞酒。低度青稞酒有解渴、提神的效果，即作为祭祀须用的饮料。

吐蕃时代还有酒歌流传至今。《格萨尔王传》记述了珠牡送格萨尔出征或迎接将领们凯旋时，为他们献茶敬酒并边舞边唱酒歌，书中降魔部分的《酒赞》流传至今：

我手端的这碗酒，说起历史有来头。碧玉蓝天九霄中，青色玉龙震天吼。
电光闪闪红光耀，丝丝细雨甘露流。以此洁净甘露精，大地人间酿美酒。
要酿美酒先种粮，五宝大地金盘敞。大地金盆五谷长，秋天开镰割庄稼。
犏牛并排来打场，拉起碌碡咕噜噜。白杨木锨把谷扬，风吹糠秕飘四方。
扬好装进四方库，满库满仓青稞粮。
青稞煮酒满心喜，花花汉灶先搭起。吉祥旋的好铜锅，洁白毛布擦锅里。
倒上清水煮青稞，灶膛红火烧得急。煮好青稞摊白毡，拌上精华好酒曲。
要酿年酒需一年，年酒名叫甘露甜。酿一月的是月酒，月酒名叫甘露寒。
……
这酒向上供天神，能保盔甲坚如城。这酒向右供年神，右手射箭力无穷。

这酒向左供龙神，能保左手拉硬弓。……[①]

这首诗充分展现了酒的魅力与藏族人民的豪放之情。一些古代酒歌在流传过程中，加入即兴编唱的内容，而汇聚成极富民族特色的藏族系列酒歌。

3. 吐蕃茶俗

茶叶、糌粑、酥油和牛羊肉，被称为西藏饮食的"四宝"。茶是藏人日常生活中不可缺少的。藏族谚语："一日无茶则滞，三日无茶则痛"，由此形成藏族多姿多彩的茶文化。

大多数学者认为，茶叶于唐代传入吐蕃时期的西藏。[②]它最初是作为一种具有保健和治疗作用的汉药而受到欢迎的。汉文史籍关于西藏有茶的记载，最早可能是唐朝李肇的《唐国史补》。王忠《新唐书吐蕃传笺证》引用了以下内容：公元四五世纪吐蕃强大，出兵掠夺四邻，军队攻到中原边州，虽夺得大量茶叶却不知用途。成书于公元1434年的达仓宗巴·班觉桑布著《汉藏史集》说茶是在松赞干布的曾孙都松芒波杰在位时（公元676—704年）传入吐蕃的，相传茶叶治好了他的病，之后茶叶也仅作为保健药物而受赞普喜爱。公元781年，唐德宗派遣常鲁公出使吐蕃，鲁公烹茶于帐中。赞普不知为何物，鲁公告诉他此为涤烦疗渴之茶。赞普说我亦有此物，遂让下人拿出，并一一指明产自寿州、舒州、顾渚、蕲门、昌明等地。由此可知，吐蕃王宫里已有长江中下游的各种名茶，却又不晓得唐之烹茶方法，说明当时茶还是被当作珍贵的保健药而被王室收藏，并未成为广大藏族人生活中的饮料，只供王室和贵族享用，藏族人民生活中也并无饮茶之习。

饮茶之俗传至西藏普通百姓，大概是随着唐蕃之间的友好往来而实现的。有的汉僧到藏区传法，有的则经吐蕃去印度求法，使饮茶习俗传入吐蕃。据《汉藏史集》记载："对于饮茶最为精通的是汉地和尚，此后噶米王（赤松德赞，公元742—797年在位）向和尚学会了烹茶，米扎贡布（公元797—798年在位）又向噶米王学会了烹茶，以后便依次传了下来。"但更多的是流传在王宫贵族间和寺庙。吐蕃最后一位赞普朗达玛在位时实行灭佛，寺庙被毁，僧人们各自逃生融入民间，也将他们的饮茶之习传入民间。由于物质生活水平相当低下并受佛教思想的影响，吐蕃百姓的物欲受到相当大的抑制。在这样的氛围中，茶除了能满足他们生理上的需要外，还能给他们带来心理上的享受，填补了生活中的一些缺憾。

---

① 中央民族学院编写组：《藏族文学史》，四川民族出版社，1985年，第137～138页。

② 藏族简史编写组：《藏族简史》，西藏人民出版社，1986年，第80～81页。

因而，饮茶就在功利需要的基础上衍生了认识需要、审美价值。饮茶作为一种文化就这样在藏族中产生并发展起来。①

茶叶以其止渴、消食、少睡、去腻等功能，正好适应了藏族人民生活的需求，因而深受喜爱。晚唐唐蕃关系进入了较稳定的和平友好阶段，唐朝的丝织品和茶叶与吐蕃的马牛进行交换，民间贸易在陇、蜀、洮、岷等地活跃起来。安史之乱以后，唐蕃间在河西及青海日月山一带进行茶马互市，茶叶也大量运往藏区。

《汉藏史集》中还记载，吐蕃藏王都松芒波杰不但从汉地引进茶叶，还引进了茶碗。他派使者至中原觐见皇帝，请求赐给瓷碗。唐文宗皇帝不仅满足了他的愿望，还派出最好的工匠到西藏帮助生产瓷碗。汉族工匠根据都松芒波杰的提议，用藏地原料做了六种碗，并分上中下三等，前三种名贵碗分别起名为“夏布策”“南策”“襄策”；另三种普通碗分别起名为“特策”“额策”“朵策”。瓷茶碗有三种图案：一种是鸟衔茶叶，因为第一枝茶是鸟儿衔来的；另一种是鱼和海子，因为鱼儿曾把取茶的大臣驮过江河；第三种图案是金鹿和高山，也许与金鹿背负茶树过山的传说有关。这些瓷碗都供藏族上层或富有人家使用。

4. 《四部医典》中的饮食养生思想

《四部医典》为公元8世纪末藏医学家宇妥·云丹贡布所著。他出生于拉萨堆龙德庆的一个藏医世家，自幼随父习医。后来师从入藏的汉医东松嘎瓦（藏王赐名），他又到汉地、印度学习各种医学知识，吸收汉地医学、印度医学、波斯医学的长处，成为一代名医。在总结自己长期医学实践的基础上，他于45岁时撰写完成了藏族医药学的经典著作《四部医典》，因该书分为四部（共177章）故名。该书包含古代印度吠陀医学、汉地中医学以及藏族的医学精华，成为藏医理论的奠基之作。这部书的问世标志着藏医药学体系的形成。《四部医典》也结合了人体健康，阐述了丰富的医食同源、饮食养生的理论和方法，是藏族早期饮食养生文明的发轫，它具有以下方面的价值与特点。

第一，《四部医典》系统总结了饮食养生的理论及养生原则。作者认为人体内的七种物质（饮食精华、血、肉、骨、骨髓、脂肪、精液）均由饮食精微转变而成，说明饮食与生命、饮食与人体强健或衰弱的关系。《四部医典》及其注释认为：人体健康之道，首先是讲究饮食的原料和制作的方法，其次是德性修养和体育锻炼，第三是药物治疗，最后才是外科手术。医典注释说，如果享受自然的赐予，讲究饮食的利弊并加以充分利用，便会大益于人的健康和长寿；而对饮食

① 任新建：《藏族饮茶历史小考》，《中国西藏》，2005年第5期。

不加选择，随意吃喝，就会招来疾病甚至丧命。医典强调，一是要了解食物的性味和作用，二是禁食无益之物，三是要适当、合理进食。

第二，总结了保健食品的药理功效。《四部医典》列举了与饮食有关的数百种动植物原料，并载药物上百种，其中不少具有保健作用的食物如青稞、酥油、蜂蜜、红糖、雪鳖肉等，都被列为强身健体、延年益寿的上品，并对其性味和用途都进行了细致叙述，不仅展示了西藏食源的丰富，还从医学理论上阐述了与饮食有关的药理功效。

第三，《四部医典》介绍了许多饮食养生的具体方法。例如，医典指出必须注意饮食有节，适量适中，过少或过多同样会导致疾病。饮食不欲极饥而食，食不过饱；不欲极渴而饮，饮不过多，若贪而过饱，必造成“饮食自倍，肠胃乃伤”，会导致疾病，缩短寿命。又如，《四部医典》重视不同季节的食养与身体健康的关系。认为时令等外部因素时时作用于人体，春夏秋冬的变化和寒暑燥湿的气候直接影响人的健康，了解时令季节的性质，了解饮食的属性，才能选择适合的食物，利于养生之道。医典指出春季养生要注意防寒保暖，抵御各种传染病对肌体的侵袭，宜服食“陈年青稞旱地肉蜂蜜，开水姜汤饮而粗食餐”。夏季气候炎热，“娇阳之光渐炎热，只为耗力宜进甜凉食，忌食咸辣酸物忌暴光，凉水浴身洒水掺而尝，身着薄衣宜住清香房”的养生法。秋季气候趋于凉爽，胆汁类病易发生，在饮食上“可进甜苦涩三味”。冬季人体处于“初冬严寒使得毛孔闭，少食必将导致体质减”。饮食应该做到“进辣涩苦三味，芝麻油擦肉汤油食添”，应服食富于营养的食物，适当进补，多喝肉汤，以保持身体温暖。

第四，《四部医典》十分强调营养学。认为人们摄取的饮食，由脾胃消化、吸收，通过脏腑的气化作用而产生人体自身的气血、津液等物质布散周身，滋养五脏六腑、四肢百骸。书中从食物营养学的角度详述了诸多原料的生长环境、性能，以及正确的食用方法等。还特别指出老年人宜食粥养生。

第五，《四部医典》特别注意对疾病的防治。认为饮食卫生是疾病防治的主要内容。医典在“饮食知情”中指出：忌生肉已有酸味及炒面味，忌熟肉放置达七天。饮用的水以泉水最好，“勿喝混浊的水。由泥土、杂草、树叶覆盖过、或不见日光、月光及风的水也不要喝”。并告诉人们判断雨水是否纯净，可把雨水放入一个碗中，加入未经污染的米粥，如果这个混合物不变色不腐败，才可饮用。也勿吃有毒及腐败、发酵、发霉的食物和自死的动物肉。此外，还提出了食料的配伍禁忌，如，生乳酪与新酿酒不宜同食，吃酥油后不能接着喝凉水等，否则都会引起疾病。书中还强调平日应注意饮食起居，加强营养和锻炼身体。

第六章　宋朝时期

第一节　四川地区经济繁荣文化兴盛

宋代，结束了五代十国封建割据的局面，社会经济得到迅速发展。巴蜀经济高度繁荣，农业种植、水利灌溉、耕作技术，以及粮食与经济作物的品种和产量，均比前代有了长足的进步，井盐、酿酒、制糖、陶瓷业也全面腾升。商业繁荣，文化昌盛，促进了饮食文化的进一步发展。

一、社会经济高度繁荣

1. 渠堰“岁修”制度的确立

宋代始有“岁修”都江堰制度的记载。即每年冬天枯水季节，组织民工清除河床的沉积沙石并修整鱼嘴堤岸及飞沙堰，同时检修所属灌溉区域的渠网。《宋史》卷九五《河渠志》载，“岁修”实行后，收到“置堰灌溉，旱则引灌，涝则疏导，故无水旱”的效果。此外还新建或扩建一些小水利工程。据《宋会要·食货》六一记载，熙宁三年至九年（公元1070—1076年），成都府路、梓州路、利州路、夔州路有水利田315处，467160亩。宋元时期，都江堰水利工程的灌溉水系包括三大流、十四支流与九个堰，受渠堰之利，得到灌溉的有灌县、彭县、崇庆、广汉、郫县、新都、金堂、新繁、成都、华阳、双流等川西平原的大片地区。在无渠堰灌溉的丘陵和山区，这一时期出现了以水库和水塘储水灌田的做法。在这样双管齐下的情况下，水利灌溉面积进一步扩大，促使农业进一步发展。

2. 土地得到充分利用

宋代，四川农业发展的突出成就之一，就是增加了复种面积，巴蜀人大量开垦荒地和修建梯田。在丘陵地区建造梯田解决了山坡地难于耕种的困难，一些梯田不仅能种植旱地作物，也能蓄水种植水稻，对增加生产和保持水土起到很大作用。《宋史·地理志》载，巴蜀“地狭而腴，民勤耕作，无寸土之旷，岁三四收”。一块土地，既种稻，又种麦；既种粮食，又种蔬菜和水果，每年有三四次收成，明显提高了土地的利用率。

这一时期农业生产技术得到提升。在农业相对落后的夔州地区，农民根据地理条件，积极种植各类作物。范成大《夔州竹枝歌九首》描写了夔州农作物的种植：在适宜种水稻的地方是“东屯平田粳米软”；在宜植杂粮的山地则“百衲畲山青间红，粟茎成穗豆成丛”；在种植水果之处是“榴花满山红似火，荔子天凉未肯红。新城果园连瀼西，枇杷压枝杏子肥”。遂宁人王灼的《糖霜谱》，总结了遂宁农民对甘蔗的种植，从育种栽培到田间管理，从选择肥料到施肥的方法和季节，从保护土质到提高土壤的温度，均积累了科学的经验。

3. 粮食蔬菜品种丰富

由于地理位置的差异，各地区气候条件不同，收割粮食时间有差别，农民就利用时差进行换工互助，在气温较高的长江流域，地暖早熟，很多地方普遍种植早稻和中稻。如涪州、梁山军、重庆府等地，五月半早稻即已熟，便可新食，直到七八月水稻才收割完毕。苏东坡《东坡集 · 眉山远景楼记》亦称：“七月既望，谷艾（通刈）而草衰。”成都平原水稻播种的面积进一步扩大，为全蜀的水稻种植中心。丘陵地区水稻的种植也相当发达，如川中嘉陵江流域的丘陵地区就是生产水稻的基地。陆游《岳池农家》诗云：“春深农家耕未足，原头叱叱两黄犊。泥融无块水初浑，雨细有痕秧正绿。”这是有水源的丘陵和山区水稻生产发达的反映。平原地区一般都种植水稻和小麦两季作物，其地居民主食以米饭和麦面为主；不能种植水稻的丘陵和山区，则麦类和豆类作物种植较为普遍，为山区居民的主要粮食作物。川东三峡地区土石掺杂之处，还广泛种植燕麦，民赖以充饥。

粟和芋也是重要的粮食作物。川东长江流域种植粟更加普遍，在唐代还是主要粮食作物，当地居民还用粟酿酒，谓之粟酒。南宋范成大《范石湖集 · 遂宁府始见平川喜成短歌》说：“原田坦若看掌上，沙路净如行镜中。芋区粟垄润含雨，楮林竹径凉生风。”据宋人宋祁《益部方物略记》记载，宋代蜀芋的种类有蛮芋、槫果芋、青芋、紫芋、白芋、真芋、莲禅芋、野芋、赤鹯（zhān）芋等10余种之多。其中赤鹯芋最贵，头形长而圆，但子不繁衍，成熟后保存田中不致腐坏，可食终岁。《蜀中广记》卷六四载，蜀芋主要分多子芋、魁芋和多头芋三种，其中以多子芋为多。

蔬菜品种繁多，一年四季均出产。现今四川食用的蔬菜在宋代已基本有种植，如扁豆、大豆、韭菜、甜瓜、冬瓜、茄子、苋菜、葱等都是农民常年种植的蔬菜。豌豆、蚕豆在四川亦普遍种植。人们除食用豆粒外，还将豆叶作为蔬菜。《蜀中广记·方物记·食馔》中载：陆游云："豌豆之不实者，其叶名'巢菜'，蜀以为蔬。"黄山谷《戎州答李任道谢分豆粥》诗云："豆粥能驱晚瘴寒，与公同味更同餐，安知天上养贤鼎，且作山中煮菜看。"豌豆叶至今是四川人重要的季节性蔬菜。此外，蜀芋、藕、魔芋等也是巴蜀地区普遍食用的菜蔬。而花椒、姜、葱则是蜀菜中主要的调味品，在蜀菜中广泛应用。这些，都为饮食文化的繁荣提供了丰富的物质条件。

4. 水果种类繁多

宋时，水果中以荔枝、柑橘、梨最有名。蜀地荔枝产地很多，主要有泸州、眉州、嘉州、叙州、渝州、涪州、夔州、合州等地。其中，以泸、叙之品为上，涪州次之，合州又次之。这些地区都有种植荔枝的悠久历史，《蜀中广记》中说：戎、泸等地在宋代以前就是"多以荔枝为业，园植万株，岁收百五十斛"。知名的柑橘产地主要集中在梓州、果州、开州等地，每到夏秋之际，呈现出一派"霜后秋香千树橘，果山仙果透天香，处处圆金树树黄"的景象。果实除在四川销售外，还作为贡品献至京师。梨以果州、普州、广安军所产较多。广安军梨品种很多，食而有渣者为下，入口化渣者为上。此外，杏的产量也很高。多产于普州、怀安军（今四川金堂）、泸州、绵州、夔州、万州等地，其中，龙安杏为绵州八子之一。而怀安军的石榴，利州、梓州、夔州的枇杷和蜀中的绿葡萄、樱桃、核桃和李子等也都是著名的特产。[①] 宋代以前四川不产枣，宋初道教学者陈抟在普州铁山种枣，其后铁山枣亦为普州特产。

5. 形成全国性制糖基地

四川地区的甘蔗种植遍布涪江、沱江流域的遂州、梓州、汉州、资州等地，这些地区也是全国知名的产糖基地，制糖业十分发达。糖的种类多，产量高，糖霜（冰糖）在数量和质量上居全国首位。糖的种类有以野蜂所产崖蜜和石蜜制成的蜂糖、以甘蔗制成的蔗饧、用糖浆煎制的砂糖、以砂糖或蔗浆加牛乳、米粉煎炼成的乳糖，以及称为"糖霜"的冰糖。

乳糖的生产，为制作糖类糕点、蜜饯奠定了基础。宋代四川的乳糖质量居全

---

① 贾大泉、周原孙：《四川通史》第四册，四川大学出版社，1993年，第177页。

国之冠。寇宗奭《本草衍义》说："石蜜，川浙者最佳。其味厚，他处皆次之。"典籍中明确了"乳糖"的成分。唐慎微《政和证类本草》曰："炼砂糖和牛乳为石蜜，即乳糖也。惟蜀川作之。"王灼《糖霜谱》也说"炼糖与乳为石蜜"。宋代《政和本草》中说："石蜜，其实乳糖也。"乳糖可用印模加工为各种形状，或人物，或兽状，以便于运输与馈赠。"乳糖狮子"是其中的名品，亦是宋代巴蜀名小吃之一。孔平仲《谈苑》言："川中乳糖狮子，冬至前造者色白不坏。"说明四川乳糖质量之好，能使食品长时间保存。宋代以后乳糖演变为片糖。现今四川的薄荷糖、上海的梨膏糖，就是加了药料的乳糖。

冰糖宋代叫"糖霜"。自唐代大历年间遂宁繖（sǎn，同"伞"）山的邹和尚传授"窨蔗糖为霜"的技术始，蜀地糖霜的生产便有一定的发展。至宋代，遂宁的糖霜生产得到了飞跃发展。北宋末年遂宁岁贡朝廷糖霜数千斤，此时食用糖霜的人增多，始记诸文字。《容斋五笔·糖霜谱》载："黄庭坚在戎州（今四川宜宾）作颂《答梓州雍西长老寄糖霜》诗云：'远寄糖霜知有味，胜于崔浩水晶盐。正宗扫地从谁说，我舌犹能及鼻尖。'"再据王灼《糖霜谱》："甘蔗所在皆植，所植皆善，非异物也。至结蔗为霜，则中国之大，止此五郡，又遂宁专美焉。外以夷狄戎蛮，皆有佳蔗，而糖霜无闻。"其中的"五郡"系指福州、宁波、广州、广汉、遂宁等地，巴蜀占其二（广汉、遂宁）。而且以遂宁的产量多、质量好。"遂宁专美焉"、"独遂宁为冠"，其余四郡"所产甚微，色味浅薄，才比遂宁之最下者"。在宋代，冰糖作坊广布遂宁所属小溪、蓬溪、长江三县的十余地。遂宁涪江东西两岸大量种植甘蔗，生产糖霜的手工作坊有三四百家，仅遂宁涪江东岸小溪县繖山一带种植甘蔗的土地就占40%，糖霜户占十分之三。遂宁成为全国生产冰糖的重要基地。

当时影响力最大的制糖书籍是南宋四川遂宁人王灼所著的《糖霜谱》。这是记述我国糖业发展的最早书籍，特别是介绍了当时四川制糖业的高度成就，对研究川菜的发展具有极其重要的意义。书中不仅考证了制糖的缘起、种蔗技术、造糖器皿、结霜方法、糖霜杂事，还记述了辨别糖霜性味和制作食品之法。之后，又有南宋洪迈的《糖霜谱》，此书主要对王灼的《糖霜谱》进行介绍，以推广四川的糖霜制法。唐宋时期巴蜀人民在生产砂糖、蔗饧的基础上，又始创制冰糖的技术，是对中国和世界制糖业的伟大贡献。

6. 盐业生产技术的大革新

宋代四川的井盐生产技术，在唐代的基础上又有进一步的发展和提高，井盐业得到迅速发展。主要表现在凿井技术的革新、制盐工艺的改良、盐质的提高和产区的扩大等方面。

北宋庆历、皇祐年间，蜀地荣州等地发明使用“冲击式（顿钻）凿井法”钻出小口盐井，时称“卓筒井”。陆游《老学庵笔记》：“蜀食井盐，如仙井大宁犹是大穴，若荣州则井绝小，仅容一竹筒，真海眼也。”这种凿井法是以圆刃冲击两面顿挫代替锸锹挖掘，以小口井代替大口井，以竹筒代替木石为井壁，以装有牛皮活塞的竹筒汲卤器代替牛皮囊。冲击式凿井法是我国劳动人民继四大发明之后，对世界科学技术进步做出的又一卓越贡献。采用这种方法凿出的盐井，具备了近代油、气井开采的雏形。这种先进的凿井与汲卤方法，节省了大量人力物力，提高了功效，私家小户也能开凿，因此推进了巴蜀井盐业的发展。据《通考》《宋史》等史籍记载，四川盐井从北宋前期的600余井、产盐1630万斤，发展至南宋高宗时期的4900余井、盐产量6000余万斤。[①]蜀地由唐代50多万户居民井盐不能自给而仰赖外地食盐，变为南宋前期的400多万户居民的井盐自给有余，形成一种飞跃式的进步。

盐业发展的另一标志是将黑盐再炼为白盐。宋以前蜀地制盐主要是含杂质较多的黑盐，即炭盐。因黑盐入菜难吃，遂进行改革，把黑盐化咸水再煎，便产生“炼之又白”的白盐。若遇咸水偏淡，还采用“泼灰晒土”之法，浓缩卤水后再行煎制。这种从“咸水沃柴，焚柴成炭”的无锅蒸发制取黑盐，发展到将黑盐变为白盐的再制工艺，成为敞锅蒸发制盐法的前身。[②]标志着原始制盐法向成熟成盐法的过渡，代表食用盐发展到一个重要阶段，反映了古代巴蜀人民制盐技术的革新成就。

另外，据《舆地纪胜·大宁监吏涖》记载，北宋淳化年间雷说任大宁（今重庆巫溪）知监，他发明了以竹枧筒分输卤水的办法，促使盐灶增多。当时，大宁盐泉北岸已无建灶之地，便在南岸设立盐灶，最初卤水不能过河，只能以人挑船渡，供南岸灶房煎烧。至嘉祐庆年间，在大宁知监孔嗣宗的主持下，发展“竹规”输卤的方法。用竹篾制成牵绳，绳的两端固定在两岸的石柱上，再把输卤的竹枧吊于牵绳，形成成捆的竹枧——簇（hóng），乃把北岸的大宁盐泉卤水输至南岸煎烧。其枧与簇可经一年。每至十月旦日（农历初一）以新易陈，民众歌舞相庆，谓之“绞簇节”，后演为地方民俗。

宋代的井盐在四川经济和政治生活中占有极其重要的地位。在经济上，井盐生产促进了社会经济的发展。井盐作为人们生活必须的产业部门，其发展创造了巨大的物质财富，为保证人民生活的需要和社会的安定创造了重要条件。按南宋

---

① 贾大泉、周原孙：《四川通史·五代两宋》，四川人民出版社，2010年，第271页。

② 查有梁、周遂志：《火井飞焰照天垂——巴蜀科技史略》，四川人民出版社，2001年，第198页。

初年年产6000万斤、每斤盐值2斗米计，约相当于1200万石米的价值，而当时四川人口约1000万余人，这笔巨大的物质财富，既为政府提供了巨额的财政收入，也为相当多的人提供了生计和生活来源，使社会相对安定。在财政上，井盐课税是国家的重要财源。宋代四川盐利所得，专供川陕四路地方的各项财政经费开支。据李心传《建炎以来朝野杂记》甲集卷十七记载，南宋初期，川陕前线近10万大军，每年大约岁费需2665万缗军钱，其中有“三百七十五万缗盐课”。在政治上，供应井盐是维持四川民族关系的重要物质手段。四川是少数民族聚居区，盆地四周少数民族的食盐必须仰赖于政府供应，政府把供应井盐作为对少数民族进行羁縻和招抚的物质手段。如在泸南开放食盐贸易，促进汉族与少数民族的经济交流；向少数民族收买煮盐的柴薪，增加他们的收入；对少数民族首领定期无偿馈赠食盐。这种用井盐来优待少数民族的政策，逐步改善了民族关系，到南宋时期，泸南地区基本上没有发生因争夺盐井而引起的民族矛盾。在文化上，促进了文化教育事业的发展。由于盐利收入为当地政府提供了兴办学校的经费，使更多的人能上学读书。《舆地纪胜》卷一八一载，到北宋末年，夔州地区已是“业儒者日益于前，登名士版方兴未艾”。

7. 制瓷业大放异彩

宋代是我国陶瓷发展史上的划时代阶段，四川的制瓷业也大放异彩。从考古发现看，宋代的陶瓷生产已遍布全蜀，在四川陶瓷史上留下了浓墨重彩的一笔。宋代的陶瓷产品有白瓷、青瓷和黑瓷三大系列，四川都有生产。如彭县、大邑、灌县是白瓷的主要产地；广元、巴县、重庆为黑瓷的主要产地；邛崃、灌县、成都等川西

图6-1　北宋长流执壶（周尔泰提供）

地带是青瓷的主要产地。各地既烧制粗瓷，以满足百姓日常生活的需要；也烧制精瓷供官僚、贵族、富商装饰居室、观赏陈设所需，如“斗茶”所用的黑瓷茶碗。

在唐代的基础上，宋代四川陶瓷既有继承又有创新。瓷器种类繁多，以饮食器具为主。形制大致有碗、盘、盏、碟、茶托、壶、杯、钵、罐、盆、缸等，并以印花、刻花、划花、绘花等多种技法和多种釉色装饰成各种花卉、纹饰的形式，赢得人们的喜爱。以普通的碗为例。北宋初中期的碗多为敞口、葵瓣口，有喇叭形高圈脚、小平脚、平形圈脚等。腹壁多为斜直壁或漏斗形等。纹饰多为刻画花与线画，常见的有刻画莲花、双鱼、飞鸟等。北宋晚期及南宋时期的碗，普遍为敞口、弧壁、小圈足，釉色有洁白、灰白与白中闪黄，以洁白光亮莹润为佳。纹饰也经历了由简到繁的过程，并逐渐演变为印模纹饰。有的碗盘内壁印满花鸟纹饰，外壁刻莲花纹。纹饰题材多以动、植物为主，但牡丹始终是主题花纹，鱼纹为主题图案，均与成都平原的民俗有关。[①]牡丹是成都市民喜爱的花卉，而鱼不仅是重要的肉食，也有“连年有余”的象征意义。从碗的造型、胎质、纹饰的变化来看，不仅反映了饮食器的发展，而且饮食、食具、观念三者结合，也表达了川人的审美意念与饮食哲理。

8. 城镇商业繁荣促进饮食物产的交流

社会的稳定，农业、手工业生产的发展，经济作物向专业化、商业化发展，都促进了四川商业的日益繁荣。成都为西南部农业最发达的地区，是蜀道线上的交通枢纽，也是蜀道经济带上粮食贸易的最大集散地和茶叶集散地，更是西北地区的物资供应基地。这里集中了来自全蜀与全国各地的巨商大贾，使成都成为繁华的大都会。李良臣在《东园记》中写道：“**素号繁丽，万井云错，百货川委，高车大马决骤于通逵，层楼复阁荡摩乎半空……奇物异产，瑰琦错落，列肆而班布，黄尘涨天，东西冥冥，穷朝极夕，颠迷醉昏。**”李心传《建炎以来朝野杂记》甲集卷十七载：在南宋前期，四川地区岁入总数为3342万缗，约占南宋政府每年财政收入的三分之一。可见蜀中地区在宋代随着经济的繁荣，带来了物质财富的急剧增加。商品经济的发展和集镇的兴起，促进了城市商业的繁荣。为了适应发达的商业贸易，宋代成都地区发明了纸币“交子”，为中国纸币的较早发源地。

四川商业繁荣的另一标志，是城镇集市的普遍兴起。一大批政治中心城市开始发展为工商业繁荣的经济中心。在人口集中、交通方便、商品生产发达的地方

---

① 陈丽琼：《试谈四川古代瓷器的发展及工艺》，《史学论文集》，四川人民出版社，1982年，第218～219页。

形成了集镇，以及盐场、茶场交易中心。据《元丰九域志》记载统计，成都府路有14州、58县、158镇和25场，占全蜀县和场镇商务活动的40%，商税额达33万余贯，占全蜀县和场镇商税额的74%。① 在蜀地还崛起一批新兴的消费型商业城市，如梓州、遂州、利州、果州、嘉州、叙州、泸州、夔州、渝州、合州等。一些地处交通要道的农村充分利用本地的物产优势发展对外商品交换，使得蜀地诸州的商品交换也相当发达，如蜀州的味江镇、彭州的导江镇、蒲村镇、堋口场、木头场，雅州的卢山场、百丈场均盛产茶叶；涪州的白马津、开州的封盐场、黔州的盐井镇等地则盛产井盐；彭州的西津、南津，雅州的平羌津，泸州的绵水场，剑州的剑门关，则是水陆交通、货物集散之地。城镇商品交换的发达，不仅有利于经济的发展和城乡物质交流，为四川商业繁荣奠定了基础，也进一步促进饮食文化的发展。

9. 川茶产量仍居全国之首

唐代以前，巴蜀的茶叶生产已相当有名，宋人说“唐以前茶，唯贵蜀中所产”，宋人胡仔《渔隐丛话前集》曰：“唐茶品虽多，亦以蜀茶为重”。但在宋代全国茶叶生产的重心逐渐东移，东南地区在制茶技术和茶叶质量上已超过巴蜀。因东南茶叶主要行销汉地，通常用茶芽制造，产量自然较低。而蜀地生产的茶叶则主要是易马茶，行销西北少数民族地区，对茶叶嫩度要求不高，细茶少，粗茶多，产量自然较高，而在制茶技术方面则提高不明显。故元人马端临在《文献通考》卷十八《征榷考》中，评论宋代茶叶质量时说：“蜀茶之细者，其品视南方已下。惟广汉之赵坡，合州之水南，峨眉之白芽，雅安之蒙顶，士人亦珍之。然所产甚微，非江、建比也。”但在产量方面，川茶仍居全国之首。北宋时巴蜀茶的产量仍很高，据元祐元年（公元1086年）吕陶在其《奏乞罢榷名山等三处茶以广德泽亦不阙备边之费状》中估计“蜀茶岁约三千万斤。”南宋时巴蜀产茶的数量，应接近北宋时期。李心传撰《建炎以来朝野杂记·蜀茶》中记：“成都府、利州路二十三处茶场，岁产茶二千一百二十万斤。一千六百一十七万系成都府路九州军，凡二十场；四百八十四万系利州路二州三场。”而此数字还不包括潼川府路和夔州路的茶产量，估计南宋时期的产茶量也接近北宋时期的3000万斤。再据《宋会要·食货》二九记载统计，北宋仁宗嘉祐四年（公元1059年）榷茶收茶叶为2280万斤；南宋高宗绍兴三十二年（公元1131年）东南地区茶叶的产量为1781万斤，孝宗乾道年间（公元1165—1173年）为1764万斤。相比之下，北

① 《四川简史》编写组：《四川简史》，四川省社科院出版社，1986年，第143页。

宋巴蜀的茶叶产量超过东南茶叶产量的23%，而南宋如果按3000万斤计算，则超过东南产茶量的40%。若以四川与东南产茶量之和视为宋朝全国茶叶总产量，那么，北宋时期的茶产量约占全国茶叶总产量的56%，南宋时期约为62%。由此可见，宋代四川特别是成都平原四周地区是当时全国最主要的产茶中心。[①] 宋代以前，封建王朝就实行以茶治边的政策，川茶大量输运到藏区。宋朝更是借茶马互市来羁驭西南少数民族，以保证对北方作战所需的战马。

10. 制酒业之盛与酒课之严

宋代，酿酒业遍布全川各地，酒的产量较前代有了大幅增长，同时官府的酒课收入也同步增多，对酒的专卖也特别严密。《宋会要·食货》十九记载了北宋熙宁十年（公元1077年）前巴蜀的酒课收入占全国酒课的15%，此时期四川酿酒业的比重在全国还是比较大的。南宋时巴蜀的酿酒业更发达，据李心传《建炎以来朝野杂记》载，绍兴三十二年（公元1162年）“东南及四川酒课收入1400余万缗”，在此前的建炎四年（公元1130年），四川酒类岁课已达690余万缗。其中，成都府是巴蜀地区酿酒业最发达以及酒税收入最多的地区，其次为潼川府路和利州路。这说明巴蜀的酒课已占当时南宋全国酒课收入的近一半，这虽与南宋国土缩小有关，但还是能看出川酒在全国酒课收入中居于重要地位，巴蜀地区酿酒业的发展使之成为全国之翘楚。

宋代尤其在南宋，是四川名酒大发展的时期。绵竹、泸州、宜宾等地的酒业有显著进步。朝廷原本对酒实行专卖，但为增加财源，南宋时任川陕宣抚使的绵竹人张浚实行了“隔槽酒法”，允许民间纳钱酿酒，这项官民两利的措施刺激了酿酒之家，绵竹酒业呈现兴旺发达的景象。同时，泸州酒业与酒文化也在南宋时期发展到新的高峰。泸州古称“江阳”，宋时亦属戎州，是一个典型的小山城，四周盛产桂圆、荔枝等水果，盛产酿造老窖酒的糯米、高粱、玉米等谷物；这里终年雨水充沛，气候湿热，有利于原粮发酵。泸州位于沱江与长江之交汇处，水陆交通发达，为商贾云集、车船辐辏之地。至迟北宋时，泸州已成为知名的商业城市。《古今图书集成·食货典》卷二一九载，泸州有专收酒税的“酒务”，每年征收的酒税近1万贯，约占泸州征收商税总数的10%。马端临《文献通考》记载，北宋神宗熙宁十年以前，全国范围内每年征收商税额在10万贯以上的城市共有26处，泸州即其中之一。泸州酒业之繁盛可以窥斑见豹。熙宁十年后，宋朝为防止发生“夷乱”，解除了部分汉夷杂居地区的酒禁与酒课。据南宋李心传《建

---

① 贾大泉、周原孙:《四川通史·五代两宋》，四川人民出版社，2010年，第223～234页。

炎以来系年要录》卷六四，泸州每年至少接待一个从泸南前来交易茶、马、盐与酒的、人数多达约2000人的少数民族商队，从而极大地促进了戎州地区的酒业发展。北宋诗人黄庭坚《山谷全书》，如此描绘泸州酒业的兴旺：州境之内，作坊林立；官府士人乃至村户百姓均自备糟床，家家酿酒。而且民间所酿“荔枝绿”和“姚子雪曲”，是宋代戎州的名酒，可与官家所酿质量相媲美。另一位宋代诗人唐庚，也在泸州写下了“百斤黄鲈脍玉，万户赤酒流霞”的诗句，赞叹泸州酒业的发达。

11. 少数民族经济的发展

在宋代，四川盆地与云贵高原东南部结合地区——即今綦（qí）江、南川与贵州桐梓县等地，是僚人最集中的地区。《宋史·蛮夷四》载：“**渝州蛮者，古板楯七姓蛮，唐南平僚也。其地西南接乌蛮、昆明、哥蛮、大小播州，部族数十居之。**”他们逐渐与汉族融合，汉化程度较高，故被称为“熟夷”，主要经营农业。“南川县地皆膏腴”，适于农业生产，粮食颇丰，建有谷库储藏稻米。至南宋时，南平军（南川）地区农业的发展水平，特别是水稻生产，已与蜀中内地不相上下。茶叶生产也有相当规模，当地的宾化早春茶，是当时蜀中名贵茶叶之一。畜牧业也是重要的经济部门，除牛羊外，该地还是出产马匹的地区之一。宋朝在南平军开设马场，每年买马50匹以上。经济的发展促进了本地商业与文化事业的发展，所以《舆地纪胜》卷一八〇道：南平军地区“**自唐宾服，开拓为郡，今衣冠宫室，一皆中国。四民迭居，冠婚相袭，耕桑被野，化为中华。**”成为四川少数民族地区经济文化发展最为迅速的地区。

在黔州、涪州、夔州沿边与贵州接界地区的少数民族，两宋时泛称“西南夷部”。宋初以来以七姓蕃有名，合称“西南七蕃”。在经济上经营粗放农业，兼营畜牧、狩猎与家庭副业。《宋会要辑稿》：“人尚耕种，亦有五谷，多种杭稻。以木弩射麞鹿充食。”陆游《剑南诗稿》卷三《书驿壁》中说：“峒民无地习耕稼，射麋捕虎连昼夜。”今泸州和宜宾南部及滇、黔相连地带的少数民族，宋代称为“泸夷”“泸州部”或“泸州蛮”。这一带土热多雨，稻粟再熟。所制作的“泸茶”为巴蜀名茶之一，泸夷还擅长纺织斑布与葛布。因宋朝在其地未实行酒禁，故《舆地纪胜》中说：“极边酒茗弛禁，是以人乐其生”。当地少数民族还掌握了井盐生产技术，开凿小井生产食盐。这一时期该地区的少数民族在政治、经济、文化等方面都得到了迅速的发展。

叙州地区（辖境相当今四川省宜宾、南溪、屏山等市县）的少数民族主要是“马湖蛮”“南广蛮”与石门蕃部，合称“叙州三路蛮”。“俗椎髻，披毡，佩刀，居必栏棚，不喜耕稼，多畜牧。”在宋代，今凉山地区的少数民族称为“黎州诸蛮”，这地方的农业还处于刀耕火种的粗放农业阶段，农作物以荞为主。但他们种植的红椒（花椒）产量多、质量好，为该地的重要贡品和与汉人交易的商品。畜牧业是“黎州诸蛮”的主要生产部门，凉山地区也是宋代四川地区畜牧业最为发达的地区之一。每次进贡，都要携带大批马、牛、羊、犀、象等牲畜和土产，并经常到黎州卖马，使黎州成为宋政府在四川买马最多之地。

宋代，居住在今川西的天全、卢山、泸定和小金等地的少数民族被称为“西山野川路诸部”，以畜牧业为主，重视狩猎。向宋朝进贡的物品为名马、牦牛和虎豹皮，并与汉人交易。宋朝在雅州和碉门设市马场与之互市，使碉门成为宋代汉人与少数民族贸易的重要集市。

宋代，居住在川北岷江上游威、茂二州的羌人向汉人学习，以耕稼为生，五谷六畜及禽兽林木无不备有，牲畜种类有马、牛、羊、猪，牦牛重达千斤。各种珍贵药材如麝香、羌活、五味子、马升麻、当归、大黄、朴硝等为重要土产，其中麝香、羌活、当归还作为贡品。羌族善经商，他们将牲畜和土特产品运至茂州和永康军等地的市马场同汉族人民交易，进行茶马贸易，促进了该地少数民族经济的发展。

二、巴蜀饮食文化走向成熟

1. 游宴更加兴盛而奢华

宋代，巴蜀地区的游宴更加兴盛，不仅规模庞大，而且奢侈豪华，尤以成都为最。据《岁华纪丽谱》记载：“成都游赏之盛甲于西蜀，盖地大物繁而俗好娱乐”。《宋史》亦记载：“蜀俗奢侈，好游荡，民无赢余，悉市酒肉为声妓乐。”这种游宴大致有民间游乐、官方游乐、商业游乐等三种类型。

成都地区的民众性娱乐活动，主要依据时令节气而定，利用农闲和沿袭已久的岁时节日举办。据宋代田况《成都遨乐诗》《蜀中广记·风俗记》及《蜀中名胜记》等记载，成都从年初到岁末几乎不间断地有游乐活动，且多伴有市集，月月都有，一年中达25次以上，有的宴游聚会还持续几天之久。如从一月开始，逐月有灯市、花市、蚕市、锦市、扇市、香市、七宝市、桂市、药市、酒市、梅市、桃（huà）符市，以及酒市鱼市等。《宋史·地理志》载：“川峡四路，盖《禹贡》梁、雍、荆三州之地……土植宜柘，茧丝织文纤丽者穷于天下，地狭而腴，民勤耕作，无寸土之旷，岁三四收。其所获多为遨游之费，踏青、药市之集尤盛焉，动至连月。”可见，游乐的高峰主要于蚕市、药市、踏青节和浣花节之时。蚕市以买卖蚕具农具为主，兼有其他百货交易，每年正月至三月举行多次。苏轼有《和子由蚕市》诗言："蜀人衣食常苦艰，蜀人游乐不知还。千人耕种万人食，一年辛苦一春闲。闲时尚以蚕为市，共忘辛苦逐欣欢。"总结了蜀人平时节俭而每年蚕市的游宴休闲与挥霍。九月重阳药市是成都药市中规模最盛大的，也是百姓游赏宴乐的最好去处。张仲殊在《望江南》词中对成都药市游宴有形象的描述："成都好，药市宴游闲。步出五门鸣剑佩，别登三岛看神仙。缥缈结灵烟。云影里，歌吹暖霜天。何用菊花浮玉醴，愿求朱草化金丹。一粒定长年。"可见这种奢侈性的消费已经深入民间。踏青节更是四川民间最重视的节日之一。其时，人们在郊外一边观赏春意盎然的自然景观，一边享受美味佳肴，苏轼诗《和子由踏青》就描绘了其时其景："春风陌上惊微尘，游人初乐岁华新。人闲正好路旁饮，麦短未怕游车轮。城中居人厌城郭，喧阗晓出空四邻。歌鼓惊山草木动，箪瓢散野乌鸢驯。"而四月十九日的浣花节是成都民间特有的节日，人们聚于浣花溪，或溪中泛舟，或溪旁观景，极尽宴游之乐。田况《蜀中名胜记·名胜记第二·成都府二》载《泛浣花溪》诗中描述道："浣花溪上春风后，节物正宜行乐时。十里绮罗青盖密，万家歌吹绿杨垂。画船叠鼓临芳溆，彩阁凌波泛羽卮。霞景渐曛归棹促，满城欢醉待旌旗。"其繁华壮观的景象可见一斑。为了游兴，有的人家甚至携厨而行。当时蜀中奢侈游乐的风气，除了城市之中，乡间集市亦然。张唐英在《蜀梼杌》中写道："村落间巷之间，弦管歌声，合筵社会，昼夜相接。"饮食伴集市而盛，集市因饮食而兴，极大地促进了民间饮食文化的发展。

此时，官办游乐也成为时尚。官员既积极组织、带头参与民间游宴，同时自己也设宴游乐。官吏积极组织并带头参与民间游宴始于张咏，他于踏青之时，"出万里桥，为彩舫数十艘，与宾僚分乘之，歌吹前导，号小游江，盖指浣花为大游江也。士女骈集，观者如堵"。其后官吏们遵循其法，顺从民意，与民同乐。《岁华纪丽谱》载，北宋宋祁帅蜀时，即倡导游宴，船宴中他当"遨头"，"尝宴于锦江"。再后薛奎、田况等人也是如此。如《宋朝事实类苑》记成都二月二日踏青节，民众与地方官同游锦江，"伎乐数船，歌吹前导"。《宋代蜀文辑存》又记，三月游城东海云寺，太守出郊，建高方旌，鸣笳箫鼓，以主民乐。四月游浣花，"箫鼓弦歌之声，喧哄而作"。《鸡助篇》也记，逢民间船宴，官府在两岸搭彩棚，"每彩舟到，有歌舞者，则钩帘以观，赏以金帛"。宋以后四川的官方船宴逐渐销匿，但民间船宴延存至民国时期。除船游外，官吏还常在名胜之地的园林举行游宴。西园是宋代成都园林中的园中之冠，园内花木清幽，建筑华丽，是供当时成都官吏僚属宴饮行乐之地。陆游《海棠》诗有"红烛宴西楼，……酩酊醉不休"之感，范成大《锦亭燃烛观海棠》诗也有"从今胜绝西园夜，压尽锦官城

图6-2　四川泸县宋墓的“女侍者”石刻（“四川文物编辑部”提供）

里花”之叹。官吏也在一些庙祠中举办避暑游宴。如成都以南之江渎庙，即成为官吏夏季泛舟避暑及游宴之地。田况出任益州时，不仅参与游宴，倡导游宴，还巧妙地增设一些项目，如游宴结束时，让歌伎演唱新填的词以送茶，不仅使宴饮具有“食乐相融”的效果，而且一直被后人沿用。

由于宋代商业高度发达，游乐之风也发展成为游乐兼商业贸易的定期集会。各地商市也注意招揽商贩设立宴饮、游乐场所。如成都的富春坊、新南市、大西市、金马坊与碧鸡坊，多有商贾于秦楼楚馆、茶楼酒肆之中。王灼《碧鸡漫志》记述成都碧鸡坊的歌馆酒肆“皆有声妓，日置酒相乐”，并有诗云：“君不见东州钝汉发半缟，日日醉踏碧鸡三井道。”由于商业的繁荣发展，原是佛家圣地的成都大慈寺，至宋代也成为商业游乐的场所。每至五月五日，寺外“医人鬻艾，道人卖符，朱索彩缕，长命避灾之物，筒饭角黍莫不咸在”。宋人侯溥《寿宁院记》记载：“佛以静为乐，故凡塔庙，皆洁精谨严，屏远俗纷。独成都大圣慈寺，据阛阓（huánhuì，街市）之腹，商列贾次，茶炉药榜，蓬占筵专，倡优杂戏之类，坌然其中，以游观之多，而知一方之乐。”宋人洪迈《夷坚志》亦记，当时的大慈寺“据一府要会，每岁春时，游人无虚日。僧倦于将迎，唯帅守监司来始备礼”。也说明了游乐在市井文化生活中所占的重要位置。

宋代四川宴饮游乐之风兴盛，有其经济、政治和风俗的原因。两宋时期，四川地区社会相对安定，经济有了全面发展和长足进步，给社会提供了更多的物质财富，为宋代成都游乐之风的兴起建立了物质前提。但是，如果没有上层统治阶级的提倡和支持，游乐之风不可能很快蔓延至整个社会。在宋朝平蜀之初，大肆对四川进行掠夺，加上官僚、地主的贪暴，激发了四川社会的矛盾。淳化四年（公元993年）在成都平原爆发了持续三年多的王小波、李顺起义。起义震惊朝野，有见者分析起义原因认为，其根源不在封建统治压迫，而在禁止蜀民“多事游赏”上。于是，统治阶级不得不把如何对待成都的游乐风尚，提升到维护封建统治、维系社会稳定的战略高度来处理，对成都“多事游赏”“狂佚务娱乐”的风俗，宋廷采取了一种务实的疏导政策，从而达到消除对立情绪，缓和社会矛盾，避免再次发生起义的目的。此后被宋廷派往成都的太守，无不在任内竞相标榜倡导支持“以从民乐”，促使成都传统的游乐之风兴盛不绝。从社会风俗看，蜀人喜好歌舞娱乐和知足常乐的性格、悠闲自得的传统生活方式，是“游乐之风”盛行的群众基础。①

2. 成都小吃应运而生

成都小吃的产生，与民间节日的频繁和游乐的兴盛有关。成都自古流行游乐风俗，春游、秋游、花会、灯会、庙会等活动都成为游乐的最好形式。尤其是灯会与花会，是四川最为热闹的游乐活动。在游乐中，官办大商经营承办筵席之类的饮食大宗，而小商小贩则供应各种面点小吃。四川小吃以其快、便、廉的特点成为川菜系列的重要组成部分。它适应广大民众游乐的需要，使游人在欣赏美景与品尝美味的闲适中，感受到身心的愉悦。北宋张咏有《悼蜀四十韵》诗云：“酒肆夜不扃，花市春渐作。”陆游在《饭罢碾茶戏书》中也描绘了当年成都小吃摊上小吃制作的精细：“小饼戏龙供玉食，今年也到浣花村。”这种游乐与小吃相辅相成的饮食习俗承续至今。另外，成都小吃因历代官宦家厨、家庭主妇、楼堂店馆名师妙手的承继与创新，逐渐形成了浓郁的地方特色。

3. 杂粮、菜蔬与饮食创新

宋代巴蜀饮食文化又一进步的表现之一，是原本主要作为主粮用的豆类、芋类等杂粮，经精细加工也成为日常蔬菜。如豌豆除豆粒外，川人还把豆叶作为蔬菜，它是四川民众喜爱的蔬菜之一，其嫩芽部分名“豌豆尖”。宋代蜀芋的种类有十余种之多，这些芋的品种至今仍是成都人的蔬菜品种。用芋做菜以烧、烩、煮、蒸为主，制作出“芋儿烧鸡”“白菜烧芋头”“珊瑚芋头”等名菜，还广泛

① 陈世松：《宋代成都游乐之风的历史考察》，《四川文物》，1998年第3期。

用于斋菜。磨（魔）芋是巴蜀菜肴的特产之一，产于渝、泸、威、茂等地，俗称“黑豆腐”“磨芋豆腐”。此外，藕也是川人喜爱的菜蔬。

宋代的饮食烹饪也有所创新。一是讲究特色菜，如“八宝饭加红苕汤”“土铛香菜”“[illegible]笼木耳”等菜品都产生于此时期。二是出现素菜荤作的新品种。宋释惠洪《冷斋夜话·僧赋蒸豚诗》云：“咀长毛短浅含膘，久向山中食药苗。蒸处已将蕉叶裹，熟时兼用杏浆浇。红鲜雅称金盘钉，软熟真堪玉箸挑。若把羶根来比并，羶根只合吃藤条。”诗中描绘的“蒸猪头”，即素菜荤作的名菜。

4. 川菜走出巴蜀

川菜之名在宋代正式见于典籍，许多诗文中屡见“蜀味”“蜀蔬”之赞，陆游《冬夜与溥庵主说川食戏作》诗中已出现了“川食”之名。川菜亦在此时走出巴蜀。

川菜扬名于北宋都城汴梁（今开封）与南宋京城临安（今杭州），这两地曾出现了很多专营酒楼，并成为在全国有重要影响的地方菜。吴自牧《梦粱录》卷一六《面食店》说：“向者汴京开南食面店，川饭分茶，以备江南往来士夫，……专卖诸色羹汤、川饭，并诸煎鱼肉下饭。”北宋都城汴梁城中的“四川饭店”是为南方人不便北食而设的，地方特色较浓。而到南宋时，随着北方统治集团的南迁，南北口味得到了较大程度的交流，在《梦粱录》、耐得翁的《都城纪胜》中都详细记述了南宋时四川饭店供应的上百种菜点，从中可见，川菜为适应饮食市场的变化，兼收并蓄其他风味菜肴，从而丰富了川菜文化的内涵，为川菜走向成熟打下了基础。[①]孟元老《东京梦华录》卷四《食店》记载了北宋汴梁“有川饭店，则有插肉面、大燠面、大小抹肉、淘煎燠肉、杂煎事件、生熟烧饭”，其中不少菜肴与面食的名称与现今四川的称呼完全相同，如“盐酒腰子”“双脆”“鸡丝面”“三鲜面”“七宝棋子”“燥子”等。其中，“棋子”（即煮面块或宽面）这一称呼今天已很少用，但仍留在四川方言中；“燥子”即肉末，至今仍是四川常用的称呼。从上面的菜名可以看出四川烹饪技术水平已很成熟，不仅有花样面食，还有煎、炒等烹饪方法。《东京梦华录》中还生动描绘了当时川菜饭堂经营待客的方式，形成了一定的特色：“每店各有厅院东西廊称呼坐次。客坐，则一人执箸纸，遍问坐客。都人侈纵，百端呼索，或热或冷，或温或整，或绝冷、精浇、臕浇之类，人人索唤不同。行菜得之，近局次立，从头唱念，报与局内。当局者谓之‘铛头’，又曰‘着案’讫。须臾，行菜者左手杈三碗、右臂自手至肩驮叠约二十碗，散下尽合各人呼索，不容差错。一有差错，坐客白之主人，必如

① 杜莉：《川菜文化概论》，四川大学出版社，2003年，第139～140页。

叱骂，或罚工价，甚者逐之。”直到现在，四川的饭馆、茶馆仍是沿用此规矩，谓之“招待”。

5. 蒸熏制茶法的发明及茶俗

在茶的饮用上，人们不仅在茶叶中添加香料，而且制造出各种花茶。《古今图书集成》顾元庆《茶谱》：“木樨、茉莉、玫瑰、蔷薇、兰蕙、橘花、栀子、木香、梅花，皆可作茶。”其做法是“诸花开时，摘其半含半放蕊之香气全者，量其茶叶多少，摘花为茶。花多则太香而脱茶韵，花少则不香而不尽美，三停茶叶一停花始称。假如木樨花须去其枝蒂及尘垢虫蚁。用磁罐一层茶一层花投间至满，纸箬系固，入锅重汤煮之，取出待冷，用纸封裹，置火上焙干收用。”这一蒸熏制香法，成都花茶沿用至今，如今颇受川人喜爱的“洪河花茶”即是。

这一时期，巴蜀地区饮茶之风仍盛，已形成“客至则设茶”的习俗，且讲究茶技。古代文人学士多以品饮名茶为雅趣，烹茗对酌，诗词相和，留下不少咏茶的佳句，以此获得感官享受和精神寄托，其中以北宋四川文豪苏轼为代表。他的《汲江煎茶》和《试院煎茶》两诗中，描绘了宋时流行于全国的巴蜀煎茶法，其中从汲水到煮茶，再到喝茶的讲究都有形象叙述。在后文中有详述。

6. 酿酒工艺精湛，美酒名诗相映

宋代酿酒、造曲工艺更趋精湛，酒类品种繁多。蒸馏酒于宋代已兴起，原料经过发酵，再用蒸馏技术取得酒液。至此我国酿酒历史完成了自然发酵、人工酿造、蒸馏取液三个发展阶段。张能臣的《酒名记》是我国宋代关于蒸馏酒的一本名著，书中列举了北宋名酒223种，是研究古代蒸馏酒的重要史料。其书载：“成都府忠臣堂，又玉髓，又锦江春，又浣花堂；梓州琼波，又竹叶青；剑州东溪；汉州廉泉。”《酒小史》所载酒名还有郫筒酒、成都刺麻酒、剑南烧春等。当时，巴蜀各地酒肆林立，陆游在成都附近的蜀州（今崇庆市）做官，有《楼上醉书》诗云：“益州官楼酒如海，我来解旗论日买。”

郫筒酒，晋代出现，传承至宋代。南宋诗人范成大《吴船录》卷上记载：“郫筒，截大竹，长二尺以下，留一节为底，刻其外为花纹。上有盖，以铁为提梁，或朱或黑，或不漆，大率挈酒竹筒尔。”《华阳风俗记》载：“乃刳竹倾酿，闭以藕丝蕉叶，信宿馨香达于外。然后断取以献，谓之郫筒酒。”可见，郫筒酒不仅历代相传，而且竹筒包装方面有改进，如为方便提携而加盖与铁质提梁，为美观在竹上雕刻纹饰，使美酒、美器合为一体。

绵竹名酒剑南烧春，宋代亦称“蜜酒”“鹅黄”，鹅黄即蜜酒，因蜜酒呈鹅黄色而得名。蜜酒被诸多诗人交口称赞，南宋诗人陆游游历蜀中八年，遍尝蜀中美

酒。对绵竹剑南春的评价甚高，在《对酒》中一诗吟道："新酥鹅儿黄，珍橘金弹香；天公怜寂寞，劳我可一觞。"陆游晚年隐居故乡山林，对蜀中绮丽的山水和醇香的美酒念念不忘，乃将诗集取名《剑南诗稿》，并对蒸馏酒赞美不绝："水精盏映碧琳腴，月下泠泠看似无。"陆游在多首诗中提及鹅黄酒，如他在《晚春感事》诗曰："酿成西蜀鹅雏酒，煮就东坡玉糁羹。"将鹅雏酒与苏东坡所创的糁羹相媲美。其《蜀酒歌》称："汉州鹅黄鸾凤雏，不鸷不搏德有余。"诗首就把鹅儿黄称为"鸾凤雏"，赞其酒性温顺。

"姚子雪曲"与"荔枝绿"也是宋时川地的名酒，北宋诗人黄庭坚谪守戎州，遍尝佳酿，最推崇的酒就是这两种。自朝廷取消酒禁与酒课后，戎州涌现出一批优质酒。"姚子雪曲"和"荔枝绿"均为戎州的私家酿酒。"姚子雪曲"即为居于戎州岷江北岸的绅士姚君玉所酿酒之名。姚氏取宜宾锁江附近的"安乐泉"水酿酒，清澈甘美，晶莹剔透，故姚氏酿成之酒甘美醇香，色泽清晶，黄庭坚饮后赞曰："姚子雪曲，杯色争玉。得汤郁郁，白云生谷。清而不薄，厚而不浊。甘而不哕，辛而不螫。"《叙州府志》还记载了四川的另一名酒"荔枝绿"："荔枝绿酒，宋王公权造，黄庭坚称为'戎州第一'，有'荔枝绿颂'，曰：王墙东之美酒，得妙用于六物。三危露以为味，荔枝绿以为色。哀白头而投裔，每倾家以继酌。"这说明"荔枝绿"是用多种粮食酿制而成的。黄庭坚还在另一首诗中说："王公权家荔枝绿，廖致平家绿荔枝。试倾一杯重碧色，快剥千颗轻红肌……谁能同此胜绝味，惟有老杜东楼诗。"诗中把"荔枝绿"与杜甫笔下的"重碧酒"相媲美。据考证，五粮液即是在"重碧酒"与"荔枝绿"的基础上发展而来的，足可见宋代酒业发展在中国酒史中的重要性。

7. 苏东坡、陆游与四川饮食文化

在中国饮食文化中，文人名士的影响很大。宋代四川名人如苏轼，还有曾长期生活在四川的陆游都对中国饮食文化有较大影响。苏轼（公元1037—1101年），字子瞻，号东坡居士，四川人，唐宋八大家之一。他不仅是著名的文学家、书画家，还是一位美食家。道教是中国本土宗教，发源于四川。苏轼的启蒙老师张易简即是位道士，对其影响深刻，使其一生崇道学仙。道教崇尚"以生为贵""唯人为贵"的思想，对苏东坡的影响很深，虽一生坎坷，四十岁前便满头白发，但靠道家内丹功及其养生术活到了65岁，其养生术包括饮食养生。苏东坡对羹菜茶酒都有研究，曾亲自创制了许多菜品，在当时就有广泛的影响，在中国饮食文化史上历来负有盛名。

苏轼崇尚道家的清静无为，追求道教的长生不老，于是在烹调上，改偏重荤菜为以素菜为主；烹调中讲求营养；饮食上讲究结构合理。从他的饮食生活中，

能读到他的人生思考和世界观。为平常的饮食附着上了许多难能可贵的文化内涵。

元修菜，是生长在四川的一种野生豌豆，当地称之为大巢菜、紫萁、野豌豆、野苕子、野鸡头、扫帚菜等，现代名称“薇菜”。苏轼居黄州时作诗《元修菜》前序曰：“余去乡十有五年，思而不可得，元修适自蜀来，见余于黄。乃作是诗，使归致其子，而种之东坡之下云。”诗人说他离家以来，无时不在系念元修菜，为此他再三嘱咐友人元修谷，回到巴蜀后一定要将元修菜籽寄给他。他要亲自种在黄州的东坡，化为千钟鼎食。为防菜籽密不透气会影响发芽，他还特意叮嘱元修谷在邮寄时一定要用“囊盛”，而不能用“函封”。其细微之处，足见深情。诗中还详细描绘了元修菜的生态、形状、种植、采撷、蒸烹、食用的过程：

“彼美君家菜，铺田绿茸茸。豆荚圆且小，槐芽细而丰。
种之秋雨余，擢秀繁霜中。欲花而未萼，一一如青虫。
是时青裙女，采撷何匆匆。蒸之复湘之，香色蔚其馕。
点酒下盐豉，缕橙芼姜葱。那知鸡与豚，但恐放箸空。
春尽苗叶老，耕翻烟雨丛。润随甘泽化，暖作青泥融。
始终不我负，力与粪壤同。”

苏轼钟情于元修菜，是在元修菜上寄寓了他的全部乡情。元修菜可新鲜食用，亦可制成干菜。鲜的清香，可炒，可烧，可羹，可汤；干的清香犹存，可入馔，可熬粥。后人将东坡元修菜的制作改进，出现了四川传统名菜“苕菜狮子头”。

苏东坡钟情于菜羹，他在《菜羹赋（并叙）》《东坡羹颂并引》中均详细描述做菜羹的过程及要领。《东坡羹颂并引》说：“东坡羹，盖东坡居士所煮菜羹也。不用鱼肉五味，有自然之甘。其法以菘若蔓菁、若芦菔、若荠，皆揉洗数过，去辛苦汁。先以生油少许涂釜缘及瓷碗，下菜沸汤中。入生米为糁，及少生姜，以油碗覆之，不得触，触则生油气，至熟不除。其上置甑，炊饭如常法，既不可遽覆，须生菜气出尽乃覆之。羹每沸涌，遇油辄下，又为碗所压，故终不得上。不尔，羹上薄饭，则气不得达而饭不熟矣。饭熟羹亦烂可食。若无菜，用瓜、茄，皆切破，不揉洗，人罨，熟赤豆与粳米半为糁。余如煮菜法。”《菜羹赋》表达的是：苏轼虽仕途坎坷，生活艰苦，即使有时饮食不足，但仍心胸旷达的达观生活态度。我们从中也能看到宋代平民的普通饮食生活。有钱人家用肉作羹，而苏东坡当时经济拮据，就用菜作羹，“煮蔓菁、芦菔、苦荠而食之”。以大头菜、萝卜、荠菜、加上豆粉等普通食材，“不用醯酱，而有自然之味，盖易而可常享”。但在制作时东坡十分强调烹饪技术，对水、火、油都十分讲究，尤其是掌握火候，使用最普通的素菜加上豆粉，就能做出美味的菜羹。这种羹，后人因苏轼的洒脱风趣而称其羹为“东坡羹”，至今演化成为一道颇具文化内涵的名菜。

从中国饮食文化发展过程的角度来看，以苏东坡为代表的北宋文人士大夫，对扭转中国古代饮食（特别是制作羹）偏肉食的特点起了极大的作用。北宋士大夫崇尚老庄清静无为的思想，“齐生死”、超然于世外，力图摆脱政治失意而带来的精神苦闷和物质匮乏的生活，所以在饮食上讲求以容易获食的蔬菜为主。先秦时的羹都是用动物肉做的荤羹，如牛羹、羊羹、豕羹、犬羹、兔羹、雉羹、鳖羹、鼋羹、鱼羹等，传至后代也多以荤菜做羹。苏轼以蔬菜做羹不同凡响，“东坡羹”在社会上广为流传至今，除了“名人效应”外，还得益于食材的易得和菜羹的营养价值。同时，反映了饮食文化中士大夫文人崇尚清淡、营养，热衷食蔬的饮食追求。苏轼是开创这一风气之先驱。①

“东坡肉”，源自苏轼的《猪肉颂》，亦是在其生活困苦、食物匮乏时写就的，体现他超乎常人的乐观精神。他谪居黄州时，经济拮据，而猪肉在黄州价廉，便以烹饪技术使其味美以待客。

“净洗铛，少著水，柴头罨烟焰不起。
待它自熟莫催它，火候足时它自美。
黄州好猪肉，价贱如泥土。
贵者不肯吃，贫者不解煮，
早晨起来打两碗，饱得自家君莫管”。

他烧猪肉关键在于掌握火候，用文火煮烂，味道即美。文中勾勒出苏轼不急不火的从容心态，展示烹调者悠然自得的形象。后世流传的“东坡肉”即根据其烹饪猪肉的经验再行加工而成，成为流传全国的一道名菜，亦具有浓厚的文化意蕴。

苏轼堪称养生学家，其一生历尽坎坷，几度遭到贬谪，但由于其处世达观，善于养生，活了65岁，在古代可谓高寿。在苏轼留下来的大量作品中，有不少是专门谈养生的。《居家必用事类全集·谨身·修养密论》载：“东坡先生曰：

软蒸饭，烂煮肉。温羹汤，厚毡褥。
少饮酒，惺惺宿。缓缓行，双拳曲。
虚其心，实其腹。丧其耳，忘其目。
久久行，金丹熟。”

从饮食、衣着、被褥、心情、行动、五官等全面进行总结，具有很高的参考价值。在中华养生史上，是一篇广为流传的珍贵作品。深谙养生之道的苏轼亦明饮食结构的重要性，如他对茶、酒在生活中的作用亦有很深的理解。

---

① 钟来茵：《苏东坡养生艺术》，江苏文艺出版社，1995年，第291～292页。

苏轼颇嗜茶饮。他在《试院煎茶》中形象地道出了煎茶对水、火的讲究：

“蟹眼已过鱼眼生，飕飕欲作松风鸣；

蒙茸出磨细珠落，眩转绕瓯飞雪轻。

银瓶泻汤夸第二，未识古人煎水意；

君不见昔时李生好客手自煎，贵从活水发新泉。”

诗后又对茶具的讲究作了描绘：“又不见今时潞公煎茶学西蜀，定州花瓷啄红”，然而“我今贫病长苦饥，分无玉碗（讲究的茶具）捧峨眉（高级的茶叶）”，“但愿一瓯常及睡足日高时”而已。又如苏轼《汲江煎茶》中，细腻生动、绘影绘声描述了汲水、舀水、煮茶、斟茶、喝茶到听更的全过程。首先讲流动的江水正符合煎茶“活水还须活火烹”，进而讲何时、如何汲取江水：“自临钓石取深清。大瓢贮月归春瓮，小杓分江入夜瓶”，又写煎水的火候：“雪乳已翻煎处脚，松风忽作泻时声。”如此煎出的好茶，自然令人陶醉：“枯肠未易禁三碗，坐听荒城长短更。”他还以“从来佳茗似佳人”的诗句，表达好茶使人清心悦目怡情，令人心旷神怡，有如佳人一般的自慰自足。

苏轼不仅懂得如何烹出好茶，还深谙饮茶的好处和禁忌，指出饮茶不当会伤及身体。宋人赵令畤《侯鲭录》引“宋学士苏轼《茶说》”谓：“除烦去腻，故世不可无茶。然暗中损人不少。空心饮茶入盐直入肾经，且冷脾胃，乃引贼入室也。”又传授了以茶漱口的保健功能：“吾有一法，常自修之。每食已，辄以浓茶漱口颊，腻既去而脾胃不知。凡肉之在齿间者，得茶浸漱，乃不觉脱去，不烦刺挑也。而齿性便苦，缘此渐紧密，蠹病自己。然率皆用中下茶，其上者亦不常有，间数日一啜，亦不为害也。此大是有理，而人罕知者。”即唯饮食后，用浓茶漱口，既去烦腻而不得脾胃之病，且苦能坚齿消蠹。苏轼的这些深刻的见解，深得饮茶之妙。

苏轼好饮酒，但不胜酒力，自言“天下之不能饮，无在予下者”。谪居广东惠州时期自酿美酒以待客。《书东皋子传后》曰：“闲居未尝一日无客，客至，未尝不置酒。”因州酿既少，“官酤又恶而贵”，他便闭门自酿，造出蜜酒、桂酒和真一酒。他酿的真一酒有“王太驸马家碧玉香”之誉，所酿桂酒色泽似玉，香味超然。所酿蜜酒十分鲜美，他在《蜜酒歌（并叙）》中描绘了四川绵竹武都山道士杨士昌蜜酒酿造的过程，赞美了蜜酒的鲜美。诗中说：

“西蜀道士杨世昌，善作蜜酒绝醇酽。余既得其方，作此歌以遗之。

真珠为浆玉为醴，六月田夫汗流泚。不如春瓮自生香，蜂为耕耘花作米。

一日小沸鱼吐沫，二日眩转清光活。三日开瓮香满城，快泻银瓶不须拨。

百钱一斗浓无声，甘露微浊醍醐清。”

而据《东坡志林》载，东坡借用西蜀道士杨士昌酿蜜酒的方法是："每米一斗，用蒸面二两半，如常法，取醅夜，再入蒸饼面一两酿之。三日尝，看味当极辣且硬，则以一斗米炊饭投之。若甜软，则每投，更入面与饼各半两。又三日，再投而熟，全在酿者斟酌增损也。入水少为佳。"经过多次实践，苏轼在岭南总结出了酿酒经验，写下了著名的《东坡酒经》，提出了酿酒的要法，极具可操作性。这是中华酒文化史的瑰宝。

陆游（公元1125—1210年），字务观，号放翁。汉族，越州山阴（今浙江绍兴）人。南宋著名诗人。一生作诗9300余首，他的诗多为抒发政治抱负，反映人民疾苦，风格雄浑豪放；亦有抒写日常生活之作，其中不乏饮食文化之佳作。笔下涉及饮食烹饪的诗竟在百篇以上，以写浙江家乡和第二故乡四川为多。陆游足迹遍巴蜀，所作《剑南诗稿》2500余首，其中涉及巴蜀饮食的竟达50余首。

四川是天府之国、物阜民安，令陆游恋恋不舍，难以忘怀。他在《饭罢戏作》中描述了成都的饮食生活和他喜爱的川味菜肴：

"南市沽浊醪，浮螘（yǐ）甘不坏。东门买彘骨，醯酱点橙薤。
蒸鸡最知名，美不数鱼蟹。轮囷犀浦芋，磊落新都菜。
欲赓老饕赋，畏破头陀戒。况予齿日疏，大脔敢屡嘬。
杜老死牛炙，千古惩祸败。闭门饵朝霞，无病亦无债。"

在《冬夜与溥庵主说川食戏作》中盛赞川食之美：

"唐安薏米白如玉，汉嘉栮脯美胜肉。
大巢初生蚕正浴，小巢渐老麦米熟。
龙鹤作羹香出釜，木鱼瀹菹子盈腹。
未论索饼与饡（zàn）饭，最爱红糟并缹然缹（fóu，煮）粥。"

这里的"栮脯"是木耳；"龙鹤"是一种做羹的菜蔬；"木鱼"即棕笋、棕鱼，"状如鱼，剖之得鱼子"，至今仍是四川人嗜好的美食；"索饼"是面条；"红糟"为乳腐；"缹粥"指菜粥。在《蔬食戏书》中写到四川出产的韭黄，"新津韭黄天下无，色如鹅黄三尺余"。《野饭》中描绘了明珠般的薏米饭，白玉般的苦笋菜，圆圆的小芋头，香辣的山野菜：

"薏实炊明珠，苦笋馔白玉。
轮囷斸（zhú）区芋，芳辛采山蔌。
山深少盐酪，淡薄至味足。"

这些饭菜虽然缺盐少油，但味道却很美。陆游在诗中多次提到薏米，《薏苡》诗说：

"初游唐安饭薏米，炊成不减雕胡美。

大如芡实白如玉，滑欲流匙香满屋。”

陆游自注说：“蜀人谓其实为薏米，唐安所产尤奇。”唐安即今四川崇庆县东南。《成都书事》则夸赞了成都出产的蔬笋、鱼都能与江浙的媲美，“芼羹笋似稽山美，斫脍鱼如笠泽肥。”诗末竟写“客报城西有园卖，老夫白首欲忘归。”听说有人卖园子，自己真想买了住下养老而不归故里了。

陆游自己也是一位烹调高手。对于亲手烹调的佳馔，亦有诗文记述。陆游旅居蜀中时，喜食大巢菜和小巢菜。他在《巢菜》中说：“蜀蔬有两巢：大巢，豌豆之不实者。小巢，生稻畦中，东坡所赋元修菜是吴中绝多，名漂摇草，一名野蚕豆，但人不知取食耳。予小舟过梅市得之，始以作羹，风味宛如在醴泉蟆颐时也。冷落无人佐客庖，庚郎三九困讥嘲。此行忽似蟆津路，自候风炉煮小巢。”此诗及序描述了诗人回到山阴家乡时又品尝小巢菜的心情。自候小炉，以“元修菜”作羹。《食荠十咏》也说他自己很喜欢做荠菜，且有烹饪秘方。另一首《食荠》诗则说：

“小著盐醯和滋味，微加姜桂助精神。

风炉歙钵穷家活，妙诀何曾肯授人。”

《饭罢戏示邻曲》亦言：

“今日山翁自治厨，嘉肴不似出贫居。

白鹅炙美加椒后，锦雉羹香下豉初。”

表述了以花椒调白鹅之味，用豇汁调和在野鸡羹中，制作质地甘脆的笋尖及炒质嫩的蕨菜芽的方法。

陆游在蜀中的八年岁月中有一半是在成都度过的，成都给他留下的印象特别深刻。他返回家乡浙江绍兴后，仍回味蜀中的美食佳肴，在《冬夜与溥庵主说川食戏作》写道：

“东来坐阅七寒暑，未尝举箸忘吾蜀。

何时一饱与子同，更煎土茗浮甘菊。”

他写了三首《思蜀》，念念不忘

“玉食峨眉栮，金齑丙穴鱼，

常思晚秋醉，未与故人疏。”

“老子馋堪笑，珍盘忆少城。

流匙抄薏饭，加糁啜巢羹。

栮美倾筠笼，茶香出土铛。”

“未死旧游如可继，典衣犹拟醉郫筒”。

他还思念蜀中的美酒，《到严十五晦朔郡酿不佳求于都下既不时至欲借书读之而寓公多秘不肯出无以度日殊惘惘也》:“安得连车载郫酿，金鞭重作浣花游？”自怪一念之差，不该离开四川回到家乡，留在四川，郫筒酒是喝不完的。他更想念在成都的宴乐生活:“梦饮成都好事家，新妆执乐雁行斜。

赪肩郫县千筒酒，照眼彭州百驮花。

醉帽倾欹歌未阕，罚觥潋滟笑方哗。”

他甚至希望终老于蜀,《梦蜀》:“弃官若遂飘然计，不死扬州死剑南”!

第二节　云贵桂地区的稳定发展

宋代云贵桂地区的社会经济发展相对稳定，是这一地区饮食文化茁壮成长的稳定时期。尤其在宋代后期，中原人口的南迁，带来了先进的生产技术和生产工具，使云贵桂地区的农业、交通、商业都有了较快的发展，促进了这一地区食源、食艺、食风、食俗等饮食文化的发展。

一、经济发展迅速

1. 大理国时期社会安定，农牧业长足发展

继南诏之后，今云南及附近地区先后被大长和国、大天兴国、大义宁国与大理国统治。前三个政权仅存在36年，大理国的统治则长达317年，公元1253年被忽必烈所率的蒙古军所灭。大理国管辖的范围较南诏稍小，仍以洱海地区为统治中心。与我国北部及黄河流域相比，大理国遭受战乱的破坏较轻，社会大致保持了安定。由于受内地的经济文化影响较小，这里的地方化倾向明显增强。如大理国的读书人既习读儒书又信佛教，戒律精严者称“得道”或“师僧”，大理国设科选士、任命官吏，皆出此辈。这一时期的饮食文化，大体上延续了南诏时期的状态，但原有的地方性、民族性特点更趋明显。

这一时期，在洱海、滇池流域等云南地区的腹地重视水利，农业向精耕细作的方向发展。宋人杨佐一行进入云南中部，见这里的农田庄稼与山川风物大致如同四川的资中、荣县等地。可见云南中部农业耕作的水平与四川盆地近似。据明《景泰云南图经》载：宋康定元年（公元1040年），大理国王段素兴于金棱河筑春登堤，在云津河建云津堤，使受浇溉的田地达数十万亩之多。时人说乌撒路（今贵州威宁）一带“诸夷多水田”；居云南南部的金齿百夷“尽力农事，勤苦不辍”。

大理国的畜牧业也有长足发展。据《南诏野史・大理国》载：宋大观三年

（公元1109年），各地诸侯向大理国进贡，“犀象万计，牛马遍点苍”。与北宋交易马匹者，以大理国商人提供的数量最大。贵州的自杞、罗殿部落卖与南宋的马匹，主要是从大理国转买得来。据《云南志略·诸夷风俗》载：金齿百夷地区“少马多羊”，麽些蛮“多羊、马及麝香、名铁”，土僚蛮“猪、羊同室而居”，乌撒路“出名马、牛羊”。

2. 宋朝经营广西，加快经济发展

两宋建立后，需从南方获取收益，因此重视经营岭南地区。在两宋统治的320年间，广西地区的社会经济得到较快的发展。

农业兴盛，粮食丰收。端拱初年，宋太宗诏令岭南等地的官吏劝民多种粮食，仕宦广西的官吏大都也注意发展农业生产，积极把荒地开垦为农田。南宋理宗宝祐六年（公元1258年），广西官吏李曾伯奏：广西多荒田，民惧增赋不愿耕，建议允许耕者复三年租，后两年减其租之半，奉诏准。广西垦田的数量迅速增加。同时，宋朝还在广西进行屯田。据《宋史·理宗本纪》：宝祐六年（公元1258年），“诏置横山屯”。景定三年（公元1262年），因广西静江屯田有效，宋廷遂命邕、钦、宜、融、柳、象、浔等州发展屯田。

宋代广西，普遍种植水稻、麦、稷等农作物，收成亦称丰稔。南宋时广西稻米连年丰收，斗米仅值50钱；商人低价购进稻米，船运至广州出售，获利颇丰。各地官府还增建粮仓。如《宋史》记北宋真宗天禧四年（公元1020年），广南等地“皆增置常平仓”。因盛产稻米，宋朝在广西一些府州征收夏秋两税或丁税，允许大米充抵。

两宋政府重视水利建设和农耕技术的推广。对灵渠进行多次维修，最重要的一次是在北宋仁宗嘉祐四年（公元1059年）。到了南宋高宗绍兴二十九年（公元1159年），朝廷再令广西转运使对灵渠进行修复。除灵渠外，广西宋代修建的水利工程还不少，《宋史·食货上》记：南渡之后（南宋），“水利大兴”。如位于南宁府北面的铜鼓陂，以及永淳县露墟陂等地。为发展农业，宋廷还在广西推广先进的农业生产工具，通过减免“牛税”来鼓励牛耕。北宋太宗淳化五年（公元994年），宋、亳诸州的耕牛因瘟疫死亡过半，朝廷令地方官府制造踏犁，以解百姓的燃眉之急。据《岭外代答·踏犁》，踏犁在静江等地广为使用，农民用踏犁五日，可抵牛耕一日，可见在无法用牛耕的情况下，踏犁是较先进的耕作农具。

两宋时期，畜牧业也有所发展。广西饲养的主要牲畜除牛以外，还有羊，羊分山羊、绵羊两种，除供肉用、挤奶之外，还取羊毛作为纺织原料并供制毡毯。《岭外代答·绵羊》说，邕州溪峒出绵羊，与北方胡羊无异，而剪其毛作毡，尤胜北方所出的同类产品。同时，广西地区还注重家畜品种的改良。例如，玉林州

培育的玉林犬，“极高大，垂耳拳尾，与常犬异”。英州育出的乳羊，“其地出仙茅，羊食茅，举体悉化为肪，不复有血肉，食之宜人”。有的是从野生动物驯化而来。如玳瑁原为野生，范成大《桂海虞衡志》中说，广西滨海地区的百姓“养以盐水，饲以小鲜”，家养玳瑁获得成功。《岭外代答·禽兽门》载，产自德庆等地的果下马，“高不逾三尺，骏者有两脊骨，故又号双脊马。健而善行，又能辛苦。”有野生鸟乌凤，“乌凤如喜鹊，……冠尾绝异，大略如凤。鸣声清越如笙箫，能度曲，妙合宫商，教之精熟者，至能终一阕，又能为百虫之音。生左、右江溪峒中，极难得”；广西诸族还培育出“潮鸡，潮至则啼，身小足矮”；“钦州有小禽一种，大如初生鸡儿，毛翎纯黑，项下有横白毛，向晨必啼，如鸡声而细。人置枕间，以之司晨。亦名曰鹎子，余命曰枕鸡”。

宋代广西的制盐业有较大的进步。《岭外代答》曰：“今日广右（广西）漕计，在盐而已。盐场滨海，以舟运于廉州石康仓。客贩西盐者，自廉州陆运至郁林州，而后可以舟运。斤两重于东盐，而商人犹艰之”。北宋在广西沿海广置盐场，从中取得巨额税收。宋廷南渡之后，广西的制盐业进一步发展，所产盐基本上可满足本地需要。

据《岭外代答》载，静江府修仁县（治今广西荔浦县南）产茶。当地人制为方砖形制，方二寸许，厚度则稍减，其上有“供神仙”三字，方五六寸而更薄者质量次之，形大质粗且甚薄者则为下品。修仁因产茶而名声彰显。其茶若煮而饮之，“其色惨黑，其味严重，能愈头风”。古县（治今广西永福县西北）亦产茶，滋味与修仁之茶并无差别。从制造的方法、成品的色泽和味道等来看，宋代修仁县与古县所产的方砖形茶，均类似清代云南的普洱茶。

广西人亦讲究食器。据《桂海虞衡志·志器》载：海旁人截牛角削其使扁平，制牛角杯以饮酒，有古代兕（sì）觥的遗意。有以木刻制的“蛮碗”，以朱黑两色漆间涂之，形状为宽腹而有足，如球坛之形。瑶人所用竹釜，多为截大竹筒以当铛鼎，烹食物至熟而竹筒不焦。其法类似云南傣族的竹筒饭，可说有异曲同工之妙。

二、饮食特色鲜明

1. 特色鲜明的大理国饮食习俗

在今云贵地区的白蛮文化长期受到内地文化的影响，如《大理行纪》中记载，元朝初年，大理等地的宫室、言语、书数，以至婚姻丧祭之礼，干戈战阵之法，虽不能尽善尽美，其规模、服色、动作与内容，“略本于汉，自今观之，犹有故国之遗风焉”。但另一方面，在大理国统治的300余年间，因大理国与内地的联系明显松弛，致使大理国辖地的社会生活，体现出更为鲜明的地方特点，在饮食方面也不例外。如这一时期的大理国盛行佛教，在洱海、滇池等传统农业地区流行素食与素席，使白蛮喜食肉类的习惯有很大改变。而少数民族虽然社会经济尚不发达，大部分人饮食疏薄，且甚俭约，但其饮食也具有一定的地域特点。这在《云南志略·诸夷风俗》中有相关记载。如麽些蛮的日常主食虽为荞麦、稗与稻米，但产量甚低，一岁之中，有半年的时间以蔓菁充粮，贫家除盐以外，不知有他味。蔓菁为两年生草本植物，块根肉质，形状类似萝卜，煮熟后软烂，聊可充饥。而富裕者每年冬天则必大量宰杀牛羊，竞相邀客，请无虚日，“一客不至，则为深耻”。举行婚礼，必以牛、羊、猪与酒迎娶。《云南志略·诸夷风俗》还说，滇南边疆地区的金齿蛮，以金片裹其齿，“银齿蛮”则裹银片于其齿，见客戴上，吃饭时取下。有疾病不服药物，仅以姜、盐注于鼻中，是“医食同源”的一种表现方式。他们以槟榔、蛤灰、茯留叶出奉宾客。在居住饮食方面，与“猪羊同室而居，无匕筋，手搏饭而食。”土僚蛮将收获的稻谷悬于竹棚之下，每日旋捣而食。云贵地区的少数民族，多以杵臼加工稻米、高粱与粟等粮食。居住山区的民族，常在地臼内垫一张兽皮，既能使地臼经久耐用，提起兽皮后又能方便地倒出加工好的粮食。

西南民族地区流行特色饮品“咂酒”。它是一种有原始共享性质的集体饮酒方式，反映了当时少数民族具有的原始共产、共享的风气，以及重视家庭、亲情与友情的心理。咂酒在傣、彝、羌、纳西、黎、高山等民族中广泛流行，但饮酒程序与使用器皿各有不同，如饮酒所用的空心管，一般多用竹管，但仡佬族、傣族和苗族分别用藤管、蕨管与芦管。酿制咂酒所用的原料，有大麦、苦荞、燕麦等。明人谢肇淛《滇略》载：“杂荞秫曲稗子巨瓮，渍令微熟，客至则燃火于下，以小竹或藤插瓮中，主客环坐吸而饮之，曰咂鲁麻。”明代程本立诗云：“金杯哈喇吉，银筒咂鲁麻，江楼日日醉，忘却在天涯。”另说太平天国领袖石达开大军经黔西，曾饮此酒并作诗云：“百万明珠一瓮收，君王到此也低头；五岳抱定擎天柱，咂得乌江水倒流。”乃道尽咂酒活动的趣味。西南少数民族喜爱的咂酒，以及景颇等少数民族常饮的“同心酒”（两人同饮一碗酒），均使人体会到友情之美与欢乐之美。

2. 移民丰富了广西地区的饮食文化

宋代虽无官方组织移民，但仍有不少内地人口自发迁入岭南地区。《岭外代答·五民》中载：钦州民有五种，“一曰土人……二曰北人……三曰俚人，史称俚獠者是也。此种自蛮峒出居，专事妖怪，若禽兽然，语音尤不可晓。四曰射耕人，本福建人，射地而耕也。子孙尽闽音。五曰蜑人，以舟为室，浮海为生，语似福、广，杂以广东、西之音。”这些移民人口迁入，后逐渐与本地居民融合，使广西的社会文化也发生明显改变。同时，宋朝大力提倡内地文化和改革旧俗，对广西文化的发展起到促进作用。流传下来记载宋代今广西地区社会生活情形的著作，应首推《桂海虞衡志》与《岭外代答》。《桂海虞衡志》的作者范成大，与《岭外代答》的作者周去非，都曾在今广西当时的统治中心静江府（治今桂林）任职。范成大在《桂海虞衡志》中撰写专篇，主要记载了今广西地区的酒、器皿、家禽、兽类、虫鱼、花果、草木和蛮夷。而《岭外代答》主要是在《桂海虞衡志》的基础上做新的补充，尤其是新撰《食用》门，对研究饮食文化具有重要的价值。

（1）酒饮与酒俗　据《桂海虞衡志·志酒》，由于粮食充沛，又无酒禁，广西各地普遍以粮食酿酒，并生产出一些远近闻名的名酒。范成大“来桂林而饮‘瑞露’，乃尽酒之妙，声震湖广。则虽‘金兰’（金代宫中酒）之胜，未必能颉颃（xiéháng）也”。宋代广西出产的名酒，还有以麦曲酿制的“老酒”，以及产自宾、横两州的“古辣泉”酒。“古辣泉”的酿造方法是：以圩中泉水酿酒，酒既酿成，不须煮而埋于地中，“日足取出”，烈日中存放数日，色味不变。而“老酒”则是用以下方法酿造：以麦曲酿酒，既成密封藏之，可数年不坏，其颜色深沉赤黑，“士人家尤贵重”。若有贵客，则待以老酒与腊月中所造肉鲊，以示主人殷勤好客之意，婚娶亦以老酒作为厚礼。

药酒亦颇盛行。昭州有采曼陀罗花置于瓮面，吸收其毒气酿造而成的酒，饮之“颇能醉人”。曼陀罗花有麻醉的效果，据说《水浒》中所说的蒙汗药里即有曼陀罗花，现今仍以曼陀罗花为药物。而“古辣泉”酒实际上也是药酒，酿酒所用的山泉取自产药藤的山岭，由于吸收了药藤的成分，酒呈微红色。

广西各少数民族饮酒的习俗十分有趣。《岭外代答·打甏》说：岭南溪峒及邕钦琼廉一带村落之间不饮清酒，“以小瓮干酝为浓糟而贮留之”。每逢待客，先布竹席于地，以糟瓮置宾主之间，另设水一盂，配之以杓。既开瓮，酌水入酒糟，插一长二尺的竹管，宾主共享一管吸饮。若设寿宴，亦不另外设酒，主人与其妻同以“甏酒”待客。男女主人相继饮水酒为客祝寿。客若多饮寿酒，“实则多饮水耳”。广西称瓮为“甏”，故谓“打甏”。此为咂酒在广西地区的另一种方式。边远地区的当地民族也有独特酒俗。《桂海虞衡志·志蛮》说：瑶人因收成微薄而不供官府征役，收集木叶覆屋而居，在山地种植禾、黍、粟、豆与山芋为粮，同时捕食山兽。瑶人有岁首祭“盘瓠”之俗，届时“杂糅鱼肉、酒饭于木槽，扣槽群号为礼。”据朱辅《溪蛮丛笑》：“仡佬族之富裕者，多以白金根据象鸟兽形制为酒器，或为牛角之形，以鹈鸠之状居多。每聚饮，盛列诸酒器以向客人夸耀。”

（2）喜食槟榔 《岭外代答》说：客至主人不设茶，唯奉槟榔为礼。食槟榔之法：斫槟榔果实而剖分之，以水调蚬灰少许于蒌叶上，裹槟榔咀嚼，先吐赤水一口，而后啖其余汁，少顷食者脸面潮红，故诗人有“醉槟榔”之句。若无蚬灰则用石灰，无蒌叶处只用蒌藤。不论贫富、长幼、男女，岭南人自朝至暮，宁愿不食饭，唯嗜食槟榔。富者以银为盘置之，贫者以锡盘盛之，昼则就盘更啖，夜则置盘枕旁，既醒即食之。中下等平民，一日费槟榔钱百余文。食槟榔之人，黑齿朱唇；若数人聚会，则吐朱红唾液遍地。客欲出访，必随身携带状如银铤的奁盒，其中分为三格，一格盛蒌叶，一格存蚬灰，一格装槟榔。有嘲笑岭南人之语称：“路上行人口似羊。”取笑其以蒌叶杂啖，终日咀嚼不止，“曲尽啖槟榔之状矣”。

（3）“无所不食”的饮食习俗 《岭外代答·异味》说：岭南平地及溪峒的居民，“不问鸟兽蛇虫，无不食之”。其人遇蛇必捕，不问长短；遇鼠必执，不别大小；蝙蝠、蛤蚧、蝗虫之类，“悉取而燎食之”。至于蜂房、麻虫，“悉炒而食之。”甚者则煮羊胃，混不洁之物煮以为羹，称为“青羹”，奉上以试宾客之心，客能忍食主人则大喜，不食则多有猜忌。岭南人捕蛇，传说有异法。据《桂海虞衡志·志虫鱼》：蟒蛇，大者如柱之长，其胆可入药。蟒蛇常出逐鹿而食，寨兵善捕之。寨兵数人满头插花，趋赴有蛇处。蛇喜花必停驻视之，寨兵渐近急按其头，同时大呼“红娘子”。蛇头益俯不动，壮士以大刀砍断蛇头，众人皆奔散，驻足远处观之。一会，蟒蛇省觉，遂奋力腾掷跳跃，周旁小树因此尽拔，蛇力竭乃毙。数十人扛之而归，一村人饱餐其肉。

捕得海鲜、昆虫等珍美，岭南人则以妙法烹饪。例如，苍梧大江的南山，下有洞穴出嘉鱼。《岭外代答》：“嘉鱼形如大鲥鱼，身腹多膏，其土人煎食之，甚美。其煎也徒置鱼于干釜，少焉（一会儿），油溶，自然煎熬，不别用别油，谓之自裹”。“南方有飞虫”，名为“天虾”，“有翅如飞蛾，其尾如蟋蟀，色白，身长似小虾然。夏秋之间，晚飞蔽天，堕水，人以长竹竿横江面，使风约之，如萍之聚，早乃棹舟搏取”。与细切的肥肉“合以为鲊，味颇美”。滴水出竹鱼，“状似青鱼，味如鳜鱼。”“虾鱼亦出滴水，肉白而丰，味似虾而松美。大抵南中鱼品，如鲤鲫者甚多，而虾竹二鱼为珍。”据《溪蛮丛笑》：山瑶无鱼具，捕鱼时阻断河流之水，揉蓼叶撒入，辣鱼出水面捕之，名“痨鱼”。蓼科植物之叶有轻度麻醉的作用，至今乡人仍撒蓼叶入水以捕鱼。

（4）喜食“鲊”食　广西人喜渍制鱼为“鱼鲊”，有存十年不坏者。《岭外代答》记其方法：以盐面杂渍其鱼，盛之以瓮，瓮口四周围以水沟，覆之以碗，封之以水，水少则续之，使之密不透风。鱼鲊数年若生白花，即坏不可食。凡赠送亲戚，悉用鱼鲊，尤以老鲊为食者之至爱。这种制鱼鲊的方法，在云贵地区至今仍存，唯以此法渍制咸菜而已，渍制时间长短不拘，成品风味亦各有异，且其名也称“鲊”，具体称呼依原料而定，如以茄子渍制者称“茄子鲊”，以萝卜渍制者称“萝卜鲊”，诸鲊均拌以盐、辣椒、花椒等调料，农村居民尤喜食之，称“无鲊难下饭”。少数民族亦喜制鲊。如瑶族擅制荤鲊，有鸟鲊、蛙鲊、鱼鲊、肉鲊之分。制作方法：洗净兽肉或鸟肉，切块拌以炒米粉、米酒与食盐，放入坛内以黄泥密封其口，将坛子倒放，一年后可开坛食用。

第七章 元朝时期

第一节　四川地区的移民潮及宗教饮食文化的兴起

宋元交替，南宋结束统治蜀地较晚（公元1279年），而元朝在蜀的统治又结束较早（公元1363年），先后一共不到一百年的时间。元初，由于战争破坏，四川人口锐减，土地荒芜，社会经济水平整体下降，昔日饮食市场的繁华不复存在。但是，由于四川特殊而优越的生态环境，经过一段时期的恢复，到元代中后期川地各方面的经济均有所发展。

一、移民促进生产恢复

1. 元中后期的移民潮及其原因

元初四川人口锐减，其原因主要是宋末蒙古对蜀战争带来的破坏。宋元战争，摧毁了四川社会内部的生机与活力，汉唐一代及两宋时期的经济繁荣和文化昌盛等成就，在元代大多消失了。对于这一历史巨变，宋末文天祥在《文山先生全集·衡州上元记》中言："蜀自秦以来，更千余年无大兵革，至于本朝，侈繁巨丽，遂甲于天下，不幸荡析。"战争造成了四川人口锐减，经济发展停滞，商业也由繁荣走向衰退。

至元代中后期，全国出现了短暂的安定局面，四川人口渐增，最多时达70万～80万人。人口增长的因素有以下几个方面：一是元朝政府推行的"招民屯田"政策。元朝令军队与官府在荒芜土地上大量招民，措置军民屯田。军屯方面的人力资源，主要来自屯驻四川的军人，他们多为山东、河北等地的北方汉族；

民屯方面的人力资源，主要来自“襄、汉”等外省应募入川的流民。第二，四川盐业政策的调整，刺激了外来人口迁川。天历元年（公元1328年）由于西北地震引起四川邛州原已废闭的旧盐井涌溢盐水，遂使不少私家开始煮盐，元政府承认民间私开盐井的合法性，促使淮西、湖广、陕西等省灾民入川谋生。第三，因避兵乱，大量外省移民迁川，以荆楚黄州、麻城者为多。①

元朝时北方汉民不仅移居四川地区，而且移居与之相连的藏区。据调查，在进入康区（即康巴区，藏族传统文化的三个区之一，在今四川省的是甘孜藏族自治州和阿坝藏族羌族自治州）的汉人中，以元代的陕西人历史最早。由于元朝早期经略吐蕃地区，是以政治中心在京兆的陕西四川行省为基地，因此在1253年蒙古军队出征大理通过川西藏区之后，商业贸易即多由陕西商人捷足先登。特别是元朝直接出兵占领甘孜藏族地区后，为陕西商贾大开方便之门，他们依靠元朝的政治势力大批进入甘孜地区，并逐渐替代川商。据统计，元代近百年间，汉人进入康区的有300多人，其中绝大部分是陕西籍的商人。②至今在甘孜地区还流传着陕西人编写的汉藏对译的韵书。

2. 兴水利，复农桑

经过宋元战争的破坏，四川人口减少，田地荒芜，水利瘫痪。为安定天下，元政府着重恢复农桑生产，注意兴举水利，采取了一系列抚民和恢复社会经济的措施，招流民，立屯田，修道路，设驿站，并重新将都江堰纳入政府的管理之下。

元政府令各地劝农官及知水利者巡行郡邑，督农兴水，多次大修都江堰渠首枢纽，对灌区诸堰也进行了维修改造。都江堰渠首的枢纽结构，传统采取的是竹木笼石做法，虽易修，但也易坏。元统二年（公元1334年）四川肃政廉访使吉当普择灌区中最重要的32处堰口治理，对渠首鱼嘴构造采用了大块体石料砌筑的办法，砌缝用桐油石灰和麻丝进行胶结；料石与料石之间，凿孔灌入铁汁锚固，构成整体式的堤坝结构；在鱼嘴前端水流冲击处，竖立几根铁柱以抗江水冲刷，并铸重千斤大铁龟置于上，以固鱼嘴。吉当普是史上第一个将堰体由竹笼结构改为金石建构的人，对后世治堰产生了重大影响。

元统治四川时，军屯、民屯是垦荒务农的主要组织形式，而又以军屯为主。据相关资料不完全统计，元代四川军民的屯耕地面积共为455504亩。随着水利的

---

① 陈世松、李映发：《四川通史·元明》，四川人民出版社，2010年，第257~258页。

② 陈世松、柯建中、王刚：《四川通史》第五册，四川大学出版社，1993年，第107页。

发展，巴蜀地区的稻谷等粮食作物种植兴盛不减。作为四川传统粮食作物的水稻品种，有了显著的改良和增加。据元人郭翼《函海·雪履斋笔记》载：“峨眉县所产谷品甚繁，他处罕闻其名。”郭翼“偶录”的稻谷名称多达25种，即粘（同“黏”）谷类有：青秆粘、黄秆粘、紫秆粘、广安粘、盖草粘、柳条粘、黄泥粘、泡头粘、老鸦谷、毛香谷、白莲谷、荷包谷、鱼眉谷、冷水谷、还了债、弯刀谷，糯谷类有：红糯、救公饥、白糯、老来红、尖刀糯、芝麻糯、猪脂糯、花谷糯、虎皮糯、鸭子糯等。平原、丘陵和山地的沟田、冲田、灌溉方便的塝田皆种植水稻。由于水稻种植的普及和水稻品种的增加，巩固了成都平原及稻谷产区以大米为主食的饮食结构。而不能种植水稻的丘陵和山区的旱土、山田，则是麦类和豆类作物种植更为普遍，成为四川山区的主要粮食作物，这些作物的品种主要有：黍，分白、黑、黄三色；稷，有红、黄、白、黑四种；麦，有小麦、大麦两种；荞，有甜荞、苦荞两种，又分夏、秋两熟；菽，即豆，有大豆、小豆、蚕豆、绿豆、豌豆、巴山豆六种；蜀秫，俗名高粱，有杭、糯二种；糯高粱多用于食，杭高粱多用于酿酒；稗，有龙爪稗、鹅掌稗。

3. 瓷器生产繁荣

元代巴蜀地区的瓷器除延续了宋代的主要特点之外，同时亦有新的发展。瓷质有青瓷、影青瓷、白釉瓷、酱釉瓷、黑釉瓷等数种，尤其是青白瓷，盛于宋而继于元。宋人蒋祈《陶记》说：“江、湖、川、广，器尚青白，出于镇之窑者也。”说明宋元时期南方各地崇尚青白釉瓷器，而以景德镇产品为主。从考古发现来看，在四川简阳县东溪园艺场出土的元代墓葬中，各种饮食瓷器发现较多，其中碗的式样多达九种，有的为五出花瓣式口；有的为直口，扣银边；有的为侈口，内壁刻画各种花卉或飞禽图案；有的为葵瓣口，素面。此时，巴蜀地区的瓷器也形成很鲜明的特点，典型器物如双鱼形耳瓶、双凤形耳瓶，双耳均在细长颈部，盘口，折肩，深直腹，圈足；还有双鱼水藻青瓷盘、荷叶形青瓷盖罐及瓷温壶等，均反映了巴蜀地区瓷饮食器具繁荣的情形。

4. 盐业在曲折中发展

元代巴蜀地区的制盐业发展经历了曲折的过程。元初，盐实行国家直接经营，不许民间私盐买卖。蜀地共有盐场12处，盐井95眼，有采盐为业的灶户5900户，分布在成都、夔府、重庆、叙南、嘉定、顺庆、潼川、绍庆（今彭水）诸地。元初川地人口的锐减，使四川盐业萎缩，需从山西运解盐至蜀供官民食用。元世祖至元二年（公元1265年），设置兴元四川盐运司，专掌煎熬盐业事务并征办盐课之事，盐井得到修复，随即禁止山西解州池盐运入四川。《元典章·吏部》

载，至元二十二年（公元1285年），置“四川茶盐运司”，岁办盐课14695引[①]，有灶户6351户。以后因课税太重，灶户逃亡，遂使不少盐井废弃。

至元代中后期，巴蜀盐业出现了恢复和发展的局面。天历元年（公元1328年）发生地震，有的地方盐井涌溢，一些盐户重操旧业。《元史·顺帝纪》，元末顺帝时，积极开凿新盐井并放宽政策，明令“四川盐运司于盐井仍旧造盐，余井听民煮造，收其课十之三”。一时，盐井所在地速聚“致数千户”，省外淮西、湖广、陕西的流民也拥进四川从事盐业营生，盐业出现蓬勃景象。当时的盐价昂贵，盐业利润很大，盐商所获暴利令人惊诧。元代杨维桢曾在诗中写道：“**人生不愿万户侯，但愿盐利淮西头；人生不愿千金宅，但愿盐商千斛船。大农课盐折秋毫，凡民不敢争锥刀；盐商本是贱家子，独与王家埒富豪。**”至元末，为防边患，官府重新管理盐业，重申盐禁政策。如此，元代四川有所复兴的私营盐业未能继续发展。

5. 汉藏“茶马互市”活跃

四川地理条件优越，物产丰富。经过一段时间的恢复生产，元代的成都仍是西南最繁盛的都市之一。据《马可·波罗游记》中的记载，元世祖时成都工商业一派繁荣景象。书中写道：城中有一条大江，“水上船舶甚众”；城内川上有一大桥，用石建筑，宽八步，长半哩（1哩=1.609公里）。桥上有商贾工匠列肆艺于其中，亦有大汗征收之所，每日税收“不下精金千量”，足见商贸活动之活跃。为了适应日渐活跃的商业贸易交往的需要，传统的集市交易场所得到重新恢复和开放。商贸活动主要在本省及邻省周边地区，主要流通的商品有盐、茶、药材、丝绸和马匹等。而省外销往巴蜀的商品，以江西景德镇的瓷器最多。

元统一全国后，致力于征收茶税，基本上继承宋制，采取按引纳税的办法，在江淮地区设立“江淮榷茶都转税运使”以掌管茶政。在四川地区亦设立“西番茶提举司”以收赋税，“西番”即指今西藏和四川西部的广大地区。此时的松、潘、黎、雅地区蒙古族所需的茶叶，已单独形成一个品种，称“西番茶”（或谓“乌茶”“马茶”等），以别于腹地所饮的其他品种的川茶。元人忽思慧《饮膳正要》中列举当时各种名茶，其中说：“西番茶（出本土，味苦涩，煎用酥油）、川茶、藤茶、夸茶（皆出四川）。”所谓“西番茶出本土”，实指天全、雅州、汉源等地区出产茶叶，以后扩大至邛州、峨眉、夹江等地，均为“西番茶”的

① 盐引：始于北宋，《宋史·通货志》：“盐引每张，领盐116.5斤，价6贯。”是宋代取盐凭证，又称“盐钞”，可作“代币”流通。

产区。①

由于全国统一，元朝四川藏区与汉地的联系更为密切，传统的“茶马互市”在元代有了新的发展。特别是在川、藏交界的朵甘思一带，汉族与藏族人民的贸易自由往来，不受限制。在一定程度上实现了互惠互利，满足了两族人民日常生活的需要。《元史·世祖纪》载，至元十四年（公元1277年）“置榷场于碉门、黎州，与吐蕃贸易”。除了民间贸易和官方组织的茶马贸易外，藏区土司头人和上层喇嘛还经常以朝贡的形式至内地贸易。大批藏族僧侣和官员将元朝统治者的大量赏赐和自己采购的货物运往藏区，借此经商营利。

6. 酒业发展良好

元代四川的酿酒业依然发达。元初实行私家酒禁政策，禁令私酒，私酿为首者处死，没收财产，并罪及饮者。后元世祖以“川蜀地多岚瘴”（即湿气及风湿病）而给予四川“弛酒禁”的特殊优惠政策。至元二十二年（公元1285年）二月罢除酒禁，听民酿造，于是四川酒业在优惠的政策下继续良好发展。《元混一方舆胜览》载录四川各地的土特产品，以“题咏”的形式提到成都的“郫筒酒”，在著录汉州（今广汉）的“风土”时言及“鹅儿黄酒”，“题咏”云阳州中则提到了“云安酒”。表明前代已有的郫筒酒、鹅儿黄酒和云安酒仍继续发展，并于元代被定为巴蜀著名土特产。元代四川酿酒多为民家私酿。至元二十二年（公元1285年），元政府将民户自具工本酿酒者的酒课定为“每石止输钞五两”，即用米（粮食）一石酿酒，需纳课钞5两。据《元史·食货志》记载，天历三年（公元1330年）四川酿酒耗米151804石，征收酒课7590锭20两，占当年全国十省中的第七位。可见民间酿酒十分普遍，反映了四川酒业发展之盛。②

二、蜀中文化的衰落与佛、道饮食文化的兴起

1. 蜀中饮食文化的衰落

由于南宋末蒙古军队对四川长达51年的战争，使四川的经济、文化遭到严重摧残。人口从南宋中期淳熙二年（公元1175年）的1290万减少到元初至元二十七年（公元1290年）的16.5万，大批庶民和世族逃亡到长江中下游地区，使得南宋以前繁荣一时的四川文化受到毁灭性的打击。当南宋末年蒙古军队攻

---

① 贾大泉、陈一石：《四川茶业史》，巴蜀书社，1989年，第100页。

② 陈世松、李映发：《四川通史·元明》，四川人民出版社，2010年，第348页。

占成都时，就已将宴饮游乐活动赖以存在的经济基础和社会条件摧毁了，这种娱乐活动便很难看到了。元人戴良在《九灵山房集·旌表金氏义门记》中说："宋亡垂八十载，故家旧俗就湮微，而流风遗韵之存者寡矣。"明初宋濂在《文宪集》中亦说："元有天下已久，宋之遗俗变且尽矣。"文天祥《文山全集·衡州上元记》中也说："益州承平时，元夕宴游，其风流……而今不可复得矣。"这基本上可以说明，在南宋与元交战的后期中，成都传统的宴游岁时娱乐活动已经不再举行。元入四川后，四川的人口结构也发生了变化，元代揭傒斯在《揭文安公全集·彭州学记》中说："土著之姓十亡八九，五方之俗更为宾主。治者狃闻习见，以遗风旧俗为可鄙，前言往行为可陋。"在这样的条件下，四川的传统娱乐活动自然衰落，使后人多有感慨。如元史学家费著缅怀宋代年节之兴和游宴之乐，而写了追述宋代风俗的《岁华纪丽谱》。

然而，元朝的统一，却促进了与四川周边少数民族的饮食文化交流。如这一时期陕西移民进入蜀地康藏地区后，饮食文化方面迅速交流对接，主要表现有：对日常饮食用语进行了汉藏间的对译，并形成了便于记忆、便于学习的民谚形式，如"酥油玛，盐巴察，大人胡子喀苏热。却是你，可是他，喝茶加统饭热玛。来叫学，去叫松，藏族白米汉叫甲"。对馒头等食品的称呼倒是没有区别，藏族无"馒头"之称，而叫"蒸馍""馍馍"，与北方的陕西人、河南人等称馒头为"馍"一致。

2. 道教、佛教饮食文化的兴起

元代是四川地区道教、佛教的兴盛时期，对四川这一时期的饮食文化有很深的影响。道教是中国的本土教，于汉代起源于四川。道教崇尚自然，返璞归真，倡导饮食养生，形成了一套具有宗教特色的饮食文化。在道家饮食思想中，"养"是其内核，"天人合一"是其灵魂。其中的"养"即指无论在饮食对象、饮食方法，还是在饮食观念上，都在追求个人融入天地自然的努力，从而达到人类与自然"天人合一"、合于"道"的境界。

为了养生，道士多利用当地天然物产精制出许多特色饮食，以达到食疗的效果。最有名的是"青精饭"，又名"青精干石（饳）饭""乌饭""乌米饭"等，是道家发明的一种保健食品，晋代以前即已出现。它本是道家在山中修炼时日常所食，后又加了许多药料，成为富于滋补营养的食疗食品。东晋葛洪《神仙传》言："邓伯元、王元甫俱在霍山，服青精饭。"《证类本草》载南朝陶弘景《登真隐诀》中有"太极真人青精干石饳饭法"。至唐宋时成为四川人在寒食节食用的佳品，亦以敬祀祖先。杜甫在《赠李白》诗中表现出对它的青睐："野人对膻腥，蔬食常不饱。岂无青精饭，使我颜色好。"宋人范致明《岳阳风土记》说："岳

州四月八日，取羊桐叶淅米为饭，以祀神及先祖。”宋末元初陈元靓的《岁时广记》卷十五引《零陵总记》记载了寒食节“青精饭”的制作与食用：“**杨桐叶、细冬青，临水生者尤茂。居人遇寒食采其叶染饭，色青而有光，食之资阳气。谓之杨桐饭，道家谓之青精饭，石饥饭。**”杨桐亦称羊桐、南烛、乌饭草，“本草”类医书均言其有益精气、强筋骨、明目、止泄之功，久食可使人容颜焕发、延年益寿。

道教最早的教派是张道陵建立的“正一教”，建立于东汉顺帝年间的青城山，其后在天师道、龙虎宗长期发展的基础上，于元代中后期正式形成，流传至今。由于道教最古老的教派——正一教规定教徒可以饮酒、吃荤、娶妻生子，所以青城山道士可以酿酒、饮酒。而宋元之间王重阳创立的“全真派”，其教规则定不结婚、不吃荤、不饮酒。正一教认为酒是天禄，可以养身，唐代青城山道士用猕猴桃酿酒，称为“乳酒”，并以之待客。后来，青城山的“洞天乳酒”为“青城四绝”之一。

道教饮食观为了实现“养”，同时也产生诸多的“忌”，共同构成道家的饮食之“道”。一忌多食过饱。提倡适时、少食，不能大饥大饱。二忌饥甚而食，渴甚而饮。三忌冷生硬败食物。四忌“四食”。即不吃牛肉、狗肉、乌鱼和鸿雁。五忌五荤。即不吃韭、薤、蒜、芸薹、芫荽（香菜）。

道教主张以养生为尚，讲究服食和行气，以外养和内修调整阴阳、行气活血、返本还元，藉以达到延年益寿的目的，这种思想，是对中国饮食文化的重大贡献。他们以谷物、蔬菜和水果为主要食粮，并兼以各种草药入馔，加工成美味的食品。其益气养生的思想促进了“食补”“食疗”的发展，在中国开拓出“药膳”这一独特的食物品种，如“豆腐”即是修道炼丹的产品。此外，道教将炼丹的“火候”概念引进烹调制作，也是对中国烹饪的重大贡献，对中国饮食思想产生了深远影响。

佛教的素食养生。素食与佛教“五戒”中的“不杀生”相关连，也与所提倡的“慈悲观”相因果。佛教寺院所创制的精美素食素馔之品，对中国素食的发展起到了推进作用。宋元素菜在巴蜀地区渐被视为美味，至清代寺庙的素食烹饪达到高峰，许多大庙都有自己的特殊风味。如青城山的雪魔芋已成为四川佛教的著名食品原料。元代的素食被赋予宗教色彩，称为“斋食”“斋饭”，并在斋食的基础上发展为“斋席”。斋席主要以豆类及其制品、三菇六耳（香菇、麻菇、草菇、石耳、地耳、银耳、木耳、黄耳、榆耳）、花生、芝麻、竹笋、蔬鲜果品、面、米、植物油等为原料，经精心烹制而成。斋席忌用奶、蛋以外的动物原料，忌用五荤，即大蒜、兰葱（小蒜）、兴渠、慈葱、茗葱。四川烹饪斋席著名的寺院有成都文殊院、新都宝光寺等。这些寺院的烹饪发展至现代，以素托荤的仿制水平很高，具有清鲜浓香的口味特色，淡雅清丽的肴馔风貌，标新立异的巧妙构思，成品不同凡响。

由于四川藏区气候高寒，离开肉食难以解决温饱和维持体力，加上藏传密宗不禁肉食，所以在藏传佛教中，各派僧尼允许吃“三净肉”，即不见为我杀、不闻为我杀、不疑为我杀之肉。但肉类中有很多禁忌，如忌食鱼，认为鱼口中无舌，是居水食泥的水中菩萨，食之不敬，必受大罪。有的教派认为，白马鸡、贝母鸡为山神所养，鹿、麂、盘羊、山羊是山神的牲畜，不得捕杀；雪猪是僧侣转生，也严禁捕食。农牧区民众普遍忌食马、驴、骡、狗肉等奇蹄动物和有齐全上牙的兽类，这也与藏传佛教的教义有关。

3. 道教和佛教对川茶的贡献

道教对川茶的开发曾作出积极的贡献。茶生于高山大川，承天地甘露精气之蕴润，具有清新恬淡与恬静超脱的秉性与情怀，与道家教理规定的道教徒在个人修养上要做到“清静无为，清心寡欲”，并通过个人修炼达到延年益寿、羽化成仙的目的相契合。

由于茶有悦志、增进思维、令人不眠及醒酒的功效，道家认为茶是“灵药瑞草”，饮茶最能养心，养心即可实现人与自然美合而为一，进入“无我”意境，从而能清静恬淡，轻身耐老，延年益寿。因而，道教对茶利于修行赋予相当大的寄托。把茶视为轻身换骨，羽化成仙的“上药”。如他们把蒙顶茶就视为“有神物扶持”的“仙茶”，认为服用后可以返老还童，离尘登仙。

随着道教对茶的认识不断深入，希望长生不老的道士们逐渐开始了在修行之处种茶、饮茶。不少寺观在附近遍山栽茶。四川的产茶区与名茶出产地多有道教宫观，不少寺庙所制之茶成为名茶，这就是人们常说的“自古名山出名茶”。蜀中茶历来以雅安蒙顶茶、青城山雪芽、大邑雾中茶、峨眉竹叶青等最为著名。这几处盛产茶叶的地方，在过去都是道教所谓的“仙家灵地”，尤其是被后世道教尊为“第五洞天”的青城山，更是翠峰幽谷，温润怡人，适宜茶树的生长。加之此处为仙家修真的圣地，地脉奇佳，物产多含灵气，青城山的“青城贡茶”“茅山茶”历来被誉为仙茶名品。道徒亦以种茶、制茶为能事，延至后世而不衰。清人江锡龄著《青城山行记》，详细地记述了他在灌县上清宫等地观看道徒种茶、制茶和经营的情景，是川茶烘焙史不可多得的资料。“巨镬六七具，负墙而立，墙外辟曲突，数人燃薪其中。镬炽，则以巨畚盛嫩茗纳入，合两手左右挠之，不以杖，不以箸，不以杷铲也。少顷，烃焰迷人目，隐隐作爆豆声，取置竹箔上，一人揉且播，若团面然，汗涔涔如，弗顾也。既而盛于缣囊，踏之以足，往复蹂蹦，数数乃已，如是者再，启视则叶片缩如豆，白毫茸茸然，斤得不过四五两，即山中所称之鸦雀口也。”这种烘焙法一直延续到民国时期，四川各地茶叶的制法亦与此大同小异。

佛教重视“茶禅一味”的境界。茶与佛教的“坐禅”修行有很大关系，坐禅讲究专注一境，静坐思维。而且坐禅时的标准姿势是要求双盘膝，头正背直，不动不摇，不委不倚，更不能卧床睡眠。有的坐禅长达90天之久。为克服长时间坐禅的疲劳，佛教徒需要一种既可驱除瞌睡，又符合佛教戒律的饮料，茶便与佛教结下不解之缘。佛寺的僧人坐禅念佛，茶可以消除坐禅带来的疲劳，驱睡提神，具有助消化、清神气，去杂念的功效。

古人将茶概括有“十德”，即以茶散郁气，以茶驱睡气，以茶养生气，以茶驱病气，以茶树礼仁，以茶表敬意，以茶尝滋味，以茶养身体，以茶可行道，以茶可雅志。茶与禅均追求精神境界的提纯和升华，于是有了“茶禅一味”的哲学命题。在这种背景下，元明时掀起饮茶高潮，品茶成了参禅的前奏，参禅又成了品茶的目的，茶与佛教的开悟顿悟相通达，二位一体，水乳交融。在茶禅交融中，达到品味物我合一的无限。

寺僧的品茶艺术活动是怡情悦性，表达礼仪，结交友人的特殊方式。茶叶是寺庙常备之物，每当宗教吉日，寺院便熬茶，聚饮，凡大寺庙都有熬茶大铜锅，金光闪烁，高可过人。寺院中都设有茶堂招待施主，还有专司烹茶的僧人和向公众惠施茶水的僧人，足见宗教礼仪中对饮茶的重视。

四川地区的佛教寺院提倡僧人种茶，并自己制茶，以茶作为供佛的祀品。不少僧人是种茶或制茶的高手。一些名茶最初就是由寺院种植而成的，如四川的“蒙山茶”据传就是由汉代甘露寺的普慧禅师亲手所种的“仙茶”加工而成。它与峨眉山的“青城贡茶”“青城雪芽”都是中国寺院名茶的代表。

第二节　云贵桂地区行省的建立与经济的恢复发展

元代前期，由于战争的破坏，使得云贵桂地区的经济较为萧条，饮食文化较前代并未有太大的发展。但元朝的统一，为这一地区带来了新的生机，战争创伤不断得到修复，特别是元政府在云贵桂地区建立“云南行省”和“湖广行省”以后，使西南地区进入了经济发展的新阶段，同时，也给这一地区带来了一些不同的饮食资源和食俗。

一、云贵桂地区发展的新阶段

1. 云南行省的设立及经济的恢复与发展

13世纪中叶，蒙古国大汗蒙哥命其弟忽必烈率兵远征大理国，于公元1253年将大理国平定。公元1274年世祖忽必烈命赛典赤·赡思丁为云南行省平章政事治理云南。至此蒙元统一了云南。蒙元对云南的统一，要早于元朝建立近20年（公元1271年忽必烈定国号为元），这也是元朝对云南的统治影响更为深远的一个原因。

行省制度是元朝的一项重要创造，它把地方军政权力集于一身，“凡钱粮、兵甲、屯种、漕运、军国重事，无不领之”。云南行省建立后，统辖37路、54州与府县数十处，其统治范围包括今云南省、贵州西部、四川西南部，以及今缅甸、老挝和泰国的北部地区。赛典赤把省治设在中庆（在今昆明），改变了南诏、大理国约500年以洱海地区为统治腹心的格局。此举还标志着云南正式脱离巴蜀地区的管辖，成为中央直辖下的一个省，至明清两代相沿未改。设云南行省后，元朝十分重视对云南行省辖地的经营，尤其是使中庆地区获得迅速发展，不久便超过大理成为全省政治、经济的中心。十余年后马可·波罗途经中庆，此时的中庆已是一个“大而名贵、商工甚众”的重要城市。元代以后，历代省治皆设于昆明。

图7-1 “马可·波罗觐见忽必烈”图

重视发展交通。由中庆经大理至金齿的道路，是通往邻邦最重要的通道，沿此道入今缅甸北部，往西可至今印度的阿萨姆邦，往南沿伊洛瓦底江南下可达缅甸南部。交通道路的发达，促进了这些地区的经济文化交流。马可·波罗说：今云南大理、开远一带盛产良马，“多售之印度人，而为一种极盛之贸易”。云南行省的官吏述律杰，也指出云南行省流行佛教是因受印度的影响，《新纂云南通志》引《重修大胜寺碑铭》说：“（云南人）手捻普提珠，口诵阿弥陀者，比比皆然，由其地连西竺，与佛国通，理势然也。”

从中庆到内地也新开通了道路，其中以普安道最为重要，影响也甚为深远。这是一条由昆明经贵州达湖南的通道，结束了1000余年来云南受四川管辖的历史。自此以后云南与长江中下游地区的联系大为加强，两湖、江西等地的移民大量进入云南，云南外地移民以四川人为主的局面随之改变。位于道路附近的贵阳、曲靖、昆明、楚雄、昭通、玉溪等地，也成为云南行省辖下的、经济发展较快、接受两湖、江西等地文化较多的地区。

广开屯田。蒙军入主中原之初，多有肆行杀戮、荒芜田地的记载，以后逐渐认识到农业的重要，对恢复与发展农业生产始予重视，遂在云南行省广开屯田。据《元史·兵三》：蒙古军南下，遇坚城大敌必屯田困守，统一全国后各行省“皆立屯田，以资军饷”。云南、八番、海南等地，因是蛮夷腹心，尤“设兵屯旅以控扼之”。赛典赤查阅中庆地区百姓户籍，得隐户万余，以四千户即其地屯田。至元二十六年（公元1289年）乃全面设立云南屯田“以供军需”。据《元史·兵三》与《元史·地理四》记载，云南行省屯田总户数有19149户及6000人，屯田约483335亩，数量颇为可观。其中以乌蒙、中庆、大理、威楚、曲靖、临安等处的规模较大，乌蒙等处屯田总管府的军屯达125000亩，相当于全省屯田数量的1/3强，意味着东晋以来遭受战乱残破的今滇东北地区，农业经济的恢复和发展。

进行屯田后，不仅农业生产获得发展，内地先进的经济文化因素亦随之传入。元人虞集《道园学古录》中说：云南东部蛮夷屡叛，“议者请据其腹心而制之”，乃于乌蒙立“宣抚司”并开屯田，初时吏士或亡或叛莫能定。又据元人陈旅《要雅堂集》载，此后行省官员兼领其事，命专人负责屯田，数年后风气大变，“几不异于中州”，屯田地区出现了“府中储积多如山，陂池种鱼无暵（hàn）干，几闻春硙（wéi）响林际，仍为窳（yǔ）蔬流圃间”的兴旺景象。此外，各地喂养黄牛、水牛、羊、猪、鸡、犬等畜禽也十分普遍。

兴建水利。中庆城紧邻宽广500余里的滇池。《元史·地理四》记，大理国后期，滇池因年久失修经常泛滥，乃至“夏潦暴至，必冒城郭”。赛典赤至云南后，用在上段六河疏蓄、下段海口扩导的方法治理。他以滇池上游的盘龙江为重点，沿河疏浚并修筑松华坝，“以时启闭，缺则放水，治则素蓄之”。又派张立道等疏通滇池下游的泄水口海口河，使滇池水位大幅度下降。云南人民对赛典赤浚六河、张立道等扩海口十分感激，喻之为李冰凿离堆传颂至今。在其他地区，行省也兴建不少水利工程。《大理行纪》中说今祥云有“青湖”，颇有灌溉之利；又说今凤仪县有神庄江，可溉田千顷，“以故百姓富庶，少旱虐之灾”。作者郭松年于元初宦滇，所述水利工程应为大理国所建，但当有元朝修缮方能维持功用。另据《元一统志·通安州》：今丽江的通安州引山泉下注成溪，灌溉民田万顷。时代的《云南图经》记，姚安府建有13处陂堰，为镇守云南的蒙古梁王等主持修建。

开采食盐。食盐也是云南行省大宗生产的产品，尤以大理路和中庆路的产量较大。《马可·波罗游记》说，押赤城（中庆城）有盐井，“其地之人皆恃此盐为活，国王赖此收入甚巨”。其他地区的盐井也得到进一步开采，《元一统志》说，威楚山川清秀，壤土肥饶，“地利盐井”；建昌路金珠富产，谷粟丰盈，民足衣食，“牛羊、盐马、毡布通商货殖”。除充分利用前代开采的100余处盐井外，云南行省还新开了一些盐井，如开南州的哀卜白盐井即未见前代记载。云南行省生产食盐，还注意到便利百姓，马可·波罗说建都一带的小货币用盐制成，其法是取盐煮之再用模型范铸为块，“每块重约半磅”。这种以食盐范铸制成“小货币”的做法肇自南诏，其产品既可充货币流通，在缺盐的地区亦可溶解食用，元朝沿袭前代旧制未改。

2. 湖广行省的建立与经济的发展

公元1274年元朝成立荆湖行省，以后改称湖广行省，省治先后设在今武汉及长沙，今广西地区受湖广行省统治。元朝末年曾在今广西短暂建省，不久明军攻下静江路（治今广西桂林），广西地区遂脱离了元朝的统治。

这一地区的交通发达。元政府在今广西设置的驿道，以静江为中心，分别通向岳州（治今湖南岳阳）、湘潭（治今湖南湘潭）和新州（治今广东新兴），或经梧州（治今广西梧州）通达北流（治今广西北流），西南则至邕州（今广西南宁），乃接通入云南和安南（今越南北部）的驿路；或经宾州（治今广西宾阳）渡海到达琼州（治今海南岛琼山），从而形成四通八达的网络。

元朝建立初期，与安南（今越南北部）的往来较多。据《元史》与《安南志略》相关记载统计，元朝遣使至安南有44次，安南遣使入元及进贡有63次。据《元史·安南传》记载：至元十二年（公元1275年）安南国王上表元朝：“自降附上国，十有余年，虽奉三年一贡，然迭遣使臣，疲于往来，未尝一日休息。”由

图7-2　被称为“安南锁钥”的广西友谊关

此可见两国往来频繁的情形。通过广西与云南，使元朝与占城、老挝、八百媳妇等邻国一直保持联系，元朝交往的区域远至柬埔寨等地。

积极开展屯田。《元史》记载，公元1291年，广公元帅府招募南丹州民户5000户屯田，还发给屯户耕牛、种子与农具。次年，广西两江道宣慰副使乌古孙泽募民4600余户，在与安南接界的雷留那扶设置十处民屯，又修建陂堰八处，开垦水田522顷，屯田以后收成丰稔，岁收五万余石。元朝在今广西屯田的规模虽不如云南，但对垦殖的促进作用仍十分明显。

兴修水利。据《元史》记，乌古孙泽在湖广行省南部设置十处屯田，并开垦水田522顷，修建了八处陂堰。对人工运河兴安灵渠进行过两次大规模的整修。元人苏天爵《元朝名臣事略》记，至元年间，阿里海牙率军民修复灵渠的36座斗门，“以通递舟”。明嘉靖《广西通志》引黄裳《灵济庙记》，1355年，肃政廉访副使也儿吉尼组织修复被山洪冲毁的灵渠，“漕溉之利咸复其旧”。

农业生产进一步发展。《元史·食货一》记载了全国岁纳的粮数，湖广行省为843787石，在纳粮的九个行省中名列第四。另据《元史·食货二》载：湖广行省岁纳酒课58848锭有余，在纳酒课的九个行省中名列第三；岁纳醋课1231锭有余，在纳醋课的七个行省中排名第四。可见湖广行省生产的粮食和上缴粮食的数目，在全国诸省中属于中上水平，而且酒、醋的消费量较大，说明当地居民饮食的水平有所提高。

食盐是湖广行省生产的大宗产品。元朝对食盐的生产和运销十分重视，元人陶安《陶学士集·送胡达卿序》中说：“国家财赋，盐利为盛”。今广西濒海地区的制盐业在元代有了进一步发展。公元1276年，元政府即在今广西濒海地区建立了盐务管理机构“广海盐课提举司”；当年食盐产量便达960万斤，接近南宋时期产量1000万斤的水平。①公元1293年，元政府又设立了广西“石康盐课提举司”，公元1306年盐的产量增加了11000引，公元1308年又增盐15000引。据《元史》载，至元世祖在位的末期，仅南方所产食盐的量已超过南宋时期的全部产量，尤以今广西地区增加的幅度最大。至文宗天历年间，全国的盐产量到达最高点，公元1315年今广西地区所产盐达50165引；以后随着元朝统治的逐渐衰败，食盐的生产呈逐步下降的趋势。

这一时期，该地茶叶的种植与加工也有了较大发展，元政府还设置了相应的机构收取茶叶贸易税。《元史》记，公元1286年，元政府复立静江等处“榷茶提举司”。

此外，各地城乡的墟市（或称圩市、圩场）不断增加。据陈琏《桂林郡志》卷七：明朝景泰年间广西临桂县有圩场九处，该书注明“旧墟，今增二墟”，说明晚代圩场是由元朝的圩场发展而来。另据《永乐大典》卷2339，明初广西境内其他地区的圩场还有数处，如玉林州有四处，博白县、兴业县各有一处，也都是由元代的旧墟发展而来的。

图7-3　云南传统式样的清真寺

① 郭正忠主编：《中国盐业史》古代编，人民出版社，1997年，第431页。

二、多民族特色的饮食习俗

元朝在云南建立行省后，在赛典赤的治理下，云南开始步入内地化的时期。由于在农业地区广泛开展军民屯田，云南行省的农业有较大的发展，为饮食文化的发展提供了丰富的物质基础。此外，在元朝统治期间，有不少蒙古族人、色目人（主要是信仰伊斯兰教的穆斯林）和汉人移居云南，带来了新的文化与习尚。这为云南饮食水平的提高创造了条件，并由此形成一些新的饮食习俗。

善制乳品。云南多牛羊，在很早的时候，当地民族便普遍饮用牛羊奶，并擅长制作各种乳制品。至元代，各民族融合、吸收南北方做乳制品的方法，制作出有鲜明地方特色的乳饼与乳扇。如产于云南路南县的乳饼，系以羊奶经酸浆点制而成，成品呈乳白色豆腐块状，形状白嫩细腻，嗅之有新鲜乳香味，食法灵活多样，既可生食，亦可煎、贴、烩或蒸，为云南各民族所喜爱。乳扇，是大理地区的特产，流传至今，食者赞不绝口。《滇海虞衡志·乳扇》言其制法：以黄牛乳煎酿而成，以其状如扇而得名。若母牛产犊，主人乳之月余而断其乳，换豆浆饲之，置之别栏。乃取母牛之乳，以小铛盛酸浆半碗，煎将沸，入乳汁半碗，酿之顷刻，其精华渐结成乳质，余悉化为水。揉其乳质成团，以二短箸轮卷而引长之，布于竹架成张页而晒干之。成品微黄，滋润洁净，似稍卷带乳香之厚纸，可对折如扇，故称“乳扇”。凡产乳扇之地，若生公牛，主人出售以耕田，生母牛则畜之以取乳，因此牡贱牝贵，“以取乳之利厚然也”。

善用食盐。云南所产岩盐的制法大都是汲取盐水以柴火煎干，铸以为块盐或筒盐。块盐坚硬味香，食时须捣碎或敲碎。亦有山区百姓将块盐吊于铁锅上方，煮汤时垂入汤中，晃荡数次以取咸味者。云南诸族很早便知，以筒盐腌制火腿或腊肉，色鲜而有老腊肉香味，年代愈久其香愈烈；若烹煮多年老火腿，弥屋香味尤使人馋涎欲滴。宋代大理国已有喂盐助马复膘的做法，元代云南诸族，还以筒盐为马匹保健或作为治病的良药。据《元史·文宗四》载，至顺二年（公元1331年），云南行省奏：亦乞不薛（指今贵州地区）之地所牧国马，每月于上寅日按时喂盐，“马健无病”。今因伯忽叛乱而“云南盐不可到”，以致所牧国马多有病死。可见云南所产筒盐用于马匹的保健防病确有奇效。

以“蘸水”提味的食俗。肉类、蔬菜烹煮时不放盐，食时再蘸“蘸水”以提味，是云贵各民族地区常见的食俗。“蘸水”是以盐、辣椒、酱油、麻油与腐乳配制而成。采用如此食法，菜肴盐味的浓淡、配料的辛辣与否可各自掌握，入口别有一番滋味。偏远地区的居民，以“蘸水”蘸食蔬菜或肉类，还有节省食盐的用意。即使是最好的食品也是这种吃法，如在乌蛮等山地民族中，“砣砣肉”（经烹煮后切成巴掌大小方块状的猪肉或羊肉）是待客最佳的食品，用它待客是最高的礼数。食用时，既可蘸盐而食，又可蘸“蘸水”。

食肉习俗。元代云南大量饲养牛、羊、猪等牲畜，视食肉为日常饮食及待客佳品。食法多样，一些地区的民族嗜食生肉或半熟之肉，视之为难得的至味。马可·波罗述其在云南的见闻时说：哈剌章州（今大理一带）居民有食生肉的习俗，勿论羊、黄牛、水牛或鸡之肉，均细切其生肝，置热水掺香料的调料而食。另据元代《云南志略·诸夷风俗》载：白蛮“食贵生，如猪牛鸡鱼皆生醢之，和以蒜泥而食”；明代景泰年间的《云南图经志书》、正德年间的《云南志》亦有类似的记载。

元代今广西地区，其农业和畜牧业进一步发展，农业地区仍普遍以稻米为主食。居住城镇附近地区的民族，主要经营种植业，同时以土产与其他地方的居民换取所需产品。如嘉庆《广西通志》记，临桂县的高山瑶，种植粟、芋、豆和薯类，并以当地出产的蜂蜜、黄蜡、香菌、山笋等向其他地区“货以易食”。元代居住全州清湘一带的瑶人，远处深山远谷，但已耕种山地，种豆、薯和芋等作物，同时出产楮皮、厚朴等药材。公元1322年，广西宣慰使燕牵说：今广西地区瑶人的情况不一，元人苏天爵《元文类》曰：“猺族非一生于深山穷谷者，谓之生猺，野处巢居，刀耕火种，采山射兽以资口腹。标枪药弩动辄杀人。其杂处近民者曰熟猺，稍知生理亦不出赋。”

第八章　明朝时期

第一节 四川地区经济的持续发展

明王朝进入四川后，为了巩固统治，于公元1378年，朱元璋封朱椿为蜀王，在成都建立蜀藩王府。并设置四川承宣布政使司，建立四川各府、州、县地方政府进行管理。此外，还在少数民族地区推广土司制度，加强了对这些地区的政治统治和经济控制。

一、农商经济的持续发展

1. “湖广填四川”的移民潮

元末明初，以今湖北籍为主的南方移民大量进入巴蜀地区自动落籍，可视为“湖广填四川”的较早源头。元至正十七年（公元1357年），活动在今湖北一带的红巾军明玉珍（今湖北遂县人）部千余人举兵入蜀，其将士多来自“湖广”地区（即今湖南、湖北全境）。明玉珍在重庆称帝（国号大夏）后，建立了各项统治制度，使四川地区较早地实现了社会安定和生产的恢复发展。而此时期，湖北战乱不休，大量“湖广”籍尤其是麻城、孝感地区的移民陆续迁川。后大夏国被明军所灭。据史家考证，明洪武四年（公元1371年）明朝平蜀时，四川约有15万户，93.75万人。至洪武二十六年（公元1393年），四川地区有户21.57万户，146.68万人。据史家推测，明初约有30万人移民四川。[①]明代中后期，除“湖广”移民外，

① 李世平：《四川人口史》，四川大学出版社，1987年，第141页。

还有长江中下游地区、东南沿海地区和云贵等省区都有移民入蜀。四川人口持续增长，为明朝四川地区社会经济发展了奠定了基础。[①]

2. 政策开明，农兴商旺

明朝建立后，推行一系列发展四川经济的政策。首先在各地进行水利建设，使堤堰得到整治，保证了成都平原的水利灌溉，推动了农业生产的恢复。其次在四川推行屯田，既扩大了耕地面积，又增加了粮食产量。农业生产多有发展。《松窗梦语》一书记载了嘉靖年间，张瀚入蜀的所见所闻，他途经万县时见到"盘旋山谷中水田村舍之间"，这些水田实际上是梯田，可见丘陵和山区的水稻播种亦有发展。其时，四川"地多二麦，春仲大麦黄，小麦穗，皆早于江南月余"。四川小麦以夔州所产最为有名，其麦面白味甘。此外，红薯、马铃薯逐渐成为四川山区的主要粮食作物。

随着农业和手工业的恢复与发展，四川的商品流通也发达起来。明朝四川地区商业的发展比较平稳，《明宣宗实录》载，宣德四年（公元1429年），明朝对全国商品流通量较大的33个府州县摊派税课，其中包括成都、重庆、泸州等三处。其中，成都依旧是全川乃至西南的商业中心。至明中后期，商业发展更为显著。据万历《合州志》载，本地城内有木市、柴市、菜市、果市、茶市、盐市、布市、猪羊市。本地集市的繁荣，也推进了外销市场的发展。这一时期，米、盐成为销往外省的主要商品。米由商贾远销湖北，盐远销陕西、湖北、贵州、云南诸省。

四川商品粮贸的繁荣，调动了农民从事粮食生产的积极性，避免了谷贱伤农的不良后果，活跃了四川的粮食市场，推动了四川及长江沿岸各省水运业、碾米业等行业的发展，长江中、下游省区的商品经济一时活跃。同时，也促进了少数民族地区商贸的发展。当时的雅安打箭炉（今甘孜藏族自治州康定县）即是藏汉人民互市的场所，藏民经常来内地把马匹、药材、土产等物换成盐、茶和布匹。《明史·西域传》还记："专务贸贩碉门乌茶，蜀之细布，博易羌货，以赡其生。"这都说明了明代四川地区经济发展之繁荣。

3. 盐业生产回升

明政府为恢复四川的井盐业，采取了一些积极措施，如将灶户编入灶籍，大量盐民充灶，设"盐课提举司"总理全省盐政等，使井盐业有了一定的回升。明初，四川地区有盐井278口，为元代四川盐井数量的3倍；至景泰时期（公元

① 陈世松、李映发：《四川通史·元明》，四川人民出版社，2010年，第283页。

1450—1456年），盐井增至1380口。

这一时期，采盐技术亦有发展，采用机械汲卤的卓筒小井生产也普遍发展起来，郭子章在《盐井图记序》中记，当时出现了“古井百一，竹井十九”的局面。就产地而言，万历《明会典》载，明嘉靖年间（公元1522—1566年），卓筒小井已分布在全省的57处州县。至于川盐的产量更有大幅提升，据《明史·食货志》载：四川盐课，“洪武时（公元1368—1398年），岁办盐10127000余斤，弘治时（公元1488—1505年），办20176000余斤。”到嘉靖年间，增至3000多万斤，足见当时盐业之盛。明代盐业的发展，还包括自流井崭露头角。张瀚在他的《松窗梦语》中对蜀地的自流盐井也做了描述：“内江、富顺之交，有盐井曰自流，新开，原非人工所凿，而水自流出，汲之可以煎盐。流甚大，利颇饶，多为势家所擅”。这引来了不少陕西商人到自流井附近安家落户，经营盐业，使这一地区盐业日渐发达，至清代这里已成为四川盐业中心之一。

4. 川茶发展疲滞

经过宋元战争，四川的茶业生产趋于衰落。明初，由于战乱不断，烽烟遍地，茶叶生产受到严重破坏。但是，明政府颇重茶马之利，也鼓励茶农生产，宣德四年（公元1429年），万历《明会典·茶课》有“令免四川茶户徭役”的记载。但在当时的制度下，沉重的课税和禁止茶农经商的规定，都严重地束缚了茶叶的生产，加上茶叶流通疲滞，茶农饱受商人剥削，川茶发展仍处阻滞之中。总观，由于战争创伤和茶法的苛刻，川茶业一直处于阻滞之中。明初川茶课税由100万斤减至46.5万斤。隆庆以后，川茶引额又减少1200引（每引百斤）。明代后期，四川茶课仍停留在四五十万斤的水平上。①

明朝承袭了唐、宋以来在民族地区推行茶马贸易的政策，并进一步发展。明太祖“以其地皆食肉，倚中国茶为命，故设茶课司于天全六番，令以马市，而入贡者又优以茶市”。② 由于边茶有利可图，私茶越来越多，政府为控制边茶的供应，对茶商的活动予以严格约束，遂形成“引岸制度”。朝廷在陕西、四川边境设置茶马司，由政府颁“茶引”于产茶州县，商人赴官纳钱请引，每引百斤，凭引转运，如有茶无引或茶、引相离者，即作私茶论处治罪。明代前期，在陕西地区的茶马贸易中，四川的边茶占茶叶总额的98%以上。至嘉靖时期，黎州、雅州两地仍是边茶的大市场，这里茶价高、销量大，商人利润丰厚。黎、雅边引额

---

① 贾大泉、陈一石：《四川茶业史》，巴蜀书社，1988年，第148、151页。

② 李化龙：《议复开市抚赏疏》，贾大泉、陈一石：《四川茶业史》，巴蜀书社，1988年，第103页。

由1万引增至3万引，占全川引额的79%。此外，明朝对茶商的转运路线也作了规定。例如巴州、通江、南江所产之茶，运销四川内地和松潘地区；巫山、建始所产之茶，则运销黎州、雅州等地。这样的政策约束了川茶生产的发展。

由于茶有助消化、解油腻的功效，特别为食肉饮乳的畜牧民族视为日常饮食之必需，是少数民族饮食结构中的重要组成部分，于是，茶马互市被藏族人民视为"金路"，也为自己的牲畜和土特产品找到出路。"马市为夷货流通之府，胡汉之人胥仰给焉。抢掠所获不足以当市易之利，夷人以市为'金路'，惟恐失之。"除民间贸易和官方组织的茶马交易外，藏区土司头人和上层喇嘛还以朝贡的方式至内地贸易。明代西僧入贡使团规模庞大，如《明宪宗实录》载，成化年间规定的乌斯藏遣使多不得过150人，"由四川路入"；《明史·西域传》记，弘治时，长河西及乌斯藏诸番并贡，使者竟至2800余人。这种入贡和赏赐不仅加强了藏区与中央的政治关系，而且也密切了汉藏民族间的经济文化交流。但另一方面，明统治者片面强调"以茶驭番"，力图垄断茶马互市，过多地利用政府行政手段进行干预，严重阻碍了商品经济的自然发展。

5. 蒸馏白酒的发展定型

明代的四川酿酒业在川酒发展史上占有重要一页，传统名酒历经唐宋而不衰，已形成非常成熟的蒸馏酒酿造技术，如"五粮液"酒的前身"杂粮酒"在前代蒸馏酒的基础上继续发展；并出现能够进行较大规模白酒生产的酿造作坊，如"泸州老窖"和成都水井街的酒坊遗址的发现。

明初，出现了酿酒专业作坊——"糟坊"。宜宾城里酿酒的糟房林立，较有名的有"温德丰""德盛福""长发升"等。此时，"五粮液"的前身名为"杂粮酒"，是"温德丰"糟坊用大米、糯米、荞子、高粱、玉米五种粮食为原料，按不同比例混合酿制而成的。这种制法继承了唐宋时"荔枝绿""姚子雪曲"的酿造方法，是在其基础上发展而成的。"杂粮酒"问世之后，声名鹊起，因此在明清时期宜宾城内有"北门窖子出好酒"的民谣。

现代许多名酒都是在此时发展而来的。如"泸州老窖"，经专家鉴定，建成于明代万历年间（公元1573—1619年），是历史上的"温永盛"糟房的所在地。其中，共有百年以上窖池57口，明代窖池4口，清代窖池53口，占地总面积1960平方米，充分反映了酒文化的发达状貌，奠定了"三百年老窖"名酒的基础。[①] 2001年，成都水井街酒坊遗址发掘是目前国内首例古代酒坊遗址专题性发

① 泸州老窖史话编写组：《泸州老窖史话》，巴蜀书社，1987年，第24页。

掘，跨越了从明代至近现代的时间范围。根据遗址内种类丰富的酿酒遗迹、出土的众多饮食器具，可以复原出传统白酒酿造工艺的全部流程，堪称中国白酒的一部无字史书，誉为中国白酒第一坊，被吉尼斯世界纪录载为“最古老的酿酒作坊”。①

明政府对私酿自用酒醋“皆勿税”，但对商家买卖则要征税，其规定“凡客商匿税，及卖酒醋之家不纳课程者，笞五十，物货酒、醋一半入官。……其造酒醋自用者，不在此限”。②酿酒自用不课税的政策，与历朝酒政大不相同，给全国酒业带来了勃勃生机，也使四川酒业得以进一步发展。③

6. 保宁醋诞生

现今四川阆中（古称保宁府）的保宁醋，为全国四大名醋之一，始创于明末清初，迄今已有400多年的历史。保宁醋以大米、玉米、麸皮为原料，用五味子、白叩、砂仁、杜仲、枸杞、建曲、荆芥、薄荷等生津开胃、健脾益神的70多种中药为曲药，取流经城南的嘉陵江冬季流水制成。据说用嘉陵江中流冬水酿成的醋，香味浓郁，酸而微甜，入口生津，久存不腐。这样制成的保宁醋色泽绛红，酸味柔和，醇香回甜，不仅宜于佐餐，而且有开胃健脾、预防感冒等功能，并于1915年荣获巴拿马万国博览会金质奖章。阆中之所以能出名醋，一是历史悠久，阆中作为周代巴子国别都时，其麸醋的制作之半便独冠醋林。二是酿醋的原料小麦与众不同。《阆中县志》载：“川中之麦皆花于夜，邑中之麦有独花于午者，故其面特佳。”三是有好水，酿醋之水系用优质矿泉水，以高铜低镉为特征，对人体健康有明显作用。还有一个重要原因，就是当地制醋得到了来自中国“醋乡”山西的酿醋人索廷义的真传，使酿醋水平达到了最高境地。除保宁醋外，四川渠县的三汇醋、自贡的晒醋等，也都是优良产品。

二、川菜调味、制茶工艺的重大进步及民族食俗

1. 丰富的调味品促进川菜发展

巴蜀人自古“尚滋味，好辛香”。当时的辛香调味品，实指椒、姜、蒜、葱、菌桂、茱萸之类，此外还有盐麸子、醋麸子等酸性调料。

---

① 陈剑：《四川酒文化考古新发现述析》，《中华文化论坛》，2001年第2期。

② 龙文彬：《明会要·食货五》，中华书局，1956年。

③ 陈世松、李映发：《四川通史·元明》，四川人民出版社，2010年，第352页。

至明中叶时，食茱萸已成为烹饪川菜的辣味调料而被广泛使用，这可能是巴蜀地区最早使用的辛辣味调料。“茱萸”为蜀人之称。《礼记·内则》载：“三牲用藙”，郑玄《注》：“藙，煎茱萸也。”孔颖达《疏》：“正义曰：贺氏云：今蜀郡作之。”《益部方物略记》：“艾木大抵茱萸类也。实正绿，味辛。蜀人每进羹臛（臛，肉羹也）以二三粒投之，少选（须臾），香满盂盏。或曰：作为膏尤良。按扬雄《蜀都赋》，当作藙。藙、艾同字云。”并赞曰：“绿实若萸，味辛香苾。投粒羹臛，椒桂之匹。”可见，茱萸是用于畜肉避膻腥，添香味的调料。它也用于酒，《成都古今记》：“蜀人每进酒，辄以艾子一粒投之。少顷香满盂盏。”李时珍《本草纲目》说：“食茱萸、欓子、辣子，一物也。高木长叶，黄花绿子，丛簇枝上。味辛而苦，土人八月采，捣滤取汁，入石灰搅成，名曰艾油，亦曰辣米油，始辛辣蜇口，入食物中用。周处《风土记》以椒、欓、姜为三香，则自古尚之矣，而今贵人罕用之。”可见，川人食茱萸的历史长达千年之久，并与蜀椒、蜀姜并称为“三香”。当明末引进辣椒后，茱萸便让位于辣椒了。

蜀椒，又称花椒、巴椒、汉椒、川椒、南椒、唐藙、点椒等。它作为作料食用始见于东汉。唐元和年间始，汉源县出产的“黎椒”，被列为皇家享用的贡品。宋代以后，时兴选用川椒作为作料。[1]《本草纲目》载：“蜀椒肉厚皮皱、其子光黑、如人之瞳，人故谓之椒目。他椒子虽光黑，亦有似之。”清《广群芳谱》引《四川志》说：“各州县俱出，惟茂州出者最佳。其壳一开一合者，最妙。”茂州，即今之四川省阿坝藏族羌族自治州茂汶县，如今所产花椒也享誉川内外。

蜀姜，使用起始很早，在《吕氏春秋》中就有记载：“和之美者，阳朴之姜。”其中“阳朴”据古人注释，多指西蜀或川西，而今人邓少琴《巴蜀史稿》认为“阳朴”当指重庆市所属北碚区。姜含有挥发油与姜辣素，有浓烈的辛辣味，并有除异增香，开胃解腻的作用。三国时，蜀姜作为珍贵调料记载于史；东晋时葛洪《神仙传》中，记述东吴的孙权尤其喜好用蜀姜做生鱼片调料。

除“三香”外，还有胡葱、菌桂、盐麸子、醋麸子、豆豉等作料。“胡葱”，系指圆葱、洋葱。《本草纲目》云：“胡葱即蒜葱也，……胡葱乃人种莳，八月下种，五月收取，叶似葱而根似蒜，其味如薤，不甚臭。……今俗皆以野葱为胡葱，因不识蒜葱，故指茖葱为之，谬矣。”明《群芳谱》谓：“胡葱生蜀郡山谷，状似大蒜而小，形圆皮赤，叶似葱，根似蒜，味似薤，不甚臭。”也是四川古时的主要调料。而现今凉山彝族广为使用的香料木姜子，是中国古代极其名贵的调

① 江玉祥：《川味杂考》，《川菜文化研究》，四川大学出版社，2001年，第151～152页。

味香料，在汉文古籍中称为“菌桂”。屈原的《离骚》中即有“杂申椒与菌桂兮”的诗句。

盐麸子和醋麸子都是酸性调料。《本草纲目》言：“**盐麸子生吴、蜀山谷。树状如椿。七月子成穗，粒如小豆。上有盐似雪，可为羹用。**”又言：“**盐麸子气寒味酸而咸**”，“**滇、蜀人采为木盐**”。醋麸子是另一种酸性调料，也在《本草纲目》中有记载。

豆豉，又称“豉”“康伯”“纳豆”，是以黄豆或黑豆经蒸煮、发酵而成的颗粒状食物。早在南北朝时期，豆豉的制作已在民间较普遍，并成为人们喜爱的食品。干豆豉光滑油黑，味美鲜浓，酯香回甜，川菜中多用作配料和调料。重庆的“潼川豆豉”“永川豆豉”均创制于明末清初，与创制于清道光四年（公元1824年）的“成都太和豆豉”以质量最佳齐名，是一些代表性川菜如“回锅肉”“棒棒鸡”“麻婆豆腐”等不可或缺的调料。

2. 茶叶工艺的重大进步与茶俗

明代是一个在茶叶工艺发展方面有着重要贡献的朝代。这一时期，团饼茶渐被淘汰，普遍推行芽茶、叶茶类的散茶。喝茶时讲求采时早、叶片小的芽茶，有“旗枪”之说。初芽为“枪”，初叶称“旗”，皆为茶之佳品。追求茶叶自身特有的香气和滋味，并试图运用各种不同的工艺措施达此目标，如“炒青”工艺（烘炒法）的出现，使得明代炒青绿茶的制作工艺达到相当高的水平。明代也是中国茶类由单一绿茶向多种茶类发展的重要历史阶段。自此各茶类逐渐形成。

这一时期，巴蜀制茶普遍采取烘炒法，技艺精良，出产了多种名茶。黄一正《事物绀珠·茶类》中记载了全国的名茶98种，其中四川占21种。书中认为最驰名的川茶是蒙山茶，其他如雅州的雷鸣茶，泸州的纳溪茶，涪州的南川茶、黔江茶、彭水茶、天全茶、宾化茶、白马茶、涪陵茶，邛州的毛茶、火井茶、思安茶等也都有名。在众多茶的家族中，鸡鸣茶也是佼佼者之一，因采自四川城口县鸡鸣寺故名。其特点是茶条纤秀紧结，油润奇鲜；沏入杯中，叶芽舒展，茶尖朝上，似杯中长出；汤色浅绿明亮，茶味醇浓爽口，嫩香持久，提神清心。清乾隆年间被列为贡品，有“鸡鸣贡茶”之誉。而在宋代出现的花茶，在明代已大量制作，四川以茉莉花茶为盛。此外，以红茶、绿茶、边茶为原料加工制作的“工夫红茶”“红碎茶”“茉莉花茶”“康砖茶”等在四川少数民族地区都很受欢迎。

饮茶习俗也盈盈不衰，不仅在家中饮茶，也在游玩时饮茶、斗茶。贺复征《夔州竹枝词》中说：“**亭亭落日万峰前，寂寂长江带远天。几夜东风过白帝，月明犹自上茶船。**”表现了在船上赏夜景时饮茶的情景。王夫之《竹枝词》也咏道：“**江边寒**

梅自著花，江上女儿自斗茶。浪向花前爇片脑，浪疑茶里点脂麻。”①

四川少数民族饮茶有其自身的品饮特点和特殊的文化背景。如藏人饮茶保留了唐宋以来烹煮而食的习俗，茶中和以酥油、糌粑和其他食物。川东地区土家、苗族地区的饮茶方法，则是类似“擂茶”食法，本民族谓之“油茶”。朱权在《臞仙神隐》中对“擂茶”制法的叙述是：“将芽茶汤浸软，用炒熟芝麻擂细，放川椒末、盐、酥油饼，再擂匀。细如乾，旋添茶汤。如无油饼，斟酌以乾面代之。入锅煎煮，随意加生栗子片、松子仁、胡桃仁。如无芽茶，用江茶亦可。”这种饮茶方法延续至今。同时，茶在生活中也被赋予了特殊的文化含义。如藏族群众把茶和幸福连在一起，认为有茶就有欢乐，有欢乐才有幸福。有的牧区把砖茶和牲畜等同，视为拥有财富的标志。各民族也将茶作为礼的载体广泛应用于社会礼仪，如客人临门以茶相待，走亲访友送茶为礼，尊祖祭神以茶为祭品等。

3. 汉族与少数民族的饮食习俗

明代前期，饮食方面倡导节俭。明代后期，四川各地饮食风气由俭而奢，豪吃豪饮，越礼逾制，士大夫放纵声色，市井平民追逐享受。清欧阳直《欧阳氏遗书》载：“宴集：淡泊是鄙，丰腴相尚，池糟林肉，海错山珍。”“烹宰：则只图适口，不惜物命，刳剔极殄极虐，炮炙极怪极惨。”其穷奢极欲，可见一斑。

此时的岁时节庆与元代相仿，据明嘉靖《云阳县志》记：“岁时之礼”有“正旦拜贺，元夕观灯，清明、十月朔日俱拜扫，端午蒲觞，重九登高，冬至祀先。”有的名称与元人费著《岁华纪丽谱》中的岁时民俗“正旦、上元、清明、端午、重九、冬至”相同，活动亦大同小异。按月开市的旧俗也得到恢复。杨升庵《药市赋（并序）》中引李膺《益州记》说：“成都有三市，曰蚕市，曰七宝市，曰药市也，周岁而匝焉。蚕市以清明，宝市以七夕，药市以重九。”但，游宴民俗，因战争和政府禁止则绝迹了。

明代以前，有关四川少数民族饮食文化的史籍记载较少，明代以后逐渐增多。如，万历间建昌道佥事范守已《九夷考》和曹学佺《蜀中广记》中，对明代四川地区几个少数民族的饮食习俗作了较明确的记述。

彝族：据《九夷考》记建昌地区各地“倮倮”（彝族人的一种自称）社会发展水平不一，饮食水平存在着差异。居于半山或河谷的彝族，以农业为主，兼营牧业。“开种山地，收取杂粮为食……宴会与麽些（今纳西族）相同。”“刀耕火种，喜猎，饮食以荍（qiáo，同荞）面作饼，以菜作羹。宴会撒松毛铺地，盘膝

① 林孔翼、沙铭璞：《四川竹枝词》，四川人民出版社，1989年，第173页。

坐食。待汉人以矮小桌凳。男女分席而坐。杀猪用火烧去其毛，以生肝蘸椒盐食之。泡咂酒饮之。器用木碗木杓，筷用竹签。”另《蜀中广记》卷三四亦记，“倮罗”（同“倮倮”）刀耕火种，性喜猎，“饥食荞麦饼”，“酒席铺松毛于地，盘脚坐松上，……木碗木杓即其器皿也。食肉以竹签为箸。”高山彝族却以牧猎为主。《蜀中广记》曰，明初越嶲卫邛部长官司所属一些地方“高山峻岭居十之九。地土瘠薄，不产五谷，惟畜养牛马，射猎以供饔飧。”

“么些”（同“麽些”）：《九夷考》记，“居荒村，种莜麦及青稞食之。畜犏牛山羊为生”，“饮食以青稞、莜面、牛羊、酥乳、煎茶食之”，“宴会以牛羊猪肉，或剁碎或烧煮半熟为食。青稞莜麦为酒。……杀猪带毛压扁名曰猪膘。”《蜀中广记》卷三四中记，有么些夷“青稞、荞面、乳饼、酥油、煎茶充饥，病不服药，杀猪羊祭鬼求安。婚姻亦以牛羊为礼。”

“咱哩”（明代蒙古人）：《蜀中广记》载，“宴会酒食烧肉，咂酒颇同西番。多黄白二酒。”

回族：《九夷考》记述了四川凉安宁河流域的回族：“不食驴、骡、猪肉，其牛羊与鸡、鹅、鸭必自杀乃食。……死丧食肉，但不饮酒。……每岁清明用麦饼祭扫……每年轮转一月，阖家男女清斋，白日不食，待星上方食之。”

“摆夷”（傣族先民）：《蜀中广记》记其居深山，尚过着原始生活，“饮食捕鼠作鲊，捕鱼煮汤或杀鸡犬并捞水中青苔作酸为羹。”《蜀中广记》还记，在会川卫境内（今会理县），有“白夷”（即“摆夷”），其“饮食凡草木无毒者，六畜外鼠、蛇、蛙、蝇及飞生虫，皆瀹食之。谚云：青青白夷菜，动动白夷肉”。

藏族：川西北高原牧区藏人以畜牧业为主；而生活在山坡河谷农区的藏人“其土地膏腴，山川秀丽”，主要从事农耕，兼营少量牧畜。其农作物有青稞和小麦。《蜀中广记》载，在阿坝松潘地区，“多种青稞、圆根。好用羶羊麦粉”。在宁番卫辖区内（今冕宁县），“食以青稞磨面作饼，酥油煎茶为饭。……酒席泡咂酒，杀牛羊肉食之”。

羌族：世居岷江上游，他们在适宜农耕之处，以耕稼为主，兼营牧业，“春耕秋获，一如内地”。顾炎武《天下郡国利病书·蜀中边防记》中记录了，羌区农作物以青稞为主，土产有牦牛、犏牛、马鸡、酥油、麝香、香猪、白蜜等。

土家族：据《蜀中广记》卷三八载，酉阳宣抚司（今属重庆）“人分三种，曰犵獠曰冉家曰南客，暖则捕猎山林，寒则散处岩穴”；平茶长官司（今属重庆）“性好捕猎，火炕焙谷”；石耶长官司（今属重庆）“人织斑布以为衣，佩长刀而捕猎”；邑梅长官司（今属重庆）“用木浪槽为臼而舂稻粱，沥苦蒿水代盐而鲊宿肉”。《蜀中广记》又记，石柱宣抚司辖境（今重庆市石柱县）内，“**其山冈沙石，不通牛犁，唯伐木烧畲以种五谷。**”可见明代川东南的土家族以农业为主，辅以渔猎。饮食以谷饭为主食，已有做鲊肉的习俗。鲊肉是土家族的特殊饮食习俗，也一直延续至今。

第二节　云贵桂地区经济发展文化成熟

明朝的统治长达277年，是今云贵桂地区历史发展的重要时期，饮食文化也进入一个相对成熟的阶段。明代云贵桂地区的社会经济发展水平与内地的差距明显缩小，同时更多地融合了内地的文化与习尚。尤其至明代中期，贵州成为单独的一个省，在贵州历史上具有划时代的意义，这是当地社会及经济发展的必然结果。广西经济也有了新的进展。

一、军户移民与云贵桂经济的全面发展

1. 移民增多与云贵经济的全面发展

军事性移民促进了屯田的发展。据《明实录》，洪武（公元1368—1398年）中后期明廷调兵入滇约十次，人数约25万人，连同原来的驻军，常年守滇的军队约有二三十万人。明代卫所军人许带家眷，常年驻守各地。以一军户平均有三口人计算，守滇的军人及其家眷约有七八十万人，而驻守贵州的军人及家属约有43万人。这就形成了云贵地区一次大规模的军事性质的移民。人数既众，口粮问题便十分紧迫。明人严从简《殊域周咨录》记，洪武十八年（公元1385年），朱元璋采纳了大学士宋讷提出治边当令驻军屯田，“**遇敌则战，寇去则耕，此长策也**”的建议，并规定守边军队三分守城、七分屯种，有力地促进了云南农业的发展。《明史·沐英传》载：“（沐）**春在镇七年，大修屯政，辟田三十余万亩，凿铁池河，灌宜良涸田数万亩，民复业者五千余户。**”贵州地区的军屯亦有发展。正统六年（公元1441年），贵州地区的20卫屯田的面积达95万余亩。除军屯外，还有由商人经营商屯，收粮交给官府，以换取盐引贩卖食盐；以及召募、征徙百姓屯田的民屯，但数量不多。明朝在云贵的大量驻军与屯田，形成大规模的经济开发活动，使明代成为云贵地区进步较快的时期，也使人口迅速增加，超过元代甚多。云贵地区的经济发展有如下方面的体现。

农田水利事业获得空前发展。明代云南最大的水利系统工程是对滇池流域的治理。正德《云南志》记，洪武初至正德年间，云南官府三次修治滇池，疏通修浚后溉田千顷。另天启《滇志》载，其他重要水利工程还有宜良县汤池渠、洱海疏浚工程、邓川州的弥苴佉江堤、石屏县的异龙湖引水工程、永昌引易罗池水灌溉的九龙渠、澄江府的漱玉泉堤、沾益州的交水坝与杨柳坝、楚雄府的梁王坝与城南堰等近200处，一些水利工程浇灌的田地，在1000亩至一万亩以上。

粮食产量大幅度增加。《明太祖实录》记，1388年，官吏奏报，云南都司储粮336007石。《明宣宗实录》，洪熙六年（公元1431年）总兵官沐晟奏报，云南都司上年军屯获粮492100石，可满足驻军11个月的供应，较洪武时增加46%以上。又据成书于正德五年（公元1510年）的《云南志》卷一，云南都司屯田粮折米806218石，较宣德时增加63%以上。谢肇淛《滇略》卷四说，云南丰年米价甚贱，即遇凶荒，斗米亦不及百钱，云南斗斛甚大，倍于其他地方。秋收时各处丰收，无复粮食转贩，足谷之家时时以此为苦，“至于市无乞丐，物无腾踊，安土乐业，数世不知迁徙，固依稀西方乐土矣”。

农作物的品种也明显增加。万历《云南通志·地理志》载，云南府所产稻谷，计有青芒谷、旱吊谷等18种，糯之属14种，黍秫之属 7 种，荞稗之属 4 种，菽之属10种，菜茹之属29种。天启《滇志 · 地理志》载云南府物产，计有稻谷21种，糯稻14种，另有种类甚多的黍荞、稗、麦、菽及菜茹、水果与药材。而贵州则以“香稻”驰名，许瓒曾《滇行记程》中记：贵州各地产米精绝，尽为香稻。炊之香白异常。

云贵等地的畜牧业与饲养业，较前代有更大的发展，马牛等大牲畜明显增加，饲养羊猪犬等极为普遍。各地养牛的数量大为增加。据《明会典》云南都司拥有的屯牛，洪武时为15284头；弘治时有耕牛15650头。民间饲养的耕牛还未统计在内。云南的产马地点遍及全省，饲养量很大，主要用于商贸活动中。云贵地区大量养羊，其中各地饲养山羊甚多。此外，还注重培育优良的山羊品种。猪犬鸡鸭是各地常见的畜禽。产粮地区养猪的数量甚大，如贵州安顺州、普安卫一带大量宰猪售肉，官府每年因此征税银50余两。明人何乔新《勘处播州事宜疏》记，播州（今贵州遵义）还兴办了专业养猪场，杨氏土司的领地即有11处养猪场。广辟水田的地区与临溪的村寨，则多养鸭鹅；普安州与毕节卫居民擅长养兔。

云南的水产种类繁多，其中淡水鱼类因肉嫩味美而知名者为数颇多。例如，“洱海所产工鱼，细鳞纤长，无鳞少骨，腹腴而味美。又如上关石穴在八九月产油鱼，较工鱼更小，而肥美过之，炙则膏溢。赵州所产丁鱼，细小如

图8-1　古代生苗“结伴渔猎图”（《百苗图抄本汇编》，贵州人民出版社）

图8-2　古代仡佬“溪流渔趣图”（《百苗图抄本汇编》，贵州人民出版社）

钉；螺则大如拳，有黄、卵及膏，待秋夏之交盈肆出售，颇受众人欢迎。金沙江有细鳞鱼，大者三尺许，肥甘异常。滇中澄江抚仙湖所产大头鱼、江川星云湖的康郎鱼，皆肉多味美，制鱼酢尤佳。滇池佳鱼亦多。如发鱼，带细发形如妇人，肥白无鳞。金线鱼，出晋宁牛恋乡岩洞下，仲秋之际，鱼群自滇池溯泉至洞口，渔人就洞口置笱捕之。长仅三四寸，细鳞修体，鱼脊有一线如金色，因此得名。煎以泉水，有膏浮于汤面，味极鲜美。滇池多有藻类，出细虾，渔人捕之晒干市售，价甚低廉，百钱可购一筐。渔人说亦有长数寸的大虾，但恐官吏诛求，多匿而私售。”①

贵州的居民亦喜食鱼。明代见于记载的鱼类主要有鲤、鳝、细鳞鱼、鲇、虾、鲦、鲫、金鱼、泥鳅、赤尾鱼、花鱼、青鱼、青背鱼与江斑鱼等，其中以镇远府的娃娃鱼、都匀府的鲥鱼最有名。明代广筑塘堰以后，人工养鱼逐渐增多。

---

① 倪蜕：《滇海虞衡志》卷一二，《杂志》，商务印书馆，1936年。

何乔新《勘处播州事宜疏》称：土司杨辉有渔塘13处，又占若干水塘为渔塘，不许人放水灌溉，即为一例。

明代云南制盐的规模进一步扩大。据《明史·职官四》记载，明朝在全国设有七处盐课提举司，其中四处在云南，即黑盐井（楚雄）、白盐井（姚安）、安宁（安宁）、五井（大理）。洪武时，云南盐课提举司岁办大引盐17800余引，岁入太仓盐课银35000余两。据《明实录》："滇南唯矿盐二课，为力滋大。"即将制盐业与矿冶业相提并论，可见滇南等地的制盐业较发达。

明代云贵地区茶叶的产量有所增加。贵州所产的优质茶可充贡茶。如嘉靖《贵州通志·土贡》记，贵州的贵竹司每年须贡茶芽十一斤二两余，全省岁贡茶64斤13两余，规定不得短少。《明太祖实录》载，洪武初，朝廷在四川永宁置茶马司，收购川南及贵州地区出产的茶叶。1398年，朝廷又下令贵州所产的茶叶大都就近纳送播州的茶仓，对茶叶进行了统一管理和售卖。

云贵地区的手工业趋向繁荣，品种繁多，制作精美。万历《云南通志》记载有"窑课"，说明云南生产瓷器达到一定的规模。《滇海虞衡志·志器》："凡铜器、玉器，以滇制者为美。如所产铜锣锅，其制如小盆卷口，旁有缀环之耳，上部有盖，能供二三人炊食，客旅便之。出门者亦背以行，人称'背锣锅'。"

云南城市的集市贸易经济繁荣。昆明为云南省人口众多、交易繁忙之地，元代即有"千艘蚁聚于云津，万舶蜂屯于城垠；致川陆之百物，富昆明之众民"的赞誉。明代昆明依时令、物产的繁盛，定期举办大型集市，如十月为酒市之期。昆明城东关、南关为商埠之地，列肆纵横。大理是滇西的重要城市，除每日进行交易外，还举办大型商贸集市"三月街"。明人谢肇淛《滇略·俗略》记，会期五天，届时全国的商贾皆来贸易，若长安灯市然。公元1639年徐霞客至大理恰逢"三月街"，亲睹其盛况。《徐霞客游记·滇游日记八》中称，演武场俱结棚为市，环错纷杂；北面为易马场，千骑交集；场中交易之物，多药、毡布及铜器木具，十三省物无不至，滇中诸彝物亦无不至。

2. 广西开始独立建制与社会经济的发展

公元1369年明朝建广西行省，以今桂林为省治，开始了以广西为独立行政区的历史。公元1376年全国废除行省，改称承宣布政使司，广西为全国十三布政司之一，下辖11府、48州、50县及四长官司。广西大致以今河池、忻城、上林和南宁一线为界，将广西划为东西两个部分。东部为诸民族杂居区，居民以壮族居多，瑶族、汉族次之；西部大致为壮族聚居区。这一时期，广西的经济平稳、持续发展，表现在如下几个方面。

农业有较大发展，种植作物品种繁多。粮食类有稻、麦、粟、黍、豆与荞等，以水稻为主。据嘉靖《南宁府志》，该府的稻谷有粳、黏、糯三种，粳谷有毛粳、六月粳与八月粳，黏谷有白黏、红黏、早黏、鼠牙黏、长腰黏与六月黏，糯谷有红糯、白糯、黄皮糯及银丝糯等21种。麦有大麦与小麦，豆类有黄豆、绿豆与龙爪豆等14种，荞有苦荞与甜荞。在正月、三月与六月，均有一至数个品种播种；五月至十月，每月有稻谷需收割。广西还引入玉米和番薯，改变了居民的粮食结构，也促进山区与边远地区的发展。所产稻米除供本地食用，还运销广东等地。清人亦说：广西所产的稻米，在两广地区居于首位；广东采买粮食须仰仗广西。明初钦州、廉州沿海产盐地划归广东，广西因此缺盐，于是两广相互调剂，广东食广西之米，广西则调用广东之盐。

积极兴修水利。对灵渠五年一大修、三年一小修，明代见于记载的修浚有六次。除灵渠外，还组织兴建其他一些水利工程。如1394年，朝廷凿通相距20余里的南流、北流两江，并设石质诸闸。公元1434年，组织军民修复临桂县七星陡闸15所。嘉靖时，组织百姓于左右江两岸开田一万余顷，同时修建了不少灌溉用的水渠。

明代广西的酿酒业颇为兴盛，酒的种类较此前也明显增多。如明人方瑜《南宁府志》载：南宁府有烧酒、黄酒与甜酒；明人谢君惠《梧州府志》载：梧州府有桑寄生酒、豆酒、蛇酒、法子酒、兴密酒、淋漓酒、竹叶青与乌山峡酒：明人林希元《钦州志》载：钦州有滴酒、白酒、过酒和烧酒等诸多种类。享名远近的梧州桑寄生酒，颜色清白，味颇清洌，晋代已有"苍梧竹叶青"之誉，明代质量稳定产量亦大，为宴会上必不可少的佳品，官私皆用之。家庭酿酒业在各地亦较普遍，人们多自酿自用，或酿造至集市出售。据谢肇淛《百粤风土记》：桂林靖江府所酿名酒甚多，"会城宗藩家多自酿"，酿成后以各家别号为酒命名，其种类不下数十种。

甘蔗、茶叶、烟草等经济作物普遍种植。宋代藤州、南丹、梧州等地已种植甘蔗，明代种植的面积更大，范围亦广，如明代《钦州志》记，钦州的甘蔗有青、紫两个品种，合浦人榨甘蔗"煎以为糖"。茶叶的种植与加工继续发展，据记载，广西年纳茶税达1183贯。中国原无烟草，传统说法谓明万历年间烟草始传入我国闽北一带，以后传到全国各地。1980年，广西合浦上窑窑址出土一批嘉靖中期制造的陶瓷器，其中有三件瓷烟斗，形状类似今广西农村使用的烟斗，证明在当时广西地区已种植烟草，从而把烟草传入我国的时间提前了数十年。[①]

---

① 郑超雄：《从广西合浦明代窑址内发现瓷烟斗谈及烟草传入我国的时间问题》，《农业考古》，1986年第2期。

城乡商业活动十分活跃。由于社会经济与交通业有较大的发展，形成了几个重要的商业城市。桂林为全省消费食盐的重要集散地，时人称“广南（明广南府，治今云南广南）商贩到，盐厂雪盈堆”。省外的各种商品也运至桂林等地交易。1429年，朝廷令全国33个城市增收店肆与门摊税课，桂林与今北京、南京、广州、开封、成都均名列其中，表明桂林的商品经济已达到较高的水平。梧州为广西省的水上门户，东盐入桂亦在此发放。明人李廷麟《三界祠记》载：梧州“人物繁庶，商船群众”。南宁则是桂南商品的重要集散地，华复蠡《两广纪事》说：南宁因人物众多、交易繁忙，人称“小南京”。柳州上承融江，下接今桂南与桂东，为广西中部水陆交通的枢纽，也是商业繁荣的重要城市。

各地城乡的墟市也有很大发展。据陈琏《桂林郡志》记载，景泰年间临桂县有圩场九处；《永乐大典》记，明初玉林州有圩场四处，博白县、兴业县各有一处。一些地方的墟市已达到较大的规模，定期赶集又称“趁墟”，如明人王济《日询手镜》记，横州有墟市100余处，每届墟市的贸易额在数十万以上。

二、融合吸纳发展的云贵桂地区饮食文化

1. 融有各地文化因素的云贵饮食风习

有关地方风习的重要著述。明代记述云贵地区社会习俗的著作有数种，如《滇略》《百夷传》等，若论内容之丰富与叙述之详细，当属谢肇淛的《滇略》。谢肇淛于明万历年间出任云南右参政，康熙《云南通志·名宦传》称其“博洽多方”，“郡邑士民德之”，可见他不仅有德政，而且为留心地方风物的一代名士。所作《滇略》十卷，叙述了云南的物产、民风、蛮夷与琐闻等。对后人了解明代云南的社会习尚，有十分重要的参考价值。

受中原影响的节庆礼俗。明代外来人口大量移居云贵地区，传播了中原的文化与习尚。据天启《滇志》卷三，记云南与饮食有关的节庆习俗如下：“逢春日，备春盘赏春，以饼酒相馈。若上元之夕，多设宴赏灯张乐。至二月三日，全城居民出谒龙泉观，还归憩于石嘴庄，为临江之饮。四月八日，浴佛并献乌饭。五月五日，悬艾虎、饮菖蒲酒，以角黍（类似于粽子）互馈。遇中元节，多祭先祖于祠堂。中秋节设宴赏月，以瓜饼祭月。重阳节，老少登高并赏菊，饮茱萸酒，以面簇诸果为花糕，亲识相互馈赠。过长至节，亲识之人相贺，喜食赤豆羹。逢腊八日，多作五味粥。念四日祀灶，送五祀之神。除夕夜燃爆竹，饮分岁酒，顺序先少后老，四更时喜迎灶神。”

以上的节庆食俗大多与中原相同，但有些食俗也具有地方特色。如《滇略》

说："元旦、清明、端午、七夕、长至诸节，云南百姓多做赤豆羹以食且互赠。"《滇略·俗略》中称："共工氏有不才子七人，死而为厉，性畏赤豆，故作羹以祛之。"逢元旦等节日云南人喜食赤豆羹，颇有中原远古的遗风。明《景泰云南图经志书》卷三中记载了昆明地区有以饵饮互赠的习俗。称该地百姓遇时令节庆，"必煮白粳米为软饭，杵之为饼，折而捻之，置之半月，盛以瓷盘致馈亲友，为礼节之至重。食饵饮之法，除折而捻之为薄饼，烧烤见黄、涂以芝麻酱即食外，还可制为砖型，覆以湿巾，可保存月余不坏。砖型饵食可切片或缕丝，既可与鲜肉、豌豆苗及腌菜共炒，也可稍蒸其丝后浇以肉汁，充当早食或作正餐，无不相宜，云南人视饵饮为家居所须臾不可缺。"

有些食俗亦体现了受外省文化的影响，在谢肇淛的《滇略》中有记，云南举办宴饮，进烹鱼然后撤席，人称湖南以西皆有此俗。谢肇淛则认为江浙一带亦然。江浙宴会烹鱼多至三四种，其末乃上一鲤，戏称为"春牛"，谓迎春之时，牛必居其后之意。广西亦有此俗。可见进烹鱼后撤席的习俗，主要是受江浙一带的影响。亦有由湖广、江西移民带来的饮食习俗。如湖北有一道家家皆喜的菜称"排骨煨汤"，所用砂锅、排骨、藕均极讲究。客人来访，主人不奉茶而端上一碗藕煨排骨以示欢迎。这与老昆明人喜以土锅煨排骨及藕的食法并无二致。

另外，清真饮食之洁净、味美，亦为云南人所津津乐道。清真饮食中的牛肉冷片，须取大块壮实的黄牛肉，微火煨煮多个时辰。待生熟适中取出稍凉，细切薄片装盘，佐以甜味之芝麻酱。寻甸牛干巴亦远近闻名，讲究以鲜壮的黄牛肉和盐细揉制成，挂通风处缓缓阴干。取自黄牛不同部位所制的牛干巴，亦各有其名

图8-3　云南清真寺的廊柱下

称，极佳者称“饭盒”，系取大块肌腱制成。食法或切薄片油煎，或切厚块上笼蒸透，皆味美回甘，佐酒下饭无不相宜。云南牛干巴的制法，融合了回、彝、汉等民族的饮食习惯，其口味亦为云南各民族所喜爱。

爱好洁净的云南少数民族饮食习俗。永昌（今云南保山）的西南面，主要为百夷（今傣族先民）所居。百夷举办筵宴，贵人上坐，其次以贵至卑，顺序列坐其下。“先奉以茶并蒌叶、槟榔啖之，以次进饭，之后上酒馔。每客必有一仆持水瓶侧跪其旁，侍客漱口、净手而后食，食毕复进如前。烹饪食物有蒸、煮或炙诸法，多精洁可食。酒则烧酒，茶则谷茶，饭则糯米。饮酒以杯或以竹筒，酒与食物必祭而后食。酒宴初始，必起一人大噪，众人和之，如是者三轮，乃奏乐。食不用匙箸，以手搏而啮之，所啖不多。亦喜食榨取果房与嫩树叶汁酿造的‘树酒’，善以竹笋制醋，味颇香美，腌酢则味不佳。”①其言百夷食不用匙箸，实为南方一些少数民族中常见的习俗。一法是就食者以手抓取米饭，在芭蕉叶或竹篾上团成块食用，另一方法如元人马端临在《文献通考》中所形容：“性好洁，数人供饭一盘，中植一匕，置杯中其旁，少长共匕而食。探匕于水，抄饭哺许，搏之盘，令圆净，始加之匕上，跃以入口，盖不欲污匕妨及他人。”明代田汝成《炎徼纪闻》卷四称此种聚餐为“罗罗聚会”，列坐无几席，食饭用前述之后一法，食毕必涤舌刷齿以为洁。

以山野菌类为特色的饮食向精细化发展。云南地区的知名野菌有鸡㙡、干巴菌、松茸、牛肝菌、青头菌、羊肚菌、猴头菌、蜜环菌、鸡油菌、灵芝和竹荪等。云南人视鸡㙡为菌类中的极品，称其优点是既肥且嫩，味特清甜。清代田雯《黔书》：“鸡㙡菌，秋七月生浅草中，初奋地则如笠，渐如盖，移晷纷披如鸡羽，故名鸡，以其从土出，故名㙡。鸡㙡盛产于云南，尤以永昌永平所产甜美且多，当地官吏索要之，动辄数百斤。此物于六月大雷雨后出于山坡沙土，或在松树之下，或在丛林之间，不一而定。出土一日即须采，此时朵小而嫩，若过五六日即烂”。民间有“鸡㙡必三窝”之说，谓发现鸡㙡以后，后二三日前往寻觅，仍可采集附近的两处鸡㙡，过三乃止。鸡㙡采后须洗所附泥土，以盐煮烘干，若见炊烟即串味不堪食。采后未洗而过夜，则香味俱尽，因此采集甚难。鸡㙡的食法有多种，可炒食、煮汤，若与菜油同熬为汁以代酱豉，尤为美妙。②

① 谢肇淛：《滇略》卷九《夷略》，中华书局，1969年。

② 谢肇淛：《滇略》卷三《产略》，云南民族出版社，1999年。

图8-4　古代仡佬“嗜酒贪杯图”
（《百苗图抄本汇编》，贵州人民出版社）

2. 广西主要民族的饮食文化仍无明显改变

明代对广西少数民族的饮食习俗亦有了解。广西的瑶人主要分布在桂东各府，以柳州、浔州、平乐相连地带的大藤峡最为密集。明人田汝成《炎徼纪闻》记，居住边远地区的瑶人，饮食多以粟豆及牛羊肉杂煮，因以为餐；若数量不足，则赶山射兽以为补充。瑶人流行酿酒，人们时时以沉醉为乐。山区壮人的生活水平与饮食习俗比较简约，据《炎徼纪闻》载，山区壮人与瑶人杂处，其风俗略同，饮食、居处十分简陋，抟饭掬水而食。以茅草盖居舍，置木板为楼阁，人居其上，下部则畜牛羊猪犬，称为“麻栏”。其生活习俗与元代相比，无明显的改变。

第三节　宋元明时期的西藏地区

一、汉藏贸易的发展

藏族地区分裂割据的局面，经历了从公元843年至1279年期间中原王朝的晚唐、五代十国、北宋、辽、西夏及南宋的历史时期。这一时期吐蕃境内经常发生平民和奴隶的大暴动，形成千百家各为聚落的割据局势。而佛教在这一段期间内也在吐蕃力求复兴和发展，在藏族历史上产生日益深刻的重要影响。

1. 宋代吐蕃农牧业的大发展及茶饮兴起

宋代的吐蕃，封建制的经济形态逐渐确立，农牧业经济有了重大的发展。农民直接占有小块土地已经相当普遍。重要的是，此时吐蕃境内已明显出现了封建“溪卡（庄园）”，农奴可以拥有一部分在溪卡中生产的粮食及其他劳动成果，农业生产的经营已有薅草积肥等精耕细作的技术，也形成了亲族邻里相互支援的互助风尚。雅鲁藏布江流域各主要农业区早在志共赞普时期就已掌握了中耕、施肥等技术。各地区也出现了一些农牧土特产品，如卫藏的粮食和氆氇、阿里的牛羊、藏北的马、工布的骡等，其交换关系也较前进一步扩大。

唐末宋初西藏开始普遍饮茶。据《宋史》记载，太平兴国八年（公元983年）汉藏边境有小额的茶叶贸易，熙宁六年（公元1073年），宋朝置市易司于兰州，以后在熙、河、兰、湟等地设置机构，于黎、雅两州置博马场，是为“茶马交换之始。”在公元11世纪前后，茶叶已经通过种种渠道大量运进西藏。在西藏的上层僧侣、贵族与头人间，茶叶已由药用变为饮用，而且饮茶成风。此后，饮茶习俗在民间扩散开来。茶马贸易建立了藏汉人民在经济上相互依存、相互支援的关系，对促进吐蕃农牧业的发展和改善藏民生活、增强汉藏人民的团结都起了积极作用。

2. 元代汉藏贸易的发展

元代，西藏地区封建农奴制生产方式的确立，带来该地区生产发展的新局面。雅鲁藏布江流域是西藏的主要农业区，这里分布着许多农村居民点，主要农作物为青稞。青稞既是当地藏民的主要粮食，也是岁贡的贡品。其他地区则是以畜牧业为主。这一时期，随着藏区与内地联系的加强，生产的发展，贸易也随之繁荣。

元代的藏汉贸易主要通过两种渠道展开：一是元朝政府对藏区上层僧俗的赏赐。他们以贡赐为名，携带各种货物从事商贸活动。二是藏汉民间自由互市，这是大量的、经常性的商贸活动，也是西藏与内地的主要贸易形式。藏汉民间贸易主要是在川藏、西北藏区和滇藏三个藏汉边境地区进行，它们是藏汉经济文化交流的主要渠道。各个市场商品交换的品类皆具特色。

川藏边境的藏汉贸易。元代，在川藏的黎雅和松潘市场上，汉商是以“西番茶”为主体，辅以红椒、绸、绢、布帛以及各种生产工具和生活用品，藏商则以畜产品、土特产品和药材进行交换。

西北地区的藏汉民间贸易。甘、青藏区历来畜牧业发达，自宋代即是茶马互市的另一通道。元代，甘、青、藏的藏商及邻近的藏民将各类畜产品、土特产品及牛羊杂畜与川、陕的汉族茶商、汉人交换茶叶、布匹和各种手工业品等，以满足各自之需。由于这一渠道也是元朝使臣和藏区上层僧俗进出京城的通道，所以还存在以贡赐为名的商贸活动。

滇藏民间贸易。元代的滇藏民间贸易很活跃，从云南输入西藏的主要商品有茶叶、副食品、手工业品和装饰品，以及铜和铜器。西藏输入云南的主要是畜产品和名贵中药材。滇藏贸易的主要市场是丽江和云南藏区的德钦等地。

元代的藏汉贸易，对沟通边疆与内地的经济联系，促进藏族地区社会经济发展，满足藏民生活所需，推动各民族之间经济文化交流，改善民族关系，加强民族团结，都具有重要作用。①

3. 明代藏区社会经济的繁荣

明代的藏区仍以农牧业为主要生产方式，农作物有小麦、青稞、荞麦等。明代帕竹政权的第一代第司强曲坚赞，兼并卫藏地区各万户领地，以“溪卡（庄园）”为单位，分封给下属贵族。地方政权重视属民的生产，对封建农奴庄园制度予以扶植，提倡种树，奖励垦荒，并经常派人到各庄园巡视、检查生产情况。明代各卫所的藏族土民和屯军共同垦种，推广了粟麦种植，在西南的鱼通（今四川康定一带），人们种植水田、旱田；在乌思藏的泽当，人们从事开垦、植树。

明代是西藏与内地交通史上的一个重要发展阶段。明政府为了进一步发展西藏与内地的经济交流，修复了青藏、川藏驿道，新修了商道（即茶道），使它们成为联系藏族与内地各族人民的纽带，促进了藏族地区生产的发展，密切了藏族与汉族等各民族之间的经济、文化联系。

明朝中央政府利用藏族和西北其他民族“嗜乳酪，不得茶则困以病”的特殊生活习惯，在河州（宁夏）、秦州（天水）、洮州（临潭）、岩州（松潘）等地设茶马司，储存大量茶叶，专门换取马匹，其目的是“以茶驭番”，同时成为汉藏民族贸易的重地，对发展经济、加强民族友好和团结合作起了积极的促进作用。

① 陈汎舟：《略论元代藏汉民间互市》，《四川藏学研究》（三），四川民族出版社，1995年。

二、多民族融合的饮食习俗

1. 宋代西藏地区多民族融合的饮食习俗

据《宋史·吐蕃传》载：西蕃也食用“**五谷**”，“**喜啖生物，无蔬茹、醯、酱，独知用盐调味，而嗜酒及茶。**”《西藏见闻录》中亦载，其茶熬极红，和以盐及酥油。食前先饮茶数碗，继以糌粑调和，手捻而食之。糌粑是用炒熟的青稞粉制成。土语呼酒为“呛”，藏地有青稞烧、牛乳酿等诸种，但尚不知酒曲，酒味俱辛辣而不醇。也有一部分“**以牧放射猎为生，多不粒食**”。《能欧斋漫录·羌俗不食鱼》中记：宋时，在吐蕃和党项地区有的藏人不食鱼，“**鱼大如椽柱臂股，河中甚多，人浴波间，鱼驯驯不惊避**”。宋王韶攻占熙河，“**始命为网，捕以供膳，其民相与嗟愕曰：孰谓此堪食耶？**”至宋，吐蕃人还喜茶、酒。由于党项游牧之人以食肉为主，茶是帮助消化的重要饮料。宋人洪中孚《宋金要辑稿》中言及：“**蕃部日饮酥酪，恃茶为命**”，以至成为其“日不可阙”的生活必需品。饮酒仍是吐蕃人极重要的生活情趣，《文海》中专门有一条“酿酒”，王部在通远军（吐蕃、党项杂居之地）曾收蕃部酒坊三十余处，说明吐蕃人已有专事酿酒的作坊。

吐蕃王朝极盛时称吐蕃本土以外的藏族为“大蕃”，“大蕃”所居即今甘、青、川、滇等藏族聚居地区。在吐蕃建政以前，原居羌、蛮诸部。吐蕃占据以后经营百余年，有大量蕃人迁入定居。所以这部分“蕃人”的生活习俗应与吐蕃风俗相同或相类。如党项羌为羌的一支，唐宋时期居住于今青海东南部、甘肃西南部和四川西北部这一范围内。《宋史·宋琪传》称：“大约党项、吐蕃风俗相类”，这个“大约”与“相类”的一部分，很可能就是进入党项族内的羌藏系统部分，也是藏族很重要的一部分。①以此，我们可以从宋代党项饮食习俗中得到一些关于藏族饮食习俗的佐证。

在党项居地，地瘠产薄。他们虽然已由游牧转向农耕生产，但因气候、环境等因素，仍以采集作为生活的补充。曾巩《隆平集·西夏》中说：“**西北少五谷，军兴，粮馈止于大麦、荜豆、青麻子之类。其民则春食鼓子蔓、醎蓬子，夏食莚蓉苗、小芜荑，秋食席鸡子、地黄叶、登厢草，冬则畜沙葱、野韭、拒霜、灰蓧子、白蒿、醎松子，以为岁计。**”从上述可知，作为食源补充的植物，都是青藏高原河谷地区各季节生长的野菜，党项居民由于生产的粮食尚不能充分保障一年四季的饱腹所需，不得不靠采集一些野生植物充主粮。如登厢草是一种野沙生的

---

① 汤开建：《党项风俗述略》，《藏族史论文集》，四川民族出版社，1988年，第136页。

草粒子，细如罂粟，堪作饭，俗名登粟，又名沙米。《太平寰宇记·河东道》记道，有相当一部分党项游牧民除了“食以白麦印盐”外，还食以牛羊肉及乳酪，《文海》中有乳酪、乳制食品、奶酥、奶油、奶浆、烧肉、烤肉等条，文州（今广西境内）羌人的牦牛酥号称“绝美”。而且在《宋史·夏国传》中还记有“割鲜肉而食”的习俗。党项人喜酒，《太平寰宇记·河东道》中将开怀畅饮的聚会称之为“酒醴之会”。

2. 元代藏族与蒙古族饮食文化的交流

这一时期的藏族饮食资料十分匮缺。我们可从蒙古族和藏族饮食中诸多相似或相类的习俗现象，探讨两个民族饮食文化的相互影响。

在元代，蒙古族的饮食文化已十分发达。是时，蒙藏民族关系的范围十分广泛，它涉及蒙藏两个民族社会生活的方方面面，从政治、经济、宗教、文学、医药，乃至习俗、服饰等，都可以看到两个民族文化交往深入的程度，从而促进了西藏文化的发展。这种发展可以说是在吐蕃王朝之后达到的第二个高峰。其中，对饮食文化也产生了许多影响，但有关蒙藏关系在饮食方面的记载却十分缺乏，我们只能从后世的一些现象中加以分析、推理。

例如，蒙古族与藏族都将以奶为原料制成的食品称为“白食”，以肉类为原料制成的食品称为“红食”，而且有共同的奶制品酸奶、奶酪、奶渣、奶皮等。再如，蒙古族的“手扒肉”与藏族的“手抓肉”，做法都是将带骨牛羊肉分成若干大块，放入白水中清煮，刚煮熟即捞出，置于大盘中上桌，用刀割肉吃。又如，蒙古族和藏族都喜欢吃纯血灌肠，也是他们节日待客的美味佳肴。他们都在冬季制作风干肉，既可防腐，又能保持肉的新鲜色味。还有，蒙古族与藏族在饮奶或饮酒前，都有先用右手无名指在碗里蘸三次，弹三次，以示对天、地、神敬奉的饮食习俗。

饮食习俗是世代相传的文化现象，在发展过程中具有相对的稳定性。元代藏族与蒙古族在各方面得到了深入交往，产生了许多相互间的影响，尤其在饮食方面的相互影响最大，并延续后世。

3. 明代藏区饮茶习俗的发展

明代藏族的饮食习俗资料也极少，从文化习俗的传承规律看，明代沿袭了元代的习俗。史籍中点滴记载的，是有关茶与酒的信息。茶和茶碗自唐代传入西藏后，烹茶技术也逐步传入藏地。明代已有达仓宗巴·班觉桑布撰写的鉴别茶叶好坏及介绍茶道的《茶叶的种类》专文。该文记载了制碗的技术和鉴定优劣的方法。他将内地运到西藏的碗分为8组16种，列举出直接由内地传入的几个名碗，其中明成祖分别赐予大宝法王和大乘法王的一大一小两个青花瓷碗甚为名贵，其样式在藏地十分盛行。说明饮茶习俗在西藏得到发展。

在三江流域（澜沧江、怒江、金沙江）酿制葡萄酒有很长的历史，《明实录》记载：洪武七年（公元1374年）康区谷日地方酋长以所造葡萄酒来晋献，其地“旧有造葡萄酒户三百五十家”。可见，这一藏区曾有酿制葡萄酒的专业户，而这些酒亦主要是供西藏上层所需而生产的。

第九章　清朝时期

第一节　川地的经济发展与川菜体系的形成

清初，清王朝制定“安民为先”“裕民为上”“便民为要”的治蜀方略，针对四川战乱后田园荒芜、城郭无烟、人口殆尽的状况，采取了移民实川、招民垦种、轻徭薄赋等政策措施，在巴蜀地区形成了第二次“湖广填四川”的移民大潮，对重塑四川社会结构、繁荣城乡经济、推动文化融合，提高人口素质等各方面，都产生了巨大而深远的影响。①

一、第二次移民潮与川地的经济发展

1. 明末清初的第二次“湖广填四川”及其积极作用

由于长期战乱和瘟疫横行，四川人口锐减，社会经济遭受到大破坏。《清世祖实录》载：“蜀省有可耕之田，而无可耕之人。”《四川通志·户口》记，“丁户稀若晨星”。因而，在继元末明初第一次“湖广填四川”之后，明末清初开始了第二次“湖广填四川”的大规模移民，入蜀人口约达100万人。此次移民从顺治末年（公元1661年）开始，至雍正五年（公元1727年）宣布停止移民止，前后延续60余年，实际上延续至乾隆中叶。是时，湖广、江西、陕西、福建、广东等10余个省无地少地的农民大规模入川，清政府规定：“各省贫民携带妻子入蜀开垦者，准其入籍。”大量移民入川后，使外省人数远超四川本土居民，其中以原

① 吴康零等:《四川通史·清》，四川人民出版社，2010年，第3页。

籍为湖广的比率最大，故称“湖广填四川”。

这次移民为四川带来了诸多益处。

第一，解决了蜀地劳动力不足的问题，保证了生产发展。入蜀移民中绝大多数是无地少地的贫苦农民、城镇贫民和小手工业者，也有少数原来就是地主、富商。贫者垦地，富商中有的继续经商，有的投资开矿办厂，有的则置田买地经营农业。对农业的恢复与发展起了促进作用。

第二，发展了农业、养殖业，促进了经济繁荣。从雍正年间（公元1723—1735年）开始，四川所产大米除满足本省需要外，尚有大量商品粮运销湖北、江苏、浙江、云南、贵州诸省。四川成为全国主要的水稻产地和粮食输出地区。王庆云《石渠余记》载：“各省米谷惟湖广常有余粟，江西次之；及四川生聚开辟，于是川米贯于东西，视楚米尤多。”养猪更是普遍。乾隆《荣昌县志》记，川东一带，惯养荣昌猪种“白豕”（丘陵型），民谚常说“白毛猪儿家家有”；川西一带，则侧重饲养黑猪（平原型）。四川逐渐以“粮、猪安天下”。甘蔗、茶、烟草、柑橘等经济作物的种植面积不断扩大，商品化程度提高，社会经济逐渐从恢复走向繁荣。

第三，促进了民族地区果蔬种植业的发展。如康熙年间，移居甘孜巴塘的汉族和回族逐渐增多，主要从事商贩和手工活动，至清末达80多家。他们保持浓厚的汉、回习俗，当地并称为“八十家汉商”。他们定居巴塘后，推广铁制农具、精耕细作，改变了之前以牧业为主、刀耕火种的生产状态。引入各种蔬菜品种，通过培植和推广，至清末已种植有葱、蒜、韭菜、芹菜、茄子、莴苣和瓜豆类等多品种蔬菜。同时引进桃、李、杏、梨、葡萄、石榴、核桃等多种果树，尤其是培育出了不同品种的苹果树，家家栽种，每至春秋季节硕果累累，使巴塘享有“苹果之乡”的赞誉。①

第四，使四川人口结构发生变化，同时移民也带来了外省的高产农作物，从而推动了经济与文化交流。乾隆时杨燮所写百首《锦城竹枝词》中，就有“**三界交处音尤杂，京话秦腔默德那。**”“**大姨嫁陕二姨苏，大嫂江西二嫂湖。戚友初逢问原籍，现无十世老成都**”的诗句，这是各地移民入川后，文化交融的民情实录。而来自福建、广东的移民带来了适合于丘陵和山区种植的高产粮食作物红薯，其他地区的移民又带来了玉米、马铃薯等高产作物，并开始广泛种植。乾隆《涪州志》载，“**田种稻禾，山种杂粮，相资为用**”，使广大深丘陵和山区的人口

① 四川省政协文史资料委员会编：《四川文史资料集粹》第五卷《巴塘“八十家汉商”的由来和演变》，四川人民出版社，1996年。

分布状况和生产面貌都发生了重要变化。

2. 高产农作物的引进与粮食产量的增长

四川传统水稻品种有粳稻、黏稻、糯稻三种，广种于四川各地。在偏远的石砫厅（今属重庆），还出产一种独特的香稻。据乾隆《石砫厅志》载，这种香稻唯产自悦来寺院，“呈阴色，晶亮。煮饭时香气扑鼻，馥溢四邻。成饭后如油拌，糍糯胜过糯米”。小麦也是四川传统的粮食作物之一。在清代，为了提高土地的复种指数，充分发挥四川气候温和、土地湿润的地利优势，普遍推行种植小春作物。在当年水稻收获后，即接种豆麦，大大增加了粮食品种与产量。

清代四川农业的一个重大变化是引进与普遍种植了玉蜀黍、红薯和马铃薯等耐旱高产作物，据光绪《奉节县志》卷十五：“苞谷（即玉蜀黍）、洋芋、红薯三种，古书不载，乾嘉以来渐有此物。然犹有高低土宜之异。今则栽种遍野，农民之食全恃此矣。”这不仅增加了四川地区粮食作物的品种，而且有效地解决了历代未能解决的人地矛盾问题。自此以后，它们成为四川粮食生产的重要组成部分。

据考，玉蜀黍在明末传入我国，于清代康熙二十五年（公元1686年）传入四川，并在四川山区广为种植。四川最早种植红薯的时间是在乾隆初年，地区在川西成都、双流等地。从乾隆张宗法著《三农纪》辟专节讲述红苕（即红薯）栽种来看，至迟在乾隆二十五年（公元1760年）前，川东、川西、川南、川北等地的30余县已普遍种植了红薯。至嘉庆道光时期，红薯已遍植全省，连会理、冕宁、西昌、越西、苍溪等边远地区也已大量种植。红薯除了作为粮食食用外，还能酿酒、制糖，对中国人饮食结构的变化起到了重要作用，具有重要的饮食文化价值。嘉庆时吴其浚《植物名实图考·阳芋》记，阳芋（亦作洋芋）为黔滇有之，“闻终南山氓种植尤繁，富者岁收数百石”。从道光《城口厅志》所记洋芋“厅境嘉庆十二、十三年始有之”的情况看，嘉庆道光时期，四川周围的丘陵和高山已较普遍种植，并逐渐成为清代四川人民特别是山区人民仅次于红薯的重要粮食作物。①

高产粮食作物玉蜀黍、红薯和马铃薯的引进，一方面全面缓解了四川人口增加和食物生产之间的矛盾，为社会经济的全面恢复奠定了基础，推动了农业商业化和农产品市场化的发展；另一方面，为农村家禽、家畜生长繁殖提供了饲料，为城乡肉、禽、蛋市场的繁荣兴旺创造了条件。

① 陈世松、柯建中、王刚:《四川通史》第五册，四川大学出版社，1993年，第222页。

3. 制盐业兴盛发达，自贡因盐而兴

四川盐生产有着悠久的历史，为恢复被战争破坏的井盐业，清政府采取了不同于以往官府控制的办法，使它成为一个自由产业。清政府采取了减免盐课、禁止勒索；自由开凿、自煎自卖；井灶盐斤、清厘核实；变通引目、余引酌发；盐引行盐、裕课便民；严禁侵冒、方便调剂等一系列政策措施，放宽了对四川井盐业生产的重重束缚。使盐业生产得以快速发展，逐渐形成了蓬溪、射洪、南部、阆中、嘉定、犍为、富顺、荣县和云阳等几大盐产区。乾隆二十三年（公元1758年），四川盐井达8336眼，年销盐1.6亿多斤。乾隆中叶以后，自贡盐业发展迅猛，与犍为、乐山一起成为四川两大盐业生产中心。

在盐业生产的发展过程中，四川井盐生产技术有了重大革新。三代井盐钻井技术在自贡地区得到发展和完善，包括钻井技术、治井技术、采卤技术等方面。至道光十五年（公元1835年），四川的盐业发展达到了新高峰，自贡人运用简易材料和高超的钻井技术，凿成了世界上第一口超千米的深井（1001.42米）——燊海井，创造了世界深井钻探的新纪录，标志着我国古代井盐钻井技术的成熟，在人类钻井史上占有重要的一页。至19世纪末，只靠畜力汲卤已不适应生产发展的需要，四川开始采用机器进行生产。1902年前后，商人欧阳显荣将其在汉阳设计制作的汲卤机车运到自流井的“石星井”试用，开创了四川第一部蒸汽汲卤机的先例，也是四川盐业生产向近代机器生产转化的标志。这些技术的改进和发明，有力地推动了四川盐业生产的发展。由于川盐畅销，大批商人投资盐业，使盐产量迅速增长。光绪三年（公元1877年）仍年产盐290余万担（即14.5万吨），除销售省内10余个州县外，还远销湘、鄂、滇、黔四省的100余个州县。

盐业的发达，使得一些城市因盐而兴，如自贡在该时期因盐业的发展壮大，居民多以从事盐产业为主，遂成为著名的盐业城市。据史籍记载，“担水之夫约

图9-1 燊海井灶房（“四川文物编辑部”提供）

图9-2 燊海井大车房（“四川文物编辑部”提供）

图9-3 燊海井碓房（“四川文物编辑部”提供）

有万”，“盐船之夫其数倍于担水夫，担盐之夫又倍之”；“盐匠、山匠、灶头，操此三艺者约有万”；“为金工、为木工、为杂工者数百家”。[①] 盐业生产的盛大场面令人叹为观止，其人有司井、司牛、司车、司篾、司梆、司漕、司涧、司锅、司火、司饭、司草，又有医工、井工、铁匠、木匠；其声有人声、牛声、车声、梆声、放漕声、流涧声、汤沸声、火扬声、铲锅声、破篾声、打铁声、锯木声；其气有人气、牛气、泡沸气、煤烟气。“气上冒、声四起，于是非战而群嚣贯耳，不雨而黑云遮天。”温瑞柏《盐井记》感叹道：“一井若此，千井若何；一时如此，四时若何！”其兴盛景象跃然纸上。同治《富顺县志》所载自流井“上五档”有盐井1707眼，每井平均58人计，仅自流井即有8万余人；加上贡井地区，民国初年林振翰《川盐纪要》的估计是：“自、贡两场毗连，业盐劳动家不下十万余人，牛马亦过数万匹，诚吾国唯一之大工场也。”故记载常称盐厂之人或以万计，或以数十万计。人口越聚越多，商业极为繁盛，盐号林立，锦绣繁华。每当夕阳西下，粉黛笙歌，洋洋盈耳；金融活动，现金流通，商贾摩肩接踵，其富庶甲于蜀中，成为川省精华之地。

因盐而兴的城市，在四川除自贡外还有井研县、云阳县、巫溪县、五通桥等。而自贡是自东汉年间就开始盐业生产的城市，因盐而生，因盐而兴，因盐而荣，成为富庶甲于蜀中的川省精华之地，最终走完了因盐设镇、因盐设县、因盐设市的过程，成为中国最大的井矿盐生产基地和西南重要的工业城市。1987年，自贡以其特有的悠久卓越的井盐文化、丰厚的文化积淀，被命名为第二批中国历

① 彭久松、张学君：《我国古代地质钻井史概说》，自贡市盐业历史博物馆：《四川井盐史论丛》，四川省社会科学院出版社，1985年，第40页。

史文化名城。

4. 蔬菜品种多，调味品资源丰富

发展至明清，川蔬菜的种植品种极多。李调元《峨眉山赋》罗列的蔬菜品种就有荠菜、茄子、扁豆、侧耳根、姜、薤、葱、蒜等，还有雪蛆、龙颠菜、地蚕、树鸡、木耳、石发等特产。有的将粮食作物也纳入蔬菜系列，例如芋被广泛种植，并从粮食作物扩展为蔬菜品种。由豆子制成的豆制品在这一时期发展为多种菜肴，如豆腐、豆腐干、豆腐皮、豆腐条等。山珍也是菜肴品类中的常见菜，如竹笋、菌菇等。

川人非常讲究美食滋味，因此很注意培育优良的调味品品种的原料，使其能生产、酿造出高质量的调味品。著名的调味品有自贡井盐、内江白糖、阆中保宁醋、中坝酱油、郫县豆瓣、清溪花椒、永川豆豉、宜宾芽菜、叙府冬菜、涪陵榨菜、夹江腐乳、新繁泡椒、汉源花椒、成都二金条海椒、温江独头蒜等，这一时期，最为重要的调味品是辣椒，它奠定了现代川菜的基本味型。

辣椒原产于中南美洲热带地区，它本是印第安人的一种重要调味品，16世纪传到欧洲，大约于16世纪末传到中国。“番椒”之称，始见于明代高濂所著《草花谱》一书，在我国南方的方言区，开始被当作花卉观赏，尚未应用于饮食，到清乾隆年间始作为一种蔬菜食用。迟至清嘉庆年间，四川县志才始见栽种辣椒的记载。①

自辣椒始作为一种蔬菜食用后，至清代末年，四川农村已普遍栽种，且品种相当齐全。据清末傅崇榘《成都通览》记载，成都农家种植的辣椒品种，有朱红海椒、鲜红小海椒、熯（hàn）海椒、满天星海椒、七星海椒、树海椒、大红袍海椒、朝天子海椒、钮子海椒、灯笼海椒、牛角海椒、鸡心海椒等。成都四时的蔬菜从五月到八月都有海椒，如五月青辣子、六月红辣子、七月灯笼海椒、八月红海椒。但《成都通览》中所记大菜266种，带辣味的只有6种，成都家常便菜113种，其中带辣味的11种，所占比例甚小。

至清末民初，辣椒进入四川饮食之烹饪后，辣椒之辣味迅速成为川菜的主要特点，嗜辣亦成为四川人重要的饮食习惯，由此形成了独具一格的烹饪技术和四川风味。为了四季不缺辣椒，家户多做成泡辣椒、酢辣椒或辣子酱、辣豆瓣，为四季烹饪菜肴之用，以至辣椒在川菜中占据着极其重要的地位，在四川常用的23种味型中，与麻辣相关的就有13种。辣椒也成为川菜的重要调味品，制品的种类

① 江玉祥：《川味杂考》，《川菜文化研究》，2010年第3期，第136～138页。

较多，有干辣椒、辣椒粉、辣椒油、各种豆瓣酱、泡辣椒等。“干辣椒”为红辣椒的干制品，选用时，品质以色泽红润、身干肉厚、大小均匀、味辣、完整带蒂者为佳。在川菜中，干辣椒被广泛用于冷菜、热菜以及火锅等。用干辣椒加工而成的辣椒粉、辣椒油等，也是川菜多种味型不可缺少的调味品。因此川菜有麻辣的特点。这一时期，以辣麻为重要特色的“川味”终于形成。

豆瓣酱，也是四川特有的调味品。以胡豆为原料，先经蒸煮发酵制成豆瓣醅，再经配以不同的佐料，便可制成不同的豆瓣酱。豆瓣酱有辣豆瓣、甜豆瓣、咸豆瓣之分。辣豆瓣色泽红亮油润，味辣而鲜，是川菜的重要调味品，以成都郫县豆瓣最佳。郫县豆瓣始创于康熙年间，其用料考究，采用四川盐亭、西充等地所产二荆条鲜辣椒，配以蚕豆、面粉、食盐，以传统工艺制作，经过长达100多天的日晒夜露精制而成。产品具有色红褐、油润、味辣、瓣酥脆、醇香浓郁的特点，是烹调四川名菜麻婆豆腐、鱼香肉丝、回锅肉、重庆火锅等必不可少的调味佳品。

四川泡菜中的泡红辣椒，又称“鱼辣子”，为鲜红辣椒的盐渍制品，是四川特有的调味料，多用泡菜盐水浸渍而成。品质以色鲜红、肉厚、酸咸适度、辣而不烈为佳。其主要用途则是作为鱼香味型的主要调料，可作泡菜直接食用，也可做菜肴的小配料，用以增色、增味。

明末清初，由于战乱，四川地区的蔗糖生产破坏殆尽。直到清康熙十年（公元1671年），福建汀州商人曾达一将福建蔗种带至内江种植，随后扩展到资中、资阳、隆昌等地，代替了明代以前涪江流域种植的本地品种。道光时四川种蔗的范围已遍及内江、威远、荣县、资中、资阳、犍为、南溪、珙县、合川、遂宁、峨眉、三台、盐亭、花溪、安岳、南部等21个厅州县。尤以内江、资中、资阳等地发展最快、产量最多；其次为犍为、南溪等县。[①] 至甲午战争后，《清朝续文献通考》记：全国糖业大衰，产量由每年1000万担（即50万吨）以上降至450万担（即22.5万吨），而四川仍年产300万担（即15万吨），占全国总量的67%，糖业规模居全国之冠。四川丰富的调味品优于其他菜系，因此，用这些调味品烹饪出的菜肴有“百菜百味”之誉。川菜的发展也推动了调味品的发展。

5. 川茶与边茶的曲折发展

明末清初，由于长期战乱，四川茶叶生产遭到严重破坏。川东之南江、巴州等地，人民逃散，根株焚绝，通江县“茶园尽属荒芜”；川北茶区更是“产主沦

---

① 陈世松、柯建中、王刚：《四川通史》第五册，四川大学出版社，1993年，第225页。

亡，茶株皆蔓草莽”。[1]直至康熙初，四川渐趋安定，茶园又才出现生机。至康熙末年，天全、雅州、邛州、荥经、名山等产茶地，茶产量又已经相当可观了。乾嘉之际，达到四川产茶量的高峰。[2]嘉庆《四川通志》卷六十一记，雅安、名山、天全等地，乡民以茶叶种植为业，“山多田少，……近山人户，俱藉采茶为业”。

嘉庆后川茶业出现疲滞，其直接原因是政府滥发引票，商人盲目竞争，引票课税，造成川茶业的疲滞和衰落。这一时期的川茶仍以边茶为主，其制茶商和贩茶商共100余家，遍及川西10余县，加上以川茶谋生的茶农、手工业者、背夫、驮运等，在汉藏地区不下千百万人。茶业的危局关系到川藏社会的“安谧”，清朝政府不得不想办法力挽危局。光绪七年（公元1881年），四川总督丁葆桢对川茶业进行整顿，几年后，边茶业又出现了活跃局面，到光绪十八年（公元1892年），川督刘秉璋《致总理衙门电》说：四川边茶销售藏区的数量每年已达1400余万斤，比嘉庆时期最高峰值尚增加六七千担（即三四百吨）。这促使“茶马贸易”进一步发展，“茶马古道”得以延续，并产生新的互市重镇“打箭炉”。

6. 酿酒技艺日臻精良

清代经济的发展和粮食产量的增加，为酿酒业的发展提供了条件，四川酒类的生产更为兴旺，有历史传统的名酒在这一时期得以传承，并扩大了生产，一些新酒亦相继产生。清代四川名酒有五粮液、泸州大曲、绵竹大曲、郎酒、全兴大曲等，此外，还有八百春酒、杂粮酒、渝酒、咂酒等。

“绵竹大曲”产生于清初康熙年间，是在原有白酒传统工艺的基础上酿制出的新一代名酒——清露大曲，又称绵竹酒，产品迅速风靡川西平原并享誉省外。清末，绵竹境内有曲酒作坊上百家，当时绵竹县城内酒肆林立，大街小巷、四方村落，到处是酒楼、酒店和酒摊，叫卖之声不绝，一派“处处有酒，酒香袭人”的景象。清代诗人李调元称：“天下名酒皆尝尽”，“却爱绵竹大曲醇”，认为绵竹大曲、绵竹清露，夏清暑，冬御寒，能止呕泻、除湿及山岚瘴气。

“郎酒”产于赤水河畔的川南古镇古蔺县二郎镇。由于二郎镇是清代川盐入黔的重要转运站，商贾路经之地，故酒业发达。与贵州茅台酒是“赤水河畔的姐妹花”当地的民谣唱道：“上流是茅台，下游望泸州。船过二郎滩，又该喝郎酒。”18世纪末，已有大小酒坊、糟房几十家，酒工数以百计，最著名的当数“凤曲法酒”。1904年，荣昌酿酒高手邓惠川夫妻在原“凤曲法酒”的基础上，酿制出了一种“开坛喷香，入口酱香”的美酒，命名为“回沙郎酒”。该酒不仅在

① 郭孟良：《清初茶马制度述论》，《历史档案》，1989年第3期。

② 鲁子健：《清代四川财政史料》下册，四川省社会科学院出版社，1988年。

重庆、贵阳“货至即售，一售即空”，甚至还远销港澳和东南亚一带。郎酒的成名，在于当地的生态环境特别利于酿酒。当地民谣说：“郎酒好，有四宝：美境、郎泉、宝洞、工艺巧。”“美境”指其温润气候，山清水秀的生态和特有的微生物生长圈；“郎泉”是一口冬夏长涌的古泉，泉清水洁，略带甜味，郎酒生产用水全取于此；“宝洞”是两个大型天然溶洞——天宝洞和地宝洞，洞内四季如春，温度稳定，不仅便于贮存新酒，而且有利于加速酒的老熟和酯化，是贮酒的天然理想场所；“工艺巧”是指郎酒的生产工艺有独特之处。

“全兴曲酒”产于成都。乾隆五十一年（公元1786年），酿酒技师王氏兄弟于城东外大佛寺侧开设新酒坊，以“全身佛”三字的谐音，倒着取名为“福升全”，以求大佛保佑酒业兴旺，并专门取用薛涛井之水酿酒——这是宋代酿造“锦江春”的同一眼清泉，并将酒定名为“薛涛酒”。“薛涛酒”一问世，“福升全”酒店便门庭若市，十分畅销。道光四年（公元1824年），“福升全”在城内水井街建立新厂，取名“全兴成”，它不仅在原来酿造的基础上吸收了当时成都众酒之长，还在工艺上不断精进，新酿出“全兴酒”。该酒浓香醇和，回味爽净，优质醇美，备受欢迎，成为蜀都名产。

7. 烟叶成为大宗商品

烟草大约于明末传入我国。是时，四川就开始种植烟草，清初陆耀《烟谱》记载，当时全国已出现了几个著名的烟草产地，其中就有四川。主要品种是晒烟，主要产区是川西平原。种植较多的有什邡、金堂、新都、崇庆、崇宁、绵竹、灌县、郫县、温江等州县，川北、川东等地亦有种植。以什邡的“毛烟”、新都的“柳烟”、郫县的“大烟”、绵竹的“泉烟”最负盛名。四川的烟草，分素烟和褶烟两种。

什邡，早在乾隆时便以种植烟草著称，据民国《合川县志》卷三八载，乾嘉之际，什邡“盛产烟叶，远近贩烟者，各乡秤户为之交易。”烟叶成为当地的大宗商品。光绪二十三年（公元1897年），四川什邡“益州烟厂”开始生产雪茄，品种众多，除精制的“宝光”牌特级雪茄外，还有“工字牌”“金堂牌”“峨嵋”“怡牌”“帆牌”等雪茄。什邡晒烟除供应国内市场外，还远销美国、日本、西德、瑞士及中国澳门、中国香港等国家和地区。黄炎培曾作“竹枝词”云：“川汉烟销三十年，成渝一路待开先。‘鹰岩’百折千盘处，为鉴前车猛著鞭。”

8. 讲究美食配美器

明清时期的饮食器具也发展良好，主要表现在三个方面。一是移民入川，使大量陶瓷业技术工匠流入四川，一方面促进了制陶技术的进步而得以进一步发

图9-4　清朝同治年间的瓷盘（周尔泰提供）

展，另一方面使陶瓷厂数量在原有的基础上有所增加。例如清初入川的广东杨、朱、蔡三姓在四川大足县创办陶瓷厂，被称为“三合碗厂”。巴县水碓碗厂的前身，也因文姓的陶瓷工匠从湖广入川，创办的陶瓷厂留传下来。二是陶瓷生产基地规模扩大。如成都琉璃厂窑，是明代四川规模较大的陶瓷生产基地。经不断扩充，窑址所占地已达340亩之阔，所生产的青瓷颇有名气。此外，还有广元的黑釉窑、巴县的磁器口窑，生产规模也不小。三是饮食文化认识的深入，推动了饮食器具的发展。清代袁牧在《随园食单》“器具须知”中强调：肴馔与餐器的配合，“**惟是宜碗者碗，宜盘者盘，宜大者大，宜小者小，参差其间，方觉生色。若板板于十碗八盘之说，便嫌笨俗。大抵物贵者器宜大，物贱者器宜小。煎炒宜盘，汤羹宜碗。**”还强调了烹饪时，由于烹饪方式的不同，所用的炊具也应有所不同，即“煎炒宜铁锅，煨煮宜砂罐”。随着生活水平的提高，人们越来越讲究食器相配，绝大多数饮食食品都以此为特色。清末时，成都最有名的包席馆“正兴园”，就是以其餐具为古色古香的瓷盘瓷碗为经营特色来吸引食客的。

9. 商品贸易一派繁荣

至乾隆初年，全川经济有很大发展，商业初现繁荣景象。商品的流通，使各地联系更加紧密，一些新兴的商贸城镇产生了。

米、盐是四川重要的外销商品。米由商贾运销到湖北，盐运销到陕西、湖北、贵州、云南诸省。嘉庆《四川通志》卷七二载："川省产米素称饶裕，向由湖广一带贩运而下，东南各省均赖其利。"粮贸的繁荣，调动了农民生产粮食的积极性，推进了四川及长江沿岸各省水运业、碾米业等行业的发展，加强了四川与有关省区的经济交流，推动了长江中、下游省区商品经济的发展。成都和一些中小城市贸易频繁，经售粮、油、糖、酒、茶、药材等商品的行商络绎不绝，沿途坐商号牌相望，十分兴旺。犍为的盐，洪雅的茶，商车贾队络绎相寻。

商业的繁荣，使川内及少数民族地区出现了一些新兴的商贸城填。道光初，于绥定府新置城口厅（现重庆市城口县），道光《城口厅志》载，其地"三省毗连，五方杂处"，农村"树蓄药材，牧养猪牛"，均可货卖；所产竹笋"居民采蓄淡干，以此为利"；又产木耳，"厅境有耳厂，干蓄之以为利。""川椒以厅产为道地，故厅民多植之以为货。"此外还有大米、杂粮、茶叶、香菇等，商人多到此易贸。

打箭炉（现康定县）和松潘则是四川少数民族地区新兴的两大商贸之地。当时的打箭炉成为川、藏贸易中心，被誉为"小成都"。四川内地商人将大量茶叶、粮食、布匹等运往打箭炉，藏族商贾也远从西藏及川西北地区将牛、羊、兽皮等山货汇聚于该城进行交易。清政府每年赏给达赖喇嘛与班禅额尔德尼的数千斤茶叶也经打箭炉运往西藏。松潘形成于雍正初期，是回、汉、藏、羌等族人民在川西北互市的重要市场。清末至1937年，松潘形成了有名的六大茶号：丰盛合、义合全、本主生、聚盛源、裕国祥、大盛源；四大商号：裕厚长、锡丰、利贞长、利享永。①

商业的繁荣，人民的富裕，巨商的陡增，都为饮食文化的兴旺给予了活力，经济繁荣与饮食文化发展相互倚重，共同进步。

二、川菜体系的形成

1. 移民入川促进了四川饮食文化的发展

大批的移民入川，对四川饮食文化的发展产生了重大影响，大体可以体现在如下几个方面。

第一，移民入川促进了饮食文化的交流与融合，极大地影响了蜀人的饮食

① 陈世松、柯建中、王刚：《四川通史》第五册，四川大学出版社，1993年，第256页。

习惯。如四川人三餐以米饭为主食，面食仅作点缀的习俗是清初以来长江流域和南方移民入川带进的。而此前蜀人的主食，由于受北方的影响，至少在五代时，蜀人还是以善做面食而著称的。又如，在菜肴方面，改变以甜味为主而以麻辣为主，并变味淡为味浓。因麻辣味需要味浓，若淡味，则麻辣味太突出，也不能起到“中和”“平衡”的作用。再如，四川的客家人不少，其菜多用肉，主料突出，口味偏咸，以砂锅菜见称，这些特色菜均融入了川菜。以上，都是各地饮食文化大交融的结果。

第二，移民入川促进了川菜的多样化。川菜善于采撷众家之长，“南菜北味，北菜川烹”，形成了川菜“一菜一格，百菜百味”的特点。如济南的“糖醋黄河鲤鱼”被誉为齐鲁名菜，其糖醋法也成为四川的味型之一。湘北人喜食“粉蒸肉”，其烹制方法与四川的“粉蒸肉”做法相同，这都是移民与本土的饮食文化相互借鉴的结果。又如四川的“蒜泥白肉”源于满族的“白片肉”；“炒野鸡红”源自道家的“野鸡红”；“叉烧鸡”源于美国的“火鸡”；“红烧狮子头”源自“扬州狮子头”；“宫保鸡丁”源于贵州“煳辣子鸡丁”；“八宝豆腐”源自清宫御膳；“八宝锅珍”源于回族“炒锅珍”；“熘黄菜”源自北方“摊黄菜”；“烤米包子”源于土家族菜肴等。每次的移民高潮都带来各地的饮食习尚，同四川的烹调技艺相融合，而后“落户”。清末，成都、南充等大中城市也开始流行“北京烤鸭”。

第三，移民入川带入了少数民族的饮食文化。清代成都出现了少数民族饮食文化的集中地。如顺治、康熙年间，不少回民入居成都，在成都皇城坝搭棚摆摊开设饭馆，以卖小吃谋生，生意兴隆。以后散居川南的回民迁入，逐渐形成以皇城坝为中心的回民聚居区。他们以牛羊屠宰业和小本经营的饮食业为主，形成餐馆、面店、糕点铺、小吃摊一应俱全的清真饮食荟萃之地。如著名的“宴东春”“鑫记”（又名“德和楼”）餐馆，较具规模的“都一新”饭馆，以经营面食为主的“正兴馆”“李德成面馆”、赵家经营的生羊肉和羊杂汤锅，以及驰名的“王胖鸭”等。此外，还有回民风味小吃，如皇城坝肺片、焦粑、酥饼、牛肉包子、抄手和荞面等。20世纪中叶，皇城坝一带有清真餐饮店43家，大致形成清真饮食一条街，为成都的饮食文化增添了光彩。

第四，促成了一些饮食文化的著作出现。清代前期，成都饮食文化交融和川菜的饮食特色在当时的书籍中亦有表现，如，清代有一部重要的食书，即李化楠的《涵海·醒园录》就比较全面地总结了川菜的烹饪经验，详记了川菜、烹调、酿造、调味品、糕点、小吃、腌制品、饮料以及食品保藏法共121种，既有四川风味的菜点，也有江浙一带的风味，甚至还有东北与满族的烹调经验介绍。《成都竹枝词》中也有相关记载，如：“北人馆异南人馆，黄酒坊殊老酒坊。仿绍不真真绍有，芙蓉豆腐是名汤。”黄酒是江浙一带的常见酒，老酒（白酒）为四川的传统酒，南北餐馆不同的酒类和菜肴有明显的区别，又彼此效仿及借鉴。嘉庆二十二年（公元1817年）《汉州志》记：“**西北人间用面。面以连山麦为佳。酒多家酿，藏久者谓之‘窨酒’。闽粤人有红酒，市有黄酒、老酒，即鹅黄、帘泉之遗。**”说明四川汉州的居民有西北和闽粤人，也把其饮食习俗带入了四川。

2. 川菜体系的形成

在长期的移民融合过程中，伴随着四川社会的相对稳定与经济的发展，川菜体系在清朝晚期开始形成。这一时期又由于历代楼堂店馆名师、官宦家厨、家庭主妇不断地承继与创新，川菜形成了浓郁的地方特色，大致分为筵席、三蒸九扣、大众便餐、家常风味、民间小吃五大类，构成了一个完整的饮食体系，并与鲁、苏、粤菜齐名，成为中国最有名的菜系之一。

（1）筵席　川菜在筵席的升格中得到发展，形成“十三巧”“十三花”的席面，还有纷繁对称的镶围碟，由此带来的“朝摆”，使其桌面形象富丽堂皇。筵席的种类有海参席、鱼翅席、鱼肚席、裙边席、鲍鱼席、燕菜席等高级筵席，其特点是选料珍贵，多采用山珍海味，烹制工艺精湛，色香味并重，以壮观气派见长。如“海参席”用较奢华的海参粥、鱼参粥之类，并在配菜的中式菜里，直接把西餐常用的咖喱引进川菜。在海参席的基础上，又上八大菜、四坐菜，有头（十三巧）、有尾（十景鼈子汤或菊花火锅），这种规格称为“全席”。全席分民间的与官方的两种。“官方全席”中以“满汉全席”最具代表性。“民间全席”是三人坐一小长方桌，铺有红呢绣花席围。上方正坐贵宾，两旁设陪席。开宴要吹打奏乐。先后要上16个高桩碟子及叉烧四红，外上四白，有烧烤猪、鸡、鸭、元宝猪等，又上12冷碟、12小荤、4热吃，之后才上正菜。正菜又分八、十、十二样等大菜，有清汤鸽蛋燕菜、鱼翅、烧乌鸡白、棋盘鱼肚、扬州火烧鱼、玻璃鱿鱼、清蒸裙边等。此外，还有4个过碟。从开宴到宴止，要换13次桌布，上3道点心。从午后吃到晚上10时以后。①

（2）三蒸九扣　菜式通常称为“田席”，是清代中叶在四川农村兴起的一种最具巴蜀乡土气息的筵席形式。这是四川农村民间为庆丰收宴请乡邻亲友而举办的宴会，因一般所请客人较多，屋里盛不下，就在田间院坝中陈设席桌，故称“田席”。以后，又发展为婚宴、庆寿、迎春、丧悼等聚宴时都举行的宴饮活动。又因田席菜多有蒸菜，这些蒸菜在上桌时要将定碗中的菜反扣于大碗或大盘中，

① 车辐：《川菜杂谈》，重庆出版社，1990年，第17～20页。

故又称“三蒸九扣”。所谓“三蒸”有三种解释。一种从蒸法上讲是清蒸、旱蒸和粉蒸，一种是从容器上讲是锅蒸、笼蒸和碗蒸，还有则指酒米饭、甜烧白和咸烧白。所谓“九扣”，或说是九大碗菜，九个品种，但通常宴席均在九个菜以上。更多的说法是数以九为大，“九扣”，象征扣碗菜数量多；又视“九”为吉数，以示丰盛和富裕。故又称“九斗碗”。传统的三蒸九扣，不能缺少咸烧白和甜烧白、扣蛋卷、扣酥肉、猪手和肘子，通常以咸鲜本味为主，如粉蒸肉、柞辣椒蒸肉、红烧肉、清蒸肘子、清蒸杂烩、烧酥肉、咸甜烧白、东坡肉、扣鸭、扣鸡、扣肉等。

（3）大众便餐　主要是指低档餐厅和供零点餐使用的菜肴。其烹饪以味道多样、善于变化；富有鲜味、麻辣见长；取材广泛，因时而异；烹制方法繁多，极讲究火候；制作精细，配料考究，形色协调。著名饭馆均各具特色，自成一格，为广大人民所喜爱。因大众便餐客源群体多，消费普及，饮食文化的生命力强大，乃至成为川菜系列中的五大类型之一。大众便餐因地方不同，流派也很多，称为“帮系”。计有上河帮、下河帮、小河帮。

上河帮，属蓉派，以成都和乐山菜为主，又称“大河帮”，主要流行于成都、江津、合江、泸州、宜宾、乐山等地。其特点是小吃、传统菜品较多，讲求用料精细准确，严格以传统经典菜谱为准，代表菜肴主要是以炒、烧、爆、拌的烹调方法制成，以及腌卤、豆花之类。其著名菜品有麻婆豆腐、回锅肉、宫保鸡丁、盐烧白、粉蒸肉、夫妻肺片、蚂蚁上树、灯影牛肉、蒜泥白肉、水煮肉片、鱼香肉丝、樟茶鸭子、白油豆腐、鱼香肉丝、泉水豆花、盐煎肉、干煸鳝片、烧仔鹅等。名菜有眉山的东坡肘子、乐山的周鸡肉、宜宾的冬瓜盅以及江津肉片、合江肥头鱼等，这类菜肴的特点是：烹制快速，随堂叫菜，经济方便。其味偏于甜酸。

下河帮，属渝派，以重庆和达州菜为主，主要流行于嘉陵江及川北一带的重庆、绵阳、南充、广元、达州、巴中、遂宁等地。大多起源于市民家庭厨房或路边小店，其特点是比较麻辣，用料大胆，俗称“江湖菜”。其代表作有以酸菜鱼、毛血旺、口水鸡为代表的“家常系列”；以干豇豆为主的“干菜炖烧系列”；以水煮肉片和水煮鱼为代表的“水煮系列”；以辣子鸡、辣子田螺和辣子肥肠为代表的“辣子系列”；以泉水鸡、烧鸡公、芋儿鸡和啤酒鸭为代表的“干烧系列”；以泡椒鸡杂、泡椒鱿鱼和泡椒兔为代表的“泡椒系列”；以干锅排骨和香辣虾为代表的“干锅系列”等。

小河帮，属盐帮菜，以自贡和内江菜为主，又称“自内帮”，流行于川中的自贡、内江、荣县、资中、资阳一带。以味厚、味重、味丰为鲜明的特色。善用椒、姜，料广量足，选材精道，煎、煸、烧、炒，自成一格；煮、炖、炸、熘，各有章法。尤擅水煮与火炖，形成了区别于其他菜系的鲜明风味和品位。如水煮牛肉、菊花火锅、冷吃兔、富顺豆花、火爆黄喉、粉蒸牛肉、芙蓉乌鱼片、无汁葱烧鲤鱼、火爆毛肚、夹沙肉、豆瓣鱼、皮蛋汤等。

（4）家常风味　民间的家常菜，其隽永的风格是四川烹饪发展的根基。人们在家庭三餐中就地取材，烹饪随意，操作易行，而且调味适口，朴实无华，具有鲜明的地方风味。代表性菜肴有回锅肉、麻婆豆腐、熊掌豆腐、连锅汤、野鸡红及各种炒菜。另有红苕（即红薯）米饭、红苕鲊肉、咸烧白等。厨师们吸收家庭炉灶这些款式的精华，推陈出新制成红苕泥、灯影苕片、红苕鸡腿、双仁苕饼、松花苕蛋、红苕粑等10余个品种。值得一提的是四川泡菜，它是家庭菜中的一绝，芳香脆嫩，咸酸辣甜，极有特色。四川土地肥沃，气候温和，四季常青，可做泡菜的蔬茹很多。川人的家庭便餐中，泡菜是每家餐餐不离的佐餐副菜和烹调鱼香味的调料，各户皆会自制。

（5）民间小吃　四川小吃历史悠久，根植于民间，选料严谨、制作精细、造型讲究、味道多变，注重色、香、味、形的有机配合，以蒸点、汤点、酥点擅长。它们多形成于清代晚期，名满天下。其品种甚多，有饭、粥、面条、饺子、包子、抄手、馒头、饼、糕、粽、粑、汤圆及酥点等类，而每一类中又有许多不同风味、不同原料及不同加工方法的品种。如在多种复合味中，以麻辣为特色，又分香辣、鲜辣、甜辣、麻辣、酸辣等口味；在烹饪技法上有煎、炸、烤、烙、烧、炒、烩等10多种方法，形成酥脆、酥松、酥泡、松泡、细嫩、软糯等多种口感。

这种丰富性在清末傅崇榘《成都通览》之《食品类及菜谱》中可略见一斑，书中记载的各种饼有17种，各样包子有11种，各处糕有18种以上，各样酥有14种以上，各种卷有13种以上。有名的小吃及食品有赖汤圆、担担面、麻婆豆腐、蛋烘羹、钟汤圆、大森包子、钟包子、抗饺子、澹香斋茶食、三巷子米酥、德昌号冬菜、王包子瓤、山西馆豆花、科甲巷肥肠、广益号豆腐干、厚义元席面、王道正直酥锅魁、青石桥观音阁水粉、便宜坊烧鸭等，所述及的大众食品极多。除成都外，四川其他地方的名小吃也不少，如新都的叶儿粑、广汉的三合泥、温江的凉粉、新繁的牛肉焦饼、新津的黄糕、灌县的凉蛋糕、乐山的糖油果子、内江的牌坊面、泸州的白糕、遂宁的灰水粑、丰都的豌豆汤、彭水的心肺汤元、石柱的烤包子、江津的冰糖芋儿泥、南充的川北凉粉、阆中蒸馍、南部烧卖、绵阳罐罐汤、梓潼片粉、罗江豆鸡，以及重庆的凉糍粑、高豆花、棒棒鸡，涪陵的油醪糟、羊油茶，达县的冰糖银耳、灯影牛肉等。

3. 川菜体系形成的原因

所谓菜系，是指在一定区域内，因物产、气候、历史条件、饮食习俗的不同，经过漫长的历史演变而形成的一整套自成体系的烹饪技艺，并被全国所承认的地方菜。[①]这一定义在学术界较流行。川菜形成与完善的过程，是经过漫长的历史演变而形成的，它有一个孕育、发展的过程。关于川菜形成较一致的观点是：川菜孕育于商周，初步形成于秦汉魏晋，发展于唐宋，成熟于明清，定型和繁荣于清末民初。

川菜形成有其生态、经济、历史、文化等方面的原因。

第一，得天独厚的生态条件。四川形成独特的饮食文化，究其根本在于山川地利之功。巴蜀其土沃野千里，江河纵横，气候温和，物质丰足。瓜果蔬菜应时而生，被誉为“蔬菜之邦”；各种家禽便利畜养为饮食发展提供了雄厚的基础。尤其是适时调味品十分丰富，辣椒、姜、葱、蒜、八角等调味品，做出辣、麻、咸、香、甜、苦六种母味型及几十种可变常用味型，并形成了自贡井盐、内江白糖、阆中保宁醋等著名调味品，奠定了川菜百味的基础。同时，四川盆地气候多雾、多阴、湿气重影响了川菜的风格，使川菜形成重油重味，偏爱麻辣（实为“辛、麻”）的饮食特色。四川特有的生态环境和丰饶的物产以及深厚的文化背景，使四川的饮食烹饪呈现出鲜明的地方特色。

第二，“天府之国”的经济优势。巴蜀从汉唐时代起至民国时，其经济都居于全国前列，其间虽因战乱等原因经济受到损伤，但都很快得以恢复，为饮食文化的发展打下了经济基础。经济的恢复促进了餐饮业的发展，为满足社会需求，四川饮食追求精益求精、善于创新的精神。

同时，四川历来人口众多，消费市场庞大，构成了一个多层次性的饮食消费市场，消费潜力巨大。因此，川菜系列既有高档的官府菜，也有大众化的民间小吃。经营川菜的店铺不仅数量众多，档次齐备，而且风味多样，特色突出。

第三，历史与文化优势。川人善于总结，有独到的饮食理论、精妙的烹饪方法和多变的调味方法，这突出地表现在历代文人对饮食的分析、总结和民间对馔肴质量提高的创新上。由于清代刻印业的复苏，乾嘉时期四川书坊如雨后春笋，总结川菜烹饪经验的菜谱手抄本、刊印本顺势而出，有利于丰富川菜品种及专业烹饪技术的普及、提高和传播。如李化楠的《涵海·醒园录》总结了烹饪川菜的经验121种，傅崇榘的《成都通览》记录了1328种川菜。此外，袁枚的《随园食单》、李实的《蜀语》等书籍都对川菜进行了总结。

第四，善于借鉴，融汇各家之长，综合发展，促成川菜体系的形成。在漫长

---

① 袁庭栋：《从川菜的形成谈今天川菜的发展》，张舟：《试论中国的“菜系”》，四川省民俗学会、川菜文化研究、四川大学出版社，2001年，第42页。

的历史时期中，几次大规模的移民入川，把南北各地的饮食原料、烹饪技艺、名馔佳肴、饮食习尚带入四川，在各历史时期各地文化的融汇、交流中，逐渐在清代晚期形成新的川菜体系。

川菜的发展与对其他烹饪流派的吸纳、融汇密切相连，达使得川菜不断创新，保持着旺盛的生命力。川菜烹饪大师蓝光鉴精辟地总结说：“所谓川味正宗，是在原有的基础上，甲南北之秀而自成格局也。”又如车辐先生所总结：“不管我们吸收西方的、省外的或民族的，川菜有自己的根，万变不离其宗，归根到底川菜仍是四川口味。”①

4. 厨师对川食的影响

从历代参与饮食制作的厨师看，有家庭烹饪的“中馈”、饮食服务的专职厨师，还有达官贵人、文人才子等。

中馈，是指主持厨事的妇女。由于中国传统的家庭分工是男主外，女主内，故家中多由妇女主厨，称为“中馈”。清代曾懿《中馈录》在饮食史上有重大影响；清末陈麻婆创制的“麻婆豆腐”，至今风靡中外；民国时期成都的“姑姑筵”餐馆，开店初期的掌勺厨师，全是黄家姑嫂等中馈。其中曾懿影响较大，她在书中介绍了家常必备的食物制作方法，如宣威火腿、香肠、肉松、五香熏鱼、糟鱼、醉蟹、皮蛋、豆瓣、豆豉、腐乳、酱油、甜酱、酱菜、泡菜、冬菜、醪糟、月饼等，还介绍了保存火腿、蟹肉的经验。

专职厨师。清末民初是川菜发展定型与繁荣时期，在这一文化背景下，四川涌现了一批川菜名厨，如关正兴、王海泉、戚乐斋、廖泽林、谢海泉、蓝光荣、汤永清等数十人。他们在饮食行业勤学苦练，精通川菜烹饪，善于创新，对川菜的发展作出了卓越贡献，如关正兴为满族，是入川的官宦家厨，于咸丰末年在成都创办“正兴园”。由于他曾多次操办满汉全席，其厨艺甚高，菜、汤均为食客称道。“正兴园”在清末的成都餐馆业中居于显要地位，并培养了一批著名厨师，如戚乐斋、谢海泉等。王海泉被川菜界称为“大王”，早年在贵州一满族官员家做家厨。清末民初，随官员自贵州返川后，在成都书院街创办包席馆“三合园”，亲理厨政，收徒传艺，徒弟中的王金廷和黄绍在清后皆成为四川厨坛中声名卓著的厨师。

政府官员创制川菜，也是川菜文化的一大特点。清末大量外省籍的达官贵人到四川上任，一般都自带其家乡的名厨。为了展示其官场派头，他们常以大排场

① 车辐：《川菜杂谈》，重庆出版社，1990年，第11页。

大宴宾客，尤讲席桌台面的“堂彩”，动辄几十桌上百桌，甚至出“长流水席”连续几天几夜，几十口红锅排列，厨房不够，就就地埋锅造膳，上百个厨师轮流上灶，集南北高手于一炉，形成了各地人才荟萃于天府的局面，推进了四川饮食文化的发展。他们还参与川菜的创制。除黄晋龄开办的“姑姑筵”为川菜一大特色外，又以四川总督丁宝桢创造的名菜“宫保肉丁”为代表。“宫保肉丁”实为对山东“爆菜”的一种借鉴与创新。丁宝桢在任山东巡抚时，济南名厨周进臣、刘桂祥所制“爆炒鸡丁”深得丁的赞赏，每用以飨客，世称美味，因丁曾被赐为“宫保”，称为“宫保鸡丁”。后丁调任四川总督，遂将此菜引入巴蜀。

5. 糕点、蜜饯大有发展

至清代，制糖业的发展和花木业的兴起，为糕点和蜜饯的发展提供了丰富的物质原料，如糖、花、叶、果等，使四川的桂花糕、金橘饼、蜜饯、果脯成为与“川菜”齐名的吃食。

清代，糕点业得到了进一步发展。清人傅崇榘在所著《成都通览》中，专章介绍了成都的糕点，他将成都糕点分为普通食品类、饼类、糕类、酥类、月饼类和本地糖食类等类别，具体列载了138个品种，尚未包括蜜饯产品和炒货。书中特别提到一家叫“淡香斋”的糕点铺，仅常年经营的品种就有69种，其中糕类有枣泥糕、白米糕、砂仁糕等，饼类有桂元月饼、山楂月饼、玫瑰麻饼等，酥类有双麻酥、金钱酥、风云酥等。此外，还有葱油荔枝、罗江棋子、枣泥菊花等各色新奇的点心，以及花样繁多的以米、面为原料的果子。

四川糕点的制作充分利用了生态条件与本土特产。例如“仁寿芝麻糕”，又名“甘美香”“桂花村”，始创于清道光年间，其质细嫩，柔熟化渣，甜而不腻，风味独特。芝麻不仅是地方特产，也是一种高蛋白作物，营养丰富，可补血明目，益肝养发，生津润肠，常吃能起到滋补益寿的作用，受到各阶层民众的喜爱。又如，“合川桃片”始于清光绪二十三年（公元1897年），有香甜和椒盐两种，原料主要是糯米、核桃仁，经过炒米、筛粉、搅糖（熬制、搅拌、杆动）、炖糕、切片等十多道工序而制成，桃片展卷不断，洁白如云，入口易溶，不黏牙齿。既讲究色、香、味、形，又营养丰富，且有食疗保健功效。制作时，讲究选取大粒糯米，水要当地的泉水和地下水。在这样的生态环境下，用本土的食材进行制作，才能达到独特的口感与营养价值。糕点与川菜、小吃一样，讲究选料精，工艺严，讲究刀工、火候，加上四川特有的生态条件，突出了“川味”而名扬四方。

明代四川已能以瓜果、蔬菜为坯料，用蔗糖加以蜜制做成蜜饯，四川俗称“煮货”。它最初出自家庭主妇之手，用于自食和馈赠，多用于请春酒待客之时。

至清末才有作坊专门生产并在市场上出售，虽已用大锅批量生产，但仍打出“小锅煮货”的招牌以招徕顾客。品种也越来越多，水果、蔬菜、中药材都可以制作蜜饯，以四川橘饼蜜饯最为有名。同时，也成就了一些地方土特产品。如，在盛产蔗糖的内江，以其出产的蜜饯成为当地最好的土特产品。内江地区的风俗是，每年腊月十六的“倒牙”（美食节）后，许多人家都要做糖食，以备新年款待宾客。一些大户人家主妇便摸索出精工制作蜜饯的工艺，每到新年酒茶席上，互相争奇斗异，以显示其有“操持”。光绪年间，内江罗姓和朱姓的家庭制作的蜜饯，以甜意沁心、香气扑鼻、糍溶化渣而享有盛名。

三、四川少数民族的生计方式及饮食习俗

羌族。至清，在与汉族等各民族的商贸活动中羌区经济逐步发展，改变了以往以狩猎为主的生活方式。据顾炎武《天下郡国利病书·蜀中边防记》记，羌区除以青稞为主的粮食作物外，还出产牦牛、白蜜、犏牛、马鸡等。清乾隆时谢遂绘《职贡图》卷三所载《威茂协岳希长宁等族》记：“番民居土（石）室，戴羊皮帽，布褐长衣，以耕种为主……婚礼用豕肪为馈，佐以银布。”“豕肪”为腊肉的异名，今名“猪膘”，为羌族的传统猪肉加工食品和特色食品，至今仍盛行。

彝族。魏源《圣武记》载，清代中期的凉山彝族都还处于“地多旷衍，产青稞、包谷、燕麦、苦萝葡、红稻，以多蓄马牛羊豕为富，不善耕种”的状况。此时期的彝族饮食生活比较简单，咸丰七年（公元1857年）《冕宁县志》记：猓罗“饮食以乳酪、酥油为贵，以荞面糌粑为常，或不火食，或半生熟食之。其就锅庄煮肉，菜粮杂煮其中，肉则割分，菜用木勺团坐舀食。甚敬礼客。客据上座，鸡、羊、豕属牵至客前，跪称云无异的示敬，以此为献。客甫辞，已将木棒捶杀矣。洗剥毕，任客意作食，已食其余。”光绪刻本《雷波厅志》记：彝族“饮食不烹饪，以火炙之，用木盒盛而食，席地团坐，好饮酒”。清光绪《越西厅全志》则记：彝族“每岁以六月二十四为过小年，杀牲以木杵击其脑，饮酒欢庆。十月朔日为大过年，必打牛羊、跳锅庄，极贫者亦多买豆腐庆贺”。

藏族。川西北的藏族，主要聚居于今阿坝藏区和甘孜藏区。嘉庆《四川通志》中载，牧区藏族“逐水草而居，迁徙无定。不分寒暑，六月飞霜，五谷不生，游牧打生，织毪（mú）食茶”。聚居于山坡河谷地带的农区藏族，由于“其土地膏腴，山川秀丽”，则主要从事农耕，兼营少数牧畜。作物以青稞为主，小麦次之。西康一带的藏族百姓，日常饮食以糌粑、酥油、牛肉、茶叶为食品，不重蔬菜。主食除糌粑外，还有小麦粑、扒孤、油馃子等；乳食有酥油、奶渣、酸

奶子等；肉食主要有生肉、肉松、肉汤、鸡蛋等；茶饮有酥油茶、清茶两种；酒有大麦酒、高粱酒、乳酒、瓜酒等。

藏族日常饮食，除少数贵族及接近汉人者设置矮桌杯箸外，大都席地而坐，甚少桌凳。若饮汤时，则用木质及铜质调羹。男女老少不用箸，饭菜多用手搅和捻成团子。食毕，恬（舔）手及所用木钵，以舌代盥洗。所用木碗、铜碗，食后不洗，也以舌舐净，覆于炉边。或擦而纳诸怀，贵者装于匣。因此，藏族每人各有固定之碗，不能乱用，以讲究卫生。他们食不以时，以饥为度，食少而频。待客时，客至必设酒，或设酥茶，男女围坐尽情而饮。

回族。回族信奉伊斯兰教，其饮食特点至明清时已甚鲜明。《邛雋野录》记：他们不食驴骡猪肉，“其牛羊与鸡鹅必自杀乃食”。

第二节　云贵桂经济的充分开发与饮食文化的基本成熟

清朝对全国实行有效统治的268年，是云贵桂地区得到积极开发，发展较为迅速的时期。这一时期的饮食文化已基本成熟稳定。其成熟的标志是经济发展稳定；饮食的地域性特色突出且持续；有饮食文化方面的著述出现。

一、西南地区大开发

1. 移民人口的增长促进云贵地区的开发

内地人口向西南移民，促进了土地开发和生产发展。清代全国人口空前增长，至道光十五年（公元1835年）已达四亿以上。又由于封建土地所有制的弊病，到清王朝中叶，土地兼并日趋严重，为寻求生存空间，大批流民向西南等边疆地区迁徙，垦荒种地。这种大规模的人口迁徙，得到了清政府的支持。《清高宗实录》中载：清初百余年来，天下户口较昔增十余倍，“犹幸朕临御以来，辟土开疆，幅员日廓，小民皆得开垦边外土地，藉以暂谋口食”。据研究，顺治十八年（公元1661年），广西省人口约为250万人，云南和贵州的人口各不少于200万人。至清末，广西人口增至1225万余人，以桂林、平乐、梧州、柳州、南宁诸府人口密度为最高，超出桂西地区一倍多；云南的人口达1250万人，密集区域为滇池与洱海的周围地区；贵州人口约1121万人，普安向东至镇远一带为人口稠密的地区。[①] 大量移民使边疆荒地得以开发。道光《广南府志》载：川楚黔粤贫民垦种的广南，道光时民物繁滋，楚黔粤诸省之民携家带口而来，"视瘴乡如乐土"。贵州省垦殖的重点为前代人迹罕至的"新疆六厅"，即古州、清江、台拱、八寨、丹江、都江等地。这一时期农业有了很大发展，纳粮水平也大幅度提高。《清史稿》中载，公元1748年，清廷定各省常平仓岁储粮之数：云南为70万石，贵州50万石，四川100万石，广西20万石；到1766年，各省报存粮数均有大幅增加：四川为185万石，广西183万石，云南和贵州均为80余万石。

云南的畜牧业获长足发展。清人檀萃在《滇海虞衡志》中说：云南民俗，以牲畜为富。云南有马牛羊不计其数，人言牲畜之多，常以"群"为单位，一群牲畜至少有数十只，或至数百乃至上千只。说某人饲养多少大牲畜，仅言其人有多少群。诸族饲养马牛，既用于役作，也大量屠宰供祭祀与食用。云南饲养的牛有黄牛、水牛两种，以黄牛居多。养羊的数量亦大，檀萃说"羊于滇中为盛"。昆明城每日屠羊数百只，四季如此。还大量以羊皮制衣或以羊毛制毡毯，因此"羊

图9-5 清代箐苗"结伴垦山图"
(《百苗图抄本汇编》，贵州人民出版社)

---

① 路遇等：《中国人口通史》，山东人民出版社，2000年，第755、823、927页。

图9-6　云南会泽的清代江西会馆

之孳生蕃息倍于马”。

云南的食盐生产较前代有更大发展。嘉庆、道光年间云南较大的盐矿有28处，清末云南产盐5297万斤。[①]年产100万斤的盐井有：黑盐井、白盐井、磨黑盐井、按板盐井、抱母盐井、喇鸡盐井、石膏盐井与云龙盐井。所产盐基本上可满足本省的需要，有些还供给越南、老挝等地。

云南茶叶发展迅速。在滇东南形成方圆近800里的攸乐、革登、倚邦、莽枝、曼嵩、慢撒六大茶山。雍正七年（公元1729年），清廷在云南普洱设府，管辖今思茅大部与西双版纳地区。同年，云贵总督鄂尔泰在思茅设总茶店收购茶叶。公元1735年，清廷颁布云南茶法，加强茶叶税收的管理。六大茶山所产茶多集中在普洱府，运至下关加工再销往各地，所产之茶遂称“普洱茶”。普洱茶有毛尖、芽茶、小满茶、谷花茶、紧闭茶、女儿茶、金月天等品种，生产极盛时年产量达八万担（四千吨）。《滇海虞衡志》中说：“普茶，名重于天下。此滇之所以为产而资利赖者也。”至采茶时节，入六大茶山购茶者至数十万，运茶商队拥挤盈路。中甸、德钦等地的藏商，每年派有数百匹驮马的马帮至思茅与普洱购茶。清人阮福《普洱茶记》称：“普洱茶名遍天下，味最酽，京师尤重之。”除普洱茶外，云南还有顺宁太平茶、大理感通寺茶、昆明太华寺茶等品种，但产量不多。

交通与商贸活动亦趋繁荣。明代大理的下关仅为普通集市，清代发展为普洱

① 杨毓才：《云南各民族经济发展史》，云南民族出版社，1989年，第284、290页。

图9-7　云南马帮塑像

茶的加工地与商品的重要聚散地。雍正、道光年间，每年有大量的茶叶、红糖、瓷器、烧酒、火腿等集中下关待运藏区，藏区的毛织品、药材、沙金、马匹等货物，亦在其地交易并运往各地。嘉庆、咸丰年间，大理商人开办“三元”“裕和”等大型商号，依靠马帮往来各地做生意。光绪初年，形成四川、临安（今云南建水）、迤西（包括腾冲、大理、鹤庆和喜洲）三大马帮，推动了云南的商贸活动。各地农村形成了不少大型集市。清人吴大勋《滇南闻见录》记，街期各处错杂，以便贸迁。多以十二生肖为街期，遂有马街、牛街、羊街、狗街、鸡街、鼠街、龙街等地名。一些集市以所售的商品为特色，如中甸为药市，丽江为骡马市与药市，大理有草帽街，阿迷州（今开远）主要交易红糖。

2. 广西的水利建设与农业的发展

清代广西的人口有较大幅度的增长。据研究，顺治十八年（公元1661年），广西的人口为332万人；乾隆十四年（公元1749年）为516万人；道光十年（公元1830年）为939万人；到了清末的宣统二年（公元1910年）人口已达1145万人。[①]其中大部是外地迁来的移民。清人孙玉庭《延厘堂集·奏疏》记，嘉庆年间，梧州、浔州、郁林三府的人口来自广东等省，贸易往来仅寄居入籍者，几占土著之半。此外，还有来自湖南等地者。这些移民人口的增加，大大促进了农业生产的发展。

清政府重视广西农业生产的发展。主要做法是广开军民屯田，并允许外来移

① 周宏伟：《清代两广农业地理》，湖南教育出版社，1998年，第66页。

民开垦荒地。《清史稿》载，雍正五年（公元1727年），广西布政使金鉷奏开屯田，屯民每人可获水田十亩，其中一亩为公田；若得旱田20亩，其中二亩为公田，官府还供给屯民耕牛。这种利农政策推行数年，遂使农家仓廪充实。

广西的农作物以水稻为主。各地普遍种植双季稻，仅桂林、平乐、庆远等地还保留种单季稻的习惯。稻谷品种也明显增多，据《灌阳县志·物产》载，道光间灌阳县的早稻有五月黄、百日黄等20余种，晚稻有米崔禾、豆子粘等近20个品种，由此可知广西的水稻品种甚多。各地还大量种植大麦、小麦、荞麦、高粱、黄豆、青豆、绿豆、小米、玉米、薏米、番薯、芋头与各种豆类；油料作物的种类也不少，主要有花生、芝麻、茶油、棉子、油菜与桐子。重要经济作物有甘蔗、茶叶和烟草等。一些地区一年可种两季玉米。光绪《归顺直隶州志》记，玉米、杂粮此前仅种一季，今则连种两季，山头坡脚无不遍种，皆有收成。普遍种植的蔬菜有姜、黄牙菜、冬瓜、南瓜、黄瓜、丝瓜、韭、葱、蒜、白菜、苦菜、茼蒿、苦瓜、藕、生菜、竹笋、芹菜、萝卜、辣椒与香菇等。

清政府重视兴修农田水利。清代修复的大型水利工程，主要有兴安的灵渠与临桂的相思埭。《清高宗实录》记，康熙五十二年（公元1713年），广西巡抚陈之

图9-8　清代苗人“垦山耕种图”
（《百苗图抄本汇编》，贵州人民出版社）

龙修复灵渠的14座陡门，对废弃的21座陡门亦酌复其八座。雍正九年（公元1731年），广西巡抚金鉷重修灵渠18座陡门，并修复37座蓄水的塘堰。雍正年间，广西官府对临桂相思埭进行了全面修复。公元1754年，两广总督杨应琚再修灵渠。各地还新建一些水利工程，如1750年拓建庆远府宜田县的洛潢河堤，以及义宁县的安鉴河堤。

二、地域特色浓郁的日常饮食风味

1. 云贵饮食文化的发展与繁荣

清代云贵地区的饮食文化呈现出较前代繁荣的局面。主要表现在饮食原料更为丰富，食物的烹饪加工更为讲究，以饮茶为代表的时尚风习逐渐兴起，并出现了饮食文化方面的著述。

（1）饮食文化的重要著述　介绍清代云南各地社会习俗，涉及饮食文化的主要著作是清檀萃的《滇海虞衡志》，还有民国罗养儒所著的《云南掌故》。檀萃在云南为官、讲学20年，以学识渊博闻名。《滇海虞衡志》按岩洞、金石、酒、器、禽、兽、虫鱼、果、蛮等分类，材料具体而有趣。罗养儒，清末民国人。其祖父曾供职清云贵总督衙门，还担任过云南许多个县的县令，罗养儒随祖父赴任，足迹几遍云南。又时聆长辈讲述云南之事，所知甚多。其著《云南掌故》，不仅详述了民国时期云南的情况，而且述及清代不少史实，所述均有依据。其中记述云南各地尤其是昆明地区的社会生活和诸种饮食，尤其以清代的内容最为宝贵。

（2）猪、鸡类佳肴大行其道　云贵各地善于养猪，云南即有六大名猪：大河猪、滇撒猪、保山猪、滇南小耳猪、滇陆猪和撒坝猪，在猪肉的加工烹饪方面也颇具地方特色，其中以腌制火腿最为有名。云南居民大都喜食火腿，有“无（火）腿不成席”之说。各地皆会制作火腿，尤以“宣威火腿”著名，这与当地特产“大河猪”有直接关系。《云南掌故》说：云南宣威一带的居民，以当地特产的大河猪为原料，腌制出以味鲜、色红、愈存愈鲜为特色的优质火腿，人称“宣威火腿”或“云腿”。据说好的宣威火腿须存放一年以上，外观坚实颜色黝黑。至清末民国初年，宣威县经营火腿的商号有100余家。宣威火腿可炖可炒，尤以火腿切片、火腿炒饵饮、火腿夹蒸乳饼、火腿炖红豆汤等做法脍炙人口。《滇南闻见录》记有，大理鹤庆居民亦擅长腌制火腿，方法是将猪腿浸于盐井的卤水腌制而成，其火腿味不甚咸，香甜而鲜，与浙江金华火腿相似，在云南远近闻名。知名产品还有富民腌制的妥基火腿。此外，据清人张泓《滇西新语》载，丽江一带诸族均擅制琵琶猪，制法如下：取重百余斤之猪，刳去头足大骨，四足折叠于腹内腌之，以大石压之令扁平，状如琵琶，因此得名。煮琵琶猪而食，其味颇似杭州的加香肉，唯味稍淡，因当地盐贵少放盐之故。

云贵地区的优良鸡种甚多，有六大名鸡之说，著名者如云南思茅、普洱的茶花鸡与武定的骟鸡，还有无量山的乌骨鸡、瓢鸡，盐津乌骨鸡和大微山微型鸡。据《云南掌故》，茶花鸡主要产自云南思茅、普洱等地的山林地带。其鸡雌雄均栖息于树，在山间搜寻昆虫或啄食草子果实。形态多身圆背扁，足短尾长，因羽毛艳似茶花得名。产卵甚小，仅较鸽蛋稍大。无论公母，展翅可飞十数丈，似为未曾驯化的林禽。若在山间拾取其卵，归使家鸡孵之，出窝之鸡不失原祖的形色，唯身体稍大。茶花鸡宜炒亦宜煮食，肉嫩汤香，为滇南诸族待客的上品。武定的骟鸡产于金沙江边云南的武定、元谋与禄劝一带。此处之鸡甚肥大，且皮薄肉嫩。小鸡孵出后，四个月可重一斤，六个月达二斤以上。其他省骟鸡仅骟公鸡，而云南的武定鸡公母皆可骟，被骟之鸡迅速肥壮，三年重七八斤乃至十斤上下。武定骟鸡以个大肥壮、肉嫩味香而享誉省城及云南各地，以之烹制鸡片或油炒、炖汤，无不相宜。

乌骨鸡，以滇东北大关、盐津一带尤多，又称“盐津乌骨鸡”。此鸡培育成功已有1700余年的历史，清代享誉省内外。乌骨鸡羽毛多为黑色，除鸡骨外，肉、皮、内脏皆为黑色。云南居民喜以之炖汤，食时加入三七粉，味道鲜美，并有滋补的功效，体现了寓美食于养生的饮食思想。以鸡制作药膳著名者，还有建水的“汽锅鸡”。其鸡纯以汽锅中部的空管喷出蒸汽蒸熟，蒸汽下凝为鸡汤，食时加入三七粉，味美不可言。奇妙的是炖鸡的汽锅，以建水特有的红黄青白紫五色陶土精制而成，有“色如紫铜、声似磬鸣、光洁如镜、绝不褪色”之誉。汽锅既是盛放佳肴的器皿，又为雅致古朴的摆设，可谓美食配美器。

云南中部的居民最喜食“黄焖鸡”。原料若取自思茅、普洱茶花鸡、武定骟鸡与永平乌骨鸡，烹制菜肴更为精妙。烹饪黄焖鸡之法：选宰较嫩之鸡，切块与葱姜、大蒜、草果、干辣椒等调料下锅，热锅旺油快炒，鸡块将熟之时，淋以双柏妥甸所产的酱油或本地辣酱，加入竹园红糖，待汤浓收汁起锅。食黄焖鸡之妙处在于啃。饱吸浓汁的鸡块愈啃愈香。至今云南各地仍推黄焖鸡为聚会、待客的首选佳肴。

（3）蔬菜瓜果终年丰盈可食　江苏人吴大勋于乾隆年间仕宦云南十年，详悉云南风物，对云南蔬菜种类之多、口味之甜美赞不绝口。其《滇南闻见录》称：白菜云南各地皆有，以阿迷州（今开远）尤胜，甘美愈于肥鲜。该书还记有青菜（当地称苦菜），梗叶皆青色，味微苦，煮之易烂，调和食之，甘甜清凉。因苦菜为云贵地区所独有，故游子在外，朝夕思念的家乡菜中常有苦菜。韭菜四季亦有，常嫩不老，且茎叶纤细。寻甸湖中所产的石花菜，叶细而薄，颜色深绿，

图9-9　清代云南乡间饮食摊（《大理》，民族出版社）

与南海所产紫菜相似。若晾干成片以温水浸泡使之湿润，浸醋以虾米拌食，颇有风味。云南人喜摘新鲜花椒以煮菜，又腌取其卤以和味，虽觉其鲜，然外省人则感辛辣过甚。罗养儒《云南掌故》卷九亦称：云南蔬菜特多，约近百种，四季皆产，供人食用饶有盈余。因气候土壤不同，所产之物有较他省肥大脆嫩者。如白菜，有裹心白、箭杆白、京白菜、小白菜与毛叶白等种类。日常蔬菜还有芹菜、菠菜、雪里红、芥菜、甜菜、蕨菜、小米菜、红油菜、莴苣菜、芝麻菜、牛皮菜、萝卜菜、红苋菜、玻璃生菜、油菜、荠菜、鹅肠菜、马齿菜、茴香、梨蒿、茼蒿、苤蓝、茄子与莴笋等。

云贵地区的豆类甚多，主要有蚕豆、豇豆、刀豆、扁豆、泥鳅豆、麻豌豆与菜豌豆；黄豆之嫩者称“青豆”。若以晾干的花刀豆及红饭豆、白饭豆煮熟作菜，则又非新鲜蔬菜。《滇海虞衡志》卷一一说，他省夏季麦与蚕豆同种，但谓“麦菜”；滇人不称菜，而言“豆麦”，由此可见豆收倍多于麦，因此以豆为重。蚕豆尚嫩时，可连荚烹煮为菜，继则杂米为炊当饭，晒干则洗以为粉，称“蚕豆粉条”，杂于燕窝汤中几乎不可分辨。豌豆亦可供洗粉，云南人喜食其嫩蔓，称为“豌豆尖”。他省豌豆蔓则易老，未闻采摘为菜。亦有做豆芽和豆腐者，《滇南闻见录》记，豆芽菜四季皆有，多产绿豆芽，茎甚粗而短，盛豆芽于盘，晶莹可爱，质肥味甘。又说，省城豆腐嫩且佳，极其有味，仅用石膏点就而不用盐卤，故其色净白，浓厚有味，此乃日用常食之物，而佳美如此。

莱菔类蔬菜有白萝卜、蔓菁及汉中府萝卜等。《滇南闻见录》中称，白萝卜长年皆有，甘甜味美，春日不老，冬日不空。而汉中萝卜，团而扁，皮桃红色，肉则雪白，其味极甜，据说自陕西汉中传来。另有胡萝卜，肉红而心黄；以及内外俱黄的黄萝卜。黄萝卜长达一尺五六，粗可及寸，富含水汁又嫩极、甜极，既可作蔬菜，亦可充瓜果食用，出产既盛，价亦极贱。上市时百姓成筐购买，不论居家逛街，均可见男女老少手持之而大嚼。《滇海虞衡志》卷一一又记有一种云南的红萝白，内外通红，切开颜色如红玉板，以水浸之，水即染为深红。罗次人刨红萝白晾干制为丝，拌糟不用红曲，而其红色远过之。

《云南掌故》还记有多种时令蔬菜，有百合、莲藕、香椿、竹笋、甘露子、慈姑、茭瓜、茭芽、枸杞尖、皂角尖、茴香尖、豌豆尖、金雀花、苦刺花、花椒叶及鲜核桃等。辣椒类则有灯笼辣、菜辣子、牛角辣与涮涮辣。瓜类有冬瓜、香瓜、黄瓜、苦瓜、丝瓜、南瓜与丽南瓜等。农人又喜摘南瓜之藤尖售卖，称“麦瓜尖”，揉而煮食，味颇清甜；又摘南瓜花售卖，“其味尤甜”。《滇南闻见录》亦记，云南所称的“麦瓜”即内地的南瓜，但结实甚大，与冬瓜相似。农家无不广植，冬闻农家藏数十百颗，堆积如山，以供一岁之需。

《滇海虞衡志·志果》又说：云南的果蔬及相关土产，质佳因产地而得名者，有临安藕粉、宣威蕨粉、澄江藕粉、元谋蔗糖、临安糖霜、永昌榧实、武定崖蜜、元谋西瓜酿、元江大茄、阿迷（今开远）石榴与黄芽菜、蒙自及禄劝石发菜、弥勒花生、陇川芋头、省城九龙池（翠湖）茭瓜等。

云南出产的水果种类繁多，品质亦优。《滇海虞衡志》称云南盛产梨，驰名者有呈贡宝珠梨、大理雪梨和昭通黄梨，其次为楚雄黑梨、华宁木瓜梨、麻栗坡董干冬梨、云县早谷梨与永昌抓梨。宝珠梨亦称“贡梨”，据说呈贡县的得名与盛产宝珠梨有关，呈贡县宝珠梨的极盛产地是万溪冲，至今仍有上百年的老树结果挂枝。成熟的宝珠梨硕大金黄，脆嫩汁多且浓甜微香。楚雄黑梨皮肉俱黑，但乃其本色，滋味甚佳。收获后若以稻草捂置，数月后果肉酥软，入口即化。大理雪梨和昭通黄梨亦个大味甜，大者或至七斤。《云南掌故》云，呈贡县还有桃李杏等甚多，遇丰收年景，呈贡一带所植果树当在四五万株以上，一年所出果实不下五万担（2500吨）。其种植最盛之处，夏秋时节果林一览无际，近观但见果实累累。果品成熟之时，果农摘取担往小板桥集市售卖；产桃时每日必有数百挑在市，产梨时节亦必有数百担入市。其他若花红、苹果、柿子和山楂等，亦每日有百数十挑在市售卖。

（4）普洱茶的兴起与繁荣　清代云南的茶叶，尤其是今西双版纳等地出产的普洱茶，在很短的时间内异军突起，不仅闻名全国，成为皇室和社会上层的至爱，而且大量输入藏区与四川等省，受到饮茶者的普遍青睐。云南普洱茶事之兴起，是有其特定的时代背景和社会原因的。

第一，是藏区居民的大量需要。清初，四川的茶叶生产遭到战乱的严重摧残，其输入藏区的茶叶严重告乏。吴三桂时任云南总管，他利用川茶衰落的机

图9-10 云南基诺族采茶（《云南民族·旅游卷》，人民出版社）

会，联络西藏的达赖喇嘛，于康熙四年（公元1665年），在北胜州（在今云南丽江以东）正式开辟茶马互市。而运销藏区的砖饼状的普洱茶，不仅方便运输和携带、长久保存不易变质，还具有价格便宜、饮用方便等特点。因而，藏区对云南茶叶需求的迅速增加，使云南很快发展为重要的茶叶产地，而仅位居江苏、安徽、浙江等传统产地之后。

第二，清代饮茶方式及口味的改变。清代茶饮口味发生改变的一个标志，是城乡均流行简便并可多次注水啜饮的盖碗茶，取代了此前加入葱、姜、盐等调料混煮的茶汤，以及费工费时制作的团茶。普洱茶味酽耐泡、价廉易得、冲泡简便、容易保存且滋味独特，便成为了人们的新宠。

第三，是普洱茶的保健作用和独特的口感。据《云南掌故》载，云南所产茶膏，较他省为佳，若遇喉症，噙半块于口，不到三小时病即消除，因此北京之人，均视云南茶膏为珍稀之物。据陪伴慈禧的太监、宫女回忆，慈禧食毕油腻的食物，常索要普洱茶，“图它又暖又能解油腻”。

清人震钧《茶说·饮法》中说，普洱茶饮数过之后，遂感茶味逐渐回甜，茶汤出现不同此前的特殊香味，饮茶者便进入“入口而沉着，下咽而轻扬，挢舌试之，空如无物”，“其味至甘而香，令饮者不忍下咽”的极致境界。

第四，普洱茶业是入滇移民的重要生计方式。清代出现移民云南的现象。今思茅、西双版纳是流民进入较多的地区。为了谋生，许多人从事茶业。而种植普洱茶并进行初级加工，并不需要复杂的技术。同时，滇南气候炎热，雨量充沛，所种茶株生长很快，且有大半年的时间可采茶叶。遂吸引了成千上万的移民投身于淘茶的热潮，《滇海虞衡志》记，每逢采茶时节，入六大茶山务茶事者或至数十万人，运茶商队也蜂拥而至，致使六大茶山经营茶事者满坑满谷。

据《云南掌故》载，在清代的普洱茶中，以迤邦（在今云南景洪东北）之雨前茶为第一，色香味俱佳，但大都是运往四川地区。其次为攸乐（在今云南景洪东南）茶，稍逊于迤邦茶，色艳则有类红茶。顺宁（治今云南凤庆）凤山所产的普洱类型茶，在省内亦有名。光绪年间，云南所产的茶叶，本省享用与运往省外者，约各占其总数之半。

2. 尽显地域风味特色的广西饮食

清代的广西，各地菜蔬的品种丰富多样，人们终年可食鲜嫩甜脆的蔬菜。常见主要供食叶的蔬菜有芥菜、包菜、生菜、苦马菜、空心菜、大白菜、小白菜、菠菜、黄花菜、韭菜、萝卜、葱、蒜、辣椒等；瓜豆类有南瓜、丝瓜、节瓜、冬瓜、黄瓜、苦瓜、木瓜、黄豆、豌豆、扁豆、饭豆、四季豆、绿豆、豆角等。烹饪方法多较为简单，通常是烧沸一锅水，放入洗净蔬菜煮熟，加入少量的盐、油即可上桌。一些贫苦的人家，则以米汤代油放入菜中，或将黄豆、火麻子、南瓜子舂粉拌菜煮之，桌上另置盐碟，食时夹菜蘸盐以取其味。

城乡居民的烹饪方法，则是既简单又实用，加工的食品亦营养美味。如加工主食类：秋季至郊外垒土块为窑，烧至红透，放入红薯或板栗，不久便熟，其味香甜可口。据戴焕南《新宁州志》：广西各地流行每日二粥一饭，朝夕难离红薯、芋、玉米、粟等杂粮，一些地方则日食二粥，粥有玉米粥、红薯粥、南瓜粥、白粥与菜粥等。遇节庆方食肉煮干饭。天气炎热，是当地居民喜食粥类的重要原因。另外，多种食物杂煮也是节约主粮的一种办法。李调元《南越笔记》说：（广西）“男子冬夏止一裤一襦，妇人量三岁益一布裙，如是则女恒余布。地惟粳稻，土厚获多，人日计米一升，加以鱼、蚌、乌菱、蕉、橘、薯芋，减炊米十可二三，如是则男有余粟，故古称饶富居甲焉。”

广西诸族喜食糯米食品，如粽子、糍粑、五色糯米饭等。粽子有枕头粽、三角粽、牛角粽、羊角粽等形状，包时加入猪肉、黑豆、红薯、大枣、莲子等，有须煮一两天才熟的大年粽，也有玲珑小巧的凉粽与诸色粽。食时蘸以蜂蜜或糖汁，味道均佳。壮、瑶、侗、仫佬、毛难等民族喜食五彩斑斓的五色糯米饭，其烹制方法如下：采集红蓝草、黄花、枫叶和紫蕃藤，分别挤压至烂煮沸取汁，分别浸泡糯米数小时，捞起加原色糯米即为五色，放入蒸笼蒸熟供食。糍粑的种类有艾叶糍粑、蕉叶糍粑等，做法是将糯米浸泡磨浆，装布袋盛之沥干水分，加糖、花生、芝麻或碎肉菜为馅揉团，裹以涂花生油的芭蕉叶，上笼蒸熟即成。广西诸族还喜欢吃糯米馍，制作时，先浸泡糯米上笼蒸熟，再置木槽或石臼内舂成泥状，捏成拳头大小的圆块，即可趁热食用，热馍松软可口；若冷却变硬，可火烤或水煮食之。他们还善做糯玉米糕。方法是将鲜嫩的糯玉米脱粒磨浆，沥水后置垫芭蕉叶的托盘蒸熟，食之软嫩清甜。壮、苗、侗等民族喜食“扁米”，制法是剪下灌浆时的稻穗，以微火烤至谷壳焦黄，舂去谷壳锤击米粒至扁平状，烹饪后香甜可口。

广西地区有许多特色菜肴，如柠檬鸭：以整鸭煮熟切块，与柠檬、酸辣椒、酸姜、黄酒焖炒，味道酸辣香浓。鸡血糕或鸭血糕：宰杀鸡鸭时，将血淋入盛有糯米的碟中，烹鸡鸭时将糯米倒入同煮，吃时切块上桌。鱼生：宰鲜活草鱼去刺切块，以湿布吸去鱼血后切为薄片，切酸姜、酸辣椒、紫苏等为细丝，拌以花生油及炒花生即为调料，食时以鱼片蘸调料，其味鲜美可口。辣椒骨：捣碎猪骨、辣椒，搅拌均匀，加入盐与黄酒，装坛密封，一周后可食用。亦可以之煮汤或做配料。环江等地的壮族善制煨鸭，其制法如下：将鸭敲死或溺死，不拔毛，剖腹取出内脏，将姜、盐、酒、酱油、五香粉等填入，以棉线缝合，取烂泥涂抹于鸭身，埋入炭火或灰烬煨熟，取出除去干泥，即可供食用，烹制方法与内地的“叫花鸡”相似。

总的来说，若论烹饪技艺与系列菜肴，云南与广西菜难与全国各大菜系比肩。但言所产果蔬的新鲜丰富，烹饪食物营养保存之科学，云南与广西似可居于前列，形成清新自然的饮食特色。

三、云贵桂地区少数民族的饮食习俗

清代云贵与广西诸省在总体上正式形成多民族杂居的格局，各民族的饮食文化既有其特点，又不同程度地受到其他民族的影响。在云贵地区的诸多民族中，以汉族的人数最多，分布亦最广，在全省范围与白、壮、彝等少数民族相杂居。使云贵汉族的饮食及其习俗与内地相比有明显区别，形成独具特色的饮食文化。如云南汉族的“炸谷雀”“炸蚂蚱”等菜肴，就是向少数民族学来的。但总的来说，包括汉族在内，云贵地区的不少民族其饮食口味共有的一个特点是嗜肉、嗜肥腻与盐重，这主要是环境与传统方面的原因使然。嗜肉、嗜肥腻是因为云贵高原空气较稀薄，山地劳动强度大，且水多带碱，需要补充较多的肉食。而盐重则是因过去长期缺盐，遂形成以盐为贵消费心理的曲折反映。在西南地区，那些聚居区域较大、历史文化底蕴较深厚的少数民族，其饮食文化自身的特色就较为明显。

1. 清代苗族的饮食习俗

清代西南地区的苗族多以耕稼为生，日常饮食俭朴。平时日食两餐，春夏始食三餐。富者以黏糯之米为主食，贫者多食玉米、杂粮。肉类有牛、羊、猪、狗、鸡、鸭、鹅等家畜家禽，菜蔬有青菜、白菜、辣椒、姜、蒜、韭等。由于得盐、茶、烟等物不易，故颇惜之。苗族人少用匕箸与盘盂，或以手指撮取食物，饮食盛放或用木器、瓷器，如食糯米饭时，以手捏之成团，以手掬食，不需碗箸。虽然日常饮食十分节俭。但遇喜丧、节庆或祭祀，必倾其所有举办宴席。普遍盛行“吃牯藏”，言为超度祖先。“吃牯藏”的准备时间很长，一般在二三年前就要开始做准备。富者必备水牛数头，贫者或数家共备一头。其牛不驱耕，专作牯藏之用。农历冬季，苗民将所备牛驱至平坝，使相互角触。斗毕不分胜负当场宰之。其肉分给在场的乡民佐酒，余肉散诸亲友，以为敬仪。“吃牯藏”消耗颇巨，动则以万计。

稻米随舂随食，足当日之用乃已。苗族人家通常家设舂具，素无隔宿之米。每拂晓鸡鸣，全寨便闻妇女捣谷臼之声如雷鸣。食用畜肉多以火燎去毛，烹而食之。清《平远州志》记，贵州铜仁府苗民食牲畜不用宰杀而用棒打，以火烧去毛，仍用锅煮，带血而食。辰州红苗大会必宰牛，以火燎毛烹之，称为“火蝉肉”。苗家人喜食辛蔬，尤嗜辣椒，每餐不缺此物。

苗族人喜入山林溪流，猎取野兽、鸟雀或捕捞鱼虾佐食。据《八寨县志稿·生活民俗》，贵州八寨县的“花苗”入山林捷于猿猱，常携枪猎鸟兽，有发则中，无一幸免者。陈浩《百苗图》载，贵筑、广顺一带的“东苗”，至春季必猎于山，获禽鸟必以之祭祖。所获的野兽、鸟雀与鱼虾也是食物的重要来源。徐家干《苗疆闻见录》，记苗人亦惯于采集野生植物，以之为食物或供药用。苗族地区多为深山大谷，瘴气流行，苗人惯服用姜桂、胡椒或辣椒等预防瘴气，肉桂、胡椒等均采自野生。

苗族人嗜食狗肉，以狗肉为席中的上品。据《马关县志》，若杀狗款待远宾，必留一腿不食，待宾归去时，主人以为赠馈，以示为宾客杀狗之意。乾隆《贵州通志》载，贵州贵定县的“平伐苗”，婚姻、祭享与招待贵客均屠犬，以此为特敬。“新宁苗”习惯啜冷咽生，若有疾病则歌舞禳鬼，屠狗罄食而散。

西南的苗族人多以酷菜为珍馐。《镇远府志·苗俗风俗》中记载了酷菜的具体做法：“以二月生长的青菜担至河边洗净，晒于烈日下，二三日待其半萎，用大瓮或大桶层层装纳，以米粉或高粱、稗子面和井水灌入于中，紧封其口，俟三四月始开瓮，味如土人所食的虾酱，然味极佳。性大凉，可以治痢疾，去饮食积滞。制作须极洁极净，稍沾油气即坏。又有所谓‘酷缸’者，贵州清江、台拱、研城等地苗民为之，制作颇费周折。用牛羊鱼肉，腌好烘干后入瓮，鸡鸭鹅豚肉亦可择入，诸色禽、鸟獐麂肉等皆可入，或入虾鳝蟹蚌蛤等，皆以甜糟和水灌之，紧封其口。存二三年，有至十年者方开缸。其香满室满巷，其味最佳，大

图9-11　清代清江苗“歌场野餐图”（《百苗图抄本汇编》，贵州人民出版社）

图9-12　清代平伐苗“猎物分享图”（《百苗图抄本汇编》，贵州人民出版社）

致酸而有味。苗民称为‘醅鬼’，奉若至宝。”

苗族男女均嗜酒。《南笼府志·民俗》记：“每逢场集，苗民三五成群聚饮，必醉乃归。宴客之时以牛角灌饮。”《马关县志·生活民俗》：“富有苗人最为嗜酒，其饮不必有肴，则举数觥，如饮茶而尽，遇宴会则必尽醉方休。提亲、喜丧、节庆及祭祀等场合，均不可缺酒。清江黑苗待春日晴和，未婚男女携酒食于高岗，男歌女和，彼此相悦者，以牛角盛酒欢饮。都匀八寨的短裙苗，酒醉常卧于山凹。苗妇亦好饮，若置酒召之，则老幼偕至，饮次唱歌为乐，众以酒奉召者，邀之饮则兴高色喜，否则歌止，随罢而去。”①

所饮之酒除有本地自酿之外，还有来自外来人制的酒，据《马关县志·民间文艺》记：“有外来人制作的蒸馏酒，其酒性峻烈，过饮或致疾病。此外有家酿自然发酵的低度甜酒，称‘咂缸酒’或‘咂酒’‘咂马酒’，味甘甜而醇厚，可连

① 李宗昉：《黔记》卷三，徐家干：《苗疆闻见录》卷下《苗妇好饮》，商务印书馆，1936年。

图9-13 清代仡佬"馈赠饮食图"(《百苗图抄本汇编》,贵州人民出版社)

糟食之,性较温平。制作及饮用之法:用糯米、玉米或高粱为原料,炒香磨碎,复煮之使软,和以酒曲入缸,封之数月而酿成。饮时插四五尺长之细竹管于酒及糟内,众人围坐,自细竹管上端而咂吸其汁,次第传饮,循环不辍,酒汁减则增之以水。饮至日暮,缸汁虽无酒味,吸饮者犹咂唇舐舌,似津津有余味,以领主人盛意。苗民均喜饮咂缸酒。每年举办踩山节,当事者必酿咂缸酒数缸,陈咂缸酒于会场以供众饮。"

2. 清代彝族的饮食习俗

彝族在滇川黔诸省分布甚广,内部支系众多,习俗亦不尽相同。居住在平坝的彝族,主要从事以种稻为主的农业生产,居住在山地的彝族则种植玉米、洋芋与荞麦,并大量畜养马羊等大牲畜。彝族人以野鹿为崇拜的图腾。

彝族人一般以糯米、玉米、荞麦为主食,烹饪方法有烤、煮、炒、蒸和炖等。喜食以豆浆、豆渣、酸菜合煮的汤菜"连渣闹",或以红色干刀豆与干腌菜合煮的红豆酸汤,主食多为荞粑粑与米饭。最具特色者为"砣砣肉",即割大块

图9-14 彝族用烟熏法制作的腊肉

畜肉以大锅烹饪分食，讲究原汁烹煮和大块上桌。上层集会时多举办称为“四滴水”的宴席，原料主要有猪、羊、牛、鸡等畜肉，鹿、熊等野生动物肉，鱿鱼、海参、海鱼等海鲜，以及大枣、莲子、皂角米、桂圆等果品。

彝族的节日有火把节、十月节、祭龙节等。节庆、宴会活动中常见的食品有坨坨肉、烤茶、烤乳猪、油炸蚂蚱、灌血肠、荞粑粑、红豆酸汤与狗汤锅等，风味菜肴还有麂子干巴、羊皮煮肉、粉蒸羊肉、皮干生与肝胆参等。

俗语说：“汉人贵茶，彝人贵酒。”彝族日常饮酒主要是“坛坛酒”（咂酒），亦饮以玉米等粮食制作的蒸馏酒。“坛坛酒”的制法与饮法：以酒药与小红米封于瓮中待熟。饮时先计主客人数多少，分配长节竹管各自插入瓮中，客人围坐酒坛，轮次而起扶管咂饮，同时不断增水，至酒味尽乃止。所饮蒸馏酒，使用的酒具颇为精美，多使用精工制作、小巧玲珑的漆器，其漆制酒壶的设计十分巧妙，酒从倾倒酒壶的底部注入，酒壶的体积与酒壶的管嘴均极小，酒杯亦不大，少量酒可借此品饮多次，反映出彝族具有以饮酒为美、饮酒为乐的高雅情趣。

3. 清代白族的饮食习俗

白族主要居住在洱海地区。其生产水平较其他少数民族为高，以重要通道沿线的下关、大理、喜洲等城镇人口最为稠密，农业和商业亦甚繁荣。白族居地普遍土地肥沃，物产富饶，盛产蔬菜、畜禽、淡水鱼类与各种水果，历史文化积淀丰厚，饮食精细讲究。擅长制作火腿、香肠、猪肝酢、油鸡棕与螺蛳酱，妇女善制蜜饯、雕梅、苍山雪炖甜梅等果脯与甜品。

若有客至，主人必请上座，随即奉上烤茶或“三道茶”，再备“八大碗”、“四盘、四荤、四素、一锅”等丰盛菜肴款待。白、彝等民族喜饮烤茶。方法

图9-15 彝族日常生活的绘意图
（《云南民族·文化卷》，人民出版社）

图9-16 云南彝族的图腾野鹿的塑像

是将特制的袖珍茶罐在火塘上烤热，放入一小把大叶种茶叶，略为焙烤后冲入开水，顿时茶香四溢，饮之清香、略苦而回甜，为待客所不可缺。景颇等山居民族，上山劳动前必饮其茶，茶汤愈浓愈好，甚至啜饮几口苦涩如药汁般的浓茶，据说饮后劳作整天不感口渴。“三道茶”，其原料有茶叶、核桃仁、蜂蜜、姜片、花椒、桂皮与乳扇等，首道茶略带苦味，次道茶稍具甜味，第三道茶品出甘甜，所谓“头苦、二甜、三回味”，以此体会为人做事必经的三种境界。所用原料制作精细，如以特制的“小推刨”，将核桃仁推成薄如蝉翼的桃片以供入茶，体现出白族将人生哲理、生活感受结合于饮茶，将饮食精细化及艺术化的深厚趣味。

白族的重要节庆有春节、三月街、清明节、端午节、火把节、中秋节与中元节。知名菜肴有砂锅鱼、酸肝、乳扇凉鸡、剁生、凉拌螺肉、烩三鲜、牛奶煮弓鱼、皮肝生、清炒三七花田鸡等。素食亦颇具特色。民间有“无酒不成礼”的习俗。所酿鹤庆干酒生产历史悠久，配料讲究精细，工艺复杂完整，酒味醇和幽香，度数虽高但不易醉人。白族的男女老幼还喜食甜白酒，有以甜白酒煮鸡蛋待客的风俗。

4. 清代壮族的饮食习俗

壮族主要分布在今滇东南与广西地区。由于接受内地文化的影响甚早，故而经济、文化发展水平较高。明清时，壮族人积极参加科举考试，热心谋求仕进并屡屡及第，因此壮族聚居地区有“对门两进士，隔壁三举人”等说法。

壮族人很早便种植稻谷，亦种玉米、红薯、高粱、荞麦、小麦以及各种蔬菜瓜果，大量饲养猪牛与鸡鸭等畜禽。他们以大米、包谷为主食，喜食糯米糍粑。做法是浸泡上好的糯米蒸熟，以木杵舂为米泥，用手捏成茶杯大小的扁平圆块。若趁热食用，柔软可口。如夹芝麻、白糖而食，风味更佳。糍粑冷却后质地坚韧，吃时须油炸、水煮或火烤，遂膨胀变软。若制作送礼所用的大糍粑，则每枚用米数斤，直径达尺余。并于糍粑表面塑红色花纹，以此为馈赠亲友的佳品。逢清明时节，一些地方喜食掺入鲜嫩艾叶的、以芝麻、红糖为馅的糍粑，风味堪称独特。

壮族人喜欢吃各类甜食，口味麻辣偏酸，口感讲求酥糯与嫩滑爽脆。知名的菜肴有烤乳猪、状元柴把、柠果白切鸭、清炖破脸狗、清蒸豆腐圆、白切狗肉、鱼生、酸笋炒牛肉、烤辣子田鸡、酿炸麻仁蜂、火把肉、酸汤煮鲫鱼等。面点等有五色糯米饭、包生饭、粽子及糍粑等。

图9-17　云南德昂族烤瓦罐茶
（《云南民族·旅游卷》，人民出版社）

图9-18 广西壮族的五色花饭

壮族重视节庆活动，每逢岁时年节，则要举办各类宴席，阖家欢聚并祭祖先。春节前二十三日过送灶节，二十七日宰年猪，二十八日包粽子，二十九日做糍粑。除夕夜吃年饭，桌上必摆放煮熟的整只大公鸡。年初一喝糯米酒、吃汤圆。年初二走亲访友，互赠食品。中元节则宰烹鸡鸭，蒸糯米饭祭祖及鬼神。此外，还过清明节、端午节、牛魂节、中秋节、重阳节、尝新节、霜降节与冬至节。年节饮食讲究礼节与吉利，如称芋头扣肉为“红扣”，象征“开年红”；重要节庆必烹食全鱼，寓“年年有余”之意；以清蒸豆腐圆象征阖家团圆；制年糕取“年年高升”之意。喜饮各种果酒、药酒与粮食酒，一些优质酒历史悠久，远近闻名。

第三节　西藏地区的经贸发展与特色食俗

一、清代西藏的经济贸易发展与制约因素

17世纪初叶，清统一西藏，使西藏进入了一个较长时期的稳定局面。清代前期，清王朝在整个藏区推行的一系列方针政策，对确立达赖、班禅的名位，对藏区的统一和封建农奴制经济的发展，都产生了极为深远的影响。自17世纪中叶黄教寺院集团掌握西藏地方政权以来，开始实行“政教合一”的高度集中统治，给西藏社会的发展带来很多不利的影响。

西藏领主人口不到总数的2%，却占有绝大部分的土地和其他生产资料。绝大多数的农奴成为受奴役的劳动力，从事农、牧、手工业等各项生产。封建农奴主强迫农奴无偿地耕种土地，差以各种劳役，任意驱使和剥削他们，还随时征收柴草麦豆以及青稞、氆氇、畜毛、皮张、奶制品、酥油、蜂蜜、果品等产品。当

时，一个庄园就是一个相对独立的生产单位，与外界不相往来或很少往来。这种衣食住行基本上是一种自给自足的封闭性封建领主经济制度，严重地制约了生产力及社会的发展。

清代西藏经济产业主要有畜牧业、农业、手工业和商业，畜牧业是西藏社会经济中最重要的产业，农业位居其二，手工业和商业又次之。

畜牧业在社会生产中所占比例最大。西藏的牧业区主要分布在西藏北部。清代有到过西藏的外国人说："西藏的主要财源目前在于草原和牲畜。"西藏每年向印度出口羊毛约达400万斤，牲畜约达三四万头。藏区畜牧的种类除牦牛与羊马外，还有骡、驴、黄牛、犏牛、猪、鸡等。畜牧业提供的各种产品为牧民日常生活的依赖，如以牛羊毛制成氆氇、帐篷、卡垫、绳索、口袋等是生活所必需，牲畜粪便是草原上最佳的燃料。在纯牧区，牲畜是草原游牧民族赖以生存的生产、生活资料，他们以放牧牦牛、羊、马等为主，逐水草而居，每一顶帐房就是一家牧户，他们的衣食住行用无一不取自牲畜，牲畜成为他们主要的食物来源。高寒地带不利于种植蔬菜及水果，但藏族牧民有经常吃野菜的习惯，而且野菜的品种较多，他们在雨季采摘各种野菜和蘑菇晾干后贮存，于冬季食用。虽然食用野菜的频率远没有肉类多，但可以看出藏族牧民对食物结构合理性的追求。

农业是清代西藏社会经济中仅次于畜牧业的重要产业。西藏地区的农业主要分布在藏中的雅鲁藏布江中游的干、支流河谷地带，以及藏东的怒江、澜沧江、金沙江峡谷地带，是清代西藏垦殖率最高、农业生产最发达的地区。据清朝人的记载，江孜河谷的耕地肥沃，约有良田数千顷，人民的生活尚宽裕。由于江孜的农业生产自然条件较优越，这里在清代成了西藏官府领主庄园和贵族领主庄园聚集之地。康熙五十九年（公元1720年），随军进藏的清朝官员吴廷伟在《定藏纪程》中说，拉萨一带的农具与内地无二，有水田，天气甚暖，经冬不寒，反映了拉萨河谷农业生产发展的情形。

清代西藏土地的大量开发和利用，使农作物品种及种植次数都较以前有所变化。除青稞之外，小麦、大麦、荞麦、圆根、小豆（豌豆）等农作物都得以大量种植。随着清朝商贾、官兵、香客及外国传教士的入藏，使得其他地方的蔬菜瓜果如白菜、莴苣、菠菜、苋菜、韭菜、萝卜、四季豆和苦瓜等蔬菜被引进藏区，开始在西藏一些比较温暖的地区进行种植，恩达、察雅、左贡、三岩、昌都等自然条件较为优越的地方则开始种植水稻。[1]乾隆年间，西藏有少数地区的农作物可一年两收。18世纪藏区的农业经济作物也有了从引进、培植到发展的过程。如

①《西藏研究》编辑部：《西藏志》，西藏人民出版社，1982年，第20页。

西藏察雅、俄达等地的核桃，穷结的竹子、核桃，达布的葡萄、核桃、桃子、海棠，拉萨的胡桃、蚕豆、菜籽、杏、白葡萄（侨居世界屋脊的外国传教士曾用来制作做弥撒时用的酒），波密的蜂蜜、香料，工布等地的小麦啤酒、红枣、黄杏、竹子等。足见这一时期藏区的经济作物与外界的活跃交流与获得的长足发展。随着农业的深入开发，为西藏的饮食文化发展打下了一定的基础。

这一时期饮食器具的种类十分丰富，有些是用金银铜加工制成的生活用具如勺、碗、盘、杯、酒壶、锅、瓢、腰刀等。由于饮食需要，西藏人几乎人人都有佩腰刀的习惯，成为西藏饮食文化的一大特点。据周霭联《西藏纪游》："番刀式不一，总以刃薄质轻者为良，予曾购其一，视常刀略长，刃薄如蒲叶，两面可以随手摆动，特不能屈之，使曲尔。又有一种状如薤草之矿刀，而其刃外向，本狭末宽，拭之似甚犀利。"在制陶方面，墨竹工卡是西藏制陶手工业较著名的中心，这里生产罐壶盆等各种陶器，规模都较大。明清时期西藏的釉陶发展水平已达到相当的高度。陶器类的饮食器具主要有吃饭的碗、盛牛奶的瓶及酿酸奶的罐、火炉、茶壶等。

这一时期，西藏的贸易也十分发达，促进了饮食商品的交换和饮食文化的交流。西藏与四川的贸易在西藏与内地各省的贸易中最为发达。在四川输往西藏的各种货物中，输入量最大的是砖茶，其次是哈达、粮食、铁铧、锅、铲、烟、酒、红糖、靴鞋和棉布等。此时，雅安所产茶叶历史悠久且质量好，深受西藏诸族的喜爱。

西藏与云南也有交易。清顺治十八年（公元1661年），达赖喇嘛请求在云南北胜州进行互市，以马易茶，得到清廷的同意。从西藏输往云南的商品主要有毛织品、藏红花、贝母、鹿茸和虫草等，从云南输往西藏的商品则以茶叶、糖等为主。西藏还通过青海与内地进行贸易。清朝在西宁等地设立茶马司，使西宁等地的汉藏茶马贸易呈现出兴盛的局面。西藏与喜马拉雅山外的国家和地区也进行贸易。西藏地方政府和其近邻不丹、印度、尼泊尔也有商业贸易，各国互通有无，调剂余缺，有着比较密切的商业贸易往来。除彼此买卖大米、食盐、果品以外，交流的还有香料、铜铁、缎匹、氆氇、藏锦、珊瑚、珠宝、金花、皮毛、药材等商品。在后藏，同尼泊尔接境的聂拉木和吉隆两地，是历史上西藏去往喜马拉雅山外的通道，西藏历来从此路输出湖盐、牲畜、羊毛以换取粮食、铁器和布匹等物。锡金、不丹的人民也有用米、谷、土产到帕里交换他们必需的盐、茶的悠久传统。

二、藏地特色的饮食习俗

1. 清代藏族人的饮食结构

清代的西藏仍以青稞为主食，它是藏族制作糌粑的主要原料。这一时期藏族的饮食结构较简单，主食以糌粑为主，辅以必需的饮料，如牛奶、清茶、酥油茶、青稞酒等。蔬菜很少，牧区基本上没有也不认识蔬菜，牧民视蔬菜为“草”。人体日常所需的淀粉、蛋白质、脂肪、糖、维生素及各种矿物质，多从酥油、奶茶、奶渣、肉食和奶等食物中补充。因此，生活在雪域高原上的藏族人民，尽管食物构成简单，但营养全面、充足，滋养了藏族人民的健壮体魄，一些人的寿命还很长。

2. 等级制度下的饮食风习

封建农奴制时期的西藏是一个等级森严的社会，在饮食文化方面打上了等级制的鲜明烙印。清代西藏的饮食，大致可分为平民饮食与贵族饮食。

（1）平民饮食　据清宣统三年（公元1911年）《西藏新志》载，平民的日常食物为糌粑、牛羊肉、奶子、奶渣等。常食糌粑或米粥，丰裕之家间有以米和牛羊肉作粥者，称为“图巴”。牛羊肉多不煮而生食。食不定时，以饥为度。饮食不用刀箸，多以手掬而食；或用木碗，食毕舐以舌，之后藏于怀中。居黑帐房以游牧为主之人，则食生牛羊肉，或炙熟食之，或食酥油奶渣。

饮料主要是茶与酒。饮茶为西藏社会普遍的嗜好，清乾隆时人盛绳祖《卫藏识略》说：藏民不拘贵贱，饮皆以茶为主。其茶熬极红，入酥油及盐搅之，饮茶食糌巴或肉米粥，称“图巴”。藏族又将茶作为礼的载体而广泛应用于社会礼仪。如走亲访友送茶为礼，尊祖祭神以茶为祭品。在婚丧嫁娶等各种典礼中，茶叶被视为必备之物。清人黄沛翘《西藏图考》卷六描述藏族举行婚礼，说以茶叶、衣服、金银、牛羊肉若干为聘。新娘出嫁前，以茶、酒、米、粥与餐。迎亲至男家后，并不行礼，扶女与婿坐，饮之以茶、酒。在新婚的次日，男女父母及亲友，俱穿华服、顶戴哈达，拥新婿、新妇绕街游行，凡至亲戚门，出茶酒饮之，且茶都在酒之前作为礼仪之品。

酒以青稞酿造，味淡微酸，称为“呛羌”，或以青稞酿造烧酒。男女老少皆嗜之，醉后男女相携笑唱，逍遥步行街市以为乐。藏民喜办民间宴筵，以酒为主要饮料，届时男女相集同坐，彼此相敬，歌唱酬答，终日乃散。散时男女携手盘坐而歌，起至门外，歌唱于街中而散。富者每月或二三回，贫者每月亦举办一次。

（2）贵族饮食　贵族饮食可从有关记载窥知。据《中国地方志民俗资料汇编·西南卷》记，如遇岁时令节，西藏地方政府“噶厦”首领噶卜伦必大飨宾客，或于家或于柳林。屋中央铺方形棉褥数层，供噶布伦自坐，前置方形之桌一二张，上供面果与生熟牛羊肉，以及藏枣、藏杏、藏核桃、葡萄、冰糖、焦糖等各一二盘。其焦糖系黑糖所制，用黄油熬成，长一尺广三四寸，厚达一指；献牛羊肉一腿或一片。两旁铺以长坐褥，其前设低桌摆列果食。噶布伦（亦作“噶卜伦”，原西藏地方政府主管官员，多由大贵族充任）、第巴（地方官吏之名）、浪子（总管）、沙中意（侍从活佛）等列坐两侧，或二人为一席，随从者各列席后。每人给果食一大盘。食时先饮酥油茶，其次饮“土巴汤”，再食奶茶及抓饭。抓饭有黄白二种，用米作饭，滤之于水，加入砂糖、藏杏、藏枣、葡萄、牛羊饼食等物烘熟，盛于器皿以手抓食。

遇大节盛会，则选出色妇女十余人，戴珠冠穿彩服，使行酒歌唱，亦有能唱汉曲者。又令八九岁至十二三岁小童十数名，穿五色锦衣，戴白布圈帽，腰勒锦条，足系小铃，手执斧钺前后相接。又设鼓十余面，司其鼓者装束亦同。进食一巡皆伴之以舞，进退步法与鼓声相合。食毕，肉果等物由各自携去，是为惯例。

此外，在藏传佛教的各教派中，僧侣也是分等级的，因此饮食也有层次高低之别。如上层僧侣食用的糌粑系经过精细加工，与普通糌粑直接炒磨不同。通常先反复冲洗青稞，晒干后用簸箕擦去粗皮，炒磨后过筛，制作的糌粑色白而粉细。一些寺庙忌讳青稞脱粒时扬场，认为青稞被风吹后很脏，不能食用。而只能手捧用口吹方法脱皮。

3. 盐习俗

西藏众民有对盐和盐湖之神景仰与崇拜的习俗，他们的食盐主要来自藏北盐湖区。人们获取食盐要成群结队地翻山越岭，经过长途跋涉才能运回来。西藏的驮盐队，从古代至1998年驮盐队的最后消失，成员均由男子组成，在整个驮运过程中绝对不准接近女人。据说盐湖之神是女性，见了女人会妒忌发怒，对运输食盐不利。驮盐人装满盐袋、踏上归程之前，要对盐湖女神祈祷拜别，称盐湖女神为母亲，自称为盐湖女神的儿子。起程前晚，驮盐人在盐湖边的塔形玛尼堆上扯起五色碎布经幡，并在绳上系上成团的牛羊毛，用糌粑或面团捏为大小不一的牛羊，用酥油做成柏枝模样，供在玛尼堆前并投入盐湖，以示感恩于盐湖母亲，希望她保佑驮盐队一路平安。还有一种祝吉仪式，即把酥油捏成的牛头对准家乡方向，置于玛尼堆前，驮盐人扮演驮牛，一人扮演赶牛人，手持乌尔朵赶“牛”，嘴里不停吆喝并绕玛尼堆一周，直至将“牛”赶回驻地帐篷前。此时扮演的乡亲便连连前迎并祝贺驮盐队旅途顺利，同时称赞盐巴质量上乘。

藏北牧区除有湖盐外还有岩盐和井盐。牧民在山凹或山坡上将表土挖掉一层，便可见到耀眼的盐沙。有的土山几乎全是由盐沙堆积而成的。西藏的芒康有井盐区，这里生产食盐已有200多年的历史。芒康与滇藏公路相接，井盐区与云南迪庆交界，2000多块盐田绵延相连，从江边铺排到山巅。分布在江边的数十口盐井，有的深达五六米。所生产的井盐，除供应昌都地区外，还远销四川的巴塘和云南的迪庆等地，满足了藏区人民的生活需要。

4. 药食同源的名作《晶珠本草》

在藏族的饮食文化史中，有两部重要的医药著作非常重要，这就是《四部医典》（前面章节已有介绍）和《晶珠本草》。

《晶珠本草》为帝玛尔·丹增彭措（公元1673—1743年）所著。他从八岁起，便在众多的学者跟前听受、攻读医学著作和十明之学，学业优殊，后来成为学识宏富的学者，著述近百种。其中《晶珠本草》是作者对青海东部、南部、四川西部、西藏东部进行实地调查，考证了历代藏医药书籍中记载的药物后写成的，内容极为丰富，该书系统地总结了藏药学的经验，是历代藏医药书籍中收载药物数量最多的著作，可谓藏药的经典本草。

《晶珠本草》所载药物，具有浓厚的民族特色和高原特色。它收录药物达400多种，其中包括西藏地区特产的许多植物及名贵药物，如“榆保”（榆树皮）、“果鸟”（茴香）、熊胆、麝香、鹿茸、虫草、雪莲、贝母、红花，以及当地土产如青稞、野蒜、绿绒蒿，獐芽菜、虎耳草、雪莲花等，这些药物均系藏医所用，具有“医食同源，药膳同功”的作用。

书中把青稞作为一种重要药物，用于治疗多种疾病。据《本草拾遗》记载：青稞，下气宽中、壮精益力、除湿发汗、止泻。而“日估”（野蒜）具有促进食欲、开郁豁闷、治胃病及寒热病等功效，在藏餐中还是不可缺少的天然调味品。“榆保”（榆树皮）治疮、消炎、清热。嫩皮如桂皮但厚，含在口中无味而有黏液，藏民用它搅拌藏面，爽口而喷香，是蛋清的代用料。还有一种叫“果鸟”的植物，具有祛风、清心热、解毒、消肝火、开胃、治眼病的功效，在西藏半农半牧地区也被广泛采挖食用，春季可作菜，秋季当调味品。

《晶珠本草》还强调饮水卫生。书中将水分为雨水、雪水、河水、泉水、井水、碱水、草木水七类，并论述各类水的作用，如“雨水从天降，在地汇成河，饮用能健身、适胃、明心、清澈，味淡香，性凉、轻，可与甘露媲美”，对选择水源环境亦有讲究，认为泉水最优，草木水最差。从而从饮食文化的视角总结出食物、药性、健康相互依存的关系。

第十章　中华民国时期

第一节　四川地区抗战大后方的稳定与繁荣

民国时期，是从清朝灭亡至中华人民共和国建立的这段时期。四川的社会经济加快了向近代化转型。这一时期，优质、高产的农作物给四川农业带来了生机，缓解了抗日战争时期四川地区人口激增带来的粮食问题，也为四川的饮食文化在长期的历史积淀与特殊的时代背景下得到繁荣发展奠定了物质基础。

民国时期，是川菜完成定型与繁荣的阶段，川菜烹饪技艺日臻完善，形式多样。特别是在抗战时期，四川成为抗战复兴的中心基地，沿海和沦陷区大批企业、学校、优秀人才等内迁四川，包括全国各地的饮食行业与名厨大批进入四川各大城市，粤菜、湘菜、鲁菜、京菜、浙菜、苏菜等菜系相继进入川地，再一次促进了四川地区饮食文化的大融合、大发展。此外，这一时期在川生活的外国人更多，他们把西餐引进四川，使川菜“西菜中用”“中西合璧”，四川的饮食文化得到多元化发展。

一、农兴粮旺酒盛茶衰

1. 四川成为全国农业生产基地

民国初期，军阀官僚地主的疯狂掠夺，使农民负担异常沉重，抑制了农村经济的生机，导致农业生产迟滞、萎缩，大量土地抛荒，粮食减产，川米由“自盈有余”调配省外“变为”自不敷食，由外省调配。①

为缓解粮食供应的矛盾，国民政府采取了一系列措施，使四川农业得以恢复和发展。首先，设立了农事研究机构进行管理。1933年，四川善后督办刘湘，在重庆磁器口设立“四川中心农事试验场”。1936年，四川省政府建设厅长卢作孚在成都成立四川省稻麦试验场，后扩大为四川省稻麦改进所，进行以稻麦为主兼及杂粮的改进工作。以后，四川省建设厅又相继成立四川省家畜、林场、棉作物、蚕丝、农林植物病虫害防治、甘蔗试验、园艺等连同稻麦在内的共九个农事研究机构。其次，推广良种，广泛种植。在这些政府农事机构的主持下，稻谷进行纯系育种的“川农422”“川农303”“泸场128-2”等品种，在1943年至1949年累计推广的面积达10.7万余亩，估计增产稻谷4.58万担（2290吨）。小麦优良品种“川福麦”“中大2419”“美国王皮”等良种，推广面积达534.1万余亩，估计增产55.5万余担（2.775万吨）。此外，杨洪祖从美国带回红苕品种Hancy Hall，1940年开始在成都、川东等地繁殖观察，生长极佳，后定名为“南瑞苕”，并于1944年开始推广，较本地品种增产五成以上，有的达一倍之多。新中国成立以后，很快在全省推开，成为红苕的主栽品种。②1939年开始，推广四川地方良种“彭县黄洋芋”，分发成都、华阳、新繁、崇庆、灌县、渠江、彭县等七县，种植面积达1110亩，以后逐渐遍及川西各县，但多为春季栽培，最大面积达3.4万余亩。此后，又采用秋季栽培留种和高山换种等办法，良种洋芋的种植进一步普及。

尤其是在抗战期间，重庆和川康地区成为抗战后方基地，粮食生产受到国民政府高度重视，生产指标成为战略任务，粮食产量备受关注。1938年和1939年风调雨顺，四川粮食产量连续两年超过100亿公斤。四川成为全国抗战的粮食基地。如此，集约化的农业发展，以及优质、高产的农作物给四川农业带来生机。与其他省份同类农作物相比，四川的玉米、甘薯、油菜籽产量位于全国之首，稻谷产量居全国第二位，麦类产量也居全国前列。

2. 农作物商品化程度提高

民国时期，四川农业兴盛，种植已形成合理布局，具体表现是逐渐形成许多以生产某种农作物为主或以此著名的专业化经济区域，促进了四川农作物的商品化发展。例如，四川的水稻主要产区有川西成都平原的温江、郫县、崇庆、新都、灌县、广汉等地和川南的叙州、泸州等地；其余占四川耕地3/4的丘陵地区

---

① 温贤美等：《四川通史》第七册，四川大学出版社，1993年第92页。

② 梁禹九、谢星源：《四川农业科技推广情况》，《四川文史资料集粹》第四卷，四川人民出版社，1996年。

栽培高产的玉米、红薯和洋芋，内江、资中、简阳、南溪、广安、长寿等地盛产甘蔗及制品蔗糖；潼川、南川、保宁、嘉定、绵州等地以产蚕桑闻名；还有荣县、隆昌的苎麻，什邡的烟叶，万县的桐油，江津的广柑，金堂的橘子，泸州的桂圆等，都是四川著名的农副产品。这些经济区域实行了专业化分工，提高了劳动生产率，所生产的产品除极少数供农民家庭自己消费外，绝大部分作为商品投入市场销售，从而大大提高了农作物商品化的整体水平。

此外，抗战期间四川人口激增，随着战时需求的不断增加，物价快速上涨，农副产品的商品化经营已成为趋势。粮食、经济作物、林木果品、家禽家畜等在强大社会需求的刺激下，均进入了商品化阶段。

伴随着农作物商品化程度的日益提高，以农产品作为原料的四川食品工业行业，如制糖业、酿酒业、榨油业、制烟业、制茶业、面粉业、罐头糕点业等，都有了不同程度的发展。以制糖业为例。19世纪末20世纪初，四川省的甘蔗和蔗糖均获稳步发展，成为全国的主要生产基地。据民国时期统计，四川生产甘蔗的县有126个，占当时全川154县的81%；蔗田面积50余万亩，产蔗1200余万公担（30万吨）。民国初年，四川年产蔗糖180万公担（4.5万吨），占全国年产量270万公担（6.75万吨）的68.8%，居全国甘蔗产区的首位。[①]

3. 川酒的发展与川茶的衰落

民国时期四川酿酒业发展甚速，尤其是以宜宾为中心，北溯岷江上至成都、绵阳，南顺长江东下至泸州，再沿赤水河至古蔺一带的河流带状区域，酿酒业兴旺，名酒辈出，如“五粮液”“绵竹大曲”等，成为西南地区酒文化特别发达的区域。

清代后期，五粮液前身之“杂粮酒”已名满蜀中。1916年，宜宾杂粮酒一鸣惊人，在巴拿马国际博览会上获得名酒金质奖。民国初年，赵铭盛被宜宾酒业公司推为酿造总技师。临终前，他将秘方传给爱徒邓子均，又经邓子均几经调整，于1928年才将杂粮酒配方最终确定。1929年的一次宴会上，邓子均酿造的杂粮酒获满堂喝彩，晚清举人杨惠泉说：“如此佳酿，名为杂粮酒，似嫌凡俗。此酒集五粮之精华而成玉液，何不更名为五粮液？”众人拍案称绝，遂改“杂粮酒”为“五粮液”。1932年，邓子均申请注册，成批生产“五粮液”，并制作“五粮液”商标。为满足不同层次消费者的需要，特制两种包装：一种是本地陶窑烧制的直筒土陶瓶，一种是用日本进口的阿沙黑啤酒的棕色玻璃瓶。邓子均利用宜宾水运

---

① 吴康零等：《四川通史》第六册，四川大学出版社，1993年，第136页。

之便，以船载酒，上溯岷江，销犍为、乐山、夹江、洪雅等地，下流长江，销重庆、涪陵、武汉、南京、上海等地。从此，“五粮液”便誉满神州，成为四川六朵金花（泸州特曲、郎酒、剑南春、全兴大曲、五粮液、沱牌曲酒）之一，以“香气悠久，滋味醇厚，进口甘美，入喉净爽，各味谐调，恰到好处”的风格享誉世界。

民国时期，“绵竹大曲”继续保持其味醇香、色洁白、清洌净爽的优势，受到各地酒客的欢迎。仅在成都专销绵竹大曲的酒庄、酒行就有50多家，被称为成都之“酒坛一霸”。1943年，重庆的绵竹大曲供不应求，绵竹酒商不得不在各报刊登“谢客”启事。

和兴旺的川酒业形成鲜明对比的是川茶业的衰败。辛亥革命以后，由于军阀混战，各种苛捐杂税多如牛毛。加之地主、茶商层层盘剥，巴蜀茶农无法维持生产，茶叶产量逐渐减少，川茶衰落。刘轸《四川峨夹乐三县茶业调查报告》记，1939年以后，“**峨山一带，从未见有整片茶树，均属零落散生。所有茶树，业已衰老，树龄在五六十年以上，大有树老山空之态**”。四川茶叶的产量和质量都持续下降。《筠连县志》记载：“**生活高昂，茶价往往不敷口食，致农家任茶荒芜。**”由于茶园经营失利，有的茶农不善加管理，视茶树为野生，平时让其自生自灭，采茶时节却任意割剥，直到枝残叶败，根枯而死。在销售方面，由于印度茶的倾销，使川茶失去了西藏等地区边茶的市场，边茶商资金短缺，经营亏蚀，挫伤了扭亏为盈的积极性，破产歇业者甚多。而在经营腹茶地区，腹茶制茶技艺陈旧，以致云南、湖南、湖北、福建等地茶叶源源不断入川，四川腹茶为之黯然失色。①

二、川地大后方内涵丰满厚重的饮食文化

1. 饮食结构多样，城乡贫富有别

民国时期的四川广大农村、县乡之民主食大米，间食面食，辅以杂粮。在农村，如川西坝子的农民以大米为主食，杂以小麦，喜食茶泡饭。大米通常煮甑子饭，小麦通常做面疙瘩和面条。玉米吃法较为特殊，玉米粒用甑子蒸食。岷江两岸的农民，常年食用少量大米掺和玉米粉的“桂花饭”或玉米粉粥。川东丘陵地区多以红苕、玉米、高粱为主食，有的地区是“红苕半年粮”，逢年过节才吃顿

① 贾大泉、陈一石：《四川茶业史》，巴蜀书社，第1989年，第286页。

白米干饭。若遇春秋荒，则以糠菜充饥。一般夏季日长，一日三餐，冬季日短，一日两餐。农忙季节三餐不少，有的日食四五餐。平时，“吃粮量家底”，视家储粮多寡以定干稀。

在各地城乡，蔬菜鱼肉的供应十分丰富。肉以猪肉为主，少食牛羊肉，富家常食鸡和鱼。喜麻辣，猪肉食法以回锅肉为主。因多产黄豆，豆制品中以豆花为最普遍。冬至后多腌制腊肉、香肠。蔬菜品种丰富，随季节上市。《大竹县志》中有一首《卖菜郎》歌谣，反映出乡村蔬菜品种之多，有丰盛原料做菜肴：“卖菜郎，卖菜郎，菜羹蔬食请君尝，任君有酒肉，任君有稻粱，可口不及菜根香。半日栽菜半日卖，两手不闲两足忙。一头担葱蒜，一头担韭黄，更有瓜儿、豆儿、梗儿、叶儿盈竹筐；味或甘或苦，色或白或黄，尽都是老圃汗血点点滴滴之化装。莫笑我分毫争轻重，尺寸计短长，区区一挑菜，便是穷人一家一日粮。”农村家家户户都有制作豆瓣海椒、泡菜、腌菜、干菜、腐乳、豆豉的习惯。腌菜主要是用青菜做的干酸菜或水酸菜，干菜主要有干豇豆、洋芋片、笋干、木耳等；泡菜多用盐水浸泡当地所产菜蔬，如辣椒、萝卜、姜、蒜、苦荞、洋姜等，平日用于佐餐。主妇或以“坛子多”为荣，其腌菜技艺之高超，令人叫绝。

2. 家宴礼仪与食法食规

民国时期，沿袭了清代的居家饮食礼俗，主要表现在讲求食法食规和饮食中的礼节，并以此规范人与人之间的关系，以达到和谐相处的目的。

食法与食规。家庭日常就餐应该尽先孝敬长上，以实现孝悌之道。城市家庭吃饭一般在客厅，全家围桌而食，不能下桌随处吃或到院内、街上边走边吃，否则被认为是“没家教”。围桌吃饭，坐位也有讲究，辈分最高者坐上座（面对堂屋门口），儿孙辈坐下位（背对堂屋门口）。吃饭时姿势也有讲究，坐姿要端正，用左手端碗，拇指扣在碗上边，其他四指扣住碗底。若用手掌托住碗，会被责备为“托钵乞讨”的乞丐之势。使筷用右手，小拇指不能外跷，认为如此会败财；食指和中指也不能外指，认为这样会“指死”父亲或母亲，是不孝之表现。忌讳在饭前饭后敲碗作响，认为这是乞丐要饭的习惯或是犯人的动作。平时就餐，媳妇要主动为老人、小孩、丈夫添饭。

川人对于家宴礼仪十分重视，认为是衡量一个家庭与个人是否有修养、有家教和是否善于治家的重要标准之一。传统的家宴礼仪主要表现如下：

主家请客办席首先发请柬或口头邀请，客人到来时主人要在院门外迎接，互致问候后引客人到客厅或堂屋小坐，敬以茶点。家宴多设在堂屋，若客人多，便在院子里摆桌，堂屋一桌为首席。客人来齐后，主人引客人入席就坐。餐桌安放堂屋正中，多为正方形八仙桌，8人一桌。桌子正对大门一方为上方，背对大门为下方，以右为上，上方的右边为首席，左边为二座，首座之右侧为三座，三座之下为四座。是时，坐位很讲究，一是不分贵贱主客，要“以长为尊”，长辈坐上方；二是“以权为贵”，不分长幼辈分，请高官大权者坐上方。客人出席家宴，只能带夫人，忌讳带姨太太，否则是对主人的大不敬。

席间家人给客人斟酒上菜上饭也有一套礼俗。如上菜顺序为先冷后热，最后上汤。凉菜一上，便可斟酒，主人应右手提壶或拿瓶，左手放于右手之上，表示双手给客人敬酒。敬酒时要从客人的右方倒入酒杯。如果客人不会饮酒，应用手盖住手杯，站起来礼貌地说：“不会，不会。”为了表示对主人的谢意，客人最好抿一点。四川俗语有“酒满敬人，茶满欺人”的说法，故敬酒时一般要满。家宴中上菜时菜不能高过客人肩头，更忌从客人头上经过。热菜应从主宾对面席位的左侧上。上全鸡、全鸭、全鱼等整形菜时其尾不能正对上方。菜上得差不多了，主人端杯起立，致简短欢迎词，如“各位光临，寒舍生辉”等，即便菜肴十分丰盛，也要谦逊地强调“菜不好”“用便饭”，客人也端杯起立，共饮相祝。通常客人第一杯酒要喝尽为礼貌，主人则干杯。接着主人敬酒让菜，客人以礼相谢。主人拿起筷子说“请菜”，大家便开始拈菜。拈菜时要拈靠自己一边的，不可翻选，拈起也不可再放下。主人要为客人拈菜，以示尊敬与好客。全鱼一般要先从下部开始，以示谦逊。上单份菜或配菜、席点、小吃，先宾后主。前来敬酒者，先长者和主宾，最后主人。酒过数巡，有人不想再喝，便把自己杯中酒饮完后，说声“大家慢喝”，即可吃饭。主人即给客人盛饭，并双手递上，客人也应双手接着。若大家都不喝了，主人就说“请饭”，大家才吃饭。吃饭时，忌讳把菜汤全倒进自己碗中，汤倒完后菜就少味道，同时也意味着在指责主人做少了，会使主人不高兴。若客人想吃菜汤，要先把筷子放在桌上，并说“筷子一拌，惊动团转，恭喜发财，倒汤泡饭”，适当倒点即可。先吃完饭者，离席前双手横拿筷子对其他人说“大家慢吃”。主人应比客人吃得慢，不可匆匆吃完下桌。宴饮结束，主人要多次谦言“招待不周，怠慢了大家”，客人也要表示说“吃得好”等。然后主人引客人入客厅小坐，上茶，直到辞别。这一礼俗，至今多有保留。

3. 移民文化推动了川菜技法的完善

四川人受历史移民文化的长期影响，形成了善于兼收并蓄，汇百家之长为我所用的人文精神，川菜即是最好的诠释。川人将其他地区的菜式结合四川菜的特色，再加上一些烹饪作料或烹饪方法的变革，即成为有四川特色的名菜。

抗战期间，从沦陷区迁来的许多机关、报社、学府、医院、银行、商家、演艺团体和餐饮行业，其中不少人是美食的行家里手、老饕食客。他们有文化且见多识广，在饮食上有家传、有吃历、有借鉴，有经验、有新意、有创造。各地的名厨也大批迁入四川各大城市，粤菜、湘菜、鲁菜、京菜、浙菜、苏菜等菜系相继进入，开设各地方菜馆，把南北东西的饮食荟萃撷英于一地，丰富了四川地区的饮食文化，也促成四川饮食文化的多元格局。特别是西餐馆逐渐增多，如重庆的西餐馆从抗战初期的5家，增至1943年的30多家。成都也出现了一些西餐馆，或中餐馆内设西餐。西餐的进入，影响了川菜在油炸、食生菜方面的饮食方式，在中餐馆推出了“中菜西吃”。在这方面，重庆开风气之先。重庆西大公司中餐部当家名厨孟根影响很大，为“小洞天”“凯歌归”“大都会”等当时的高级餐厅提供了不少做法，吸收了外来的美味，但又保持了“川味正宗”特色，如鸡鸭清汤煨露笋、番茄酱烧海参、咖喱炒虾仁等，既是西餐，又满足了中国人的口味。

民国时期，川菜向形式多样、讲究烹饪的方向发展。川菜取材广泛，在长期兼收并蓄的过程中使用了许多原材料，经过加工调配，可以组成不同的菜谱，诸如各种蔬菜水果、禽畜海鲜、野味水产、药材野菜，无所不包。烹饪方法有炒、爆、煸、炝、炸、滑、熘、煮、烫、糁、煎、蒙、贴、酿、卷、蒸、烧、焖、炖、摊、煨、烩、淖、烤、烘、粘、氽、糟、醉、冲等30余种。其菜肴类种大致可以分为凉菜、蒸菜、炒菜、烧菜、汤菜等十几种。仅汤菜就有红汤、鱼汤、毛汤、清汤、奶汤等数种；凉菜亦可分红油、蒜泥、白油、麻辣、椒麻、怪味、酸辣、甜咸、姜汁、芥末、糖醋、麻酱等十几种。冷菜类还有拌、卤、熏、腌、腊、冻、糟、烧、炸等十余种方法。一种基本的烹调方法，又能派生出若干种子方法，如蒸就分粉蒸、旱蒸、清蒸、烧蒸、炸蒸、酿蒸之分，炸又有清炸、软炸、酥炸之别。

在烹调技艺方面，川菜又以小煎、小炒、干煸、干烧为其独有并擅长。“小煎”“小炒”的特点是食物原料不过油，加工烹制时不换锅，急火短炒，一锅成菜。如炒肝尖、腰花，只需一分钟左右，成菜嫩而不生，滚热鲜香，有“肝腰下锅十八铲”之说。“干煸”原料多为纤维较长的食物，如苦瓜、四季豆、青菜，把它们切成细丝在锅中加热，翻炒直至见油不见水时再放调料，成菜后有干香酥软的特点。“干烧”与京菜“红烧”类似，但需将原汤汁用小火收干，加豆瓣酱或红辣椒为调料，成菜红润鲜亮，浓厚酥烂，代表菜有干烧鱼、笋子烧牛肉等。

在调味手法上，川菜很少用单纯味，川菜讲究复合味，这也是川菜的特点之一。在一种味型里，还有若干口味的差异，可谓“百菜百味”，川菜绝不只是麻辣味。而是麻、辣、酸、甜、咸、烫、嫩、鲜诸味皆备，各种味道巧妙配搭，腾挪变化，精微细腻，通过各种调料可调配出白油、咸鲜、咸甜、五香、红油、姜汁、蒜泥、麻辣、椒盐、椒麻、怪味、鱼香、豆瓣、香糟、胡辣、酸辣、糖醋、葱油、白汁、红烧等几十种独具特色的复合味型。即便同是一味，在具体菜肴中的表现也不尽相同，例如，同是麻辣的“水煮肉片”，其麻辣与“麻婆豆腐”的麻辣就有很大区别。其调味手法，有集中用味（指两种以上的单一味合用）、收汁浓味（借用急火收汁以增加菜肴味的浓度）以及注重本味、清除异味、增加香味等手法。因此，川菜并非只是“麻辣”，而是“一菜一格、百菜百味”，麻辣酸甜香各得其所，根据不同菜肴的特点各有侧重。

川菜还十分重视刀工，制作精细，形色俱佳。刀工技法贵在快、稳、精、巧，如他们切凤尾腰块，三刀三叶凤点头，块块形状似凤尾。此外，还能切制出赏心悦目的各种菜肴花样。总之，川菜注重色、香、味、形于一体，相辅相成。

4. 名厨名家推动川菜饮食文化的发展

伴随清末民初饮食业的繁荣昌盛，出现了一批饮食行业的精英名厨，其中蓝光鉴是民国时期餐饮业的代表人物，被誉为现代川菜之鼻祖。蓝光鉴13岁进成都晚清名店“正兴园”，师从名厨贵宝书学艺。他博采南北之长，吸取各派之精华，28岁时与正兴园的首席厨师戚乐斋一起创办“荣乐园”，礼聘名师邓厚泽、吴文宣、蓝光荣、周映南等成都素有威望的著名厨师主理厨政，经悉心钻研，遂以擅制筵席中的烧烤、煨炖大菜及家庭风味菜和各种汤菜闻名于蓉城。

蓝光鉴对川菜发展的贡献是卓著的。荣乐园一方面继承和发扬正兴园“美食美器”“重味重汤”的传统特色，另一方面又吸取南北大菜的优点及蓉城诸家之长，形成了自己的风格。荣乐园所做的汤极为考究，从不笼统制作，而是根据需要制作各种不同的汤，尤其是把握火候的功夫独到，如奶汤火要大猛，清汤吊火要小。再汲取“无鸡不鲜，无鸭不香，无肚不白，无肘不浓”的特色配料，进而做成色香味集于一体的“开水白菜”“推纱望月”“银耳鸽蛋”等自成一体的汤菜。荣乐园以制作高级筵席和家庭风味菜肴见长，著名菜式有红烧熊掌、葱烧鹿筋、清汤鸽蛋燕菜、干烧鱼翅、酸辣海参、虫草鸭子等。他西为中用，兼收并蓄。蓝光鉴遵从“川味正宗者，是在原有基础上，甲南北之秀而自成格局”的创新思想，博采全国各地烹饪之长，同时大胆地借鉴西餐菜肴。例如，川味名菜“叉烧鸡”便是其根据西餐大菜“烤火鸡”创新而成。他将“烤火鸡”引入川菜，并未照搬套用，而是将火鸡改为川人喜食的仔公鸡，并在鸡外包上网油，鸡内填上馅料，最后以川味调之。这样一改，一道正宗的西餐便变革成为地道的川菜。他创造革新，方便顾客，发明了“便餐”。20世纪30年代初为顺应食客需求，从实惠、经济、省时出发，决定改革传统出餐的形式，把原来程式固定下来的瓜子手碟、四冷碟、四热碟、中点、席点等拆散，重新组合，废除入席前的“中点”，宾客入座后，上四个碟子（冬天热碟，夏天冷碟），跟着上八大菜，最后上一道汤。这种台面短小精干，把鱼翅、鲍鱼、燕席的一二菜肴精选上席，食甘精华，增加风味，因此深受顾客称赞。这就是后来人们请客帖上写的“便餐”“便酌”

的由来。他培养人才，发展川菜。几十年来，荣乐园不仅为继承发扬川菜烹饪技艺作出了积极贡献，而且还为川菜事业培养出一批烹饪人才。蓝光鉴在荣乐园期间，广收艺徒达数十人之多，如成都的特级厨师刘读云、孔道生、张松云、朱维生、曾国华、华兴昌、毛齐成、陈廷新、曾其昌等均出自蓝光鉴门下。

民国时期，川籍画家张大千其画誉满全球，但张大千自称："以艺术而论，我善烹饪更在画艺之上。"他认为："吃是人生的最高艺术，绘画追求的是意境和笔墨情趣，饮食追求的是味觉艺术。"张大千身居海外，所到之处无不竭力推广川菜，自己也能做几十道拿手正宗川菜。他在台湾期间，与张学良来往甚密，常亲自下厨，并自书菜单于宣纸之上。张学良曾将所藏张大千所书菜单装订成册，请张大千题签留念。不少名人在品尝名食后品题点染、吟诗作赋，留下了诗文佳作名联墨宝，使美食名气大增，传播久远，扬名美食。历史名人张大千、徐悲鸿、于右任、谢无量等都在品尝后留下墨宝，传为佳话。

就是在这些名师名厨名家的推动下，川菜文化不断发扬光大。

5. 餐馆注意饮食文化建设

除烹饪技艺外，为体现饮食情趣，川人从店名市招、书画楹联、厅堂设置、餐具配搭、膳食顺序、服务范围、店堂语言等诸方面，都费尽心思招揽来宾，为四川的饭庄酒楼增添了浓浓的文化意味。

店名市招。川地餐饮堂馆的店名大多讲求一定的文化内涵，如"聚丰园"，含"汇聚天下丰硕珍肴于一堂"之意；"海国春"，意即"皇都陆海之丰，留四海万国之春"；也有以建筑特征和地理位置取名的，如"楼外楼""醉霞轩""带江草堂"等；还有根据本馆特色餐饮取名的，如"菜羹香"以菜汤闻名、"菜根香"以泡菜闻名、"颐之时"以营养滋补品为主。再有川人一般都会认为"店大欺客"，为避这种观念的不利影响，一些中、小型餐馆就突出一个"小"字，如"小雅餐室""小香餐馆""小笼包子""小酒店"等，使人抬头一看匾额字号，就有适意之感。

书画楹联。四川的"姑姑筵"以其店文化品位高雅而闻名，它将饮食与文化相结合，同时给人以物质与精神上的享受。如其店的联语颇为有趣，耐人寻味。在大厅贴出：

"学问不如人，才德不如人，只有煎菜熬汤，才算我的真本事；
亲戚休笑我，朋友休笑我，安于操刀弄铲，正是文人下梢头。"

内堂也有一幅："叹老夫无命做官，才租这大花园承包酒席；
替买主下厨弄菜，好像是巧媳妇侍奉公婆。"

引得游人伫立欣赏，名声大振。后来，又出新联：

“统领伙夫几十名，攻打甑子场，月月还须说铜板；

可怜老汉六四岁，揭开锅儿盖，天天都在闻油香。”

“提起锅铲，拿起菜刀，自命为锅边镇守使；

碗有佳肴，壶有美酒，休嫌这路隔通惠门。”

联语巧妙借用炊馔器具与烹饪技术，把饮食文化描绘得惟妙惟肖。店主人把身段放得很低，毫无居高恃强之意，使人颇感亲切。官绅之家、文人雅士前去用餐，观其联，品其味，口福眼福俱得，是一种难得的文化欣赏，赋予了该店不少文化色彩，多对此大为赞许。

厅堂设置、餐具配搭、膳食顺序、服务范围。这些方面就不能不提创办于清末民初的李九如的“聚丰园”餐馆。这家餐馆在菜品定名、菜肴制作、色香味形、烹调理念、营养成分等方面的建设也堪称一流。聚丰园中菜、西菜、大餐、小吃一应俱全，其餐馆的设计、布局别具匠心。庭院门口青砖门枋，进门第一个院子为零售厅堂，第二个院子为包席院。包席院有包席厅、苑、堂、室20余间，皆各有雅名，如君子轩、长春苑、友源室、锁月堂等，皆出自名家手迹或诗书画联。庭园中有荷花池、假山、花架、盆景、亭榭、石舫等，规模宏大，布置精巧。餐具定制于江西景德镇，并规范了使用餐具的制度：喜筵用红釉瓷器、丧筵用绿釉瓷器、祭筵用黄釉瓷器；席上所用餐具均为一种色调、一类纹饰；菜品须用专门的餐具：贵重菜品使用较大器皿，便宜菜品使用较小器皿；煎炒菜品用盘，汤羹菜品用碗，“鱼船”盘盛鱼，长方盘装“烤方”，荷花瓷盘装“出水芙蓉”，攒盒装冷菜等。筷子则为清一色的象牙筷子。聚丰园餐馆还定制了大量不同形制的桌椅，不同的包席者分别使用。如官筵用条桌，以便区分等级；家庭包席用圆桌，以象征团聚；一般朋友包席用方桌，便于交谈……且须统一形制、质料。在安排宴会上，家庭包席要尽量做到同室进餐；若有喜筵、丧筵同时前来包席，要尽量争取在时间上错开，若时间错不开，则必须在庭院上错开等。聚丰餐馆的管理，也开了成都近代餐饮业管理之先河：首先花大力气培训堂倌，从站迎姿势、桌椅安排、碗筷摆放都进行了训练；依次规定堂倌一律穿统一定制的长衫；工作时，不得交头接耳、说笑打闹，站要端，迎要躬，不能倚靠或斜立，不能叉腰跷腿；为避免不雅口气、臭气，还规定堂倌在接席前不吃葱、姜、蒜、胡豆等。在菜肴制作上，李九如认为在成都只搞川菜难以出新，餐馆也就缺乏特色。“聚丰园”以川菜为主，并对京菜、江浙菜择善采用，融川菜、北京菜、江浙菜于一炉，颇受爱尝新鲜的成都人欢迎。其高档川菜筵席、京味烤鸭、烧鸭、填鸭、海参鱼翅筵席等很快在成都打响，其“满汉全席”也颇受汉族中下层人士所欢迎，前来包席者、零餐者络绎不绝。聚丰馆内还设有一厅专营西餐，并对外零售西式点心、罐头、冰激凌、啤酒等，还独出心裁地将西式餐具、酒具用于川菜，开“中菜西吃”之先河。[①]

店堂语言。餐馆、饭店有堂倌负责对顾客迎来送往，他们又叫跑堂、店小二等。堂倌要眼快、口快、手快、穿戴整洁。他们负责待客、向厨师传达顾客的点菜，谓“鸣堂叫菜”“喊堂”，其用语多取材于歇后语、谜语、俗语等，幽默诙谐、风趣多变。前厅后厨，应答默契，行云流水，如唱如歌，这此起彼落的鸣堂，是一道看不厌的风景，着实火爆了餐馆的生意。根据不同的分工，“鸣堂”又分很多种。一是“介绍鸣堂”：当顾客到来，堂倌即迎上招呼，同时喊道：“来客一位，请里面坐——”如顾客到桌，堂倌则近前询问：“吃点啥子？”随即便富有韵味地大声念唱，一口气把店内经营的酒菜品种通通报上。二是“点菜鸣堂”：如顾客说“来一碗清汤抄手”，堂倌便用大嗓子一一传送给厨师，并叫明食客的坐号和方位。如堂倌鸣唱道：“左一席来客，‘夜战马超’（超与抄同音），‘免红’（清汤），‘小生落难’单走（单走，指不要调味碟）。”三是“应允鸣堂”：即厨师在听到堂倌的点菜鸣堂后，用同样的声腔给以回答：“抄手免红，单走。”四是“喝唤鸣堂”：即厨师将菜面烹饪好后喝唤堂倌前来端菜，并提示堂倌上菜时的注意事项。如：“左一抄手‘清汤’，好哩，‘话丑理’（端）走！”此类语言极其丰富，有“大年初”指一，“天长地”指九（久），“两不见”指面（面），管鸡叫“太子登”（基），管猪腰叫“拦中半”（腰）等等，整个店内你应我答，妙趣横生。五是“结算鸣堂”：当顾客用餐完毕，堂倌把食用的酒菜品类、数量、单价、付款金额、找补情况一一念唱出来，且分厘无差。六是“送客鸣堂”，即顾客离开时，堂倌念唱谦虚的客套话相送。“鸣堂叫菜”除了上述完整的服务结构外，还有特别的鸣叫声腔和专业语言。其声腔分念白、念唱、全唱三种。“念白”为直接说出；“念唱”为边说边唱，如第一句唱，中间说，结尾又唱；“全唱”是从头到尾都唱。全唱时无固定曲谱，随意创作，但音乐性极强，且伴以菜点名称，合辙押韵，最能体现堂倌的个性和服务水平。“鸣堂叫菜”的专业语言是堂倌和厨师之间传达信息的特定语言，他们使用熟练，呼唤默契，常常令外人不知所云但又兴趣盎然，独特韵味尽在其中。[②]

6. 独具匠心的特色餐馆

民国时期出现了不少名重一时的特色餐馆，如“姑姑筵”“小雅”“努力餐”等，他们在菜品定名、菜肴制作、色香味形、烹调原理、营养成分等方面都独具匠心。

---

① 张奉森、李九如：《旧成都餐饮业的缩影》，《档案天地》，2009年，第12页。

② 杜莉编著：《川菜文化概论》，四川大学出版社，2003年，第98～99页。

“姑姑筵”。清末进士黄晋临创办，名噪一时。“姑姑筵”的特点有五：一是当时规模不大，但在经营上以独具一格而著称，远近驰名。席有定数，最多不超过四桌。无论席桌高低，冷碟只有四个。二是菜品以家庭风味、时鲜蔬菜、煨炖为主。以樟茶鸭子、香花鸡丝、坛子肉、烧牛头方、酸辣鱿鱼等最有名。三是黄晋临虽不善厨事，但颇通饮食之道，能辨菜肴之优劣，又喜别出心裁，巧创新馔饷客。他不仅自拟席单，亲临厨房尝味把关，而且还自任招待端菜上席，并为客人详细介绍，故包席者多奉柬请其入座。四是“姑姑筵”开业以来，除一两个掌灶师聘请名厨担任外，其他的均由黄家姑嫂掌灶，这是“姑姑筵”的又一特色。五是“姑姑筵”的文化品位较高，将饮食与文化相结合，同时给人以物质与精神上的享受。如其店的联语颇为有趣，耐人寻味。黄晋临善于创新，创制了不少特色川菜，如“烧全翅”“叉烧扳指”“熘鸭肝”“豆腐鱼”“豌豆汤”“堂片填鸭”“鸡皮鸽蛋”等；又如“烧牛头方”“烧牛护膝”均色、香、味俱全，脍炙人口。

“小雅”。作家李劼人开设。“小雅”主要经营面点与多个地方的家常便菜，每周换一次，均以时令蔬菜入菜，虽不是珍馐盛馔，但很有特色，不落俗套。“小雅”做菜的最大特点是不用明油、不用味精，不用茴香、八角之类有草药味的香料。菜肴如酒煮盐鸡、干烧牛肉、粉蒸苕菜、青笋烧鸡、黄花猪肝汤、怪味鸡、肚丝炒绿豆芽等，面点有金钩包子、炖鸡面、番茄撕耳面等，都备受欢迎。开设“小雅”期间，李劼人与夫人亲自下厨掌勺烹菜，烧出精致的美食，与其小说齐名。如“豆豉葱烧鱼”，即用潼川豆豉或永川豆豉，浇于用生猪油煎的鱼，色泽美观，入口醇香。

“努力餐”。为中共川西特委委员车耀先创办。他为掩护革命活动，在成都开设“努力餐”以作联络点，自任努力餐老板。努力餐以努力解决劳苦大众的吃饭问题为宗旨，以大众化和高质量为特色，在成都餐馆中独树一帜。先后到努力餐主厨的也都是一些著名的川菜厨师，其中有盛金山、何金鳌、白松云、冯德兴等。烧什锦、宫保鸡、血汁鱼、清汤三鲜是该店的名菜。

“竟成园”。为陈汉三于1923年创办，定位为“包席馆”，即办承办宴席，不卖零餐。至20世纪30年代，由陈汉三长子陈伯勋承继分馆，地址选于新南门锦江河边。由于陈伯勋调整经营思路，使“竟成园”逐步发展为综合性餐饮娱乐场所，餐馆也由原来的普通包席馆提升为“南堂”。“南堂”，为旧时成都餐饮业对能搞大型接待活动、承办以沿海地区贩运来的海产品、淡水产品、燕窝等为主料的高档酒席之餐馆的统称。竟成园鼎盛时期，靠锦江河边的营业占地即达1500余平方米，餐馆不仅经营南北大菜，还不断推出改良川菜，使竟成园成为当时蓉城最好的“川南堂”馆。在此就餐，不仅能吃到各种高档的山珍海味，而且还能在花园里赏花游园、照相留影；在河边空坝处览景品茶。甚至在河上乘坐龙舟，观景漫游，在船上娱乐、餐饮。竟成园的厨师都是成都各个行帮流派中的名厨，水平皆属一流的高手，最多时拥有30多位，他们把各自门派的当家菜品带到了竟成园，使竟成园在菜式风格、筵席格局等方面呈现出繁荣景象。“仔鸡豆花”被称为竟成园“一绝”，当时的其他名菜还有生烧筋舌尾、三丝鱼翅盅、奶汤大杂烩、酥扁豆泥、鸡皮慈笋、菊花鸡、绣球珧柱、砂锅鱼头、虾肉白菜、冰糖肘子等名菜。

此外，“味之腴”“不醉勿归不酒家”“竹林小餐”等特色餐馆亦名噪一时。另据《四川烹饪事典》记载，民国时期还有著名的特色餐、面、卤、糕点等饮食名店。如成都的一品春、聚丰园、枕江楼、玉珍园、利宾宴、香风味以及温鸭子、抗饺子、钟水饺、赖汤圆、珍珠圆子等60余家。这一时期餐饮业的兴旺繁荣为川地的饮食文化充入了丰富而深厚的内涵。

7. 小吃、果品、糕点繁多

四川小吃从明清发展至民国，与肴馔一样脍炙人口，素有选料严谨、制作精细、味别多变和注重色、香、味、形配合的特点，并以蒸点、汤点、酥点为擅长。一般以分量小，花样多，制作精，味道美，价格低，质量高而著称，可用于早点、打尖、宵夜、配筵席和佐酒，也可作为正餐，因而它的适应面特别广，深得民众喜爱。从各色小面到抄手、饺子，从腌卤到沟酥油炸，琳琅满目，各味俱全，种类不下200种。从当时的竹枝词中可见一斑，如“日斜戏散归何处，宴乐居同六合居。三大钱儿买好花，切糕鬼腿市喳喳。清星一碗甜浆粥，才吃菜汤又面条。凉糕炸糕聒耳朵，吊炉烧饼又窝窝。叉子火烧刚买得，又吹硬面斗饽饽。烧麦（卖）馄饨列满贯，新添挂粉好汤圆”。

这些小吃大多由小商小贩长期经营实践创制而成。他们或肩挑担子，或手提竹兜，或沿街摆个小摊，开爿（pán）小店，这些小吃摊主，在自家小吃的色、香、味上尽心琢磨钻研，遂使声名远播，成为各种名小吃。年深日久，便以自己的姓氏或销售地点作为招牌。如抄手类有成都的“龙抄手”温江的“程抄手”内江的“鸡茸抄手”等都是知名度相当高的小吃。“龙抄手”的特点是汤清馅细皮薄，并配以清汤、红油、海味、炖鸡、酸辣、原汤等多种味别。

各地县乡的小吃、果品、糕点也是品种繁多，内江县、什邡县、云阳县、江津县、通江县的发展最为突出。这一时期，四川的蜜饯业尤其是内江蜜饯亦有较大的发展，其产品又以橘类，包括金钱橘、寿星橘、红橘等为胜品。内江人因此把这类店铺称为“冰橘店”或“冰橘铺”。内江冰橘店最大集中地为沱江对岸的东兴街，20世纪40年代以后，有桂兴隆、茂盛源、通盛祥、恒复泰等40余家号铺，约占内江冰橘店总数的一半。20世纪中叶前的内江蜜饯年产量100万斤左右，从而获得“甜城”的美称。

民国时期，什邡武阳镇上的名小吃有：刘善儒的汤圆、王玉兴的火巴肉、赵清澄的烧烤鸡、严玉庭的麻辣豆腐、筒玉山的醪糟、张青云的鲜花饼、千层糕、张“全美号”的蜂蜜糕、周青的凉拌钵钵鸡、林国全的豆花面等均具特色。云阳县的海味及糖食、果饵，岁时、婚寿、问遗以供投赠，销行极广，业者亦多，谓之“斋铺”。制玉带糕尤精，以米粉合糖及胡桃仁为之，切片如纸，又名“桃片”，味极醇美，为知名土产，过县门者必购之。在江津县，名菜类的小吃有江津肉片、芝麻丸子、冰糖芋儿泥等。江津人喜食“粑粑”，品种不下20余种。用糯米做的有糍粑、油炸粑块、猪儿粑、蜘蛛粑、汤粑（汤圆）、椖椖粑、三角粑、月亮粑、冲冲粑、浑水粑、软雀粑、艾粑、麦粑、谷芽粑、发糕粑等，可谓洋洋大观。通江县的名小吃有油糍馍、绿豆面、玉兰酒、火烧馍。其中“绿豆面”让人称道，它用绿豆去皮，磨成细粉，擀成薄片，再切成条，煮熟后拌以葱花、麻油和瘦肉粒；绿豆面下锅不浑水，清香浓郁。而“玉兰酒”更别具一格，它以七成糯米，三成粳米混合，至期加入曲药、与竹叶混合蒸烤而成。其酒色淡薄，味蜜甜黏口，芳香诱人，饮不易醉。“火烧馍”的制法颇为独特，用上等麦面制成馍，然后放入炒热的豆大卵石内慢火烘熟，其馍色白亮，味香脆，不焦不糊。上述几个县镇，小吃糕点面食如此发达，说明民国时期的乡村饮食已从单一的温饱发展到食品多样，馔食的兴盛不亚于城市。

8. 筵宴丰富多彩

民国时期，川地民间流行“乡筵”。乡筵分正筵、酬筵与杂筵三种。“正筵”也称“长席”，是为婚丧、生子、满月、寿诞等举办的红白筵席。其中喜筵讲究碗数多少，普遍为十大碗或九斗碗，外加两碟咸菜或红豆腐。“酬筵”即酬劳筵，栽秧打谷等农忙季节，农民换工互助，对请来的帮工须盛情款待。主产水稻的丘陵地区，栽秧办席酒不多饮，但肉必丰盛；薅秧时办席，菜肴不甚讲究，但酒必多而好；打谷时办席更有俗规，因打谷是笨重农活，办席菜肴略差尚可，但饭食必须讲究，三餐大米干饭供饱。俗谚：“打谷饭，八碗半，菜菜筋筋还不算。”“杂筵”则种类繁多，诸如宴请远行亲友，迎来远方宾客，春节宴请邻里，或村民在农闲时的相聚宴饮等均属此类。平时宴饮无一定规格，但以接待远方朋友为盛。

每年开春季节，川地乡间还有“乡宴”。乡宴不定时举行，有的地方叫“春宴”，一般于春正二月始，至三月乃讫。属个体家庭所办，聚会者皆乡人，以融洽乡情，续谊联情。在乡土社会中，有传统的尊老习俗，若请尊长，主家要亲自奉上请柬；若请平辈则捎以书柬即可。至期，主人俟门外迎接。客至，其饮多为家酿，其馐唯鱼、羊、鸡、豚之类，宾主欢宴豪饮，一醉方休。

这一时期的家宴也名目繁多。讲究之家，除寿宴、喜宴外，贺新郎有花烛宴，饯新娘有花夜宴；女家遣嫁有出阁宴，夫家娶妇有盘儿宴；新妇出所携咸菜、糖食遍待亲友，曰“摆茶宴”。有三朝（婚后第三天）女家接回门设回门宴，有十朝女家眷属来夫家设十朝宴。还有婿家生子三日酬客的洗三宴，婴儿满月的汤饼宴，周岁有碎盘宴。男宾、女宾皆各分内外以设席。正月十五日为元宵宴，五月五日还有端阳节宴，八月十五的中秋节宴，皆属家宴。此外，还有丧酒、安神酒、庆坛酒、年酒，平时无事而请宴者，名为“耍酒”。

“船宴”也得以恢复。民国时成都府南河有上百条游船，其中有一种船宴颇具乡村农家席风格，很有特色。如佐酒冷盘是农家田野的灰灰菜、马齿苋、椿芽、枸地芽、嫩苕菜、折耳根等，还有油炸泥鳅、鹌鹑、蚕蛹、蚱蜢等乡土野味，加上家常豆花、松香腊肉、麻辣风鸡、汆煮鱼丸、椒盐干鱼等，都是城里人平时难得品尝的农家菜。以煮新鲜嫩玉米和煎艾蒿馍为主食，别有一番风味。这一时期川地船宴的菜肴也有所发明，有一种叫“炒鲜鱼丝”的炝锅菜，就是由锦江游船首开创食，以后才推广到城内饭馆。

9. 调味品老字号的发展

民国年间四川的烹调用料进一步发展，出现很多新的品种，如太和号酱油、中坝口蘑酱油、德阳酱油、保宁醋、永川豆豉、夹江豆腐乳、五通桥豆腐乳等。从“太和号酱油”和“中坝口蘑酱油”这两个调味品老字号的经营史中便可见到全川调味品老字号发展之一斑。

“太和号”是成都古老的传统手工作坊酱园，为江西抚州府胡氏于道光晚期所开。初期经营酱园兼酿酒，1922年后停酿黄酒只经营红白酱油、醋和酱菜。在严把质量、诚信经营方面下了许多工夫，如坚持古法配方，从不苟且；严把进料选料，不准以次充好；酿制保证质量，坚持“伏晒秋油”，头年晒，二年沤，三年出油，酱油颜色好、味道鲜、质量高，放置一二年不变味。所用的香料，通常有二三十种，熬糖与拌醋的工艺要求也都非常严格。太和号产品的种类齐全，主要有红酱油、白酱油、陈年麸醋、豆瓣及各种酱菜。仅白酱油就有多种级别。老成都的饮食业购买量达太和号产品的达70%左右，上至南堂餐馆、红锅炒菜，下至抄手担担面，绝大多数都要用太和号酱油，尤其牛肉馆无一家不用。故在成都酱园行业中太和号当数龙头。

绵阳江油的“中坝口蘑酱油”亦为四川名产。创制者为广东人崔习之，于1931年开“精诚酱园”，其名取精益求精、诚信经营之意。它以本地传统酿造技艺为基础，吸取成都、郫县等地各大酱园的先进经验，精工酿造口蘑酱油与麸醋辣酱、豆豉等多种产品，尤以口蘑酱油为享誉远近的名特产品。精诚酱园经营的特点，一是选料认真。酱油的主要原料均选颗粒均匀，无虫蛀霉烂与石渣的上等黄豆，方有蛋白质含量高、脂肪成分足等优点。食盐采用自贡所产的水花盐，咸度适中，且无杂质，不用锅巴盐与海盐，以免盐度太高影响酱油的天然鲜味。配料以张家口、内蒙古蘑菇为重要香料，这种蘑菇营养丰富，顶圆肉厚，状似圆钉，其味醇香浓郁，恒久不变，虽价格高但也不用其他代用菌类。另加砂仁、老叩（即豆蔻）、白胡椒等20余味名贵中药，具有温中理气、健脾开胃、消食化积、宽胸止痛等功能，对人体健康均有裨益。酱油调色均用饴糖炒汁掺和，因其具有补虚寒、健脾胃、润肺止咳作用。二是酿制精细。在酱油的生产过程中，要求做到下料充足，酿制精细，酱油浓度保持30度，汁稠色艳，咸度适中，色香味与所含多种氨基酸、糖类、维生素营养均要达到预定指标，不合格者不准出售。三是诚实经营，重商业道德，对顾客诚信无欺。而且门市营业批零兼售，并办函购业务，同时开展代买、代办运输、代完税款、代垫运杂费等服务，因此产品稳销不衰，誉满全省。①

10. 酒文化兴盛

四川近代的酒文化包含了丰富的内涵，多年的文化积淀，使人们逐渐养成了文雅的饮酒风尚，形成了丰富的酒文化。清末民初始四川到处都有酒店，除专营酒菜的号铺外，许多酿酒作坊也直接设店卖酒。街巷小酒店大多出售价廉物美的散装酒，把酒盛在肚大口小的坛中，用红布沙包严实压住坛口，用竹筒做成几级量器用以售酒。大多路旁村口都有酒店酒摊，即使郊野渡口的鸡毛店、幺店子也卖酒。较好的酒店讲究文化氛围，陈设典雅，家具古朴，店中悬挂水墨丹青，吸引文人名流到此联社聚会，赋诗作画，以酒助兴。

川人好酒，不论春耕秋收，建房娶亲，无不以酒待客，故请客又多以酒为名。一般有喜事宴请客人，不说“请吃饭”，而说“请吃酒”。如老人寿诞的“寿酒”，结婚时的“喜酒”，诞子的“三朝酒”“满月酒”，商业开张的“开张酒”，建房的“上梁酒”等。农家三四月农忙的“插秧酒”，夏收的“开镰酒”“打谷酒”“收镰酒”，秋后粮食入仓的“丰收酒”。此外，还讲究喝各种季节的节庆酒，如除夕之夜全家团圆，喝“团年酒”；正月亲朋相聚，喝“春酒”；五月端午为避凶趋吉，喝“雄黄酒”；夏天喝“消夏酒”；八月中秋，喝“月华酒”；九月重阳，喝“重阳酒”“茱萸酒”等等。

---

① 崔熙明、严澈：《解放前的中坝精诚酱园》，《四川文史资料集粹·经济工商编》，四川人民出版社，1996年，第505～506页。

主家请客饮酒讲究礼俗。开宴时，长者和客人要先入座并坐上方。主家斟酒时，最先斟给长者和客人。斟酒要诚恳温和，同时严守一定规矩，如酒多不溢杯口，酒少须齐杯沿。斟酒毕，主人请大家举杯，不少人还依照“长者未举爵，少者不敢饮”的老规矩。饮酒时讲求环境优美。富裕者饮酒要选择优雅场所，要求宽敞明亮，窗明几净，鸟语花香，桌面雅洁；一般家庭也要寻个小店，或树荫小桥，一张石桌，一把竹椅，情致悠然，然后舒畅开怀。或独酌，或朋友聚饮。饮酒时，要轻呷慢品，颇讲风度，谓“文饮”，即少饮、慢饮、细饮，不仅宴会如此，连街头小巷的冷酒摊子，也莫不文饮成风。喝酒时要有下酒菜，可多可少，以卤菜、凉菜、花生米等为佳。

民间饮酒，除丧事不能行酒令外，庆贺生日、结婚、得子、乔迁、置产、开张等喜事的酒宴上，都常以酒令助兴，主要有投壶、联诗、拆字、测签、太公钓鱼、划拳等。“划拳”是最具四川特色的饮酒取乐之法，城市、乡镇的大小酒馆中常见之，盛行于清代后期而延至民国。另有一种“八仙酒令牌”，是20世纪中叶前川人常用的行酒牌，而流行的令词种类很多，行什么样的令词，全由令官根据在座人的文化、爱好、情绪灵活选择，通常有猜谜、联句等。

人们饮酒时多讲究饮酒的器皿。一般主要使用陶瓷烧制的壶与杯，还有锡酒壶。锡酒壶肚子大，壶颈、壶嘴特别小，每壶能装七八两酒。在品饮质纯而成色高的好酒时，饮器一般较小，如牛眼小杯，饮时细斟雅酌，领其真味。酒店常用一种酒盅，用锡制成，形如葫芦状，上小下大，俗称“锡棒酒”，其容量分一二两，或盛装半斤，随客选用，上部为杯形，下部为酒瓶，杯瓶合一，温烫方便，盅备有塞，不饮时可防走气。

饮酒讲究以菜佐酒和强调适度。成都等地的饮酒者也有某些忌讳，认为饮寡酒伤身；美酒不可无肴。肴有几等，但都离不开一个准则：菜肴应宜于佐酒，不伤身体。有钱人家请客，是“佳肴沽美酒”，中等家庭也必备几样冷盘、鱼肉。平日百姓家庭，或家人父子，或好友会聚，佐酒菜通常精而少，有荤有素。若无好菜肴，也要备些花生、胡豆、豆腐干之类的下酒。当时城乡都以饮“木脑壳酒”（无菜自呷）之“寡酒”为大忌，其次是切忌酗酒。川人认为，酗酒非礼，所谓“待坐则听言，有酒则观礼”，不仅是人们共饮时的礼，更有饮酒适度之意。暴饮、恶饮被认为是最大的失礼、粗俗的表现。因而四川的上等阶层饮酒使用的酒杯，以容量为二钱者为上品。即便是乡村人家，一般也备有此类小巧的酒杯。①

① 吴康零等：《四川通史》第六册，四川大学出版社，1993年，第413～415页。

11. 以茶馆文化为代表的四川茶文化

历史的积淀赋予了川人深厚的茶文化蕴含。川人把茶列为日常生活中除吃以外的最大饮事，明代顾云庆说："除烦去腻，川人固不可一日无茶。"成都人早晨起床第一件事便是泡一壶茶，然后再去做其他事；有的闲人起床就泡一碗茶，喝足后再吃早饭。客人到来，即专为其泡一杯茶，以示礼节周到。川人常将茶饭相提并论，可见对茶的重视，形容日常饮食多用"粗茶淡饭"，表示不思饮食惯谓"茶饭不思"，赞美饮食叫作"好看不过素打扮，好吃不过茶泡饭"。

蜀中家庭茶具主要是茶壶、茶杯、茶盘与茶几，富裕人家讲究用江西景德镇的套装细瓷茶具；更讲究者，则备多套不同纹饰、不同图案的茶具，根据不同季节、不同客人而换用。锡壶是川中流行的盛茶器皿，川人认为锡壶装茶有不易变味、用旧后容易翻新的特点，冬季为让锡壶保温，就在壶外加层棉套或棕包，称"包壶"，起到茶水保温的作用。

茶不仅作为四川最普及、最重要的"饮"品，而且还渗透到"食"中，成为烹调风味名菜的原料。四川有名的"樟茶鸭子"就是用本土的樟树枝叶和茶叶熏烤所制，色泽红亮，咸鲜浓香，皮酥肉嫩，特别宜于佐酒，是具有浓郁川味的茶菜。"五香熏鱼"，也是用茶叶和少许大米作熏料加工的。另有一种"茶香鲫鱼"和"茶香鲤鱼"，是将茶叶放入鱼腹腔内烹制，使鱼从腹里透茶香，让人在品味鱼肉鲜美的同时，也享受到茶的芬芳。四川传统皮蛋的制作，也要用浓茶汁拌以其他灰料，制成的皮蛋颜色、花纹、味道特佳。还有用茶制作的各种面点等等，不胜枚举。

而茶事最具乡土特色的，是众人聚集同饮的茶馆，其数量之多，可谓全国之最。成都茶馆风情独有，素有"四川茶馆甲天下，成都茶馆甲四川"之说，无论是繁华的城市还是乡间小镇，到处有茶馆。成都茶馆文化内涵之丰富，茶馆功能之完整，在四川饮食文化中独占鳌头，是地域饮文化的典型代表。"坐茶馆"作为成都人一种沿袭久远的生活方式，其内涵丰厚，"川味"甚浓。"茶馆"作为人际交往的场所，其功能已远远超出自身的自然使用功能，而具备多种社会文化功能。

清末民初，成都茶馆大兴，遍及市内。据《成都通览》记载，清末成都的街巷约516条，每一条半街平均有一个茶馆。民国时期，成都茶馆盈盈不衰，大街小巷的茶铺鳞次栉比。据1935年成都的《新新新闻报》统计，当时的成都有茶馆599家，几乎遍及各条街巷，每天茶客约12万人，占当时成都全市60万人的1/5。作家萧军1938年至成都主编《新民报》副刊《新民讲座》，惊叹成都茶馆之多，可与江南杨柳比喻："江南十步杨柳，成都十步茶馆。"例如，仅春熙路就有颐和园、漱泉茶楼、三益公、来福茶楼、春熙第一楼、益智茶楼、饮涛等八家较著名的茶馆；总府街短短的一条街，就有正娱花园、宜园、濯江、二泉、白玫瑰、槐荫、新仙林等七家茶馆。“正娱花园”每天要卖出两三千碗茶，茶客达数千人次，就茶馆之大也是成都之最。① 抗日战争爆发后，华北和东南各省人士大量入川，成都茶馆更加繁荣，还新开一些如“益智”“梁园”“濯江”和“华华茶厅”等规模较大的大型茶馆。其中以“华华茶厅”最大，有三厅四院，同时可接纳1000多茶客。据统计，1941年成都有茶馆614家，至1949年仍有500多家。这些茶馆一般日售茶千碗，小者七八张桌子，两个堂倌，日售茶数十碗。大多当街设桌，以高脚竹椅、盖碗茶为特色。其经营有围绕供应茶水而相应供应各种茶食、茶点、瓜子与糖果；也卖开水、热水，为人煎药、炖肉、热面饭等，经营时间有全天供应者，也有以供应早茶、午茶为重点者。茶馆一般开得早关得晚。川东一带江河边也是茶馆林立，各码头都有茶馆。由于当时内陆交通不发达，运输商品货物主要靠江河，于是码头茶馆应运而生。而且茶馆旁边有很多冷酒馆（含饭馆），以方便船舶上的船工、水手、纤夫前来休憩、喝茶、饮酒、吃饭等。

饮茶既是一种消费现象，又是一种文化现象。成都茶馆的对联可以说是这种文化的表征。茶馆中的对联又称为“茶联”，是茶文化的重要组成部分。不少茶馆都贴有茶联，它强烈烘托了茶馆的文化氛围，充分体现了川西地区的风土人情。民国时期，华阳县中兴镇有个“兴盛居”茶馆，其对联是：“邂逅相逢，坐片刻不分你我，彳亍而来，品一盏漫话古今。”

烟酒茶为友，作为消闲饮文化，往往相辅相成，相得益彰。很多茶馆在售茶的同时，又出售烟酒小吃成为配套服务，以方便茶客。于是，这类对联在茶馆中也多见，而且很风趣。如民国时曾在少城支矶石街一家小茶馆有一副对联，是用四川方言写的：“哥子莫忙，且呵锅烟去；弟娃有空，请喝盏茶来！”

蓉人读罢，甚觉风趣、亲切。不仅道出了烟茶是人际交往的媒介，也反映出川人讲义气、重友情的品性。茶馆为熟人相逢提供了友好交谈的场所功能，茶联产生了潜移默化的亲和力。另一副对联，源于成都一家兼营茶酒的铺子，当时的对联是：“为名忙，为利忙，忙里偷闲，且喝一碗茶去；劳心苦，劳力苦，苦中作乐，再倒一碗酒来。”此联贴近生活，其辞俗趣，颇富哲理，个人与社会，劳作与休闲，生活的哲理蕴寓其中，让人玩味不已。

茶馆是四川城乡居民社会活动的重要场所，它是各阶层人士的天地，但主要为“下里巴人”所拥有。成都茶馆20世纪中叶前，承载着社会、经济、文化等多种功能。由于娱乐场所的局限，茶馆成为各行各业、三教九流、城乡居民休闲、

① 李英：《旧成都的茶馆》，《成都晚报》，2002年4月7日。

品茗、聊天、会友、相亲、评理、聚会等的场所，具有经济交易、信息交流、会社联谊、民间调解、文化娱乐等作用。茶馆成为社会生活的一面镜子。

城镇除行业人蹲茶馆外，还有不少吃闲茶者，以一早一晚最为常见。吃早茶可提神醒脑，当日的谋生安排已成竹于胸。晚茶是劳累一天后休憩、会友的时刻。有的是住房窄小，家里来了客人，也到茶馆里待客摆龙门阵。还有一部分以茶馆为营生之地的小商贩、手艺人，他们来往穿梭于茶客中，送上炒花生、香瓜子、脆胡豆、甜桃片，以及油饼、麻花等小吃。其他诸如卖药、卖针线、理发、推拿按摩、修脚擦皮鞋、测字算命等应有尽有。

民国初年，茶馆茶客的性别开始出现变化。清代以前，进茶馆的茶客为清一色男性。辛亥革命后，反封建礼教、追求妇女自由、平等的时代浪潮波及全国，有人提出女性也可以进茶馆。此外，川人改变过去婚姻当事者不见面的传统，但又不便在家相亲，恐婚姻不成被街邻笑话，兼之相亲时双方家长与媒人须在场，这就需要一个既可相亲，又方便吃饭、休息，还不太拘束之地，茶馆便成为理想的去处。

茶馆还是解决民间肆里民事纠纷、评事说理的场所，有“民间法庭”的功能。这种功能，川西民间叫“判公道”，川东叫“付茶钱”，江浙俗称“吃讲茶”。人们若发生纠纷，到官府打官司花费太大，常使双方倾家荡产，故一般不愿对簿公堂。最经济实效的办法就是请族老、长辈或有威望者到茶馆评判裁决，双方述说原委，或劝解，或裁决予以了结。输理者付全部茶钱，双方各有对错者各付一半。故此，茶馆起到了调解民间纠纷，减少诉讼，大事化小、小事化了，安定社会的作用。

茶馆也是革命者活动的地方。如1911年成都保路同志会，串联各街袍哥码头，各码头都在茶馆里插上保路同志会的旗子。茶馆常被当局派特务监视。一些茶馆为了避免惹事，多悬有“休谈国事”的条标。

乡镇茶馆有一重要活动，就是晚上川剧“玩友”坐唱川剧，习称“摆围鼓”，这是四川乡镇传统的民间文娱习俗。演唱者不化妆，不表演，有的只唱，有的兼司器乐演奏，各执用一乐器，如川锣、川胡、板鼓、大钹、马锣之类，一人唱一角，自吹自打自演唱。

此外，其他民间的说唱文艺形式，诸如扬琴、大鼓、清音、评书、围鼓等莫不以茶馆为演唱阵地，茶馆的一桌一椅即可成为其舞台，并有众多的茶客观众。在各地城镇，若有高超艺人挂牌演唱，观众莫不踊跃光临，届时茶馆座无虚席。即便在经济萧条时期，茶馆生意依然看好，正如《锦城竹枝词》所言：“萧条市井上灯初，取次门停顾客疏；生意数它茶馆好，满堂人听说评书。”

12. 川人的吸烟习俗

20世纪初烟草遍布全川。四川晒烟以什邡为代表，其叶片细绒，皮张宽大，色泽红亮，油分充足，燃烧力强，烟味浓厚纯正。什邡晒烟以毛烟为主，兼有少量柳烟，均为深色晒红烟，是全国晒烟中早已定型的优良品种。四川香烟以“娇子”“凉烟”“五牛”“宏声”“攀西”“白塔山”等较为有名。20世纪中叶前，人们多吸叶子烟（雪茄）、水烟和鼻烟。所用烟具、烟杆以木或竹制成，短不过数寸，长可达1米。烟杆中空，外雕饰花纹，一头嵌以玉、铜、铁等制成的烟嘴，另一头装石、铜等质地制成的“烟锅”。吸时将烟叶卷成一节，插入烟锅，点燃即可吸。“水烟”为以铜、竹等制成“烟袋”吸食细烟丝的烟具，吸时通过水的过滤发出咕噜咕噜的水响声。“鼻烟”为用鼻烟壶装好的粉末状烟料，吸时取之吸入鼻孔解乏。20世纪20—30年代，纸烟开始传入，当时比较流行的有“前门”“哈德门”“老车牌”等。此后的社会交往中，便有了“散烟”的习俗。

三、民国川地少数民族饮食文化

1. 少数民族的自然物产与饮食结构

四川是一个多民族的地区，这里生长有彝族、藏族、羌族、土家族、回族、纳西族等。各民族在不同的生态环境和人文环境中，逐渐形成了自己独特的生产、生活方式，在民国时期形成了自己的饮食文化。

彝族。四川地区彝族聚居的大小凉山属青藏高原东南部边缘和云贵高原与四川盆地之间的过渡地带。气候呈垂直分布。四川彝区的农作物依地形地貌的不同而有异。山区以玉米、荞麦、洋芋为主，河谷地带以水稻、油菜、小麦为主。主要蔬菜有蔓菁（圆根）、萝卜和白菜、青菜等。金沙江、雅砻江、安宁河的低热河谷地带，还出产甘蔗、果树、花生等经济作物。这里草坡面积大，适宜于发展畜牧业，以黄牛、绵羊、猪、马为主，尤以羊、猪为多。凉山彝族饮食中的特色食品主要是荞粑粑、杆杆酒、酸菜汤；调料也很有特色，是利用野生植物如苏麻、野生葱、野生蒜、野生韭菜、野生姜、木姜子（树）、木姜子草、山胡椒、草果、茴香等为调味，并利用圆根叶作酸菜汤来调制酸味，用蜂蜜和自制的饴糖来调制甜味。

藏族。四川藏区地处川西、川西北的青藏高原东南缘，3000米以上草原为牧区；3000米以下的河谷、半山台地为农区或半农半牧区。在高原牧区，牲畜有藏系绵羊、山羊、牦牛、犏牛、唐克马、骡、驴等。河谷农耕地带，气候温暖，降雨量充足，农作物有青稞、小麦、大麦、荞麦、玉米、豌豆、土豆等，以青稞种植最广，小麦次之。经济作物有甜菜、蔓菁、花生、辣椒、向日葵；水果有苹果、花红、桃、梨、核桃等；野生植物有蕨麻（人参果）、松茸、白蘑菇等。牧区藏族以肉食为主，农区藏族以青稞、麦馍为主食。青稞炒熟后磨成面粉称“糌粑”，配酥油茶为三餐主食。蔬菜和调味品极少，间以牛羊肉和乳酪佐食。

羌族。居住于青藏高原东南边缘，其地物产丰富，农作物一年可两熟，除玉米、小麦、青稞、洋芋等粮食作物外，还盛产烟、麻、豆类和蔬菜等经济作物。畜牧业以传统的养羊业最为发达。经济林木有花椒、苹果、核桃、梨、茶等，其中，“茂椒”誉满中外。这里还出产天麻、虫草、贝母、麝香、熊胆等名贵药材。羌族主食为玉米、小麦、洋芋，辅以蔬菜和调味品。通常的吃法是玉米粥和烤馍，或玉米合大米混合蒸成的“玉米蒸蒸”。他们在年底杀猪时，多将猪肉做成“猪膘”，作为长年肉食供给。普遍吸食兰花烟。惯用青稞、大麦发酵制作“咂酒”为饮料。

土家族。居住于四川省的东南褶皱山区盆周山地外缘一侧，属贵州高原东翼尾闾的八面山、武陵山系。酉水、梅江及其众多支流纵横其间，为农田灌溉提供了有利条件。气候温和，雨量充足，土壤肥沃，层层叠叠的梯田分布在群山环抱之间，农作物一年可两熟。土家族以农业为主，兼营林业和畜牧业。粮食作物有水稻、玉米、高粱、红薯和洋芋，以玉米为大宗。经济作物有黄豆、棉花、花生、茶、烟叶等。畜牧业以养猪最发达。饮食最常见的是大米、玉米做的“鼎锅饭”，辅以薯类和各种蔬菜，喜喝“油茶汤”并以豆腐夹肉丸作为待客佳肴。土家人最有特色的肉食为腌熏“腊肉”。饮料在明清时即以咂酒流行，延续至今。

回族。四川回族主要分布在盐亭、青川、平武、武胜、阆中、内江、西昌等各地，“大分散、小集中”是回民分布的特点。回族信奉伊斯兰教，文化习俗上深受其影响。饮食以米面为主食，吃牛羊肉，忌吃猪、马、骡、驴和一切凶猛禽兽之肉，忌食一切动物的血和自死之物。

纳西族。四川纳西族主要分布于四川西南部康藏高原东部地带的盐源、盐边、木里等地。纳西族地区物产丰富，农产品以玉米、小麦、水稻、洋芋为主，还有荞麦、燕麦、大麦、青稞等。草场也较丰富，适宜畜牧，牲畜以牛、马、羊、猪为主。饮食以玉米、小麦、洋芋为主食，坝区亦多食大米。肉类以猪膘“琵琶猪”为特色，系用一整猪去其内脏和骨骼后，用盐渍并以大石块压制而成。

2. 少数民族的特色饮食及其特点

（1）“一方水土养一方人”，利用生态环境制作耐储藏的食品　四川藏、彝、羌、土家等少数民族居住于高山或半山，气候寒冷干燥。由于食物生产具有季节

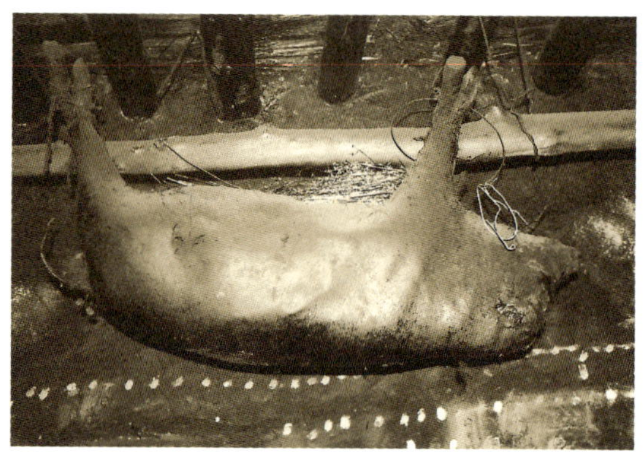

图10-1　四川康巴藏族一绝——风干牛肉　图10-2　烟熏整猪

性，蔬菜品种又少。为使蔬菜、畜肉能够长年供食，随吃随取而不变坏，他们利用气候寒冷的自然条件，创造了独特的食品储藏方法。制作的食品都具有易保存的功能，肉类保存主要是用干藏、烟熏、炙烤、腌渍等方法，蔬菜则主要是干藏和盐渍。

藏族的风干牛肉，纳西族的风干鱼，都是运用风干法制成的。西康藏族喜食生肉。生牛肉干是寒冷气候高原上的特产。因康地寒燥，生肉不腐，可悬之数日风干为脯，是寒冷气候的产物。风干肉即用宰杀后的新鲜牛羊肉制成，先把肉切成条状，再撒上少量盐巴，晒挂在阴凉通风处，让其自然风干，既可去掉水分，又能保持鲜味。风干肉酥松可口，风味独特，耐储藏，供长年食用。

藏族、羌族、纳西族、苗族、土家族等民族都有制作"猪膘肉"的传统。猪膘肉、火炕腊肉属烟熏储藏。藏族农区肉食以猪膘为主，俗称"琵琶猪肉"。其做法是将猪宰杀后，去内脏、瘦肉、骨头与头脚后，腹内撒盐、花椒、香樟粉等调料，用麻线缝合成方形，风干即成。猪膘肉一般可存放数年不坏。有的把肥肉单独分开用清水洗净，开水煮熟后冻干，保存方便且长时期不变味；另将瘦肉装入猪肚密封储藏。羌族腌制猪膘不放食盐及其他调料，只将猪的头、蹄、排骨剔除，分割后挂于通风处烟熏即成，称之"猪膘"。以存放时间越久，颜色越黄越珍贵。土家族的"火坑腊肉"，则是熏制储藏的代表。方法是将鲜肉腌上三五天再取出，先用柏枝等熏烤，尔后高悬于火坑上长期烟熏，腌肉经熏制后逐渐变得橙黄透明，可保持数年而不变质。猪膘肉的发明，适应了少数民族平时多节俭素食，年节喜庆之日肉菜丰厚的生活习惯与生活水平。

藏、彝、羌、土家等民族还擅长腌制酸菜。多有用山地特产蔬菜圆根腌制"酸菜"的习俗。酸菜能将新鲜蔬菜保鲜并长年供食，酸菜成为山地民族异地同

图10-3 民国时期丽江的琵琶猪（《中国西南古纳西王国》，云南美术出版社）

食的蔬菜。但由于各民族的生活习惯不同，制作储藏方法略有差异。通常分干酸菜和泡酸菜两种。“干酸菜”采圆根、青菜、萝卜叶腌酸晒干，切碎装坛保存。“泡酸菜”则是将新鲜青菜、白菜、圆根叶洗净，置于铁锅内煮熟，捞出放入木桶内压紧，浇上“酸水”（做豆腐后的豆膏水置于木盔内密闭数日而成）或放入酵母，或掺拌少许玉米面发酵，一天即成。酸菜能保持鲜菜的营养成分，还耐贮藏可常年食用，随用随取十分方便。于是，酸菜成为在这一生态环境下解决全年蔬菜需求的最好办法，而且都成为本民族的特色菜。

（2）合理的饮食结构，食物搭配符合相生相宜的人体需求　关于食物的搭配与营养，彝族人总结说：“煮的荞馍馍宜配羊肉汤，烤的荞粑粑宜配黄牛肉，蒸的包谷饭宜配山羊肉，米饭配猪肉，大麦配鸡汤，洋芋配圆根。”这些食物搭配都是经验之谈，既保持了人体营养成分的均衡，又暗合科学道理。藏族喜茶，藏谚有“宁可三日无食，不可一日无茶”之说。藏民以牛羊、奶酪为主食，多荤腥，少蔬菜，蛋白质摄入高，不易消化，喝茶既可解渴，又能消食除腻，还可增加维生素C，故茶为藏民生活所必需。

（3）“医食同源”，特色食品的“食疗”功能　20世纪中叶前，四川民族地区缺医少药，许多疾病靠食疗解决。他们喜食的酸辣具有助消化、去油腻、杀菌、温胃健脾、防治胃肠道疾病等多种“食疗”功能。如在川东地区，土家族喜酸辣，与他们居丛岩幽谷的环境有关系，那里的泉水冷冽，而土家族又喜饮生水，非辛辣不足以温胃脾。山地主产粮食作物为青稞、荞子、洋芋、包谷等，食后易腹胀，喝酸菜汤不仅清香爽口，而且消饱胀，有利消化，与主食相辅相成；吃酸菜还可解油去腻，消除食牛羊肉后的不适感，从而成为调剂人体饮食结构和谐的一种天然搭配。在凉山彝区，酸菜可解毒降压，高血压患者常用干酸菜当茶泡水饮用，达到降压的医疗效果。康定藏族也用酸菜降血压、开胃口。少数民族喜酒，酸菜还可醒酒。酸菜的食疗功能，是四川少数民族在长期的生活实践中总结出来的宝贵的中国饮食文化遗产。

3. 少数民族的饮食礼俗及特点

饮食礼俗主要是指饮食活动中约定俗成的制度和礼数。它以饮食习俗为基础，成为民族饮食文化的一个重要方面，体现着各民族饮食文化的特点。包括岁时饮食礼俗、待客饮食礼俗、人生饮食礼俗等。

（1）岁时饮食礼俗　岁时是随季节变化、生产状况而产生的年节，在年节文化中，饮食礼俗是其中重要的内容。各民族每逢佳节喜年，全家老小总要团聚，享受天伦之乐。羌年即到，在外打工的人总要匆匆赶回家中，参加农历除夕夜举行的家庭宴会；彝族要等全家人齐后才开饭；藏族过年也有吃“团圆饭”的惯俗。节日期间的这种饮食礼俗易转化为亲和力，从而强化亲缘血族关系。主要特点是：

尊老敬祖，重视情谊。各民族热情好客，大方礼貌，克己让人的美德在年节之际得以充分体现。年节中互相宴请，互送饮食礼品，并用家宴、村宴、乡宴的形式维系着亲族、邻里、朋友之间的友好情谊，从而形成一种亲和力。四川地区的藏族在新年第一天，要给活佛、孩子的老师、恩人备上年茶，第二天或过几天连同新年馍馍、酒礼、哈达等一同送去。新年初二开始互相走访、请客。请客时，先请村寨中的老人，再请男子，最后请妇女。还形成了节日期间谁家的客人多，就会受到全村人敬重的习俗。因此，左邻右舍都争相请客。外地来客尤其受欢迎，无论是熟人还是生人，均会受到主人的热情款待。回族过年节宰牛羊，把畜肉分为三份：一份馈亲友，一份送生活困难的族人，一份自留家用；同时，要将油香、馓子、熟肉送与亲朋友邻，以示喜庆与友谊。其他各民族也都大致如此。初二后主要为互拜、宴请、馈赠食品活动，以增进相互间的感情。凉山彝族在过年时，各家凡有来客，主家必款以酒肉，让客人尽情食用，且视多食多饮为尊敬主人、感情深厚的表现。对杀不起年猪的人户，全村人都要予以馈赠，以示援助与温情。

祈祥瑞、盼丰收。在岁时饮食礼仪中，人们追求翌年的祥瑞、美好和幸福，祈求风调雨顺、五谷丰登、六畜兴旺，希望免除灾难祸祟、远离妖魔鬼怪。这些期望寄托于祖先和神的力量，以保护家庭和家族。因此，岁时之际均以美食奉神敬祖。彝族过年，要用全猪作牺牲供奉祖先和诸神，以祈求五谷丰登和六畜兴旺。杀猪后要观猪之内脏以推测吉凶与生产的丰歉。羌族在年饭后，各种食品须有剩余，意为来年有余。除夕或新年这天，羌、彝、土家、藏和白马藏人，有备好食喂狗的习俗，意在祝愿六畜兴旺。

（2）待客饮食礼俗　各民族在日常社会交往中，给饮食活动融注了许多礼节。彝族、藏族、羌族、土家族、苗族、回族等许多民族，家中若有客至都盛情接待，敬茶、敬酒，宴客时克己待客。彝族宴客须“打牲”，打牲前将活牲畜牵至客前让客人过目，以示尊敬。彝族、普米族逢客至，请入上坐供奉食物，先请客人用餐，主人在旁陪侍或在屋外恭候，待客人食毕，主人一家方用餐。在用餐时讲究一定的座位秩序。藏族的一般习惯是：上层人士或客人坐室内右上方，无客人时由家中长老坐，右下方是男子坐位，进门左边是主妇坐位，左下方是妇女坐位，不能混乱。白马藏族以火塘为中心，东方是代表神灵与祖先的神龛、神柜，不能坐人。北方坐男人，南方坐女人，西方坐孩子，客人男女分坐，以靠东方位尊，往西递降。家人按年龄依次就坐。盐边白族极重长幼礼节，吃饭时长辈必坐上方位首，晚辈依次坐于下方或两侧，晚辈要为长辈添饭送汤。羌族开饭由主炊妇女盛饭，先送长辈，然后送丈夫和男性成员，最后是女性成员。

（3）人生饮食礼俗　诞生礼。在以血缘关系为纽带的诸多民族中，人口增殖是关系到家族兴衰，家庭幸福，母亲地位的大事。人们对繁衍种族有着强烈的愿望。每一个家庭新生儿的诞生，都要热闹庆贺一番，由之伴随不少食俗。羌族妇女生育后，亲邻送鸡蛋、面条，称“祝米”。主人留客吃饭，饭前喝“玉米蒸蒸”酒。土家族妇女生育后的第三天，即派人去娘家报信，生男抱公鸡，生女抱母鸡。娘家得信后，将早已备好的一担稻、两罐米酒、几十个红蛋及婴儿的诸多用品送往女儿家。男家要先以红蛋招待来客，继以酒席以示喜庆。普米族妇女生育后要吃甜酒、鸡蛋、排骨、猪肘、鸡汤等营养食品，以有足够的奶水哺育婴儿。孩子满月，要杀鸡宰羊，请全村的妇女吃饭。产妇娘家送的食品要分送男方的家门和邻居，以表示亲邻友好之间的密切关系和添丁增口的喜悦。

成年礼。成年是人生的一大标志，要举行特别仪式，并伴以食娱食乐。凉山彝族少女的成年礼要举行换裙仪式，富户须杀猪宰羊大宴宾客，穷户也要杀鸡泡酒招待亲邻。纳西族、普米族的男女举行成年仪式须小宴一番，祝贺孩子长大成人。

婚礼。少数民族重视婚礼，婚礼都十分隆重热闹。酒和食品在婚礼中充当重要角色。羌族的婚礼惯制有“开口酒”“小订酒”“大订酒”和“开笼酒”等，以宴席的不同名称作为婚事进程的标志。在一些民族中，婚仪中的食品传递了重要信息。土家族缔结婚姻提亲时，男方带一块三斤左右的猪肋肉去求亲，连去三次，女方收下，表示求亲有望。男方去女家取八字订婚时，要带酒、肉、糯米粑及其他礼物。女方提出礼单，男方如数送上，其中有一条带尾巴的猪坐墩，女家若同意翌年女儿出嫁，就全部收下，若不同意，就将猪尾巴退给男方。以食物作为象征的祝福在少数民族中的婚礼中也属常见。嘉绒藏族结婚，各户须赠送塔形烧馍，亲戚要赠送一个特大的馍塔，顶上系辫子，脖上戴松耳石、珊瑚、白玉，并系哈达。馍塔上还要贴一块与馍塔等大的干猪膘，祝愿夫妻成家后吉祥富裕。土家族嫁女之席，必备“砣砣肉”（又称“连刀肉”），寓新娘、新郎心连心，同甘共苦，白头偕老。

葬礼。丧葬是人生命的结束时，亲属对死者进入另一个世界予以的祝福，因此有的民族殡仪胜于婚宴。土家族特别重视人死后的“七七”大祭。这天要宰杀羊、猪、鸡，亲朋好友赶至参加。孝子请厨师到死者坟前野炊。祭献毕，丧家与来宾共进午餐。餐时，不得喧哗嬉闹，说不吉利之话。餐后，由族中最长者用一把茅草包上火种交给孝子跑回家中引火煮饭，并尽可能使此火永存。①

第二节　云贵桂地区抗战大后方的平稳发展

民国时期，云贵桂地区的饮食文化得到恢复和发展，并趋于稳定。特别是在抗日战争时期，云贵桂地区成为大后方，其他地区移民带来了风格各异的烹饪技法和饮食文化，使这一地区逐渐形成了一系列颇具地方特色和风味的菜肴。餐饮业成熟。

一、云贵桂地区的食品工业与农业

1. 云贵地区食品工业的发展

民国以后，云贵桂地区的社会经济有了短暂的恢复与发展。抗日战争爆发后，1938年国民政府迁都重庆。为加强对外交通联系，修建了从云南通往缅甸仰

① 鲁克才:《中华民族饮食风俗大观》，世界知识出版社，1992年。

图10-4 云南傣族土法制糖（《西双版纳影像》，云南美术出版社）

光的滇缅公路，使云南增加了对外联系的通道。同时，内地的一些工商企业与金融机构也在这一时期迁至云南与贵州，促进了云贵地区经济的活跃。一些高校与科研机构也陆续南迁，使云南落后的文化教育获得发展契机。在昆明成立的西南联合大学，在大后方“笳吹弦诵”不辍，昆明成为西南地区繁荣的文化教育中心。

这一时期云南的食品加工业发展较快，如制糖业。民国时期，甘蔗在云南的景东、云县、宾川、永胜、鹤庆等地普遍种植，制糖手工业也得到发展，产品主要为红糖。在建水、弥勒竹园、开远、云县等地，也生产少量的白糖与冰糖。

制酒业亦较发达。其原因主要是矿工等重体力劳动者消费烧酒的数量增加，也与城乡居民逐渐接受烧酒有关联。20世纪30年代以后，民营专业酒坊明显增多，如蒙自、弥勒的县城各有酒坊30多家；鹤庆县有酿酒户58处，年产白酒12余吨。

民国初期云南出现私营榨油作坊，仅泸西县便有20余座；生产主要采用冷榨方法，大量加工茶子油、香果油、核桃油、菜油和芝麻油。制茶业亦有较大发展。茶叶加工具有一定规模的城镇，除勐海之外，下关的制茶业发展也很快；1920—1930年，有德瑞利、溪记、复义和等十余家商号在下关建茶厂。20世纪30年代后，又有茂恒、复春和、成昌、洪盛祥、宝元通等商号建厂。所加工的沱茶主要销往四川，压紧茶销至西藏，块饼茶多运销滇西北。1944年，下关所产的沱茶、饼茶、方砖茶等紧压茶近200万斤。红河县的羊街、浪堤以及临沧的云县，也开始设厂加工普洱茶。

经营糖果、糕点与蜜饯的作坊与商号，数量也明显增加，抗战前昆明有此类作坊与商号40多家；“正兴斋”“应香斋”“合香楼”“吉庆祥”等商号还在多地设立分号。蜜饯则从原来的家庭少量制作，发展为作坊批量生产，知名产地有昆明、巍山、鹤庆、建水、弥勒与云县。云县草皮街李显扬父子制造成功的“元红罐头”，一度销往昆明、上海与仰光等地，所获声誉甚佳。烟丝及酱菜加工等行业发展的速度也很快。

2. 仍以农业发展为重的广西社会经济

民国时期的广西地区，经济的重心仍为农业。据新桂系省政府调查，广西耕地面积为2900余万亩，水田约占耕地总面积的64%。除极少数种芋头、蔬菜外，绝大部分水田为稻田，水稻的品种主要是籼稻、粳稻与糯稻。广西农业地区的居民多以籼稻为主食。桂东南与桂中多种双季稻，桂东北和桂西适宜种单季稻。到1933年，全区水稻的产量约达61亿斤，但广西稻谷的亩产甚低，每亩约产251斤，较全国平均亩产330斤低约24%。①

广西地区虽盛产稻谷，但并非各地均食稻米。广西消费稻米较多的地区主要是以桂林为中心的桂东北地区、以柳州为中心的桂中地区，也有吃稻米较少的地区，如桂西右江与红水河流域所吃大米仅占主食的45%。在桂西南与桂西地区，玉米具有与稻谷同等重要的地位，当地居民还食用红薯、芋类、木薯、大小麦及荞麦等杂粮。

荞麦是广西各地重要的冬季作物。荞麦的成长期短，一般多与水稻轮作，秋收后播种，翌年春即收获。1935年广西种植荞麦87万亩，产量达60余万担。桂西东北的临桂等县，桂西中部的柳江、忻城、来宾等县，以及桂西西南的那坡、靖西、天等、大新等县，均种有较多的荞麦。

广西各地普遍种植的经济作物还有豆类、甘蔗、花生、芝麻、茶叶与烟草等，但产量在全国难居前列。普遍种植的蔬菜质量堪称上品、外销制成罐头者，有槟榔芋、桂林马蹄、榴江草菇、玉兰片和香菌等。广西盛产水果，其中的沙田柚、柳橙、古凤荔枝、大新龙眼等享名远近。②

① 黄现璠等：《壮族通史》，广西民族出版社，1988年，第439页。
② 黄现璠等：《壮族通史》，广西民族出版社，1988年，第448页。

二、平稳发展的餐饮业及民间饮食习俗

1. 云贵城镇的餐饮业

民国时期云贵地区城镇的餐饮业继续得到发展，出现了较成熟的筵席。云南大中城市的饮食业，已具有相当大的规模。如昆明知名的饭店酒楼有海棠春、共和春、大同春、得意春、合香楼、岭南楼和冠生园等，尤以“海棠春”酒楼最为著名。“合香楼”于公元1856年为胡善所创，主要制作滇式糕点。次年，云南官吏舒兴阿奉旨进京，带去合香楼店主胡善亲制的“火腿四两坨”，深得慈禧赏识，遂亲笔题写“合香楼”红底黑字匾额。各地城市的饭店酒楼，常见酒席多为“一猪八碗席”，即上桌至少有八大碗，其中四碗为猪肉烹饪的菜肴，其余四碗为豆腐、蔬菜、花生等荤素搭配的菜肴。高档酒席有燕窝烧烤席、鱼翅全席、海参全席等，还有四冷荤、四海碗、八小碗、四座碗、双手碟、两道席点等各种规格。滇味宴席通常分三等，一等宴席包括“四山珍”与“四海味”，烤乳猪及大拼盘各一。“四山珍”为红烧象鼻、清炖鹿筋、红烧熊掌与燕窝汤，“四海味”是鱼翅、鲍鱼、海参和瑶柱。二等宴席也是十个菜，分别有鱼翅、海参、鱿鱼、龙虾、汽锅鸡、清汤鱼、虎皮鸽蛋、火腿玉兰片、拼盘与八宝饭。三等宴席为海参、鱿鱼、鱼肚、清汤鸽、红烧鱼、宫爆鸡、油爆肚、煎乳饼、金钩玉兰片与八宝饭等。定购一二等宴席者，多为商贾、官场之人用于应酬。

1947年，昆明首家三七汽锅鸡店在福照街开张，店首悬挂“培养正气”的匾额，推出后广受各界欢迎。蒙自、建水一带创制的过桥米线，自民国初年传入昆明后即广为流传，至今云南人仍以蒙自过桥米线为正宗。宜良县烹制的烧鸭，必砌土坯焖炉，以松毛（松树凋落的松针）暗燃烘烤，成品虽仅重半斤，但肉酥味美，骨白似玉，食者连同细骨一并嚼之，仅丢弃烧鸭的四大骨。“小刀烧鸭”为宜良人刘文所创，若烤鸭火候未到他定不揭盖。一次蒋军军官仗势拔枪，逼其揭盖取火候未足之鸭，被刘文断然拒绝。专售烧鸭的大型菜馆，多首推昆明的“双合园”。

民国时期，云贵各地城镇大量兴起，催发了民间小吃的兴盛。摆摊设点及挑担走动者随处可见。寻常百姓若思食肉类或油煎食品，则以光顾摊点、挑担为实惠。摊点有居街檐下而售卖者，如立一单桌，卖卤鸡、卤猪肉、猪肝肚、卤豆腐、卤火腿等卤菜；或支一炉附一二桌凳，煎太师饼、眉毛酥、火烧、油饼、炸春卷而售；或置一油锅，售油煎的包谷粑、新鲜豆米饼、洋芋饼、糍粑与糯米面粑；或以极小的开间设一豆花米线馆，售豆花、羊血、热酱、冷酱等米线或卷粉；若开设羊肉馆子，除卖羊肉、羊杂碎、羊蹄筋等外，亦兼售羊肉烧卖、羊肉米线与羊肉面；或设一米线馆，所售食物除过桥米线外，还有以

扒鸡、扒肉、爨肉、鳝鱼、炸酱、肠旺、脆臊等为浇头的小锅米线。又有挑担走动兜售者，如售烧猪肉、叉烧肉、炸风肠、牛肉切片、水晶汤圆、索粉、挂面、康郎鱼、臭豆腐、盐豆腐、包豆腐、芽豆、稀豆粉、豆腐脑、太平糕、米酥糕、麻花、米花糖、煮荸荠、焖豌豆、栗子和毛豆，乃至丁丁糖、兰花糖、腌萝卜、腌橄榄、沙铃果、火把果、米饭果、山樱桃、山槟榔、莲藕、菱角、杨梅、软枣等糖果与时鲜果品，品种繁复，难以计数。

2. 云贵地区民间饮食习俗

云南城镇的居民喜食甜点。糕饼店所售甜点多达百余种，百姓日常能吃到的甜糕类有芙蓉、萨其玛、泡料鸡蛋、重油鸡蛋、夹沙鸡蛋、重油绿豆、泡料绿豆、桃片、云片、雪片、玉带糕、砂仁糕、松子糕、白果糕、米酥糕及水晶糕、白糖软糕等。酥饼类有核桃酥、杏仁酥、金钱酥、棋子酥、淡盐酥、蛋黄酥、燕窝酥等。常食糕饼类有洗沙饼、白糖饼、椒盐饼、麻盐饼、山楂饼、枣泥饼与梅甘饼等。还有不少杂色糕点，如猪油麻花、炸食、回饼、麻饼、茯苓烘片、兰花根、乌梅糖、山楂糕、姜糖果及各种饼干。

云南人嗜甜的原因是多方面的。首先，云南盛产各种亚热带、热带的水果，养蜂、食用蜂蜜也十分常见，这是云南人形成嗜甜习惯的首要条件。其次，晚清至民国时期，昆明等城市流行极甜的鸡蛋糕、月饼、果脯等食品，其风格与形制和广东等东南地区的并无二致，说明是受到这些地区口味的影响。其三，一些云南人认为甜味可解咸或解油腻，因此有餐后必食八宝饭一类甜食的习惯。

云贵地区的百姓在节庆期间的饮食颇为讲究。云南人过中秋节的主要内容是拜月，赏月反在其次。拜月所用糕饼极为讲究，大月饼重二三斤，其巨大冠盖诸省，有白饼与红饼两种，多麦串、荞包心、麦包心等馅。用“四两坨”制馅的月饼多至十余种，有洗沙、白糖、火腿、椒盐、麻仁、枣泥、梅干、水晶、山楂、玫瑰、黑芝麻等馅。拜月时必设案于庭前，之后燃点香烛，摆放裹绘嫦娥、蟾兔月宫纸的大元宝一对，陈大月饼于案，旁置莲藕、西瓜、石榴、梨、板栗、核桃、毛豆等瓜果，又置“朝阳饼”与“四两坨”于其旁。拜月既毕，又祭供诸神及祖先。拜毕幼者向长者拜贺，讲究礼节者还至亲友处走拜。晚间赏月之后，昆明人相约至城中五华山万寿亭，遮蔽双眼盲摸玉柱，借此运动以助消食，为当地特有的风俗。

云南人过春节很有特色，曾有诗云：“门换新联户换米，还春饵�备香厨。华堂草舍春都到，碧绿松毛迎地铺。”该诗所说乃为清代昆明人过春节的情景，民国时期亦如此。届时每家必备新米春饵饺，以翠绿松毛铺地列坐其上。云南人除夕守岁喜食饵饺，官渡一带农家必燃两炉栗炭火，一炉烤饵饺，一炉煮皂角；

图10-5　云南纳西族酿造的名酒“窨酒”

皂角清香四溢，饵饫焦黄香甜。大年初一仍炒食饵饫，将饵饫切片或丝，配以火腿丝、腌菜、豌豆尖、油辣椒及甜咸酱油，以旺火猪油炒之，阖家老幼人手一碗，持箸相笑缓缓食之。大年初二始串门，待客走亲戚仍少不了带饵饫，可见云南人对饵饫之钟爱。另外，每年腊月，云南人家多酿甜白酒，新年客至，必奉上甜白酒煮鸡蛋，以满碗为敬。

据罗养儒《云南掌故》：五月五日端阳节，云南人包角黍而食。又挂菖蒲、艾叶于门楣，并聚饮雄黄酒。与内地不同的是，云南人除食粽子外，还陈列包子、花卷、鸡蛋糕、芙蓉糕、烧饼、鸡蛋、鸭蛋、发芽豆、煮蒜诸物于桌，老少围桌闲谈，任意而啖，食毕还追加一碗羊肉面或爨肉米线。如此食法，如同胃中开了五谷道场，内容不可谓不丰富。但云南人自有妙法：食前以开水送下一包平胃散，可保过节平安无虞。

云南诸族擅长酿酒，他们称以粮食为原料酿成的低度原汁酒为“辣白酒”，这一类酒在各地知名者，有彝族的辣白酒、纳西族的窨酒、哈尼族的紫米酒、普米族与纳西族的酥理玛酒、藏族的青稞酒和苗族的米酒等。酿造优质低度的原汁酒，关键在于有上好的酒曲。在少数民族中，最早流行口嚼米为酒曲以酿酒，居住在怒江峡谷的傈僳族，流行以龙胆草制酒曲，其法是将龙胆草舂碎捏成团，在甑子中蒸后置竹筐发酵而成。彝族地区供制酒曲的植物，还有黄芩、柴胡、茜草、一把香、兰勾、土瓜、草乌等12种，制作酒曲的方法与傈僳族相同。

云贵地区的少数民族很早便知以药物入酒，制成保健或治病的药酒。著名者如云南的文山三七酒、哀牢山出产的茯苓酒，滇西北制作的虫草酒与滇东北的天

图10-6　云南的优质烟叶（《云南民族·经济卷》，人民出版社）

麻酒等。一些地方的药酒还讲究药物配伍和口感，如云南老少皆知的杨林肥酒，以党参、拐枣、陈皮、桂圆、大枣等十余味中药配制，并加入适量的蜂蜜、蔗糖等调味。杨林肥酒产自嵩明县杨林，有清亮绵甜、健胃润脾等特点，首创于光绪六年（公元1880年），清末以来享誉西南诸省，1922年在巴黎名优酒展览会获得银奖。

云南男子嗜烟。据《云南掌故》载，云南各地多产烟叶，男子十有八九嗜烟，尤以乡间男子为甚。乡间百姓待客，无不以烟茶为先。云南早期的烟叶以产自弥勒十八寨与巍山县乐秋的品质最佳，其次为永胜县、丘北、嵩明等处所产。民国时云南人从美国引入优良品种“大金元”，改良后在各地广为种植，此后云南所产优质卷烟，大都以改良大金元为原料，其特点是叶大肥厚，香味醇和。1922年，云南亚细亚公司以改良大金元为原料，生产出为纪念1911年“重九”起义而取名的卷烟“大重九”，颇受省内外烟民欢迎。民间则喜吸“刀烟”。方法是以木榨压烟成捆，再以推刨加工为细烟丝，制竹筒为烟袋吸之。因竹筒须灌水过滤烟味，又称“水烟”。水烟烟丝的主要产地是通海、江川、玉溪、蒙自与澄江。据说抗战时滇军调至北方，每人背一布袋，内装吸水烟的竹筒，当地百姓不明就里，乃相递传告：滇军实力了得，每人配发一门小钢炮！

3. 广西城镇特色食品及民间饮食习俗

民国时期，广西各地城镇的饮食制作较前代更为发达，尤其擅长制作有地方特点的食品，如米粉。米粉的形状大致有圆粉、扁粉两种，但烹煮的方法与调料各地不同。知名者有鲜肉米粉、猪杂米粉、桂林米粉、柳州螺蛳米粉、南宁老友米粉、玉林牛干巴米粉等。米粉价廉易消化，同时可掺入各种海鲜、肉类、蔬菜与调料，既可充分利用各地丰富多样的物产，又适宜热天食用，故广西人乐此不疲。其中最具盛名者为“桂林米粉”，做法是将卤好的猪肉、牛肉、马肉等油炸切片，与酥脆的黄豆或花生米以及葱花、熟油等做浇头，淋上以多种药材及香料熬制的卤汁，顿时香气四溢，令人食欲大开。桂林米粉的内行食法，是将酸豆角、酸菜、辣椒等配料与米粉拌匀，先食米粉，随后取饮一勺骨头汤，如此往复食之，据说如此吃法方识米粉的卤汁香浓与汤鲜味美。

“马肉米粉”与“马蹄糕”，可称桂林饮食一绝。马肉米粉的做法是将马骨与马肉熬汤至极浓，以盖碗茶大小之碗，装入烫好的少量米粉，上铺熟马肉与腊马肉数片，撒上香菜、浇上热汤。食法是先吃马肉米粉，再喝两口热汤，咀嚼马肉之际，又端上了第二碗。因味道甜美，常人食至二三十碗亦属稀松平常。马肉米粉以“又益轩”制作最佳。该店创办于1923年，所烹米粉以陶制小碗盛之，每碗仅装二钱，米粉烫热后铺上马肉、马血肠与板肠，浇上马骨浓汤，再放香油、芫荽、胡椒与花生，食毕点碗结账。20世纪30年代，又益轩的马肉米粉播名远近，两广及东南亚老饕无人不知。俗语：“不食马肉米粉，枉至桂林一趟。”“马蹄糕”的做法是将米粉装入状如马蹄的木模，以黄糖粉、马蹄粉或芝麻粉做馅，以猛火蒸熟。食之有马蹄的清香，又有马肉的鲜美。多为摊担现做现卖，食客多感方便而实惠。

民国时期，广西各地的汉族过春节喜食米饼。其制作方法如下：炒香糯米舂为细粉，以白纸或布垫底，铺米粉于上，待米粉回潮拌以白糖和芝麻，再以刻有花纹图案的木模压制为小饼，上笼蒸熟，取出置竹搭烤干。昭平等地还制作以薏米为原料的米饼。

若论广西地区的肉食，以“郎棒”最具特色。据刘锡蕃《岭表记蛮》，其做法是以猪肉或猪内脏为原料，剁碎拌入猪血、花生、胡椒、盐、葱姜等作料，灌入猪小肠，以绳线系其两端，中部亦以绳线束为段。郎棒制成可长期保存，随食随煮，亦可以炭火烤食。一些少数民族食肉不惯烹饪，而喜焙烤之法。方法是涂盐于肉以树叶裹之，置炭火旁焙烤，肉熟后以手撕食。

广西各地流行制作灌血肠与酿豆腐。“灌血肠”的制法为，取新鲜猪血灌于猪肠，勿入盐免其凝结，成品洁白柔韧，食之甘甜爽口。又称具有当地风味的灌肠为“活血”。方法是在冬月蒸米饭，去米汤后浇以新鲜畜血，或杂切茴香灌于肠中，挤满使之充实。以每一屈曲为节，束其两端，再入汤煮之。既熟寸断而食，或留之逾宿刀切为片，浇沃油于热釜，焙之使具酥味，颇为香美。“酿豆腐”

图10-7 少数民族吹响震山号

的做法是：以杂香菜、葱豉剁肉为馅，以豆腐揉烂如酱，若欲令之滑韧，则破一鸡蛋调入，若欲馅鲜甜，亦加海虾或咸鱼。再置豆腐于手掌作小窠，纳馅于其中，裹而抟之使圆，亦浇沃油于热釜，反复焙之使两面焦黄，乃起锅上桌。食时加汤或他菜煮之，亦有不焙焦黄直入沸汤或蒸笼者，更为鲜嫩可口。灌血肠多作于春秋社日及清明节，酿豆腐则四时皆有，多制作以待客。古人说："春韭秋菘，得此兼味兴趣亦复不浅。"

广西各地喜制糕粽。逢时令节庆，广西居民所食饼馓、糕粽、粉饵之类，多为本家自制，皆由妇女操办。粽子大者数斤，小者一二两，有三角粽、枕头粽、牛角粽、羊角粽、凉粽、肉粽等诸多品种。端午节之粽有淡、咸两味。制作方法是以稻秆烧灰，滤水遍浇糯米，再裹以竹叶，做不等角的四角形或扁长形，大者以黄茅裹束其两端，状锐似橄榄。以煮熟后其米融化者为佳，切片蘸蜜而食。"凉粽"为将糯米以碱水浸泡制成，色淡黄透明，味甜清凉。上思等地有春节必包主粽的习俗。视家庭成员多寡决定主粽的大小，多以五花肉为馅。通常一只主粽即够全家食用，寄寓全家团圆美满之意。

每逢节庆，广西各地居民聚会休息，同时准备丰盛的酒肴。据民国《思乐县志》：正月各家须做海味、腊肉、绿豆粽、糖饼、沙糕、年糕、油团、米花、白斩鸡等食品，家中必备烟茶、槟榔、糕饼、果品以款客。除夕为一年中大节，各地流行包年粽、做年糕的习俗。杀鸡以大阉鸡为佳，富裕者宰杀猪羊。除夕夜煮饭必多，余饭留至次日，寓"年年有余"，取其吉利之意。凡节日烹饪的菜肴，皆寓含深意，如烹鱼望年年有余，食蒜含稳操胜算，吃葱愿聪明伶俐，摘芹指勤劳持家，制年糕谓年高寿长，食粉丝寓延绵长久，做汤圆盼日子甜美，等等不一。

据民国《来宾县志》，二月春社日，各村推两家或四家为首，备办牲酒及香烛公祭。祭毕主办者宰肉均分，余肉就社中烹之，众人席地团坐，“饮啖乃散”。民国《同正县志》，清明节则喜食五色饭，以及猪仔粽、牛角粽与驼背粽。是日各村妇女往田间采摘嫩的白头翁菜，舂糯米为糍粑以食；或至野外池塘捞取螺蚌煮食，称为“明眼”。民国《融县志》，一些地方以生莴苣裹蔬肉嚼食，又称“包生”，有古人寒食的遗意。

民国《龙津县志》记，四月初八浴佛节，各家做五色糯米饭，并揉金银花入糯米制糍粑，亲友互相馈送。端午节食粽子、角黍，宰杀鸡鸭鱼，一些地区喜做鱼生与米粉。食新节流行品尝新谷，一些地方改称“牛魂节”或“农家节”，是日必杀鸡煮黍饭，在牛栏及田畔祭祀。事毕以芭蕉叶或莲叶饲牛，俗称“酬劳”。中元节亦称“鬼节”，主要祭祀祖先与鬼。供祖有常供与大供之分，“大供”须供鸡鸭、猪肉、糍粑、糯米饭、米粉、水果与酒等，鸭为必供之物。人们认为鸭善凫水，能接送祖先魄魂渡江过海，据《来宾县志》记：“各地喜制卷粉与铜盘糕。”中秋节必食团圆饭，团圆饭有鸡、鸭、鱼、酒及果品，今桂南、桂西南一带居民喜食鱼生。至晚各家供月饼拜月，同时环坐赏月，饮酒品茶至深夜。重阳节流行祭祖，遍食拌以绿豆或乌榄、被称为“豆饭”的糯米饭。宾阳、阳朔、环江等地喜酿甜酒。凡冬至日流行煮汤圆祭祖，食汤圆以驱寒。

冬至所食汤圆，亦有汤和馅，分甜咸两种口味，甜者用糖皆黄砂糖，少用白砂糖。其馅取落花生或芝麻焙之令香，以手和挎制成。咸者须加盐，其馅取豆腐焙干碎杂，切香菜或和肉屑为之。另有形如汤圆的“马踏滚”，杂以粳糯诸米，馅以芝麻糖制成，入汤煮熟，再以黄豆焙香磨粉，遍撒其外，馈赠客人多用之。

民国时期的广西农村各地，一日三餐通常食粥。粥多以包谷、木薯、荞麦磨粉混合煮成，间或搭配红薯或芋头；逢年过节乃煮食大米干饭。中等之家一日之餐，多为两稀一干，即早中餐食粥，晚餐为大米干饭。富裕家庭则稀干悉便。在大新、扶绥等地，有吃隔夜粥的习俗，即图省事早上吃隔夜之粥，以免耽误干活计。靖西等地的壮族，夏季喜食艾草粥，认为有温气血、祛寒湿及增食欲的功效。烹饪方法为洗净嫩鲜艾叶，与米水同煮。一些地方还喜食肉末粥，认为冬日食之可以驱寒。百色、河池等地居民喜食南瓜饭。做法是：自老南瓜顶部切开，挖弃瓜瓤，将浸泡软涨的糯米与腊肉条置瓜内，加水拌匀上盖，置南瓜于灶，以文火烤瓜皮至焦黄，再拨炭烬围南瓜四周，熟透即食。或将老黄南瓜削皮切片，煮烂捣为瓜泥，撒糯包谷粉拌匀，以文火煮熟，食之味颇清甜。其食法既取材于当地，同时又简便易行，因此在各地广为流行。

第三节　西藏地区的生产与食俗

民国时期的西藏，在社会政治制度和经济制度上，与前代相比并没有实质上的变化，西藏人民仍然处于等级森严的封建农奴制的统治之下。但随着全中国社会的变革和经济文化的发展，西藏地区的饮食文化面貌也发生了一些改变。如粮食和菜蔬生产规模进一步扩大，藏餐烹饪和食法的进步，以及西餐和汉餐的引进等，促使西藏地区饮食文化进入新的发展时期。

一、注重盐粮生产

1. 粮食、果蔬生产的发展

民国时期，西藏社会仍以自给自足的自然经济为主，以农为主、农牧结合。在农业生产上，耕作仍采用二牛抬扛为主的传统技术。为避免地力消耗过度，从清代开始，藏民在用地的同时就已经很注意养地，形成较合理的农业生产结构和土地利用结构。一般除较好的土地很少休耕外，一般耕地通常隔一两年休耕一次。农牧民还通过轮种的方式来保持地力。据英国人贝尔（Charles Bell）的《西藏人民的生活》记载，20世纪20年代，西藏地区下等土地的轮耕已有固定的管理制度。但是由于农业技术原始落后，加之自然灾害不断，粮食产量仍很低。青稞仍是主要的农作物，也有小麦、豌豆、土豆、荞麦、油菜、圆根等。家庭副业包括牲畜饲养、纺织、榨油、酿酒和提炼酥油。畜牧业在西藏仍占有重要地位。但仍靠天养畜，按传统经验牧放，游牧方式主要有游牧、半定居游牧和定居游牧三种。放牧的牲畜有牦牛、绵羊、山羊和马。

民国时期，西藏在粮食生产上有所扩大：除大麦外亦种小麦和玉米，稻米只有极少数地方生产。常种的蔬菜有萝卜、红萝卜、豌豆等，在有些地区新种了白薯，还有野生蔬菜如葱头、龙须草、水芹菜等，常食用的菌类有十余种。此外，干、鲜果品堪称丰盛，常见的品种有栗、桃、杏梅、核桃、石榴、苹果、杨梅和莓子。

西藏种茶业也有所发展。由于内地茶叶供不应求，而印茶价格较贵，且不适合藏民长期以来养成的口味，十三世达赖喇嘛努力发展与内地的关系，派人至内地学习种茶技术在西藏试种茶树。1923年委派孜仲帕东群孜在山南的隆子县甲玉种植茶树。经过三年多的实验终于试种成功，乃取名“强巴甲日”茶，这是西藏历史上的一次创举，为西藏种茶业的发展提供了有益的借鉴。[①]

2. “盐粮交换”

民国时期，西藏的社会经济十分落后。当时除拉萨、日喀则、昌都等地有较大的市镇并有专事经商者，摆摊设点卖些零碎东西外，县以下的地方特别是广大农牧区，都没有固定的商业点，大宗的商品交换靠一年一度的“盐粮交换”进行。直至改革开放前都是如此。“盐粮交换”在西藏社会经济生活中占有重要地位。

藏北牧区有不少蕴藏量大的天然盐湖，每年六月牧草返青后，牧民赶着驮牛或驮羊至盐湖驮盐，秋夏季赶驮畜驮上食盐和部分畜产品，经过一两个月的昼行夜宿，于九月或十月到达农区，此时农作物大都收割完毕，农民便以粮食换取牧民带来的食盐和畜产品，这种交换便是历史上著名的“盐粮交换”。交换方式多为以物易物，富裕农民多是一次换足一年人畜所需的食盐，牧民则换回一年所需的粮食。据统计，牧区每年参加盐粮交换出动的劳动力有一万多人，驮畜十多万头，驮往农区的食盐以及换回的粮食，各约有1000万斤。[②]盐粮交换属于不等价交换，但是这种不等价交换是在自愿的、协商的基础上进行的。从全区情况看，一般要持续一两个月，然后再等来年进行新的交换。

“盐粮交换”使西藏南北农牧区建立了远距离的商品供求关系。首先，这一方法解决了农区食盐的来源问题。农区的各种茶中都要加盐，牲畜也需喂少量盐巴以有利于消化和长膘，用盐量大。据调查，一个五口之家一年人畜需要食盐120～160斤。盐粮交换，使农区得到必需的食盐和部分畜产品。其次是增加了牧民的收入，并解决了粮食来源的问题。西藏的纯牧区气候高寒，不能种植粮食，特别是藏北牧区春夏之间的粮食来源，向来是个突出问题，盐粮交换是牧民获得口粮的主要渠道。三是盐粮交换在一定程度上活跃了农牧区的经济。通过盐粮交换，牧民不仅换回粮食，还从农区换回一些牧业生产和生活用品，如帐篷杆、酥油桶、驮鞍、铁锨、筐子、酥油茶桶、木碗、辣椒、氆氇、藏毯、衣物等，解决了农牧民生活的一些实际困难，有益于农牧业生产的发展。四是边境地区的盐粮交换，加强了与邻国的友好往来和联系。同时，与西藏毗邻的尼泊尔、锡金等地和当地的拉达克人，长期消费西藏的食盐。因此，盐粮交换，使对方得到食盐、活畜和畜产品，也使西藏人民得到一些短缺商品，如染料、棉织品、辣椒、木

---

① 苏发祥:《论民国时期西藏地方的社会与经济》,《中央民族大学学报》，1999年第5期。

② 安新国:《西藏的盐粮交换》,《西藏研究》，1992年第3期。

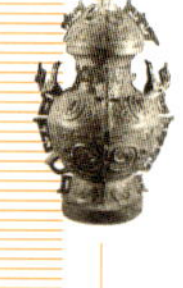

图10-8 盛水具——铜水缸（《西藏民俗》，五洲传播出版社）

碗、竹器、药材、水果与粮食等商品。①

3. 饮食器具的发展

民主改革以前，拉萨一般家庭的炊具很少有铝、铁、钢和银制品，多用陶罐、陶壶和陶火炉用以烧茶、熬“图巴”（粥、面条之类）。水瓢一般为铜质。盛水用陶水缸。盛酥油茶的壶，有陶壶、铜壶、铝壶、银壶和金壶。金壶唯有达赖、班禅和贵族才拥有。食具主要是木制的碗和羊皮糌粑袋，均用于揉糌粑。

藏族酒具有壶、杯和碗。仁玉县生产的绿玉酒壶、酒杯和酒碗，晶莹剔透，最受藏族人喜爱。江西景德镇生产的小龙碗，上绘“吉祥八宝图”图案或“六字真言”，也是藏族珍爱的酒具。贵族、土司家的酒具十分讲究，多为金银镶嵌绿松石、珊瑚珠，工艺精湛。

随着社会经济的进步，这一时期的藏陶得以发展。藏陶多为泥质陶，挂釉陶有紫红、棕红、深绿三种。器物造型别致，多为大腹、短颈、敞口、高足，形体敦厚饱满，纹样多为回纹、绳纹、波纹、月牙纹、莲瓣纹及龙纹浅浮雕，并在器物的角、把、嘴、盖上进行刻、划、贴塑、嵌瓷等装饰，极富民族特色。常见的西藏陶器，有各种风格的酥油茶壶和青稞酒壶，背水、煮食和贮水的罐，此外还有火炉、酿酒坛及煨香炉、酥油灯、兽形香插等器物。西藏各地有陶器专卖点，拉萨冲赛康的东北角是专门交易陶器的场地。西藏地方政府还在墨竹工卡县设立制陶作坊，但由于制陶者的社会地位低下，制陶作坊不甚景气。

---

① 安新国：《西藏的盐粮交换》，《西藏研究》，1992年第3期。

二、饮食等级差别显著与藏地食俗

民国时期的西藏仍处于封建农奴制社会阶段，等级制度森严，平民、农奴、贵族的生活差异极大，表现出十分鲜明的饮食层次性。其中以上层贵族阶层的饮食文化最为丰富。

1. 平民的饮食习俗

牧区的牧民多数以肉类为主，日常生活习惯早上吃“粑角”，即在碗里放上糌粑、酥油、奶渣冲上茶水，用舌头舔食；中午吃“粑”和肉，粑，即是将糌粑、酥油、奶渣加入茶水，拌匀即可食；晚上吃“图巴”，即用面粉或糌粑做成粥加入奶渣等。夏天是牧区奶制品最多的季节，主要以酸奶为主，糌粑相对吃得少些。入秋后牛羊肥壮，藏历十月为冬宰时季，此后常吃肉，直至次年春天。肉一般大块煮食，称“手抓肉”，也有生吃冻牛肉的饮食习俗。一般肉有生食、风干食等方法。生食者用藏刀切割新鲜的生肉，并用刀尖挑进嘴里。而风干肉是青藏高原特殊的储存方式，有整只保存的，也有切成肉条挂在风雪里吹干保存的。可让肉经年不坏，具有独特的高原风味。

农区藏民一般每日两餐或三餐，他们习惯把青稞或豌豆磨成粉，做成主食糌粑，称青稞糌粑为“乃糌”、豌豆糌粑为“珍糌”，也有小麦糌粑“珠糌”。制作方法是：将青稞或豌豆过水澄净晾干，上锅炒开花过筛，然后磨成粉即成（农区尚细，牧区尚粗，城里富裕人家必除麸皮）。食用时先在木碗或瓷碗里注入适量酥油茶或清茶（酥油可加可不加），富裕人家再加些奶渣粉和砂糖；然后将适量糌粑倒入碗内，左手执碗，右手在碗里左右前后上下翻搅，以能攥成团方便取食为度，或用小皮袋揉捏出小块而食。

同时，藏民也吃汤食或其他食物。汤是西藏的佳肴。有的是以面条切成薄方形与碎肉同煮，名“西藏汤”。还有一种名“面粉汤”，是以肉块制成，煮时复加小块面粉，使其形如饺子。富人另有佳肴，有一种以米制成的食物，制作时要注入牛油及干酪汁，并和以葡萄及糖。拉萨人爱食糕饼及饼干，并以内地糖果为上品，尤其是在宴会上多备。

2. 农奴的饮食习俗

“差巴”和“堆穷”是西藏农奴阶级的主要组成部分。作为社会的最底层，人身依附于农奴主，他们没有土地，没有牲畜，缺乏生存的基本条件，吃不饱、穿不暖是他们的日常饮食状态。“差巴”顿顿都是白水、清茶拌糌粑，只有在大寺庙支差时，才能喝僧人剩下倒在桶里的凉酥油茶，一个月能吃上一次肉。庄园农奴“堆穷”的饮食每天也都是白水拌糌粑，或在糌粑里放入一些豌豆，很少吃肉、喝酥油茶。

作为家奴的“朗生”，没有丝毫人身权利和生产资料，每天吃“图巴朗松”，即由水、糌粑、盐熬成的稀粥，粥中既无肉油，也无青菜。此外每月最多吃一次面食。在自家做饭很少吃到面，而米饭和肉只有在每年的藏历新年才能吃到。饮料以茶和酒为主，分配方法是给女“朗生”每天供应两壶清茶，有时是用清油打的茶；给男“朗生”每天上午供应一壶清油茶，下午供一壶劣质酒。酥油茶每月最多能供一次。

3. 农奴主的饮食习俗

民国时期的西藏主要由地方封建政府、贵族、寺院即俗称“三大领主”统治。他们被法定为西藏社会的高等阶级。占有西藏全部的土地、山林，以及各种生产资料。所以其饮食生活极其奢侈，讲究排场。

（1）地方政府官员的饮食生活　民国时期，布达拉宫及西藏“噶厦”（政府行政机构）一般都由僧侣和贵族任命，他们的宴客菜谱，反映着流传于旧时贵族世家中的饮食习俗。贵族社交经常宴请，且比排场。贵族举办“林卡”的主要内容是宴请宾客，维系感情，显示其财富与气度。每年全体“仲戈”（俗官）都有一次例行的林卡聚会，称为“仲吉”，意为“俗官们的舒服节日”。同样，全体僧官也在“孜仲林卡”（僧官园林）举行同样性质的活动，地方政府要进行大型的林卡野宴，称为“噶厦托珠”，四位“噶伦”（噶厦主管官）轮流做东，比花钱，也比酒宴的气势。管理宗教事务的机构“译仓”（秘书处）也有小型饮宴活动，称为“译仓珠吉”，四位“仲译青波”（秘书长）轮流担任主持人。所有的贵族世家都在各自的园林中大宴宾客。

宴请当天，“强佐”（管家）和“涅巴”（管理员）把需要的食物准备好。丰盛可口的菜肴是贵族家庭赞美和追求的宴席食品。丰盛的宴客菜肴有一定的规格，讲究“嘎西抵西”（4碗4碟）、“嘎初碟西”（6碗4碟）、“嘎珠抵珠”（6碗6碟），最为隆重的是“嘎杰碟初”（8碗6碟）。碗装汤菜，碟装炒菜，一人一席分餐制，视贵族的等级和宴请对象的不同而设置。“嘎初碟西”是6个固定大小的瓷碗用来盛放热菜；4个固定大小的碟子用来盛放凉菜。规格最高的“嘎杰碟初”即8个瓷碗和6个碟子，也分别是热菜与凉菜。食谱除海鲜、炸羊肠、血肠外，生牛肉也是常见的上等菜。羊肠必选用白色的，洗净后灌入由“夏廓唐杰”“者布”、辣椒等作料混合的面粉糊糊，煮熟后切片油炸。此外，由驻藏大臣引入，被藏族称为“汉食十八道”的“满汉全席”，也是上层贵族宴客的常用菜品。

官员们设宴是互访聚会的主要内容，宴请有时是连请午餐和晚餐。所以，两餐间的游戏和饮品便成为当天消磨时间的重要需求。西藏贵族家庭较注重饮品，与其他的藏族人一样喜好饮用酥油茶。此外，还备有甜茶。甜茶是由红茶、牛奶、白糖加水制成的饮品，据说是从英国传来的。青稞酒也是必不可少的饮料，在宴请时饮用会使人兴奋、活跃气氛。还会有一些不知名的外国红酒，通常仅是点缀。客套在吃饭过程中表现得极其明显，因此贵族社会中流传这么一句话："做客的那一天是最饿的一天，穿新服的那一天是最冷的一天。"主人供应的食物虽然丰富多彩，但由于是应酬性礼节，客人们绝不会大吃大喝。

（2）贵族的饮食生活　贵族家庭吃饭是有讲究的。老爷们的桌子是主桌，夫人们的桌子其次，少爷、小姐的桌子类推，儿童一般在另一间房子。无论是男人还是女人，老人还是青年，只要其身份为贵族，在他们吃饭时便有专人伺候。当老爷、太太、少爷、小姐等入座后，仆人们一一给他们端上主食。除馒头、包子、饼子等不带汤的面食外，主食都被盛在各自的瓷碗里。用来盛饭的瓷碗称为"族噶"（立碗），大的被称为"颇噶"（男杯），小的被称为"莫噶"（女杯）。当主子吃饭时，旁边会有一些仆人站立准备随时服务。

贵族家庭几乎都有厨师，尤其是那些高等级的家庭更是如此，而拥有具备留学经历的家庭厨师是贵族身份和地位的体现。由于大部分西藏本土厨师不会烹饪奢侈食品，一些大贵族就将私人厨师派往尼泊尔或印度学习，他们同时还要学做西餐。虽然并不是所有的贵族家庭都能向贵族擦绒一样拥有厨艺高的厨师，但这并不影响设宴的饮食，因为贵族家庭相互间可以借用厨师。西藏人爱吃生牛肉，除生肉酱"夏卜钦"外，另有一种将鲜牛肉冰冻后切成薄片蘸芥末的吃法。贵族的家庭厨师有一套制作"芥末"的办法：将藏式土萝卜皮切碎，用纱布包着拧汁，这种汁味辛辣，类似芥末。

（3）寺院上层僧侣的饮食生活　寺院上层僧侣的饮食生活以宗教首领达赖最为典型，其饮食最为讲究，可谓求精求细。嘎玛曲央在《达赖喇嘛的膳食机构》一文中说：过去布达拉宫有18个僧俗人员专门负责达赖的日常饮食。糌粑必须是上等青稞做的，由正副细马（糌事官）押运到一个叫"夏钦角"的炒房中炒熟并脱皮（普通人吃的糌粑不脱皮），然后送往位于拉萨北郊娘热乡的"甲玛曲固"磨制。这种糌粑又白又细，炒制的火候把控得最好，不仅溢出青稞粉那种暖烘烘的香味，口感也最佳。为供应做酸奶米饭的酸奶，和各种仪式上使用的酸奶，正副佐莫尔（侍奶官）在布达拉宫下的雪村大院里养了30头奶牛。正副细卓巴（侍肉官）负责去河坝林和哲蚌寺下面的唐巴两处屠宰场，取专为达赖喇嘛准备的上等牛羊肉。正副乔苏巴（侍水官）负责达赖喇嘛的日常用水，这些水取自拉萨药王山下的圣泉水。此外还有专门负责茶点、面食、材料管理的官员。

4. 年节食俗

每逢年节，藏族人民的饮食最为丰富。当然，这些食品只有贵族阶层和较富裕的平民家庭才有条件享用，而贫苦百姓的节日饮食只是比平时稍为丰富一点。

正月一日藏历年，各家要做一种用麦穗、炒麦花、糌粑、酥油等做成的“卓索切玛”，这是一种表示吉祥的供品。还有用人参果与大米做成的甜味蕨麻饭；用青稞啤酒、红糖、奶渣、酥油熬成的汤食；味觉酸甜苦香的“衮登”；将人参果放在酥油溶液中加糖拌成的酥油蕨麻；用麦片煮肉末的粥“卓突”；用鸡蛋、酥油、牛奶和面，中间夹蜜糖，做成彩色相间的油炸食品“普鲁”；还有肉包子、酥油茶、酒以及各种水果。

农历三月十五日，藏民认为是布谷鸟从喜马拉雅山南边的门达旺返回西藏的日子，这天各家很早起床，带上香草香树、茶酒点心，到附近的树林去迎接布谷鸟，祈求赐给财富和好运。是日绝不能懒睡，懒睡则意味着将终年卧病不起。在所有欢迎布谷鸟的仪式中，最为隆重的首推在山南泽当附近恰萨林卡举行的仪式。主持仪式的是西藏地方政府派来的“僧官”或“俗官”，位居四品或五品。是日林卡里铺上红色毡毯，毡毯上摆着藏桌，桌上供满酸奶、“卡色”（油炸馃）、“卓玛折斯”（人参果米饭）、“朝苏切玛”（装满糌粑、麦粒并插有彩色青稞穗的吉祥斗），还有两盏黄铜的酥油灯，这是专门供奉布谷鸟的灯。当布谷鸟抵达林卡的时候，林卡处处燃起吉祥松烟，僧俗官员和百姓要向它们跪拜，请它们品尝青稞酒、酥油茶和各种供品，求它们保佑雨水充沛、庄稼丰收。

最浪漫、最悠闲的饮酒日子则要数夏季五月间的“逛林卡”。藏族群众有逛林卡的习惯，不仅流行于拉萨，而且流行于日喀则和昌都等地。夏天的节假日，拉萨风和日丽，树茂草盛百花初放。人们扶老携幼，或情侣友朋三五成群，在挺拔的钻天杨下，婆娑的古树边，绿草如茵的大地上或潺潺溪流旁，搭起一顶顶白色帐篷，一边喝着新酿的青稞酒和酥油茶，一边弹着六弦琴或拉着胡琴，或引吭放歌，或下棋、甩骰子，怡然自得，至夕阳西斜才心满意足地回家。在藏东等地，原始森林茂密，草坪与树林堪称天然公园。城乡居民在夏天或步行或赶马车，行程一二日，带上帐篷食品，来到天然公园野营，数日乃返。温泉旁，更是郊游胜地，常引得人们流连忘返。这就是富有藏族特色的逛林卡。有人称为“郊宴”，或称为“林卡节”。

藏历七月的“雪顿节”期间，噶厦政府各机关放假五天，拉萨所有的大贵族、大活佛、地方政府的僧俗官员，都要早早来到罗布林卡，陪同达赖喇嘛看戏，出席地方政府举行的酸奶宴会。大家身穿节日盛装，佩戴名贵首饰，携带酸奶和各种吃喝物品，待看戏结束时食用。演出结束，相关官员代表达赖喇嘛给演员赠物，照例是成袋的青稞、糌粑，以及酥油、茶叶等。雪顿节期间，每日中午噶厦政府专设酸奶佳宴，宴请僧俗官吏同乐。酸奶的吃法五花八门，有甜辣口味食品、酸奶拌饭、炸酸奶包子、酸奶浸入水果切片等。

5. 蔬菜的种植、销售与储存

最讲究食蔬菜者为西藏的上层人士，最早种植蔬菜的地区在首府拉萨。据学者调查，除老人认为文成公主入藏时就带来蔬菜种子外，最早把蔬菜引进拉萨及日喀则、亚东、定日等地的，是驻藏大臣及驻边清军的家属；凡是有军队驻扎的地方，大都有人种菜。据说英国人在江孜设立商务代办处时，也专门雇人种菜。西藏和平解放前，栽种的蔬菜大多供少数人享用，种植面积也很小，品种比较单调，只有在拉萨才有较多的专以种植、销售蔬菜为生的菜农。

民主改革前，拉萨大多数菜农所种蔬菜品种单一，只有萝卜、白菜、土豆等几个产量较高、较易成活的家常菜种。但少数菜农及一些贵族家庭的蔬菜园里，蔬菜品种却多种多样：有花菜、莴苣、韭菜、芹菜、大蒜、苤蓝、菠菜等，种类与内地相差无几。这些蔬菜品种与内地虽相差不大，但产量和质量远远不能与现今相比，种植技术也非常落后。菜农大都在冬天播下种子，盖上土和一些树叶，春天浇一次水，不久就会长出嫩苗，如菠菜、韭菜、小萝卜等。

菜农种的菜大都供出售，但买卖方式各有不同。富有家庭多自己开铺子，自产自销，偶尔也帮人代销；有的菜店除卖蔬菜外，还兼卖饼子、苹果、酥油和大米等；一些菜农由于土地少，就替其他菜农代卖蔬菜，逐渐演变为专以卖菜为生的“菜贩子”。大多数菜农把蔬菜送到菜店，请其代销，有时也在附近的街头巷尾叫卖。买卖蔬菜不用秤，人们以箩筐、堆为计量单位，藏地的1克（7斤）酥油，值藏币三角伍，而一筐菜，仅需藏币一角即可买到。八廓街“夏宗康”（卖肉铺）外面的“夏宗俄”，是当时最大、最集中的蔬菜买卖市场，不但拉萨全城的居民，就连外地的一些贵族也都来这里买菜。大贵族一般是不去的，因为他们有自己的菜园，贵族菜园的菜再多也不会出售。下层老百姓买菜较少，他们只吃土豆和萝卜，通常不敢问津稀少珍贵的蔬菜。

菜农储藏蔬菜有两种方法，一是挖菜窖，二是做腌菜。一般在菜地或靠近牛角墙（用牦牛角垒成的墙）边挖一个方形坑，用于冬季储藏蔬菜。菜窖大约有半人高，1.5～2米长。不同的菜有不同的储藏方法，如萝卜是切去叶子、根须，整齐码放，一层萝卜一层土；葱、芹菜、大白菜虽然也要盖土，但必须露出一半的叶子。制作腌菜的一般是汉族、回族及其后裔，本地藏族较少仿照。藏族称腌菜为“酸腌菜”，此词是直接从汉语中借用的，反映出腌菜最早从内地传入。制作方法与四川腌菜相似，先将青菜洗净并晒几天，然后放进坛子，再拌上盐、花椒、辣椒。拉萨的腌菜坛子很独特，不像内地的菜坛子，而是菜农自己或专请木匠做的，形状类似“木桶”：将一些小木块用油脂和其他一些原料相拼、黏合而成。这种坛子很大，最大的约有一人高，藏族叫“宋”，即“桶”。到冬天一些菜农便专营此项买卖，特别是藏历年，藏族几乎家家户户都要买些腌菜作为菜品。①

6. 茶饮品种丰富与自酿青稞酒

藏民爱茶至嗜。茶叶深受藏族人民喜好，茶叶自传入西藏就深受藏族人民喜好，这与雪域高原的生态环境和饮食成分密切相关。由于西藏空气干燥，口易干渴需大量饮茶。藏区又以肉类和青稞为主食，缺少蔬菜和水果，藏地民众用以均衡食物性能的主要方式就是大量饮茶。茶滋养丰富，腥肉之食非饮茶难消；青稞之热非饮茶不解。因此藏胞对茶至爱至嗜，他们说茶是“生命之源泉，天神所赐的甘露”，就像空气、阳光、粮食一样，终生不能相离。不分男女、老幼、僧俗或贵贱，无人不饮茶也无时不饮茶。他们一大早起床就开始喝茶，直到晚上歇息。在户外劳作或游玩一定携带茶壶，旅行中也随身携带茶碗。

藏族饮用的茶多为大茶和砖茶。砖茶（一种加工后的茶，形状似砖块，故名）为长方体，重量不等，有的达两公斤左右，其最大特点是宜长途运输，便于携带。验其优劣时，看其表面的粗细和薄厚坚硬程度，细而硬则为优质；其次看中间金色蕾花之多寡为定。

茶之烹法与汉人以开水泡茶不同，基本上是“煮茶”。煮茶时先在壶中加入冷水，投入适量茶叶烧开，然后用小火持温。大部分藏人喝茶时要加入适量的盐，称为“清茶”，是最普通的一种。另外，还有几种具藏民特点的茶饮。其中“酥油茶”最具代表性。据民国二十年（公元1931年）出版的《西藏风俗志》：“其制茶方法是把砖茶煎汁，放在径六寸、高三尺许的筒状器中，加适度食盐和牛酪（奶油），有时再加少量牛乳，极力搅动以后，使三味混合再倾入茶壶，浓淡随所欲。为保存适当温度，先将茶壶移置于火盆之上，而后注入茶。”酥油茶中的油和水原本很难结合，但藏族人民创造性地用反复搅制的方法令二者水乳交融，从而使青藏高原有了最佳饮品——酥油茶。若是在煮茶时加入草果、姜片、花椒等一起熬煮，可以治感冒，味道鲜美可口；有的将一种带有药味、形似柳叶细嫩的草叶炒成黄色，加入茶汁中久煮，俗称“荩芥茶”，有治伤风头痛的功效；

① 李涛：《说说拉萨旧日的菜园子》，《中国西藏》，1993年（秋季号40）。

还有的在茶汁中加入红糖，对产妇有很好的保健作用。

20世纪30—40年代，拉萨又兴起饮一种由印度传来的“甜茶”，原料是来自印度或云南的红茶，加鲜奶和糖煮成，味道甜爽滑腻。藏民认为茶味最美是加牛油，有如欧洲人喜爱将凝结的牛乳皮加入茶内。他们认为茶之香味在于用盐，而不似欧人用糖。因各地产牛众多，牛油为主要产物之一，故消耗的数量很大。

民国时期的西藏地区茶很少，且价格高，以上几种茶饮主要是贵族阶层享用的，多数人家只得上山挖“瓦梅朵”的根熬煮以代茶喝。一般人能喝清茶就不错了，酥油茶更为上品，大部分人喝不上它。因此，喝茶受到数量限制，大人才能喝茶，小孩一般喝牛奶或白水。

藏民爱酒成风。青稞酒是藏族人民过节必备的饮料。酒为青稞制成。“青稞酒”多指未提炼的头道酒，藏族称之为“羌”。藏族群众还用青稞酿造白酒，即“阿热”。“羌”的制法较为简单，先将青稞洗净煮熟，捞出摊在洁净的蒤皮上，使其自然降温，再加入酒曲搅拌，收入陶罐或木桶密封发酵，即为醪糟。两三天后加入清水，再隔一两天便成为可饮用的“羌”酒。这种酒度数低，分头道、二道和三道。头道约15～20度，三道不过5度左右。此酒色黄绿清淡，酒香甘酸，不易醉人。头酒醇香，浓郁芳烈，二三道酒次之，四道酒味淡而度低。有人把头酒装进瓦罐或酒坛，放入冰糖严加密封，藏入地窖或埋在地下，数月或数年后取饮，醇香味美有如冰冻蜜酒。

“青稞白酒”酿造略微复杂，要将醪糟置于大陶罐，加少量水。罐中周遭斜插木棍儿作为支架，架上放青铜锅，锅身直径略小于大陶罐，锅沿与罐口齐平。锅上架一钝锤形铛子，口径又略大于陶罐，加入水。在罐沿与铛间用草木灰泥封严。大陶罐下加温火煮制，同时要不断将铛中升温的热水换掉，以保持其冷却作用。大约煮七八个小时后开封取出青铜锅，锅中因蒸馏而产生的液体即为青稞白酒。青稞白酒度数可高达60～65度，酒香浓烈，味道纯正，略带青苗味。煮青稞酒是个细活，大都由妇女操作。

贫苦人家虽喜饮酒，但因缺粮，酿酒者寥寥，只是秋收或过藏历年时象征性地酿上五六升青稞酒，真正喝得起酒的人家不多。

7. 中西式餐饮结合的西藏饮食

这一时期，贵族阶层饮食结构的西式、汉式合璧，揭示出汉藏饮食文化的关系。在西藏有一种说法：“汉食18种，藏食16种。”这种用数字归类汉餐、藏餐说明一种饮食现象，也说明其饮食结构以及汉藏饮食文化的关系。民国《西藏志》中记述了当时的烹饪与食法有藏式和汉式两种：藏式菜中的肉较多，制作时，先把牦牛和羊肉的肉块（羊肉连骨），加盐煮干成为熟肉，等冷后用小刀切成小片，加入麦粉饭，然后用传统食法用手抓着吃。就餐时，可随时添入别样的肉菜，除汤匙外不用筷子。藏式烹饪中的野菜和肉用菜籽油煎，然后注入适当的热水，加盐或酱油后再烹煮。藏式菜中的新鲜蔬菜较少，也没有海鲜类菜，只有贵族家庭在用汉餐待客时才把一些蔬菜摆在桌面，诸如西红柿、青辣椒、白菜、芹菜和葱。纯正的藏餐是西藏本土的菜种。牛羊肉是藏餐的主要内容，如烤羊肉、烤羊头、灌羊肠、灌羊肺、萝卜炖羊肉块、煮牛肉、煎牛肉、咖喱土豆牛肉、牛肉包子、清蒸牛舌、干牛肉等，为了点缀桌面，还会增加一些蔬菜。即使这样，也会在蔬菜中放许多牛肉。

此时上流社会的饮食风气特点，是每天总要吃一次汉式菜，由此引发了使用餐具的变迁。汉式烹调一定要用汉式料理，但在举行传统宗教仪式时，就需使用西藏料理。有一段时间汉式料理盛行，吃米饭的风尚大起，所售米的价格竟为平常的两倍。汉式菜中有许多水产类菜，如鱼、虾、干海参等。食汉餐必须使用筷子，所以以前用手抓吃的习惯渐被放弃。人们常把筷子置于木鞘，鞘外有绘画雕刻，或覆以蛙皮。又有小刀用以切肉；炊具也使用汉式铁炉，将有中柱的汉式铁炉加炭烧热，用以保持肉菜的温度。酒，也是汉式菜中必需的饮料。除本地自酿的麦酒和烧酒外，当时输入的洋酒也日见其多，有白兰地、威士忌、巴德温（葡萄酒）、力可亚等。还有烟丝、鼻烟和纸烟，烟丝制作是先由印度输入烟叶，再混合本地的药草，用长烟管吸食；鼻烟是用烟粉混合药草和香料，把少许烟粉放在指头上再吸入鼻孔，优等品由内地输入。至于说到藏式的汉餐，实际上是在川菜的基础上藏化的品种了。综述其上，可见西藏的饮食在烹饪与食法方面，民国时期已较之前丰富且有改进。

第十一章　中华人民共和国初期

第一节　四川地区的建国新貌

1949年，中华人民共和国宣告成立。此后几年四川地区的粮食产量和水利建设都有可喜的发展。1953年开始，为解决食品供应困难，实行凭票供应的政策。但在20世纪60年代前后，由于自然灾害与“大跃进”，中国经济进入了困难时期。直到改革开放后，经济才开始迅速发展。

一、翻天覆地的社会变革

1. 水利建设促进农业大发展

新中国成立初期的50年代前半期，四川开展小型农田水利建设，恢复荒废的塘堰，对年久失修的都江堰进行整修和扩建。1957年冬，在四川形成全民办水利的局面，为水利建设打下了重要基础。1963年，四川提出“以机电提灌为主，提蓄结合，综合利用”的水利建设方针，对发展地方电力事业和农田水利灌溉起到积极作用。1967年以后，水利建设的重点又转向蓄水工程，兴修了一批中型工程，使四川的水利建设迈出新步伐，促进了农业的发展。

同时，这一时期在土地利用、肥料及防治病虫害方面采取了一系列措施，为农业发展提供了有力支持。尤其是20世纪50年代前期实行土地改革，四川的农业获得迅速发展。1949—1958年，四川粮食总产量从1949年的1494.5万吨增加到2245.5万吨，平均每年递增4.6%，农业总产值从36.2亿元增加到64.21亿元，按可比价格计算，增长79.4%，平均每年递增6.7%。

自1949年后，四川在保证粮食总产量稳定增长方面取得明显效果。水稻、小麦、玉米、薯类的产量，占全省粮食总产量90%以上。四川主要经济作物油菜籽、花生、甘蔗、茶叶、水果等的生产，在全国占有重要地位。

但是，四川的畜牧业和渔业相对落后。1949年全省畜牧业产值不到5亿元，占农业总产值的13%。1952年后逐步加强水产建设，1957年全省水产品产量达1.6万吨。20世纪50年代后期及60年代，小型水利工程增多，水库、塘堰可养殖水域扩大，又兴建了一批国营的水产场站，渔业生产有所发展。1965年水产品产量达2.2万吨。

2. 政策失误导致粮食紧缺、生活困难

1957年开始农业合作化运动，对农业的指导方针出现失误。先是“一刀切”“一锅煮”，在一年之内实现高级农业合作化，以后发动“大跃进”和“人民公社”化运动，大刮“三高”（高指标、高征购、高积累）、“五风”（官僚主义、强迫命令、瞎指挥、浮夸风、共产风），严重挫伤了农民的生产积极性；加上三年严重自然灾害的影响，农业生产大幅下降，农民生活陷入饥荒。1958年至1961年，全省农业总产值由64.21亿元减至42.39亿元，下降34%；粮食总产量由2245.5万吨减至1155万吨，下降48.6%。

“大跃进”运动让几亿中国人过上集体公社的生活，大家一起干活，一起吃饭，“大锅饭”成为时代特色。1959年至1961年的全国大饥荒，再次让四川人在“吃”上饱受煎熬，在粮食紧缺的年月，四川城市居民每人每月定量供应粮食9.5～11.5公斤，农村大多数地方人均每天的口粮只有约0.25公斤，生活极其困难。

“文化大革命”（1966—1976年）给四川农业经济造成严重破坏。农业生产徘徊不前，10年间四川粮食总产量仅增长15%，平均每年仅增长1.4%，农业总产值97.43亿元，按可比价格计算，10年仅增长3%，平均每年仅增长0.3%。由于人口增长失控，19年净增2000万人，1976年全省农民人均口粮下降为246公斤，比1966年减少19公斤，低于1949年的水平。

“大跃进”及自然灾害使经济严重失调，物质生活极为匮乏，粮食短缺，蔬菜、副食品等价格昂贵，为解决供应困难，实行了凭票供应的政策。对城市人口的食粮采取“计划供应”“定量供给”，分发粮票，凭票买粮。以至百姓有言：“科级干部八级工，不如十斤萝卜一捆葱。”《四川省志·民俗志》载当时的民谣：“烟票酒票茶叶票，豆瓣豆粉也要票。切面两斤糖二两，火柴三盒慢慢烧。肥皂一月买半块，猪肉粉条各一票。三两黄花一张票，一两木耳五张票。豆腐乳，一

张票，点心糖果也要票。婴儿另发白糖票，产妇专配红糖票。”

3. 简朴之风盛行，餐饮私营企业实现国营化

在以“阶级斗争为纲”的社会背景下，讲究吃喝被视为资产阶级生活方式，朴素的饮食之风在城市居民饮食生活中发展起来。在新中国成立初期，一些城市仍勉强维持西式餐饮，到了20世纪50年代中期后，国民对西餐的否定情绪逐渐滋长，西式饮食戛然而止，西餐和西餐馆仅存留于城市居民的记忆中。一些有名气的中式大饭店也顺应朴素之风进行改革，由原本以名贵菜肴为特色的饭店转为提供大众菜、大锅菜的饭馆。

1956年，商业部决定成立“中国饮食业公司”，召开全国饮食工作会议，确定对饮食业进行改造，对私营企业进行公私合营，较大的私人饮食店成为公私合营的企业与合作店，私人餐馆仅留少数。老字号店铺名的招牌多摘去，出现具有时代特征的餐馆名，如人民饭馆、红旗酒店、大众餐厅等。1966年“文化大革命”期间，又多以卫东、红卫、先锋、东风、东进、东方红等命名。

4. 川酒、川茶有所发展

新中国成立后，四川名酒产地纷纷建立起国营酒厂。1951年，在老号“福升全”的旧址上成立了成都酒厂。1953年，年逾六旬的邓子均将秘传数年的陈氏酿酒秘方献给了人民政府，1957年，宜宾酒厂正式命名为“宜宾五粮液酒厂”。同年，国营郎酒厂成立。其他酒厂也相继由个体经营性质转变为国家经营性质。

国营酒厂的建立，标志着酿酒业迈上新的台阶，由独家经营的糟坊生产方式逐步转变为大规模的工业生产，生产力得到很大提高。成都酒厂在原全兴酒的基础上生产出新一代“全兴大曲”。新成立的绵竹酒厂酿造出超越原绵竹大曲酒的新型酒——“混料轩”，1958年正式命名为“剑南春”，从而诞生了新一代名酒。五粮液酒厂成立后，在原配方和工艺方面又进行深入研究，取得了重大进展，1963年获得了国家名酒厂称号。

新中国成立后的五届酒类评比中，川酒无可争议地位居第一。1952年第一届全国共评出4大名酒，川酒占其一，即泸州老窖特曲；1963年第二届评出八大名酒，川酒占其三，即五粮液、泸州老窖特曲、全兴大曲；1979年第三届评出八大名酒，川酒占其三，即五粮液、剑南春、泸州老窖特曲；1983—1985年第四届评出十三大名酒，川酒占其五，即五粮液、剑南春、泸州老窖特曲、全兴大曲、古蔺郎酒；1989年第五届评出十七大名酒，四川占其六，即五粮液、剑南春、泸州老窖特曲、全兴大曲、古蔺郎酒、沱牌曲酒，被誉为川酒的“六朵金花”。“泸州老窖”在全国五次评酒中连获金牌，被称为“金牌不倒五连冠”，

成为专家评选的中国浓香型白酒的典型代表，与另一位“金牌不倒五连冠”的酱香型“茅台酒”，长期双星并峙，饮誉中外。以“六朵金花”为代表的四川名酒，在中国酒类生产和酒文化发展史上占有重要地位，显示了川酒业发展的雄厚基础和广阔前景。

新中国成立后，巴蜀茶叶生产逐步得到恢复，茶叶专家深入到名茶区，总结历代精工制作的名茶经验，在蒙顶山、青城山、峨眉山等地试制多种名茶。经审定，蒙顶山的甘露、石花、万春银叶、玉叶长青，峨眉山的峨眉蕊子、竹叶青，青城山的雪芽和巴山银芽、永川秀芽等被列于巴蜀名茶。党和国家把边茶贸易视为民族团结的纽带而大力发展，既积极组织边茶生产和销售，又在藏区大力推广茶树种植，解决了边疆群众对茶叶的需求，巩固了各民族平等、团结、互助的新型民族关系。

二、饮食生活新气象

1. 川人饮食习俗

日常饮食习俗。新中国成立初期，民众生活有所改善，饮食生活比较稳定。川人一般是一日三餐。劳动人家早上6—7点吃早饭，中午12点左右吃午饭，晚上6—7点吃晚饭。城镇居民也有一日二餐的，上午9—10点吃早饭，下午4—5点吃晚饭，中间添点小零食或小吃谓“打尖”。坝区主食以大米为主，丘陵地区以玉米、红苕为主，山区以玉米、洋芋为主。另有豌豆、胡豆、红豆等杂粮。肉食以猪肉为主，也吃牛、羊、鸡、鸭、鹅、兔、鱼、黄鳝、泥鳅、团鱼等，昆虫类的主要有蚕蛹、田螺，但这类食品一般自食，不请客、不入席。食物上也有禁忌，如不食病死的家禽、家畜，认为于健康不利。但也有些禁忌属于迷信，如儿童忌吃猪蹄叉，认为将来订婚会发生变故；忌吃猪血，认为吃了以后说话会脸红等。随着科技知识的普及，一些禁忌已被打破。

节日和季节饮食习俗。四川民间的节日习俗丰富多彩，具有本土特色。其中春节是最隆重的岁令节日。一般在腊月上中旬便开始置办年货，为过年作各种准备。腊月下旬，农村开始“杀年猪”，拉开了过年的序幕。在城镇，腊月下旬开始装香肠。城乡均于腊月二十八前后用石磨推汤圆。除夕夜全家团聚，祭祖，吃“团年饭”，喝“团年酒”。“团年饭”不能吃完，要剩下大量饭菜留在次年的初二至十四吃，意即饭菜从上年吃到下年，表示年年有余，象征富有与吉利。下半夜，参加守岁者要喝“守岁酒”。正月初一，早晨吃汤圆，其数讲究四（四季发财）、六（六六顺）、八（八面威风）、十二（月月红），以求吉祥如意。中午吃面，面条要长，寓意长寿。十五这天，晚上吃汤圆，闹元宵，新年就算过完了。这种习俗，从清代至20世纪70年代末基本沿袭，其中保留了一些封建禁忌。如一些农村三十晚和初一忌吃“蒸菜”，因“蒸”与“争”谐音，家人易吵架而影响家庭和谐；忌请医吃药，家里有病人也要停药，并在除夕夜将药罐摔到河中冲走，以示除旧除病；等等。

正月二十日前后（各地具体时间略有差别），农家要喝“春酒”，此后即开始着手春耕准备的晒田、犁田等。三月，川人有自制毛豆腐（豆腐乳坯块）之俗。届时，城镇街边、乡村屋外到处都是装满装晒毛豆腐的竹簸箕，堪为一景。春分，农家有吃“菜卷子”之俗，现在川西部分地区尚保留。清明，扫墓祭祖，家族聚餐。农村有吃“艾蒿馍馍”之俗，现在川西部分地区尚保留。三四月插秧期间，农家要喝丰盛的“插秧酒”。端午节，川人有吃粽子、盐蛋、喝雄黄酒之俗，此为纪念屈原和杀毒辟邪。七月初七是传统的乞巧节，传说这天还是土地菩萨的生日，要杀鸡敬之，同时也是办会（川俗）聚餐的日子。七月十五为传统鬼节，全家团聚敬祖、吃席。八月十五中秋节，吃水果、麻饼，有团圆之意，外出者也多赶回家与家人团聚。九月，城乡各户都有自制醪糟酒的习俗，除供家人食用外，还以此待客。九月有两个食俗，一是九月九重阳节也要吃醪糟酒；二是有“斩辣椒”之俗。每家各户都要买大量鲜海椒加工制成辣椒酱，川人习称“豆瓣”，供一年做菜和食用。十月初一有吃糍粑之俗。冬至，川人认为此日是一年中严寒的开始，应吃一些补热食品，多选狗肉和羊肉，故有“冬至吃狗（羊）”之说。四川的汉族人平时很少吃狗肉和羊肉，羊肉汤铺平时冷落，但一到冬季便会宾客盈门，生意火爆。腊月初八，吃“腊八饭”。腊月二十三，祭灶。祭灶后吃祭品“刀头”（通常为一块猪肉），俗称“吃刀头”；此外，还吃麻糖。

2. 饭馆以经济实惠为特色

20世纪50年代初期，由于居民收入不高，饭馆都以经济实惠为特色。成都的“邱佛子”饭铺较有名。邱佛子由木匠邱某创办，他注意使菜品随季节变化而变化，又因其味美可口而受到欢迎。这一时期，“豆花馆”是川味十足的饭馆，与普通饭铺一样卖饭，但其主菜是豆花，兼卖少量酒菜，便宜实惠。成都有名的豆花馆有“小竹林”“谭豆花”，重庆有“白家馆”“高豆花”等，这种经济实惠的餐馆，符合当时工资水平尚低的四川市民的需要。据说常以豆花为佐饭菜者，唯有四川。

在以票证购物的20世纪六七十年代，各地基本上都是清一色的国营饭店，顾客先付钱买票，然后自己去排队取菜取饭。顾客若一个人单独到馆子吃饭，通常排队便耗去不少时间。

3. 厨师的社会地位提高与技艺创新

新中国成立前，厨师的社会地位低下，被称为“伙夫”“厨子”“厨役”等。1957年，中国饮食业公司提出《关于培养厨师的意见》，建议将从事烹饪服务者改称为“厨师”或“烹饪师”，这调动了他们的积极性。中国饮食业公司组织编写《中国名菜谱》，将老一代名厨精绝的烹饪技艺整理成书，以便更多的业内人士学习、继承、研究和创新。

这一时期，川菜名师们创新出不少新菜品。如名厨蓝光鉴（公元1884—1962年）创新的“叉烧鸡”“炒野鸡红”等；廖青廷（公元1902—1968年）素以烹技精湛著称，创新出“醋熘鸡”“半汤鱼”“黄豆芽炖鸡”等；谢海泉（公元1886—1969年）擅长烘烤、煨炖，创新出“烧酥方”“坛子肉”“翡翠虾仁”等；孔道生（公元1900—1985年）取各家之长，创新出“八宝锅珍”“猪耳片”“烤奶猪”“叉烧背柳”等；张松云（公元1900—1982年）擅长山珍海味与家常风味菜肴，创制出“南边鸭子”“酸辣海参”“家常鱼面”“口蘑舌掌”等。这些菜品，承前启后，融会创新，在新中国川菜发展史上占有一席之地。

4. 集体食堂的饮食生活

在新中国成立初期的计划经济体制下，四川省与全国一样，一切生活都由国家统一安排，饮食生活也不例外。于是，出现了史无前例的特殊景象。以成都东郊青龙乡十陵镇太平村为例，这是四川乃至中国农村在这段特殊时期农村饮食生活的一个缩影。

太平村在当时的大形势下，于1958年8月成立人民公社。改变了过去按劳计酬，分粮到户，各家种菜，各户自食的传统饮食生活；为节约做饭时间，实行“集体做饭，自行备菜，集中吃饭，出工劳动计出勤而不计酬”的农村“小伙食团”制度，这是农村人祖辈有史以来，第一次吃集体食堂。

不久，大炼钢铁开始，拆掉“小伙食团”，成立以300人左右为一个食堂的“大伙食团”。从此，各家各户不准开火，男女老少一日三餐都到大伙食团吃饭。每个大伙食团都修有一个高大宽敞的草房作为公共食堂，食堂内都打一排大灶，安几口大“毛边锅”，建一个大磨坊，用于磨玉米、小麦、红苕和藕粉等供大家食用。人们在公共食堂吃饭，一年四季，无论天晴下雨，酷暑严寒，食堂总是天未亮就开饭，人们也必须早早地手提油灯照明到食堂吃早饭，否则，既赶不上吃饭又赶不上出工，中午就会被扣饭。由于公共食堂成为社员每天的集散地，连长安排工作和开会，总是利用饭前时间安排工作、表扬批评，完毕后食堂才开饭。

每晚加班大炼钢铁，伙食团的伙食也必须跟上，每天组织一个班的人挖红苕供应夜餐。

这种形式的饮食生活很快就出现了问题。一是燃料问题。大伙食团开始还有钱买煤烧饭，到1959年中期，烧煤成了问题，断薪之际，便拆农民住房的梁架用作烧柴，这些拆房户被安排到房屋较宽敞的人家挤住。但拆房屋当柴烧不是长久之计，也解决不了根本问题，于是，各食堂都组织人专门砍树做烧柴。砍树从大到小，至1961年6月1日，所有大柏树、青冈树、野禾树、红豆树、皂角树、肥珠树等砍伐殆尽，特别令人惋惜的是几株生长上百年的双人环抱的大红豆树、柏树、皂角树，无一幸免。

二是粮食计划问题。1959年6月以前，各大伙食团还吃白米干饭、红苕干饭、洋芋干饭。到6月，完成国家小麦征购任务后，所剩不多，各大食堂开始供应面皮稀饭、洋芋稀饭、菜稀饭。到这年秋天后，谷子也剩下不多了，只好吃菜稀饭、菜糊糊、红萝卜糊糊、米粉糊糊、麦粉糊糊和包谷粉糊糊，油荤和猪肉均沾不上边。在食堂吃饭的人，不论大小，每顿都只有一碗稀饭或糊糊。1959年至1961年，三年春节都是在大伙食团度过的。1959年过第一个大团圆“年”时，有蒸夹沙肉、蒸酢肉、回锅肉等十几个菜，年宴很丰盛，人们在大伙食团过了一个高兴的年。但到了后两个春节时，整个年宴都是“红苕素席宴”。饥饿严重地威胁着人们，不少人得了水肿病。身处饥饿的人们，在大豌豆、胡豆、小麦等农作物尚未成熟时，便偷偷摘来生吃。人们甚至采集野菜，如嫩野红花草、喂兔子的嫩草充饥，或将树叶晒干磨成粉煮食。为了食物，人们的情义也淡薄了。这种情况一直持续到1961年。

1961年6月1日，“大伙食团”终于解散。大伙食团解散后，在完成了国家小麦征购任务后，剩余下来的小麦和洋芋，按人头分配到户。从此恢复各家各户自己开火。虽然各户粮食相当少，难处很多，但大家从内心感到高兴。为了尽快恢复生产，各队采取了将土地分到户、人，实行包产部分作为口粮，不足部分年终再补的办法，十分有效。对土地包产的庄稼，种、管得好的多收，口粮自然要多些。其效果到1962年6月即见分晓，这时刚好是公共食堂下户一周年，市场上的粮食价格就从刚下户时大米卖6元1斤、小麦卖4～5元1斤，降低了50%左右。

到1963年秋天，“小四清”开始反对“三自一包、四大自由”时，各项粮食生产已得到全面恢复。这时土地收归生产队集中管理，各家各户又开始重新饲养鸡、鸭、鹅、兔、猪、羊等家禽家畜。各生产队则开始大量发展耕牛。家家户户基本过着不缺粮食的平静而安稳的生活。

5. 知识青年的饮食生活

在“文化大革命”时期，规模宏大的知识青年上山下乡，成为一种带有鲜明时代烙印的运动。在这段厚重历史的蹉跎岁月中，知识青年也发明了独特的“食文化”。知青们大多年幼离家，对农活生疏，往往入不敷出，食不果腹。知青们尽展才智，不仅攫取各种野菜作为桌上蔬菜，还逮山鸡，捉河鱼，抓田鳝，煮树虫，炸竹蛆等，既解决了日常生活中的油腥之需，还开辟了农村新食源，丰富了百姓的家庭烹饪。当上山下乡运动结束，知青们回到城市在餐馆谋取职业时，就把这些山茅野菜、野物别味的“菜谱”搬到了餐饮桌上，不仅凝为一种精神情结，也作为一种商业手段运用到饮食行业之中，成为知青的独特文化之一。一时，知青饭馆异军突起，成为城市餐饮业的一道风景。再后，这些“山珍海味”成为城市餐馆中时髦的“绿色食品”。

6. 茶馆流风遗韵犹存

茶馆是时代的缩影。20世纪中叶后，四川成都茶馆经过“公私合营”“社会主义改造”后，一度全归“公有”，茶馆数较以前有了较大压缩，但茶客依然不少。这里仅就前文未作介绍的四川茶馆的物件构成及特色作一补充。

茶椅、茶凳。成都茶馆的显著特点之一，是其坐具——竹椅的地域文化特色，它是本土民众对生态利用的结晶。巴蜀地区是我国最早种竹，并利用其为生产、生活服务的地区之一。这种竹质座椅，多用本土特产斑竹和“硬头黄”制作，轻便灵活，高矮适度。坐垫部分用篾条编成，富有弹性，柔软舒适。还有扶手和靠背，或正坐，或斜倚，均平稳贴身，潇洒舒适；若闭目养神，也不虞摔跌。至今成都部分老茶馆仍在沿用，矮桌、竹椅成为四川茶馆的特色之一。

茶具。四川人喝茶还十分注重茶具的选配，这是领享品茗情趣不可缺少的一环。茶具主要有二：一是茶壶，二是茶碗。在成都，有名的大茶馆讲究用紫铜茶壶“掺茶”（四川话，即“斟茶”）。川人认为用铁壶或铝壶烧出的水味道不佳，只有用铜壶烧出的水才纯真甜美，用以泡茶，才能品出各种茶的本味。壶有两种：一种是短嘴壶，一种是长嘴壶。过去，成都茶馆多是矮茶桌，故多用短嘴壶；而乡镇和川东地区多是高桌、长板凳，故多用长嘴壶。

成都茶馆的茶碗基本上为传统的“三件头”：茶碗、茶盖和茶船，三位一体，相得益彰，极为实用，俗称“盖碗茶”。茶碗、茶盖多为瓷制，而茶船多为金属制成。有名的大茶馆则用景瓷盖碗、锡杯托，倍显精美。其优点有三：一是茶碗造型上大下小，冲茶时茶叶容易充分翻卷、搅均，很快泡出茶味；二是茶盖既可视茶叶浸泡程度控制水温，又可用其搅动茶叶，调匀茶味，刮去飘浮的茶末和泡沫，饮时还可阻挡浮叶入口，便于看茶色、闻茶香、品茶味；三是茶船稳托碗

图11-1　清朝同治年间的茶碗（周尔泰提供）

底，便于端放，且可避免烫手之虞。因此，有人说，是否是成都茶客，只须看他摆弄茶盖的手法便能一目了然。

盖碗茶茶具十分考究，由于茶在人生礼仪中也占有举足轻重的地位，为了满足礼仪之需，匠人特在茶碗上绘制不同的图案，如为老人祝寿，特制了胭脂“福寿双全”茶碗；为婚嫁送礼，特制了景泰蓝“金玉满堂”茶碗；还有临摹的行草篆隶、山水风景、仕女美人、花鸟鱼虫、历史人物等，十分令人喜爱。

茶倌。茶馆内专司泡茶和续水者，北方称“茶博士”，四川则称“堂倌”“幺师”“师傅”。成都茶馆掺茶师傅的绝艺，曾被拍成电视片《中国一绝》。拍摄的是成都掺茶师傅方忠钰老人的表演。他在20世纪50年代时，双手连碗带盖能摞15副，高度足有60多厘米，他不仅两手可以同时提壶掺水，当茶客离座，还能双手各端一只茶碗，拇指扣住碗盖，把剩下的茶水倒得片叶不漏，堪称绝活。较著名的还有吴联春、吴登方父子。吴联春是四川仁寿县人，是成都有名的掺茶大师。吴登方在继承父业的基础上，又独辟蹊径创新了一套茶艺绝技，被称为“中国茶道霸王”。吴登方原是少城公园“鹤鸣茶园”的掺茶师傅，其掺茶技艺让人拍案叫绝。若有七八个茶客围着一张桌子坐定，“茶倌”应声而至。他左手提着铿亮的紫铜长嘴茶壶，右手五指分开，夹着七八个茶碗、茶盖和“茶船”，未近茶桌，便左手一扬，“刷刷刷”连声响后，七八只茶船满桌开花，分别放于各位茶客面前，紧接着一溜鲜开水就在茶客头上被“甩”了出去，如魔术师手中的线绳一样，茶客们不禁本能地向后一仰，此时，紫铜壶如赤龙吐水般在茶桌上画了一个圆，待水将满时，忽地一收一提，待茶客们回过神来，一圈茶碗，碗碗鲜水满盈，丝毫不多，滴水不溢；立即，他又抢前一步，小拇指一挑，一个个茶盖跳起

图11-2　成都茶馆的掺茶技艺

来，稳稳地扣上碗口，依然是滴水不溢，桌上滴水不洒。这一整套动作如行云流水，一环扣一环干净利索，一气呵成，令人眼花缭乱，目不暇接，可谓四川掺茶技艺之最。①

第二节　云贵桂地区在曲折中发展

中华人民共和国成立初期的30年，受国家政策的影响，云贵桂地区的社会经济发展和饮食文化状况与全国其他地区相一致。但在民族平等、民族自治政策的指导下，这一时期少数民族的饮食生活得到较大改变。

① 李英：《旧成都的茶馆》，《成都晚报》，2002年4月7日。

一、在曲折和困难中求发展的30年

1949年12月9日，国民政府云南省主席卢汉在昆明宣布起义，云南随即和平解放。广西与贵州也先后解放，云贵桂三省区进入新的历史发展时期。在新中国成立初期，云桂贵地区的社会发展状况大致可以分为以下几个历史阶段：1950至1957年的前八年为继续发展的时期；1958至1960年为三年困难时期；1961至1965年为五年恢复时期；1966至1976年是十年“文化大革命”的动乱时期；以及1977至1978年的拨乱反正时期。总的来说，新中国成立的前30年，是在探索社会主义国家建设的曲折和困难中求发展的历史阶段。

从1952年起，云贵桂地区进行了多种形式的土地改革，解决了农民的土地问题，调动了广大农民的劳动积极性，促进了农业生产的发展。次年中央政府决定在全国实行粮食统购统销。1953年开始对对农业、手工业和资本主义工商业进行社会主义改造，并开始实行第一个“五年计划”。这一阶段，国民经济取得辉煌的成就。

自1957年年底，开始了农业、工业和商业的“大跃进”，并于1958年开展“人民公社”化运动。虽然取得一些重要成果，但经济发展遭受了重大挫折，主要表现在市场供应紧张，人民生活水平下降。

从1960年开始，全国贯彻中央提出以调整为中心的八字方针，即“调整、巩固、充实、提高”，纠正了前期工作中出现的错误，国民经济得到恢复与发展。至1963年，中央决定再用三年时间进一步调整，全面恢复和发展国民经济。遂在食品生产和供应方面取得了一定成效，如云南省的粮食产量连年增加，一举扭转了减产局面；大牲畜的上市量明显增加，并呈现稳定增长的势头；市场供应初步好转，各地“羊汤锅”得以兴旺。为活跃经济，有些原先规定派购的菜牛、水果与核桃等，也退出派购的范围，允许自由上市买卖。各地市场日趋活跃，商品供应的形势明显改观，商品价格也逐渐回落。

至1965年，云南省较圆满地完成国民经济调整的任务。当年全省工农业总产值达37.36亿元，为1957年的134.6%。1964年的粮食总产量达60.7亿公斤，超过云南历史上最高年份。1965年农林牧副渔业总产值达18.9亿元，为1957年的114%，生猪、大牲畜数量均超过历史上的最高年份。全省市场繁荣，物价稳定，商品供应充足。从1964年9月起，在全省平价敞开供应猪肉，除粮食和棉布以外，其余数十种凭票供应的商品完全敞开供应。1964年与1965年，成为人们记忆中新中国成立后饮食供应情况较好的年份。①

① 当代云南编辑委员会：《当代云南简史》，当代中国出版社，2004年，第236页。

图11-3　云南傣族集市

1966年为执行第三个五年计划的头一年。是年“文化大革命”席卷而来，在全国造成了广泛而严重的破坏。同时，国民经济在动乱中曲折发展。到“文化大革命”末期的1975年与1965年相比，云南省的社会经济仍有发展，粮食产量由586万吨增至798万吨，烤烟由4.7万吨增至9.7万吨，甘蔗由107.3万吨增至133.3万吨，茶叶由0.9万吨增至1.4万吨。尽管有所增长，但十年间的这种增幅，显然是受到十年动乱的明显影响。

广西、贵州两省区的情况，与云南省大体类似。

总而言之，中华人民共和国的成立，消除了阻碍中国社会发展的桎梏，为广大人民生活水平的提高开辟了道路。新中国成立后的前30年，在经济建设和社会发展方面，在中华民族的历史发展长河中仍取得有目共睹的伟大成就，使得全国尤其是社会中下层人民的生活水平有了明显提高，在全国范围基本上解决了温饱的问题，这为以后饮食文化的发展奠定了坚实的基础。

二、传统饮食文化的嬗变

新中国成立后的前30年，云桂贵地区的饮食习俗与饮食文化特点，也与社会发展历程的几个阶段相对应。

大体上说来，这一时期，云桂贵地区的人民生活水平明显提高，一些传统饮食产品得到整理和继承，饮食产品的产量和消费需求大幅度增长。但是一系列的政治运动严重影响了我国正常的经济发展与社会生活，导致追求所谓社会生活的“革命化”，讲究饮食文化被社会舆论视为非健康生活方式而受到批判，一些地方回到以温饱为满足的状态，生活方式的同一化与简单化流行。人们普遍讳言饮食文化，更勿论追求饮食的精细化与科学化了。

但是饮和食毕竟是深入到民众骨髓里的文化，人们对美好食品的追求是与生俱来的，是千百年来不曾改变的，因此，云桂贵地区一些优秀的饮食文化仍得以继承和发展，一些优秀传统食品仍得以流传。如米线与米粉，云贵桂地区历来盛产粳米且品种众多，煮饭甜美洁净，以之制作米线有得天独厚的条件，米线与米粉便很快流传开来。新中国成立后，云贵桂诸省的米线或米粉，制作与烹饪的方法各有千秋，食者的喜好亦各不相同。如云南米线种类繁多，最为著名的是过桥米线，依浇头（人称“盖帽”）的差异，便可分为不同品种，如有豆花米线、鸡丝米线、焖肉米线、扒肉米线、脆哨米线、鳝鱼米线等。贵州知名的米线首推花溪牛肉米线，其米线注重牛肉汤的原汁原味。广西风行米粉，多以肉、海鲜为浇头，形式品种多样。

云贵桂地区的居民喜食米线和米粉，除文化传统和口味喜好等方面的原因外，还有方便及保健等方面的原由。米线与米粉为中国式的方便食品，自不待言；在加工过程中米线、米粉多少经过膨化处理，此类食品亦少含脂肪且易消化，自然为民众所青睐。

新中国成立后，云南地区的传统菜肴知名并得以传承的有：

“青蛙抱玉柱”。即炒青蚕豆和嫩蒜薹，其菜肴将青蚕豆米形容为青蛙，又把蒜薹喻为玉柱，形象生动可爱。

酿雪梨。为白族地区传统的筵席名菜。做法是取当地洁白似雪的雪梨削去

图11-4　云南新平“花腰傣”族妇女用竹筒酒杯斟酒敬酒

皮，从梨把下切为盖，挖去梨核。以糯米饭、松仁、熟莲子、火腿、卷心菜以及冰糖、大枣、桂圆肉等与柿饼共备为馅，将梨下锅略炸，取出滤油加馅，上盖置笼蒸透。食之细嫩鲜甜，芳香味郁。

石屏豆腐。豆腐为常见的食品，云南各地均产，但以云南石屏县所产的豆腐最为有名。其质地细腻滋嫩，味道鲜美独特。云南十八怪之一“豆腐拴着卖”，即指石屏豆腐，谓其地所产豆腐凝块韧实，买卖时可拴以稻草往来交易，而无须担心破碎。据说宣威倘塘镇所产豆腐亦甚皮实，也有将豆腐拴于线上出售的传统，一线可拴十块豆腐。石屏与倘塘的豆腐远近闻名，而难以仿制，油炸、拌炒、煮汤俱宜，以之制作豆腐干、豆腐皮和臭豆腐，地方风味尤佳。

此外，还有“大理砂锅鱼”“都督烧卖”等，都是深受人们喜爱的传统饮食，其共有的特点是源远流长，具有鲜明的地方特色，体现出云桂贵地区饮食文化的特点，且具有顽强的生命力。在物质严重匮乏的时期，这些精美的食品可能见不到了。而一旦社会经济稍有恢复，这些饮食产品又重新出现在人们的餐桌上。同时应指出，还有不少优秀的传统饮食，在接踵而至的政治运动中被扫荡殆尽，一些甚至失传，诚为可惜。

20世纪五六十年代，全国的个体经营（包括餐饮业）实行了公私合营。一方面，增强了企业的经济实力和管理能力；另一方面，不同程度地削弱了经营特色，对饮食产品的多样性及传统产品的传承产生了不好的影响。那一时期，在云南昆明形成了一批知名的饭店餐厅。这些饭店餐厅及其烹饪的名菜是：

东风餐厅。由经营传统汽锅鸡的“培养正气”饭店发展而来。1956年公私合营后，经营规模得以扩大，又创制了汽锅鸭、汽锅鸽、汽锅鱼、汽锅排骨等新品种，同时配入红参、银耳、枸杞、杜仲等知名药材，具有药膳的功用，深受百姓喜爱。知名菜肴还有煎炸牛干巴、老派仔鸡、金钱腰花、水波蛋、桃花肉等。

护国饭店。前身为著名的“海棠春”酒楼，擅长烹制滇味菜肴。1954年创办国营公共食堂，为全省首家国营饭店。汇集滇味各方名师，充分发挥滇菜用料广泛、鲜美、时新与品种多变的特点。看家菜主要是过桥米线、鹌鹑全席、酥红豆，以及用肚头、海味制作的滇味名菜。

兴和园。为著名的清真牛肉菜馆，迄今已有近百年的历史。以烹制牛肉闻名，知名菜肴有壮牛肉冷片、清汤牛杂碎、红烧牛肉、壮牛汤肉等。

德鑫园。20世纪30年代在羊市口开馆，以专营过桥米线出名。1972年在原址拆除重建。所经营的过桥米线系列在省内外享有盛誉。国内外的游客与海外侨胞也经常慕名而来。

北京饭店。创办于1954年。除注重滇味菜肴外，还聘请上海、山东等地的名厨主厨，擅长烹饪各式山珍海味，尤其讲究做汤。知名菜肴有扒鱼翅、熊掌扒猴头、醋椒鱼、南烧四宝、葱烧鸡米鹿筋、明珠扒双菜、异味鸳鸯鱼等。

第三节　西藏的民主改革与特色民族文化

1959年，西藏的民主改革运动，揭开了西藏历史上崭新的一页，持续数百年的封建农奴制被摧毁，西藏人民真正成为社会的主人。藏民族内部之间消除了森严的等级之分，百万农奴成了自由人。但饮食文化的地域影响和传统风俗因素的影响仍然存在，影响着人们的饮食结构。这一时期的农区和牧区，居民的饮食主要是糌粑、青茶、青稞酒、甜茶、牛羊肉类。城镇居民逐渐接受外来饮食文化的影响，开始吃大米和面食，但仍然是以藏民族传统饮食为主。

一、农畜业的发展和日常传统饮食

1. 农牧副业的发展

民主改革后土地所有制发生变化，大量农奴获得土地、牲畜、房屋和生产工具，农民的生产积极性被充分调动起来，生产水平较前有了极大提高。尤其是人民公社时期，政府大力改良土质、修建排灌系统、合理使用肥料。积极推广农作物新品种，使藏地的农业有了巨大的进步，在发展原有农作物的基础上，又增加了许多新品种，如冬小麦、白土豆、各种白菜和葱蒜等，其中冬小麦较原来的春小麦平均每亩多产100多斤，因而取代了春小麦。

在畜种方面，西藏本地的黄牛和猪鸡体型都较小，黄牛产奶量少，鸡的产蛋量低，政府帮助群众进行畜禽种改良。改良后的猪体型大，好饲养，又不失当地猪肉的味道。改良后的鸡体变大，产蛋量增多。

农牧经济生产的发展，使西藏地区人们的饮食结构发生了诸多变化。20世纪50年代以后，变化最典型的是大米大量进入西藏地区，并逐渐成为西藏人民的第二主食，从而改变了当地人的饮食结构。特别是青藏公路通车和县城建立后，对牧民的生活影响很大，不少牧民第一次吃上大米和水果。此后，牧民的食品消费结构也发生变化，但糌粑的消费结构大致如前。例如，安多牧民在民主改革前人均消费糌粑27.82斤，民主改革后，人均消费72.32斤；人民公社时期，人均为83.68斤；改革开放后，人均消费糌粑87.69斤。自从有了面粉、大米后，糌粑的消费逐渐减少。而面粉、大米的消费从人民公社时期的人均98.68斤，增长到改革开放后的人均234.45斤。[①]其次，蔬菜品种也大量引进。由于拉萨地处海拔3700多米的高原，特殊的气候条件决定了原本蔬菜品种极少，蔬菜的引进，使得当地藏民十分受益。

2. 日常饮食

主食。这一时期西藏地区传统的食品主要是糌粑、肉和奶制品，但牧区和农区又略有区别。牧民的主要食品是奶类、肉类、酥油茶和糌粑、面食。牧民的食谱大致是：早餐有酥油、糌粑和茶；午餐是烧饼加酥油、酸奶、酥油茶，有时食肉；晚餐“图巴”（稀状，可放肉、茶之类），有时煮米饭或备酸奶。牧区群众饮食单调，一般不食蔬菜，冬季以肉类为主，夏天食用大量的酸奶和鲜奶，辅以少量糌粑。

农区通常一日三餐，农忙时增至四五餐，一般由主妇掌勺分发食物。据调查，经济状况属中等农户的一日三餐是，早餐主食馍馍或糌粑，有时喝“秋里”（放肉），吃糌粑时拌辣椒水（有时拌肉）、炒菜（一般为白菜、土豆或蘑菇）与酥油茶；午餐为馍馍或糌粑、辣椒水、炒菜（约2天一次）、包子（肉馅或菜馅）和酥油茶；晚餐是糌粑、馍馍、粥（大米粥或玉米、面粉粥，粥内放奶渣）、辣椒水，有时炒菜、饮酥油茶。除早餐外，午餐、晚餐时一些人家还饮青稞酒。酥油茶已成为生活最平常的饮料。[②]

蔬菜。农区蔬菜主要有圆根、白菜、萝卜和土豆，有少数菜农卖菜。春天的野菜也常采来熬汤，或者晒干冬季食用。牧民将土豆和萝卜等根茎类菜当作他们的蔬菜，而视绿叶类蔬菜为“草”，食用不多。因为在藏族牧人的眼里，带叶的蔬菜与牧草是等同之物，在一些低洼的草场上，到处生长着野葱、野蒜、野韭、野菠菜和一种嫩叶可食的荨麻，与遍地牧草争荣竞秀，也是牲畜觅食的草，并非可食的蔬菜。

肉食。以牛羊肉为主。牧人通常选择膘肥、年老的公畜，以及长期不怀胎、经常流产或产仔成活率低下的母畜宰杀。宰杀牲畜多在初冬进行，此时牛羊正肥，有利于在高原的寒冬冰冻保存。通常在入冬后宰杀的牛羊多切成条块，撒盐挂通风处风干。冬季制作风干肉既可防腐，又可使肉中的血水冻附，可保持风干肉的新鲜色味，在次年的二三月即可取来食用。另外还用窖仓保存，每户牧民在冬季牧场上，用石块、草皮或牛粪在帐篷附近垒砌一两个储仓，藏语称为“沙贡”，“沙”是肉，“贡”是仓的意思。仓的四壁砌得十分严实，大约有一人多高，

---

① 中国藏学研究中心社会经济研究所编：《西藏家庭四十年变迁》，中国藏学出版社，1996年，第89页。

② 中国藏学研究中心社会经济研究所编：《西藏家庭四十年变迁》，中国藏学出版社，1996年，第274页。

宛如一座碉堡。妇女和孩子们把收拾好的肉块搬入仓中垛好，将大块牛羊肉和一些装着内脏、脂肪的牛羊肚存封在内，随吃随取。这样，牧民在来年春夏解冻时均能吃到接近新鲜的肉食。

酥油。酥油是藏民每日不可缺少的食品。酥油是从牛奶、羊奶中提炼出来的黄油。一般来说，一头母牛每天可产四五斤奶，而每百斤奶可提取五六斤酥油。因系土法提炼，内含水分杂质较多，营养也更丰富。藏民喜食产于夏秋两季的牦牛酥油，其色泽金黄，口感极好。冬季的则呈淡黄色。羊酥油为白色，光泽、营养价值均不及牛酥油，口感也逊于牛酥油。酥油有多种吃法，主要用于打酥油茶，也可放在糌粑里调和食用。此外，酥油也是制作许多藏式食品的重要原料，逢年过节的节日食品都离不开酥油。

牛奶及奶制品。牛奶和奶制品是藏民生活中不可或缺的食品，主要有鲜奶、酸奶、酥油、奶饼等。鲜奶可直接食用，亦可做奶茶。方法是熬好清茶，在茶中倒入适量鲜奶即成。牧区和半农半牧区多饮奶茶。鲜奶经加工除提炼酥油，还可制成酸奶、奶饼和奶渣等。牧民除食用大量牛奶还食用羊奶。其中酸奶有两种，一种是没有提炼过酥油的奶子经发酵制成，藏语称“俄雪”，味带甜不酸；另一种是用已提炼过酥油的奶发酵，藏语叫“达雪”，味酸。大宗酸奶为后一种。酸奶状似豆花，可直接饮用或放糖饮用，有时蘸馍馍吃。因其营养更丰富也较易消化，很适合老人和小孩。奶渣是牛奶提炼酥油后剩下的物质，经烧煮，水分蒸发后剩下的就是奶渣。奶渣可做成奶饼和奶块。奶品是藏族重要的食品，家居或外出均喜携带，大人常把奶渣给小孩当零食。

饮料。藏族主要的饮料有茶、奶和酒。日常饮食中较常用的茶有清茶、酥油茶等。此外，还有其他种类的茶，例如用牛奶煮的奶茶；用牛奶、红茶、白糖熬的甜茶；不加辅料的“黑马茶”。藏民认为“茶无盐，水一般”，所以大部分藏区喝茶时要加入适量的盐。清茶系用砖茶熬煮加入适量的盐而成，加酥油打制的即为酥油茶。酥油茶是藏民每天不可或缺的饮料，早上都要喝几杯酥油茶才去工作。到藏民家中做客，都会招待以酥油茶。茶味的浓淡、酥油的多少及咸淡，因人而异。酥油茶宜热饮，不宜冷喝，否则伤肠胃。制好后的酥油茶都要倒入陶制或金属的茶壶，用文火保温（但不能烧开），可整天饮用。体力劳动者尤其是男性，喜茶味浓重，而老人、儿童和女性则饮味道清香的酥油茶。

藏族人喜欢青稞酒，它是藏族人民的又一重要的传统饮料。青稞酒有两种，一种是呈黄色的“羌”，另一种是无色低度经过蒸馏而成的“博热”（藏酒），多为冷饮。青稞“羌”酒的度数较低，藏族男女老少都喜欢喝，是喜庆节日必备的饮料。藏族人民在过节前都要酿制大量青稞酒，从藏历四月到八月，几乎所有的节日都要携带青稞酒，到绿茵茵的草地上，搭起各色帐篷，一边喝青稞酒，一边弹六弦琴尽情歌舞，显示出藏族酒文化的魅力。

二、特色鲜明的民族饮食

1. 农区的特色饮食

在广大农区，随着生活水平的提高，食物料材的增多，藏族人民智慧地利用各种条件提高烹饪技术，制作出风格多样的传统特色食品。体现了藏族饮食文化的进步。以下是几种代表性食品。

“麻森”，是一种风味小吃，制作时将糌粑、酥油、碎奶渣、红糖放入盆内，再加入适量凉开水，搅拌后盛入一方形小木盒，尽量塞满压实。食时倒出切片即可。此风味小吃制作简单，香甜可口，常作为待客的佳品。

“夏寨”，为食用米饭时的最佳菜肴。味美色深，调料芳香可口。制作时将土豆煮成八成熟，滤干去皮切成小块。将葱段放入油锅内稍煎取出捣烂，盛入小碟。用凉水将咖喱粉拌成糊状倒入油锅，做成油咖喱。把羊肉剁成块用酥油烹炒，再放入锅内加水闷煮，以后加入土豆、油咖喱、盐巴、生姜、茴香、丁香、胡椒、藏蔻等调料搅拌，煮熟即成。吃时撒上葱泥。

“萝卜萝果”，制作时将羊肉剁块，放入锅中加盐煮熟，把萝卜去皮洗净切成圆块，在另锅内稍煮滤干投入羊肉锅，放上生姜、盐巴、花椒，搅拌后略加烹煮，撒入葱花即成。萝卜萝果食之肉嫩，味道鲜美。

“煺”，为藏语音译，也称“奶渣糕”。制作时将酥油、碎奶渣、红糖混合搅拌均匀，加入少量凉开水糅合，放在木板上切成块即可。此糕制作方便，味道香甜，油而不腻。

“帕杂莫古”，原为僧人食品，以后被引进世俗社会，成为藏族的风味小吃。制作时在碗中打两个鸡蛋，加适量水、盐、野生香草粉，以之混合面粉，并加温水捏成小圆面疙瘩，放进沸水锅煮熟捞出，放进另一加热的酥油锅，再加适量的红糖和碎奶渣（有的加白糖、五香粉、辣椒油等），慢慢搅拌均匀即成。此品颜色微红，味酸甜，滑溜油腻，馨香满口，为藏族节假日所必备。

“衮登”，是藏语音译，意为“酒羹”。制作时将青稞酒倒进锅内，加红糖、碎奶渣、人参果及糌粑，慢慢搅成糊状，用文火熬一小时即可食用。

“曲瑞”，是藏族民间的传统食品。制作方法是将鲜羊肉块、面粉、干辣椒、盐及捣碎的干奶酪，掺凉开水用文火煮约两小时，再加入另一锅与八成熟的适量麦片和青稞片搅拌均匀，再用文火稍煮即可。曲瑞营养丰富，味道鲜美香甜，是农区在春季食用糌粑的最好伴菜，也是老人和小孩最喜爱吃的食品。

“波突”，即糌粑粥。制作时将牛羊骨放在石臼内砸碎，加盐、姜粉、野香草粉及少许辣椒粉，与白萝卜丝熬汤，汤开后放入糌粑粉搅拌，以不糊锅为度，少时便熟。西藏冬季气候严寒，藏族群众常以“波突”作为晚餐。

巴拉饼，“巴拉”即藏语的“饼”，汉族在“巴拉”后又加一“饼”字。通常巴拉饼专指由四川巴塘传入西藏各地的大锅盔。做法是用鸡蛋、苏打、糖和面，至出现蜂窝状孔，擀为直径约30厘米、厚近2厘米的大圆饼，置饼铛以温火烤烙，待大饼涨至约10厘米厚、双面呈焦黄色时取出，稍凉切成三角块。其性松脆，味道香甜，久放不硬，是适于旅游携带的佳品。

“布鲁”，为年节食品。用牛奶、面粉、鸡蛋、酥油调成糊状物，发酵后像点豆腐一样往热油锅里倒，绕成多圈油炸，熟后即成。

“粑羌”，为外出放牧时的零食。用糌粑和酒曲制成，味甜而松软。

“哲羌”，是用大米做成的干醪糟，松软不黏，味道甘酸。

“久玛”，即血灌肠。制作时将新鲜牛羊血加入糌粑和盐、野葱等作料（有的加入大米或肉块），搅拌均匀后灌入洗净的牛羊肠，用细绳扎紧，放进锅里煮熟即可食用。“久玛”营养丰富，味道香糯可口，保存期长，食用方便，外出耕种、放牧或走亲访友均可随身携带。

有些食品只在藏地有，是为西藏区域性的特色食品:

林芝烤猪肉，为林芝地区特产。此地盛产个头小的瘦肉型藏猪，宰杀后将猪肉带皮割成两指宽长条，撒上盐及作料，成串挂于屋顶，经屋内自然炊烤，肉条渐成熏肉。食用时摘下肉串，皮朝下在木头火上烧烤，肉皮焦时肉即熟。熟肉如酱黄色扒鸡，嫩泽溜滑，其味鲜美可口，多与糌粑、酥油茶同食。群众称这种吃法为“粑支”。逢年过节，林芝人还用烤猪肉作下酒菜。

“萨干察门”，是一种奶制品，简称“萨干”，流行于藏东南察隅地区。这里气候温和，树种繁多。当地盛产一种“拐树”，这种树质地柔韧，取其枝剥皮，截成略长于挤奶桶高度的细秆10至15根，洗净置于挤奶桶。倒入鲜奶，奶中精华黏附于细秆，拐树枝的周围便逐渐结出一层奶糕。将奶糕捋下置器皿中即“萨干”，其色乳白透黄，其质细嫩柔韧，极鲜嫩，其味甘甜，食之清香满口，但不可久放。将其取出加入肉、葱、姜、蒜和辣椒等，用水煮则成“萨干”肉；锅内加酥油，热后放入萨干、少许糖或盐，即成“萨干”汤，有补血益气的功效。将“萨干”煮熟捞出晾凉，加入辣椒、香菜、野葱、酸奶即成凉拌“萨干”。“萨干”也可与肉末拌馅做包子。

风干牛肉，是藏族喜爱的生食牛肉。每年在秋高气爽时制作（有的地区选在冬至），届时将鲜牛肉割条穿串，撒上食盐、花椒粉、辣椒粉和姜粉，挂在阴凉通风处，风干后即成，味道麻脆酥甘，酸香满口。风干牛肉是藏历新年里最具高规格的宴客零食。由于西藏高寒，不易感染病菌，食品不易霉烂，去水保鲜，肉味鲜美，故至今生食风干牛肉之风长盛不衰。其中，拉萨制作的风干肉与牧区不同，它极为精细，因为主要是做零食，一般仅选取瘦牦牛肉，洗净用刀划拉成细条，稍作腌制后挂在桅下阴凉处，让冬天的干风吹干水分，然后放在竹篾箩里随时备食。风干的肉干细长如一支箭矢，随手一掰，断口处会扬起细细的碎末。

2. 牧区的特色肉食及食肉习俗

在西藏牧区，留存着在畜牧经济形态下的特殊肉制食品及其食俗，它们有别于农区或半农半牧区，形成了特色鲜明，别具风味的饮食习俗。牧区的知名小吃有手抓羊肉、灌肠和风干肉。

手抓肉。在牧区，大块肉要用手抓着吃，此种食肉方式称之为“手抓”。据传统习俗，吃肉不能用嘴啃骨头，只能用刀进行削割，于是吃手抓肉时要一手抓肉，一手执刀，一块块地把肉片削下来吃。如果是块无骨的肉，便用上下牙咬住一端，用刀顺着嘴皮把肉割断，大口大口地去咀嚼。初次目睹这种吃肉方式的他族客人往往为之瞠目，担心他们会割破嘴唇。其实，这种担心是不必要的，在藏区，就连五六岁的孩子们也能用这种方式吃肉。牧人吃肉一丝不苟，把骨头刮得干干净净，刀锋刃在嘴边割、挖、剔、削，运用自如。

牧人用来款待客人的肉食是胸叉和肋条肉。藏族俗语说：“羊吃胸叉，牛吃肋巴。”羊胸叉肉肥而不腻，牛肋巴肉细嫩且香，都是手抓肉中的上品，给客人吃这种肥瘦相间的肉，表达了主人的盛情。牧人制作肉食只有一种方法：白煮，不用调味品。有的地方煮肉时放入少许盐，大多数地方不放盐。煮肉讲究火候，以鲜嫩为好。通常是将带骨的大块肉投入锅中，用旺火煮开几个滚，主妇就用一根削尖的木棍把肉挑出来，放在一个大盆中供家人进食。这种半熟的开锅肉，肉中见血，但吃起来不腻，耐嚼，且越嚼滋味越香。

灌肠。不论什么季节，每个帐房只要有肉吃，就一定会有灌肠，肉和灌肠是搭配着吃的。灌肠可分为四类：一是肉肠，肠内装进肥瘦相间的肉丁；二是面肠，肠内装进小麦面和油；三是肝肠，肠内装进捣碎的肝，煮肝肠时下锅几滚即出，吃时会柔韧可口；四是血肠，肠中灌进牛羊血和炒面，有时夹有少量油丁，血肠藏语称为“久玛”，只煮一两开，当肠内的血进入半凝固状态时，就要及时出锅。确切地说，血肠不是吃而是喝的，只要一仰脖子，一肠热血就会稀里呼噜地顺流而下。它味道鲜美，营养丰富，既可滋补强身，又能一饱口福，是具有草原风味的珍馐。

风干肉。冬季，牧人把剔骨后的牛羊肉割成条，挂在帐杆上冷冻阴干，待肉里的水分消失后，制成的干肉就能储存了。这种干肉十分酥脆，可以一点一点地掰着生食，不用蒸煮加工即可入口细嚼，藏语称这种肉为“夏岗布”。风干肉是每个帐房必做的，它是牧人夏季外出活动的常备食品，也是馈送亲友的礼物。在藏族牧区，绝对不许把肉直接放在火上烤，因为烤肉的油会滴入火中得罪火神，对此，牧人非常谨慎。

具有民族特色的待客习俗。在牧区做客，若是主妇奉上一块连着臀尖的羊尾，则是表达对客人的敬重。藏族人崇尚白色，如在元旦用加了牛奶的水洗脸，可望一年好运；贵客临门，送上洁白的“哈达”，表示良好的祝愿；新娘出嫁必乘白马，如遇大雪，则被认为是美满幸福的征兆；白色的羊毛被视为吉祥之物等等。若在羊尾梢下留一绺白毛，是祝客人大吉大利之意。藏族视白色同高尚、纯洁、光明、善良、真诚，究其饮食文化的原由，即白云、雪峰下的土地，哺育了羊群，以及赖以生存的奶汁，打动了藏族群众的心灵。所以，逐渐视白色为神灵的化身，护佑着他们的生活。

牛的肩胛骨肉细嫩爽滑，藏话称为“索可巴”，是肉食中的美味，通常留给牙口不好的老人吃，倘若某个小伙子在他女友家里吃到了“索可巴”，他一定会喜形于色。因为，这是姑娘的父母在用无声的语言告诉他：他已获得长者的欢心，同意把闺女嫁给他了。在牧区，还有一种饶有趣味的待客习俗：小伙子第一次到女友家做客，姑娘的母亲要请他吃羊脖子，以此来考察他是否是个会吃肉的真正牧人。经受考验的小伙子都能显示出其食肉的“造诣”，他会把那环环相扣的颈骨不慌不忙地一一卸开，把每块骨上的肉用腰刀刮得一丝不剩，就像这些骨

图11-5　煮奶（陈立明提供）

头上从来没有长过肉一样，以此通过考验而进入下一步婚姻程序。

古老的分食方式。藏族牧人进食肉和肠，由帐房主妇按人分配，包括客人在内，每人面前都有自己的一份。藏区传统的用餐方式是分餐制，在一个家里，家庭成员各人使用自己的餐具，吃自己该吃的那一份食物，就是丈夫和妻子也分开吃饭，绝不在一个盘子里扒拉。就藏族人的观念来说，锅里的食物是公有之物，放在某个人面前时才能归他个人所有。这种由主妇分食的习俗，正体现了家庭成员平均分配、共同消费的一种古老原则。

作为客人，若是分配给你的肉食不够，最好不要伸手再要，因为后面还有带汤的面条；若是分配给你的手抓肉吃不完，那么在下次进餐时，会出现在你的面前，因为已经属于你的食物就永远属于你，别人无权再支配。哪怕你是座上客，你的“剩饭”也必须由你自己来处理。①

随着社会的发展，牧区的饮食习俗也在不断地发生变化，但在许多偏远的地方，食肉习俗还都保持着自古以来的传统。

3. 药食两用的天然香料

藏民用餐讲究原汁原味，愿意从天然原料中寻找美味。西藏本土的天然香料长在山野，品种多样，最具代表性的首推林芝和日喀则地区。采摘香料的季节一般为5月—10月。西藏过去无香料市场，至香料成熟季节，各家厨师或主妇都去原野采摘，除了当季使用的新鲜香料，通常还要储备足一年所需的香料干草和粉末。

藏茴香，是本土香料中较常见的一种。它适地而生，随处可见，全株可用作食用香料且可入药，因此在西藏地区特别是半农区半牧区广泛使用。春天藏茴香还是嫩芽，人们可采回去当菜吃，5月—10月开小白花的野茴香成片生长，9月即可采摘其叶子“者布”和果实“廓聂”。叶子多用于烹饪土豆，一般人家煮土豆、炸土豆会放一点提味。若碾制或手搓成细末的“者布”撒于油炸土豆，吃后可助解腻，有点类似蒿草的清香，又能增加食欲。“廓聂”形似孜然，但较孜然圆实饱满，且颗粒更小，味道也不如孜然刺激。通常的用法是拌入辣椒酱蘸肉吃。食“廓聂”还对眼睛有益处，是一种天然的草药。

“果巴日果”是一种野蒜。藏族不喜食蒜，但喜食“果巴日果”。这种野蒜长得像韭菜而蒜头小，蒜味也不如内地大蒜浓烈，有淡淡的香气，能促进食欲、开郁豁闷，也有解毒的功效。藏民常用这种野蒜包饺子，是藏餐中不可缺少的天然

① 仇保燕：《藏族牧人的吃肉习俗》，《中国西藏》，2007年第3期。

调味品。

“榆保”是榆树皮，能治疮、消炎和清热。榆树嫩皮如桂皮，含在口中无味有黏液，可替代蛋清使用，在鸡蛋还是奢侈食品的时期，藏胞经常用这种黏液搅拌藏面，吃起来颇爽口。

“加斗”指形似蒿草的藏茵陈，为八珍藏药之一。但藏茵陈与中药茵陈不同，中药茵陈属菊科植物茵陈的干燥幼苗，而藏茵陈是龙胆科植物印度獐牙菜的全草。藏茵陈生长在海拔3500米以上地区，在西藏，藏茵陈还是比较常见的保健茶叶，类似于内地的野菊花、甘草等，能清肝利胆、抗衰防癌。藏茵陈的嫩芽嫩茎叶可炒食，也可作为调味香料。煮汤时加入藏茵陈碎叶有特别的香气，因其香气浓烈不宜多放。

4. 民族特色鲜明的饮食器具

在长期的历史发展过程中，藏族人民发挥自己的聪明才智，创造出了丰富多彩的饮食器具文化。在西藏寒冷的气候和高海拔的特殊生态环境下，藏族的饮食器具独具特色的地域性器具文化，即使生活在同一区域的藏民，由于所处地区地理环境的差异，也形成了各自不同的器具类型。如昌都和林芝地区属于林区，饮食用具多为木制；那曲等草原地区，以狩猎为主，多以动物皮或内脏制作；河谷地带的农区，多烧制陶器等。随着生产力的发展，金属器具开始出现。在经济文化交流中，各种器具各地互通，逐渐失去地域性特征的饮食器具，遂开始以适用性的特性出现在人们的生活中，有些则作为身份的标识被制作出来，如金、银、玉石等成为权力和财富的标志。饮食器具被人们赋予新的文化象征。

这一时期，陶器以其易得实用，成为大多数藏族家庭日常生活中的炊具和用具。此外，木器还有金属器的应用也很广泛。现介绍几种常用的饮食器具。

酥油桶。用来提炼酥油和打酥油茶，是藏族最基本的日常用具之一。一般有木质和竹质两种，但因竹质易裂，所以以木质为多。做酥油桶的材料有讲究，最好的桶是红桦木做的，其次是核桃木、红松木。酥油桶大小不等，是因为功能不同。生产性的酥油桶牧区经常使用，藏语叫“雪董”，这种桶较大，高约1.3米，口径近0.33米。家庭日用的酥油茶桶，藏族叫“甲董”，较“雪董”小，高1米左右，直径约16厘米。还有适宜出门携带的酥油茶桶，很小，只有30多厘米高。不论是“雪董”还是“甲董”，一般都是两个组成部分。一部分是桶筒，一部分是搅拌器，叫作“甲罗”。

茶壶。一般将打好的酥油茶、清茶等茶放在茶壶里，以便盛入各自的杯中。其设计一般是敞口，细颈，圆腹。容量大，易保温。有陶壶、铜壶、铅壶、银壶甚至金壶。金壶是农奴制时期达赖等上层人士使用的。陶壶为群众百姓所喜爱，

图11-6　藏族的木碗、竹盒

其价格低廉，保温性亦好。打好的酥油茶倒进陶壶，放在煨烧碎屑牛粪的火钵上再盖一块棉布，既不易冷却，又不开沸，随时都可饮用。酥油茶不宜明火加热，若煮沸则油茶分离，口感不佳。

茶碗。藏民饮茶日多，茶碗成为重要的生活伴侣，其人各一碗绝不混淆。茶碗种类很多，有木碗、瓷碗、银碗、银嵌木碗和玉碗等。百姓普遍使用木碗，一般给客人奉茶都使用瓷碗。据廖东凡《西藏风情恋》所述，木碗是藏族人随身的物品。稍有条件的家庭都是一人一碗，父子不共碗，母女不共碗，兄弟不共碗，夫妻不共碗。他们形象地把木碗比作爱人，形影不离地带在身边。藏族群众上山砍柴，下地劳动，都把木碗揣在怀里，随时用来喝茶、揉糌粑。要是外出做客，用自己怀里的木碗让主人倒茶或揉糌粑，也不会被认为失礼和可笑。人死之后，亲友用其生前的木碗斟满茶酒供祭。

寺院的僧尼使用的都是木碗。这与僧人出世、无欲的教义有关。木碗既是时刻不离身的餐具，又是识别所在寺院的标志，如拉萨的哲蚌寺、色拉寺、甘丹寺喇嘛们的木碗就各有不同。

木碗一般用桦木、成巴树、杂木雕琢而成。按照木质材料、产地和工艺的不同，木碗也有等级差别。最好的木碗称“察牙”，多产于藏南地区，都是用整块的树根或树瘤车制，因此十分名贵。木质有天然形成的花纹，色泽鲜艳。由于根瘤的木质不同，年代远近有别，花纹又分磷火纹、猪鬃纹、猫头鹰眼纹等。如果变形或塌陷会自行恢复，且木质有解毒功能。藏民得之往往爱不释手。据说一个上等“察牙”木碗，可顶10头牦牛之价，一个中等“察牙”木碗，也是两三只绵羊之值。

藏族人在自身发展的过程中，创造和发展出适合自己的进食器，逐渐形成了具有民族特色的进食器具。如刀、筷和勺等。藏胞吃肉喜用刀，刀有长短、大小不等的宰肉刀、吃肉刀；筷分象牙筷、檀香木筷、竹筷、银筷；勺有铜勺、铁勺或合成铝勺。作为盛食器的盘则有金盘、银盘、铜盘、陶瓷盘与木盘等。

5. 独具特色的茶文化

藏族与茶结下了不解之缘，把茶视同粮食、水、空气一样重要，可谓家家有茶，人人饮茶。平常一个成年藏民每日约饮茶30碗，有的牧区一个牧民一天要喝几十碗乃至上百碗茶也不足为奇。

他们认为茶能带来健康和快乐，也是拥有财富的象征。在一首民歌中有这样的唱词：“男女老幼聚集在帐篷，帐篷有茶更幸福。”他们把茶和幸福连在一起，认同有了茶就有了欢乐。而一些老人将年迈体衰的原因归结为茶没喝足，有的则认为七八十岁的老人之所以长寿，即因天天喝茶的结果。此外，藏族人民还赋予茶许多的社会功能和吉祥美好的象征意义。

藏族人常用酥油茶待客，喝酥油茶有一套相应的茶饮礼节。客人至，主人会热情邀请来客在羊毛垫或藏式方桌边坐下，主妇拿过一只木碗（或瓷碗、茶杯）放在客人面前，茶碗要洁净，不能有缺口、裂纹或是旧碗，以双手敬放。接着主妇提起酥油茶壶（壶底必须低于桌面），轻轻晃数次，斟茶时要右手提壶，左手掌心向上，茶水不能溅出碗外，更不能发出“当当啷啷”的响声。斟满酥油茶后双手端碗躬身献给客人，讲究先长后幼，先宾后主。刚斟上的酥油茶，客人接茶后不能急匆匆地张口就饮，而是应先和主人聊天，待主人再提起酥油茶壶站到客人面前时，客人便可端碗。喝茶前，要用无名指蘸少许茶，向空中弹洒三次，以示祭享神祇，然后才开始饮茶。饮者先在酥油碗里轻轻地吹一圈，将浮在茶面的油花吹开，然后呷上一口，并赞美道：“这酥油茶打得真好，油和茶分不开。”客人把碗放回桌上，主人再给添满。稍后，主妇恭立一侧，或在几位客人中轮转，随喝随添，使茶碗保持盈满状态。喝茶应轻轻啜饮，若发出声响，则被视为缺少教养。客人若无告辞之意，但不想再喝，待主人把碗添满，就此摆放，等到告辞前一次喝完，但碗里要留点漂油花的茶底，表示茶永远喝不完，财富充足。而且，到藏胞家做客，不能喝一碗就走，一般以饮三碗为吉利，只喝一碗视为不吉利，藏谚道：“一碗成仇！”“是仇人也不要只倒一杯茶。”说明忌讳客人只喝一杯茶。饮三碗才符合藏族的习惯及礼貌。

茶还是吉祥物，是美好事物的象征。在寺院，茶通常被当作圣物，与经书、珠宝一道，装进每一尊新塑的佛像体内，经活佛加持开光，这尊佛像才有灵气。给寺院供奉时更离不开茶。在民间，茶也是馈赠亲友的佳品。订婚时带上茶，表示感情不移，生活美满；结婚礼物也是以送茶叶为上品。新娘经过的路上，乡亲邻里在门口摆上茶叶和盐巴，迎亲者边走边收，这不但是一种礼物，也是一种祝福。有些地区的新娘子初踏婆家门首先要进厨房熬茶，请父母亲友品饮。藏民真诚地相信，来自汉地的茶与来自藏地的盐巴，在酥油筒内相聚，融合成芳香可口的酥油茶，是世界上最圆满的结合，是姻缘会聚的佳果。用茶赠人，会带来吉祥欢乐；用茶敬神，会召唤来神佛护佑。他们还把茶叶和盐，喻为青年男女之间坚贞不渝的爱情，关于这方面的故事、传说和歌谣，不胜枚举。①

6. 丰富有趣的酒文化

在漫长的历史发展过程中，经文化的交流与融合，藏族逐渐形成以青稞酒为主要载体的酒文化。它不仅能增加藏族人民抵御恶劣气候的能力，更是逢年过节、婚丧嫁娶、送往迎来不可或缺的饮品，给生活增添风采和乐趣，由此形成了丰富有趣的酒文化。

酒是吉祥健康、喜庆欢乐的象征。藏族大多地方都要在年初一早上喝八宝青稞酒“滚典”，即青稞酒内加红糖、酥油、奶渣和磨碎的青稞，以预祝全家新年吉祥与健康；或大年初一天刚亮，家庭主妇就把“滚典”端到家中每个人的床前，喝了再起床，以示新年伊始就丰衣足食，步步吉祥。在节日里，饮酒给欢聚的人们带来无穷乐趣。藏族善歌舞，最豪放的饮酒是在跳锅庄的时候。村寨的青年男女围成一圈，圈中设小桌，放上几坛青稞酒；男女两队轮流领唱，翩翩起舞，并不时去圈中喝上一碗酒。于是酒助舞兴，歌借酒力，通宵达旦，尽兴方休。对藏族人而言，酒是喜庆的饮料，绝无消愁解闷的用途。

酒是和睦亲友的桥梁。每当贵宾、亲戚、朋友来访，全家都排列门前，向来客敬献哈达和青稞酒，这是最诚挚尊贵的礼节。按习俗，主人要给客人敬三杯酒。为客人敬酒时，主人先斟满一碗（或杯），捧献于客前，一些地区还要在酒壶嘴上和酒杯沿上抹一小块酥油，以示吉祥。客人不能端起酒杯即喝，必须先用无名指在酒杯中点三下弹向空中，以示祭天、祭地和祭祖先。而后轻轻呷一口，主人给添满，再喝一口，再添满，至第四次倒满时，就得一饮而尽。如果客人不会喝酒，可用无名指蘸一点酒弹三下，主人见后，也就不再劝酒。如果客人酒量

---

① 廖东凡：《西藏风情恋》，内蒙古人民出版社，1999年，第245页。

小，喝上一口就让主人添酒，这样连喝两口，再添满杯后一饮而尽。虽然你喝得不多，主人也是高兴的。这是约定俗成的规矩。如果客人既不弹酒，也不喝酒，则是失礼的表现，主人会不高兴，认为客人不懂礼貌，或是客人瞧不起自己。如果客人酒醉，主人绝不会讥笑，反而认为是坦诚的表现。即使有了纠纷也要请酒当“和事佬”，如理亏认错，就给对方送一坛酒以赔礼道歉。藏族人民热情好客、和睦亲友的风尚，在这些酒俗中得以充分展现。

酒礼遵循了藏族传统的敬天尊老的伦理规范。每酿新酒，必先以“新酒”敬神，然后依循“长幼有序”的古训首先向家中的长者敬酒，其后家人才能畅饮。在节日婚庆或众多人聚会场合，饮酒一般也是先向德高望重的长者敬献，然后按顺时针方向依次敬酒。敬酒者一般应双手捧酒杯举过头顶，敬献给受酒者，特别对长者更是如此。而受酒者先双手接过酒杯，继而用左手托杯，再用右手的无名指轻轻蘸上杯中的酒，向空中弹一下，如此反复三次，口中还要轻声念“扎西德勒平松措”等吉祥的祝词，然后再饮。弹酒三次是对天、地、神的敬奉和对佛法僧三宝的祈祝。在弹酒敬神后，受酒者饮酒时不能一饮而尽，讲究“三口一杯”，即先喝一口，斟满；再喝一口，再斟满；喝了第三口，再斟满才全部干尽。滴酒不剩者，才是最有诚意的。

酒是歌的孪生兄弟。有酒就有歌，酒歌成为藏族酒文化的一部分。聚会饮酒时，歌是必不可少的。唱酒歌是藏族饮酒一大特点。酒宴上向他人敬酒时，敬酒人一般要唱酒歌。届时男主人和女主人都会端起酒杯，边跳舞边唱敬酒歌，给客人敬酒。若不唱，受酒者可以拒绝饮用。主人要在歌中唱出这杯酒的来历与意义，如：“端在手上的这杯酒很不寻常，它是用洁净的甘露雨和吸收了日月精华的五谷酿造成的，是长寿之酒，修法之酒，安乐之酒。贵人喝了这杯酒，心量宽广如天大；胆小的人喝了这杯酒，走路无伴心不怕；英雄好汉喝了这杯酒，战场勇猛把敌杀。用这杯酒供奉天神、宁神和龙神，三神也会高兴。唱快乐歌曲需要这杯酒，跳狂欢舞需要这杯酒，尊贵的客人请干这杯酒，欢欢乐乐不要走。”这时，客人感谢主人的盛情，都会高兴地把这碗酒一饮而尽。若主人已唱酒歌，客人不喝，主人就一直唱下去、跳下去。盛大宴会上有专门敬酒的女郎，藏语称为“冲雄玛”，她们身着最华贵的服饰，唱着迷人的酒歌，轮番劝饮。主人唱劝酒歌时，歌声一落，客人要一饮而尽，直至一醉方休。酒歌歌词简朴却饱含深情，表现了人们对欢聚的祈盼与珍视，表达了人们对无病无灾美好生活的向往与祝福。唱酒歌时，身子要伴着节奏舞蹈，杯中的酒却绝不许洒出。客人有时也要唱酒歌回敬，此唱彼和，气氛十分热闹，把宴会推向高潮。

有趣的罚酒习俗。在西藏许多地区还流行罚酒的习俗，通常分“角羌”“过羌”“替羌”等形式。所谓“角羌”，意为快酒，即在敬酒者尚未唱完酒歌之前，饮酒人就提前将杯中酒饮干，杯中无酒被认为是不礼貌的，故而要罚酒一杯。所谓“过羌”意为慢酒，即在敬酒人唱完歌后，饮酒人还未饮完杯中之酒，被视为反应迟钝，也要罚酒。“替羌”意为滴酒，即在敬酒者唱完酒歌时，饮酒人也正好将杯中酒饮掉，但在杯底还剩有少许酒，哪怕是几滴，也要罚酒。人们认为杯中剩酒，是对敬酒者不尊重或无诚意，故要给予惩罚。不会饮酒的人，可以申明理由，一般不会强迫饮酒，而藏民很少有不会饮酒之人。有时，敬酒者唱的酒歌极其出色，饮酒人可以接过酒杯，反过来向敬酒者献酒，这杯酒则称为“勒羌”，意为奖励的酒，表示对敬酒者歌唱的赞赏，要求敬酒者饮下这杯奖励酒，会得到在座者热烈地赞同。饮酒接近尾声时，若将酒器中的酒倒在酒杯中，正好满了，则认为是大吉大利的征兆。有的则将酒器中最后能滴出的几滴酒倒入手中，抹到自己的头顶上，以期带来福分与吉祥。

酒具共用，亲同手足。藏族讲究饮食卫生，平时就餐各人有自己的专碗，绝不混用。但聚会饮酒时，酒具却是大家共用的，能在一起饮酒者，被视为一家人，亲同手足，因此饮酒时不能分用酒具，否则被视为见外或小瞧别人。

饮酒有节制，爱酒不酗酒。藏族人民笃信佛教，但这并不妨碍他们热爱生活，追求幸福。适度的饮酒并不影响他们对佛教的敬奉。因此，佛教在藏族社会的传播过程中，不能不对藏族人民传统的饮酒习惯表示某种认同。这种把世俗与宗教人员相区别的态度和对酒的功用的肯定，反映了藏传佛教对酒及酒文化的现实主义态度。[①]但佛教思想的长期影响，又使藏族养成了“饮酒有节制”的传统，他们普遍爱饮酒，但绝不酗酒，平时不随便饮酒，尽管在喜庆欢乐的时候饮得酣畅淋漓，因青稞酒性平和，酒醉之人也少有酗酒者。

藏族的酒文化是在满足雪域高原人们物质与精神的需求中诞生、形成、发展的，它也必然会随着藏族人民物质生活和文化需求的提高而不断发展。

三、日常饮食礼俗与禁忌

1. 日常饮食礼俗

日常饮食礼俗体现了藏族丰富的饮食文化内涵和功用。

首先是尊老爱幼，家庭观念强。家中酿了好酒，头道酒“羌批”（新酒）敬

---

① 任新建：《中华食苑》第三集，中国社会科学出版社，1996年。

献神灵后，首先由老人品尝。每年收割新粮做成的食品也由老人首先尝新。日常家庭就餐先为长者盛食，然后一家老小围聚火塘旁进餐，暖意氤氲，其乐融融。煮奶茶也是全家人集体活动的一部分，铁炉摆在客厅中央，全家围坐、嬉笑和畅谈，奶茶香味萦绕四周，家庭氛围十分温暖。

进餐讲究礼貌与卫生。吃饭时，讲究食不满口，咬不出声，喝不作响，拣食不能越盘。用餐时禁止大声喧闹。有来宾时，不能抢主宾席，坐姿要正。吃肉时不仅要分餐，还要固定餐具。每个人都有随身携带的碗筷和刀具，刀鞘上有专门的孔用来插筷子。割肉时刀刃要向内，吃肉递刀时不能将刀刃对向客人，这是不礼貌的行为。吃完肉，每个人还需用舌头将碗筷舔干净，表示这个人做什么事情都有始有终，并且注意卫生。

提倡节俭。藏族人认为凡烹饪之物，无论是大自然赐予的或是人工培育的，均消耗了人的劳动，来之不易。凡能食之物都要善于利用，一滴血、一粒米、一片菜叶，也要尽量加工为食，否则就被看作是暴殄天物，罪莫大焉。平时居家过日子也讲究节俭，不能有丝毫浪费。如牧民吃肉时，必须要吃得干干净净。除了讲究节俭外，他们还认为吃肉干净，做事也会彻底。

殷勤好客，热情礼貌。若有宾朋登门，藏民定会倾其所有，拿出好酒好茶好菜盛情款待。他们认为讲究饮食是为了尊客敬友，而不仅仅是为了满足食欲，藏谚云："把锦衣美服留给自己，把珍馐佳肴献给别人"，"投石于河是问渡之方，献美食于人是尊客之道"，足以表达这份诚恳。青藏高原人烟稀少，村落一旦来

图11-7　野外的石锅灶（《西藏民俗》，五洲传播出版社）

图11-8 藏历新年摆放的“切玛”(《西藏民俗》，五洲传播出版社)

了客人，便全村皆知，争相供给饮食，杯盘罗列，轮番饮酒，歌舞达旦，必使客人酒醉饭饱，心畅意乐方休，充分表现了藏族人民待客的赤诚之心。招待尊贵客人的饮食要比平时丰盛，如邀请活佛、僧人、盟友、世交和亲戚，在“粑角”中加放酥油或吃“糌岗”，即由拌匀的糌粑、奶渣、酥油和兑糕制作而成。主客边吃边喝酥油茶，最佳佐餐为酸奶，还有放入人参果和白糖的蒸米饭、酸奶米饭、酥油米饭、肉米饭、肉馅包子等主食。在端饭、敬茶、斟酒、敬酒时都要用双手捧给对方，而且不能用有裂缝的、破口的碗、杯、碟或勺。饮食用的碗和茶具禁忌扣放，因为只有死人的碗和杯才如此放置。

祭天敬神。糌粑是宗教仪式中不可缺少之物。在宗教节日里藏民要抛撒糌粑，以示祝福；在举行盛大“煨桑”(煨桑是一种用松柏枝焚烧的霭霭烟雾以祭天地诸神的仪式)时，人们不但要往火里洒点水，也要投入糌粑，糌粑在宗教中的魅力是其他民族少见的。藏族搬家要专门举行灶神搬家仪式，往烧着牛粪的陶罐里洒些茶叶和酥油，顿时缕缕青烟升起，主人端着陶罐对厨房的灶神诉说搬迁的理由，并请求灶神一起进入新房。这时新居的厨房早已打扫得干净，锅台壁上已画好象征灶神的蝎子像，有些人还镶上红白石子，画上海螺，写上吉祥祝福语。节日里也有专门敬灶神仪式。

婚姻缔结的过程中也充分展示了饮食礼仪，以及约定俗成的饮食意义。

当男女青年恋爱时，小伙子若在女朋友家吃了牲畜肩胛骨处的肉，即表示女方已默许他们的婚事。因为平常肩胛骨处的肉，是给牙齿不好的老人吃的。订婚日女方要向男方的执事人等献“切玛”(装有糌粑、麦粒并插着青稞穗和鸡冠花的吉祥方斗)，敬茶酒。在结婚仪式的头一天，女方也要举行敬“切玛”喝酒等告别仪式。姑娘出嫁时，女方一家人手拿羊腿，站在高楼上高喊：“不要把我家的福气带走呀！”这里的羊腿代表财富即福气。之后马队出门起程。男方的家人要向迎亲队伍敬三次酒。婚礼的第一天黎明前，男方请画师在门上用糌粑或面粉画“雍仲”图案“卍”字，象征新婚夫妻的爱情坚固不摧、永恒常在。

婚礼中，食品代表着特殊的礼仪与含义。新郎新娘的坐垫前置茶几，上面摆有“卓玛哲赛”（以人参果、大米饭和酥油制成，盛得尖尖的，上撒白糖，新娘新郎各一碗，置于碗托上）、酥油茶和酒杯。先送上“索孜干索”，即干牛肉、干糌粑，新郎新娘各吃一点，意味着粮食和家畜的丰收；再捧上“图巴擦未”即无盐面条，象征福寿延绵，新郎新娘各吃半碗。再吃“卓玛折赛”（人参果饭），表示相亲相爱，俩人各抓几粒，撒向四方，以祭奠神、龙和神祇。宴客则以炖牛羊肉、糌粑、酥油茶为主。待客人吃饱再献上青稞酒。亲朋中的僧人不饮酒，但此时须用右手无名指在酒杯内蘸三下，向空中弹三次，以示礼仪。当天晚上，人们在新婚夫妇卧铺的卡垫下用青稞粒撒成“卍”字形，表示吉祥与喜庆。次日客人前来参加婚宴。婚宴上忌以“帕杂莫古”“巴突”（类似猫耳朵样的面块）以及汤食飨客，以避凶趋吉。因为前者原是僧人食品，后者为受苦人的食品。此后，宾客送礼，献上哈达和礼品，酒女捧着青稞酒和“朝苏切玛”，各人在斗内抓少许糌粑撒向四方，以示祈福。第三天，主人请亲朋邻里参加大宴。下午举行“卓桑”（在庭院或门前燃香），以示婚礼圆满结束。

2. 饮食禁忌

藏民对锅灶非常敬畏，无论是农区还是牧区、城镇还是乡村，藏家的灶台都打扫得干干净净，锅碗瓢盆擦拭得一尘不染，因为这是灶神之居处，不可怠慢。对火塘也有敬畏之情，认为火塘中有灶神。即藏族人家的灶壁上画着白色的蝎子，藏语称之“第巴然亚”，被视为龙女的化身。所以，火塘要保持干净；严禁跨越火灶，忌往火灶里吐痰；忌用脚蹬踩灶台或坐在灶台上；忌直接在火上烤肉等等。即使野外用火，也要保持对灶神的敬畏，不能有丝毫马虎。

由于藏族群众普遍信仰藏传佛教，饮食文化受宗教影响很深，因而产生了一些宗教性的饮食禁忌。他们在重大宗教节日或吉日忌荤。藏传佛教认为藏历每月8日、15日、30日为吉祥日。每逢吉日或重大宗教节日时，许多人在一日三餐中不沾血吃荤，而专做素食。对大蒜也多有禁忌。大蒜作为调味品平时亦食用，但若要去转经拜佛、朝拜神圣之地时，则绝对不可食蒜，忌讳食蒜后的口臭玷污和熏脏了圣洁之地。吃蒜的当天不能去佛堂庙宇，三天之后才能解禁；或说吃大蒜之后，七天内不宜参拜庙宇、寺院和其他圣洁的地方。因为清除大蒜的气味是需要时间的。藏区有句谚语：“即便佛堂着火，也不要叫食蒜人帮忙。”一些信仰

图11-9 锅台壁上用白色糌粑或白土绘成的象征灶神的蝎子图（《西藏民俗》，五洲传播出版社）

虔诚的群众几乎不食蒜。

在食肉方面，一般人只吃偶蹄类牲畜的肉，如牛羊肉，而绝不吃奇蹄类牲畜的肉，如马、驴、骡与狗之肉。凡是盛过驴、马、狗之肉的锅和碗则不再使用，认为吃这些动物的肉太脏，有罪孽，死后不能升天。有的人也不吃鸡、鸭、鹅、猪、狗、兔、水獭等禽畜类的肉及卵。即使是牛羊肉，也不能吃当天宰杀的鲜肉，必须一天后才能食用。当天宰杀的肉称为“宁夏”（意为“日肉”），人们认为牲畜虽已宰杀，但其灵魂尚存，一天后灵魂才会离开躯体。

大部分地区的藏民不吃鱼和飞禽肉。他们有爱护鸟兽鱼虫的优良传统，认为鱼等水生动物是龙神的宠物，且它们在水中吃苔泥，无损于人，吃它们的肉是有罪的，会给人带来意想不到的灾难。部分地区遇到买鱼、做鱼时，则称鱼为“球萝卜”，即“水萝卜”之意。对鸟类、山鸡等飞禽藏民从不捕食，尤其如“拉恰贡姆”这样的雪山鸡，他们视之为神鸟，忌讳捕猎。

四、年节饮食习俗

节日文化是一个民族物质文明和精神文明最集中的体现。藏族的年节大体可以分为民俗节日与宗教节日两类。民俗节日是藏族全民欢庆的日子，而宗教节日则是因藏传佛教信仰而过的节日。在民俗节日习俗中，具有农耕文化色彩的农区与牧区略有不同，它们表现出各自不同的特点，显示出各具特色的文化内涵。在众多饮食中，青稞酒和酥油茶是藏族饮食文化的重要内容，更是节日中必不可少的饮料，伴酒、茶而歌舞，为节日文化增添了喜庆气氛，成为许多节日活动的必不可少的组成部分。

1. 民俗节日

民俗节日中，藏历年是藏族一年中最重要的节日，相当于汉族的春节。藏族人民根据藏历推算出具体节日日期，藏历以冬、春、夏、秋为序，全年354日。公元1027年，佛教密宗传入西藏，因此，当年被认定为藏历元年，藏历由此开始推算。一般从十二月中旬就开始做过节的各种准备。各家各户用桶或盘浸泡青稞，用酥油、白面和糖炸“卡赛”，并酿造青稞酒。除夕的晚饭前，还要在门上画象征吉祥的“卍”字符，有的还在房梁上画有许多白粉点，表示粮食满仓。藏历腊月二十九，拉萨家家户户都要吃一种特殊的年饭——“古突索”，这是用牛羊肉、萝卜、面团（面疙瘩）及其他作料做成的一种带汤食品。面疙瘩中含有9样东西：麦粒、杏干、羊毛、辣椒、瓷片、内向捻线团、外向捻线团、豌豆、木炭。各物都有一定意义，并与被食者的性格或运气相联系，谁吃到了什么，马上向掌勺的女主人报告。比如，吃出羊毛者，说明他心地善良；吃出辣椒者，表明他性格泼辣；木炭表示心黑，豌豆表示圆滑，杏干表示健康，瓷片表示纯洁等等。这既是一种娱乐，又是一种占卜。用欢笑寄托人们对新年的美好祝愿，最后总是在欢笑中结

图11-10 门上的“雍仲”和日月是藏族人最崇拜的符号（《西藏民俗》，五洲传播出版社）

束。人们求吉祈福的心理还表现在其他方面。过藏历年时，家家都要在藏式柜上摆一个叫“朝索切玛”的吉祥木斗，斗里放满象征丰衣足食的青稞、糌粑和人参果等，上面插着青稞穗、麦穗和一种叫“孜卓”的绘有太阳、月亮、星星图案的彩花板，其上点缀一小块酥油，象征过去一年的好收成，预祝新的一年风调雨顺，六畜兴旺，五谷丰登。几乎家家都用酥油雕塑一个称作“鲁郭”的羊头，因为在藏语里羊头和牛头谐音，摆羊头、吃羊头被视为非常吉利的象征。

初一早晨，全家换上新衣服，按辈分排位坐定，长者先从“切玛”中取少许糌粑向空中弹三弹，放一点在嘴里，再用无名指蘸少许酒向空中弹三下，或三口或三杯或一口一杯喝了敬酒，祝以“扎西德勒”等语，每人依次抓一点入口，长辈再顺次祝“扎西德勒”，晚辈回贺。祝毕，即表示新年仪式结束。之后，全家吃麦片粥和酥油煮的人参果，互敬青稞酒。从初二开始，邻居、亲戚好友相互拜年。有客至，主人便端过“朝索切玛”，客人用拇指和食指抓起一点糌粑，向空中连弹三次，再抓一点放进嘴里，然后说一句“扎西德勒”，表示祝福。在牧区，许多人还在新年这天将五彩布条系于羊身，并向羊的身上洒奶茶，以祝愿牲畜兴旺。

而在工布地区，即西藏的林芝县和米林县，藏民的生活生产方式、风俗习惯都有自己的特点，这个地区的藏胞不在藏历正月初一过年，而在藏历十月初一过年，表现出不同地域的年节饮食文化特色。藏历九月三十日晚，家家户户都要“赶鬼”，不让他们扰乱新年活动。此后，请狗吃饭。他们把过年的食物，端端正正地摆在木盘里，或者放在长长的木板上，有糌粑团、饼干、牛羊猪肉、桃子、核桃、酥油、奶渣、人参果、酥油茶、青稞酒等（茶和酒装在核桃壳内）。准备毕，主人把狗唤来，很礼貌地说：“舒服的狗，快乐的狗，请进餐吧！”如此三次，狗开始动嘴了。工布藏胞认为，狗吃什么，不吃什么，都是神的指使，因此全家诚惶诚恐，注视着狗的每一个动作：吃了糌粑或饼干，预示粮食丰产；吃了酥油或奶渣，预示牧业兴旺。但这时狗千万别吃肉，这预示着死人或闹瘟疫。奇怪的是，这天晚上狗是极少吃肉的。狗吃饱了，人再吃团年饭。全家围在火塘四周，烤着暖融融的青冈柴火，喝着青稞酒、酥油茶，吃一种特殊的食品“结达”。这是用酥油、牛奶调和面粉做成的面疙瘩，戳在尖尖的木棍上，伸进火里烤，烤熟一个吃一个，味道特别好，特别香。请狗吃饭的风俗反映出在半农半牧生产地区，人们对狗的尊敬和爱护。从文化人类学的视角看，人们对狗的尊敬，是因为狗是牧人必不可少的帮手，是保护牲畜的有功之臣，牧民对狗充满了感谢之情，出于对相依为命的动物伙伴的感激，故而在过年之时用特殊的饮食习俗作为一种表达方式。

“望果节”是藏族农耕生产的节日。“望”即“农田”，“果”意为转圈、巡游，合起来的意思是“巡游田野”。这是西藏农业区最大的节日。望果节无固定

图11-11　过望果节的林芝农民
（《西藏民俗》，五洲传播出版社）

日期，一般在秋收前夕举行，主要是对土地神表达农民的感激之情，并祝愿庄稼丰收。一般在七月，当青稞和小麦成熟即将开镰之际，以村落为单位，全体乡民穿起节日盛装，背着青稞酒、酥油茶，拎着饭菜盒子，绕本村庄稼地转圈游行。走在队伍最前面的引路者要举着幡旗、背着经书、捧着藏香，接着是苯教苯巴举着“达达”和羊腿领队，意为收地气，求丰收。村民手执青稞穗和麦穗在田间绕转，继而将麦穗及青稞穗插在谷仓或神龛上，祈祷全年有个好收成。随后是体育活动，最后是群众性歌舞。结束时，在地头、田边、林卡、河畔进行野餐。

除了藏历新年和望果节，藏族民间还有许多民俗节日，大多用餐宴的形式表示。最热闹的就是每年一度的八月（各地时间略有差异）“雅吉”，意为夏乐，或称“赛马节”，有时村落或部落也组织联欢会和野餐，热闹非凡。还有藏历五月十五日的“世界公桑”（即到神山煨桑、挂各种颜色的经幡等）等祭山活动，祭山结束后，藏民们会欢聚共餐。

在农牧区，重要的节日还有：每年春天第一次听到布谷鸟叫声称“恰扎”（意为“鸟鸣”）节；第一次听到春雷声称“珠恰玛库”（意为“雷鸣酥油宴”）以示吉祥，牧民还要在羊圈周围摆上冰块，预祝新年风调雨顺，牛羊肥壮，六畜兴旺，吉祥如意；家中牛羊第一次产犊或生羔时要食美餐，称“卓达”；剪羊毛的时节有“羊毛宴”等。还有“察白朗吉”（意为驮盐者的欢聚），安多牧民男子每年春、夏、秋三季去盐湖驮盐，回家后同一驮队的欢聚一起共享快乐。牧民经商出远门时，要举行商人祭灶神的仪式，之后，亲邻好友宴请共欢，称“饯行酥油宴”。牧民家庭中不同畜群各有较固定的放牧人，这些牧人日常在野外放牧，也结交了一些同自己一样的牧人，他们也有自己的欢聚方式，称之“卓他”（意为欢聚）。

每逢各种节日时各家都会举行规模不一的家庭宴会，但不管是大型的联欢会，还是很小的家宴，都充满了欢乐气氛，表现出农牧民的一种生活态度，这种习俗通过一种神圣的仪式代代相传。如此诸多的礼仪行为，自然丰富了牧民的食谱。其中，藏北牧区“素食荤腻”的饮食结构被认为是藏餐中最具营养和独特风味的系统之一，若从当代营养学的观点来看，基本达到了营养平衡。诸如谷类中的青稞、小麦、豌豆，富有营养的肉、酥油、奶渣，饮料中的茶、酒、奶，甜食中的蔗糖、蜂蜜、奶制品，野生的人参果、黄蘑菇等都是牧民们的生活必需品，他们按食品的颜色将食品分类为“白食”和“红食”。白食是以酸奶和奶酪为主的奶制品，而红食是以牛羊肉为主的肉制品，制作上有煮、炖、烧、炒、生等烹调技艺。

2. 宗教节日

宗教节日是藏族节日文化的重要组成部分。藏族信仰藏传佛教，几乎月月有节，其节日食俗也伴随着宗教活动而展开。宗教节日依据传统的宗教祭祀，形成相对固定的时间与地点、活动方式，具有全民性、传统性。主要有庆祝释迦佛战胜“外道”的大昭寺传昭节（正月十五元宵节）；旧时拜见达赖的三月八日“杰朵节”（八祭节）；庆祝释迦牟尼降生成道涅槃的四月十五日“萨嘎达瓦节”；以及五月一日至十五日的“瞻部林吉桑节”（又称“烟祭节”“林卡节”）、8月1日

图11-12 在罗布林卡郊游野餐（《西藏民俗》，五洲传播出版社）

的“恰休节”和9月22日的“拉波推钦节”。其中，还有与饮食有关的节日，如七月初的“雪顿节”是奉献酸奶的节日。“雪”意为酸奶，“顿”意为宴会，合起来的意思是“酸奶宴”。“雪顿节”吃酸奶的习俗由来已久。每年藏历七月天气转暖，百虫惊蛰而出土活动，为避免伤害他们，不违佛祖“不杀生”的戒律，格鲁派规定，这月的十五日到三十日，喇嘛们在寺院闭门修炼，直到解禁。而此时，正是藏区牧草丰茂，盛产牛奶的季节，人们将牛奶制成酸奶，既洁净，又营养，以此供奉喇嘛活佛。节日中，百姓还常以乳酪饮客斋僧，因此常译名为“酪宴节”。“酪宴节”后来演变为以藏戏会演为主的节日，所以此节又被称为“藏戏节”。在拉萨，每年从7月1日始，由各地藏戏团在哲蚌寺演出藏戏，初二至初四，移在罗布林卡举行。节日里，藏族群众穿盛装、提乳酪、备酒食、观看藏戏大会演。在雪顿节上，当剧目更换与情节衔接之际，观众便到林卡树林中的幽静之处去野餐，畅饮酥油茶、青稞酒和吃各种美味食品。

年节饮食是藏族先民对大自然的亲和与认同，体现了其保护生态、保护野生动物资源的传统，他们很早就形成了与自然和谐相处的“天人合一”的生态观；节日中家人团聚，拜会友邻，以丰盛食物待客，互祝吉祥如意，起着加强亲族关系和维系、调节社会关系的作用；基于农耕文化的农事食品祭祀、祈盼丰收的愿望，表达出他们对美好生活的追求；基于畜牧文化的特色年节食品娱乐，则透视着藏族人民向往喜庆吉祥、欢乐美满、热爱生命的主题；而节日食俗中所表现出的信仰习俗，感恩祖先，敬娱佛祖，尊奉喇嘛，揭示出藏族人民的宗教观与伦理观。

第十二章　改革开放以后

第一节　四川地区的迅猛发展

20世纪70年代末，中国实行改革开放政策，四川的社会经济此后逐步完成了由计划经济向社会主义市场经济的转变，经济得到长足发展。1993年，城市居民摆脱了计划经济统销统购的束缚，取消了粮票及各种票证，粮油、副食品敞开供应，饮食文化全面发展，预示着一个崭新的“饮食时代”的到来。

一、四川美食迅跑，川菜走出国门

1. 经济体制改革促进农业经济大发展

1976年后四川推行了农村经济体制改革试点，推动了农业生产的发展。1978年，四川实行了家庭联产承包责任制和扩大企业承包自主权试点，拉开了农业改革和企业改革的序幕。此后，农业出现了持续增长的大好势头。由于实行了家庭联产承包责任制，调整了农村产业结构，农村的商品经济有了较大发展。在中央提出的“决不放松粮食生产，积极开展多种经营”的方针指导下，四川从1979年开始，采取了鼓励发展经济作物、林业、畜牧业和乡镇企业的一系列政策。

在粮食生产方面，自20世纪70年代后期始，全面推广杂交水稻，使全省水稻生产有了突破性的发展。20世纪80年代后，开始改进耕作制度和栽培技术，旱地三熟制在丘陵地区基本上普及，并推广了地膜保温育秧等新技术。1998年，在耕地面积并未扩大的情况下，通过改进农业生产技术，全省主要粮食产量达3519.7万吨，为1952年的2.5倍以上。

在发展经济作物方面，四川省总结推广了粮菜套作、四边植桑、小麦镶金边（油菜）、玉米红苕镶红边（高粱）等耕作制度；在山区推广改造利用冬闲地的技术。这些都对合理利用土地，推动生产发展发挥了重要作用。进入20世纪80年代后，由于一些高效低毒新品种农药的引进和使用，对防治水稻等作物的病害起到积极作用。1998年，四川农林牧渔业增加值为941.2亿元，粮食生产总产量达3626.3万吨，增长2.5倍，成为全国第三产粮大省。

1978年以来，根据适应市场需求的原则，四川农村经济逐渐摆脱单一的产业结构，开始走上了农林牧副渔协调发展、农工商综合经营的健康发展道路。1979年后加强了渔业工作，使水产事业得到较快发展。1998年，水产品产值达31.45亿元，为1952年的61倍以上；产量达42.3万吨，为1952年的42倍以上。四川畜牧业也获得迅速发展，成为农村经济的一大支柱产业。1998年畜牧业产值达554.15亿元，为1952年的188.9倍以上。

2. 餐饮经济迅猛发展

改革开放以来，伴随经济的发展，饮食市场空前繁荣。20世纪90年代以后，四川饮食文化进入多元发展时期。随着生活的不断改善，百姓食品消费的场所与形式都发生了变化，饮食消费领域不断扩展，饮食市场呈现繁荣局面，充分体现在如下方面。

饮食消费水平大大提高。人们开始讲究“吃”，餐桌上的菜样逐渐丰富，以往逢年过节才端上餐桌的“红烧肉”已在餐桌上增多，过去闻所未闻的三文鱼和鲈鱼，也成为常见的美食。街上的饭馆增多，传统的菜系在沉寂许久后也得到复苏，人们对饮食多样化的要求促进了餐饮业的繁荣发展，西餐厅开始重返各大都市。

餐馆酒楼数量繁多，个性鲜明。改革开放后，四川餐饮业陆续恢复了一些传统名号，并出现了一大批带“洋”味的名字。此后，又受南方影响，一些饭店酒楼习惯以“城”来命名，如“三味饮食城”“石头城火锅”等。如今，“公馆菜”“菜根香”“渔庄”“豆花庄”“火锅店”“农家乐”“泡菜香”“名小吃”“乡风味”“好味道”“皇城老妈火锅”等各具特色的餐饮店铺，遍布成都市与农村。随着经济发展和人民生活水平的提高，消费观念也在改变，人们求新求变要求日重，对传统川菜不再满足。入川餐馆也迅速增多，一批新的川菜馆相继出现，如“巴国布衣”“乡老坎”分别以具有川东民风民俗和川西民间家常风味亮相成都。此外，粤派海鲜酒楼、美国肯德基、麦当劳，韩国烧烤、日本料理等纷纷进入四川大中城市，为人们带来了异域的饮食风情。

规模效应，连街成片。进入21世纪后，四川餐饮更加繁荣，店铺林立，连街成片。其中以成都餐饮为最。成都有3万多家酒楼、餐馆，遍布大街小巷。

由西往东呈扇形排列：沙西线、羊西线美食一条街及府南新区火锅一条街、草堂餐饮娱乐圈、武侯祠大街、双楠美食区、玉林－中华园美食区、科华路－领事馆路美食街、人民南路南延线休闲餐饮一条街等。外地人到成都美食街走一走，便能体会“吃在四川，味在成都”的含义。

人们饮食习惯逐渐转变。繁忙的工作和生活节奏，使人们的饮食方式和习惯逐渐转变。富裕起来的民众也有了在外就餐的条件，便捷、高效的外送服务逐渐进入百姓生活，外出就餐亦成为日常社交、谈生意或联络感情的一种方式。

特级厨师层出不穷。改革开放后，餐饮界人才辈出，尤其是1985年四川烹饪高等专科学校成立，培养了一批又一批品质优良、技能合格、综合素质良好的从事烹饪和餐饮管理的应用型人才，成为中国西部乃至全国餐饮人才培养的重要基地。1986—1990年，四川省及成都市、重庆市有关部门授予的特级烹调师、面点师和宴会设计师，人数多达数百人，促进了川菜的发展。

川菜产业化。川菜产业化使川菜成为四川经济新的增长点。它客观上要求农工商综合经营，或农业、餐饮业、商业一体化，有效地带动农业产业化，创造了更多的劳动就业机会，而且为省外和国外培养、输送了大批合格的川菜烹饪人才，进一步促进川菜走向全国、走向世界，推动四川经济的快速发展。仅以实现了规模化经营的“谭鱼头”一家餐饮业为例。目前，它在全国有80余家连锁店，每月主要原辅料的消耗为：辣椒面60吨、食用油150吨、苕粉30吨、火锅底料60吨、泡酸菜和泡萝卜60吨，每年消耗四川的原料达1万吨、在全国消耗的鱼达3万吨，向省外输出了2万人次的四川劳务人员，年营业额达4亿元以上。由此可见，实现川菜产业化具有重大而深远的意义。①

3. 四川美食走出国门

改革开放后，随着市场经济的发展，深得民心的风味小吃展销活动频繁，尤其是“美食节”和国际性节日不断举办，成为市民们向往趋拥之处，也成为外国人了解四川文化的一个窗口。其中，成都的小吃还进军北京、广州、昆明等地，甚至远涉异国他乡。成都小吃所特有的文化现象，亦为世人所公认。凡此种种，成都赢得了“多味烹饪王国”的美称，这是美食民风民俗长期延续积累、凝聚演绎而成的硕果。

20世纪末期，川菜走向世界，名扬五洲，在外国人中享有“吃在中国，味在四川”的美誉。其中以1979年在美国纽约市“荣乐园”川菜馆开业为起点，主厨

① 杜莉编著：《川菜文化概论》，四川大学出版社，2003年，第128～132页。

为曾国华、刘建成师傅等10名厨师，供应近百种川菜，成为纽约的中型高级中国餐馆。他们根据美国人的喜好，用四川的烹饪方法，创制出美国口味的川菜，很快吸引了世界当地食客，前往就餐者有国家元首、政府部长、各国驻联合国代表及美国各阶层人士，获得很高的评价，引起了轰动效应。而位于纽约曼哈顿的荣乐园川菜馆，被美国杂志评为全美最好的100家菜馆之一，荣乐园居纽约10家之首。为祖国争得了荣誉。①

4. 从“酒文化”到“文化酒”

巴蜀酒文化历史悠远厚重，历数千年长盛不衰、绵延不绝，具有深厚的人文背景和广阔的市场需求，使川酒不仅具有“物”的属性，更跃升出个性鲜明的文化属性，成为物质和精神相统一的凝练体。随着时间的推移，改革开放后的四川名酒更上层楼，蓬勃发展。如泸州老窖以“醇香浓郁、清洌甘爽、回味悠长、饮后尤香”而驰名中外，全国五次评酒中连获金牌，成为中国浓香型白酒的典型代表。又如，五粮液是中国白酒的又一名牌产品，其酒液清澈透明，酒质醇厚甘美。在多次名酒评定会上，酒家对其评价是：“取五谷之精英，蕴积而成精液，其喷香、醇厚、味甜、干净之特质，可谓巧夺天工，调诸味于一体。”五粮液集团在20世纪80年代初的生产能力只有3000多吨，到2003年扩展到40余万吨。四川名酒，显示了川酒业发展的雄厚基础，展现出川酒深厚的历史文化内涵。

20世纪后，酒文化发展的一个重要特质，就是既强调酒的文化属性，同时也强调文化属性的物化作用，从而孕育出了一批“文化酒”，这是20世纪90年代以后才出现的一种新的发展趋势，是一种精彩的文化现象。这种“文化酒”就其文化属性来说，既包含着悠久的历史渊源，又具有鲜明的时代特征，就其物质属性来说，既包含独特的传统酿造工艺，又融合了先进的现代科学技术，使酒品名称既充满文化韵致，又体现出企业文化的丰厚底蕴，具有独树一帜的品牌文化核心理念及其人文精神。②在这种环境下，四川除了传统名酒外，还创新生产了文君酒、梦酒、十二金钗酒等一大批部优、省优名酒和中国古典文化名酒，川地每年生产的白酒数量占全国白酒总量的1/5。可以说，川酒为四川经济发展带来了无限的生机。

---

① 车辐：《川菜杂谈》，重庆出版社，1990年。

② 杨志琴、龚雄兵：《创新观念，直面竞争，做中国文化酒的引领者——“酒鬼”酒文化经营发展战略再绽新姿》，《人民日报》，2001年10月11日。

5. 川茶发展前景广阔

20世纪80年代改革开放后四川茶业得到长足发展，欣欣向荣。主要表现在：

茶叶种植面积增大，产量、产值逐年增长。随着改革开放的进程，四川省加大了茶产业政策的扶持力度。1999—2004年六年间，全省茶园面积增加了72.72%，达到13.98万公顷，居全国第四位，茶叶总产量达到8.6万吨，居全国第六位。2006年，四川茶园面积达到13.92万公顷，居全国第四，产量全国第五，茶叶总产值12亿元。2007年，四川省茶园面积增加到16.78万公顷，居全国第三位，产量、产值居第四位，发展速度很快。

开发新名茶与发扬老名茶。20世纪80年代以后，经济发展，人民生活水平提高，对茶及高档茶需求量越来越大。茶叶和名优茶消费增加。从80年代中后期开始，各产茶区一方面恢复和扩大了历史名茶的生产，同时又雨后春笋般地创造了一大批新名茶。如通江县20世纪90年代以来先后开发了“天岗银芽”“天岗云雾”“罗村茗眉”“佛龙香茗”“翰林茶”“汉城银毫”“龙虎银芽”等十多种历史名茶和创新名茶；2005年，巴中市的“云顶绿芽”“云顶茗兰”“光雾茗峰”等跻身国家名茶行列。传统名茶也得到发展。2006年11月，四川省评选出“竹叶青、叙府龙芽、龙都香茗、仙芝竹尖、绿昌茗雀舌、花秋御竹、佛泉今生相依、巴山雀舌、芝龙洪河茶、蒙山甘露”为“四川省十大名茶”。

改革开放后，边茶的总需求量一直维持在2万多吨。进入21世纪，随着边茶多种功效的日益凸显，边茶被越来越多的内地消费者所接受并喜爱，其市场需求量也迅速上升，2007年边茶的消费量已达到6.45万吨。

21世纪的茶产业综合利用的前景广阔。除了茶饮料、茶食品受到广大民众喜爱外，茶产业生态功能强，茶树是多年灌木性常绿品种，既是生产茶园，又是生态观光林，近年已作为观光旅游的发展项目之一。发展茶产业既能绿化山川，又能促进茶农增收，达到生态效益和经济效益的有机统一。

二、繁花似锦的四川饮食文化

1. 川菜烹饪中外兼收，推陈出新

川菜烹饪是四川饮食文化的核心部分。改革开放后是四川饮食文化的繁荣创新时期，主要表现在烹饪技法的中外兼收和菜品的创新。

川菜对国内其他地区的食材、烹饪、调味方法积极吸收、借鉴。改革开放后，擅长制作海鲜菜肴的粤菜大举入川，沿海地区的生猛海鲜也源源不断地涌入四川，为原来缺少海鲜的川菜用料开拓了新的领域。川厨便以各种海鲜制作

菜品，使川菜菜品更加丰富。如用龙虾制作“酥皮龙虾”“茄汁龙虾等”；用扇贝制作“扇贝冬瓜”“五彩鲜贝”等。厨师还根据川人喜麻辣味厚重的特点，对海鲜采取不同的烹调方法，创制出许多麻辣海鲜新菜品，如“辣螃蟹”“香辣鱿鱼卷”“鱼香基围虾”等，有的成为著名菜品而走出四川，在全国沿海地区受到普遍欢迎。此外，如广东地区的煲汤与川菜的调味方法相结合，制作出家常海鲜煲、乌鸡煲、兔肉煲、麻婆豆腐煲等菜肴，其中“乌鸡煲”成为四川许多餐馆的冬季必备菜品。又如，西北地区的串烤法被川菜借鉴，制作出系列串烤菜品，如烤兔肉串、烤鱼肉串、烤鱿鱼串等。再如，山东地区和广东地区的“脆浆法”，是用脆浆（面糊）进行油炸的一种方法，四川厨师常用于制作炸烹菜式、果类菜品以及传统的生炸椒盐类菜式、拔丝菜式等，或创制出新品种如“孜然牛柳”“脆皮琵琶”等；或改善了传统菜品的风味与品质，如“香柠脆皮鸡”，用脆浆炸后外形更加饱满圆滑、质地外脆内嫩。①

改革开放后，中西交流日益繁荣，引进了许多优质烹饪原料。如植物性的原料有芦笋、芦荟、西兰花、玉米笋、樱桃番茄等，被川厨烹饪成“清炒芦笋”“白油芦笋”等菜肴；动物性的原料主要有牛蛙、鸵鸟等。四川厨师继承了先辈善于借鉴的精神，积极变革西洋菜。例如在对外来原料的引进上，川厨即用引进的原料替代原有的原料使菜肴变新。如用牛蛙替代牛肉等干煸菜式的传统原料，制作“干煸牛蛙”；以鸵鸟肉替代猪肉，制作“鱼香鸵鸟丝”；西芹、西兰花、生菜等也被广泛使用于菜肴。还有，日本铁板烧法被川厨运用，制作出“铁板海蟹”“铁板鳝段”“铁板腰花”等新式菜肴。

2. 百菜百味，创新加快

川菜“一菜一格，百菜百味”的特色已为餐饮界公认。发展至今，味的区分更加丰富多变。以辣椒为例，成都菜就有以下10余种复合味道：红油味、酱辣味、爆辣味、鱼辣味、家常辣味、干辣味、麻辣味、腌辣味、鲜辣味、甜辣味、火锅香辣味等。以凉拌菜肴为例，则有红油、麻辣、椒麻、姜汁、蒜泥、白油、芥末、麻酱、糖醋、椒盐、咸酸、酸辣、咸甜、咸香等10多种复合味。②

川菜的百味得益于川菜调料。从古至今川菜调料的类别越来越细，除了常用的葱、蒜、姜、椒（海椒、花椒、胡椒）及大茴、小茴、草果、丁香、陈皮等五香调料外，还有人工酿造的调料，一料数种，风格各异。如酱油有白酱油、红酱油、甜酱油、口蘑酱油等；豆瓣有郫县豆瓣、家常豆瓣、红细豆瓣、临江寺

① 杜莉：《川菜文化概论》，四川大学出版社，2003年，第40～44页。

② 成文：《让世界认识川味——访范敬一先生》，《中国烹饪》，2000年第11期。

豆瓣、香油豆瓣、金钓豆瓣、甜酱豆瓣等；豆豉有家常豆豉、豌豆豆豉、红苕豆豉、水豆豉等；豆腐乳有红豆腐乳、白豆腐乳、臭豆腐乳、白菜豆腐乳等；烹制菜肴的酒有料酒、白酒、黄酒、啤酒、醪糟汁、乳酒等；还有豆腐乳汁水、糟蛋汁水、泡菜汁水、酸菜汁水等也成为厨师们烹制某些风味菜肴时所用的独特调料。这些同系不同味的调料各有其特点，经厨师们巧妙搭配，使菜味丰富多变。

20世纪90年代以来，菜品的创新速度越来越快，具有多样化、个性化、潮流化特点。菜点“多样化”表现在菜点品种的繁多。据《川菜烹饪事典》1999年修订本，时有四川名菜点共1046种，包括冷菜、海鲜、燕菜、禽、畜、兽、蛋、鱼、蔬、果、豆制品、火锅、点心、小吃等，估计当时的川菜品种在5000种以上。“个性化”主要表现在川菜的设计、制作上大多具有独特之处，主要表现为文化性、新奇性、精细性、乡土性和生态性诸方面。“潮流化”是指川菜的菜品翻新快，时效性强。20世纪80年代以来，相继出现火锅热、黄辣丁热、酸菜鱼热、郫亭鲫鱼热、生抠鹅肠热、江湖菜热、香辣菜热等，都是菜点潮流化的体现。①餐饮界还调整观念，创制出许多新派川菜，其中较为突出的如京派川菜、海派川菜、南北川菜等，以适应大量来川流动人口的口味习惯。川菜创新方法很多，有学者归纳为挖掘法、借鉴法、采集法、仿制法、翻新法、立异法、移植法、变料法、变味法、摹状法、寓意法、偶然法等十二种。②在菜肴的组合上争取科学合理，建立起常吃常新的保健意识，并进一步实现川菜餐饮业管理的科学化。

3. 传统筵宴的创新与改革

筵宴也日新月异。从格局上看，除传统菜肴筵席外，还出现了一些全新的筵席格局，如火锅席、小吃席，它们分别以火锅菜品、小吃品为主角，其他菜品与水果、饮料为配角，食客根据不同的需要进行选择。在进餐形式上，既保留着中国的饮食传统，合餐而食，其乐融融，也受西方饮食文化影响，出现分餐、自助的方式。20世纪80年代后，与新的筵席格局和进餐方式一同出现的还有冷餐酒会、鸡尾酒会、药膳席等，各具特色。以“冷餐酒会”为例，它原本是欧美国家流行的一种西餐宴会形式，随着西方饮食文化的进入，也被川菜吸收借鉴，创制出川菜筵席的新形式。它以冷菜为主，热菜为辅，配以点心、小吃、酒水与瓜果，设公用的餐台而无固定座位，客人随意选用食品，具有自在随意、不受拘束、适宜广泛交际等特点，深受人们欢迎。③

---

① 杜莉:《川菜文化概论》，四川大学出版社，2003年，第40～44页。

② 李新:《川菜烹饪事典》，重庆出版社，2000年。

③ 杜莉:《川菜文化概论》，四川大学出版社，2003年，第50页。

从对传统筵席的改革上看，现代筵席的改革已与“建设节约型社会”和“学习科学发展观”息息相关。在传统川筵中有不少合理的内容，暗合了现代营养观点，为现代筵席提供了借鉴与帮助。如富含碳水化合物的水果、蜜饯、坚果等餐前的“碟子菜”最早上桌，可使人在饮酒前和饮酒过程中保护肝脏；在整个菜肴组合过程中少见辛辣味型菜肴，减少氯化钠的使用等。① 这些营养指导正在引起重视并逐渐实施，在现代筵席改革中开始发挥重要作用，使现代筵席朝着更加合理、营养、健康的方向发展。

4. 重庆火锅的“雄起”

火锅本是川菜的一个支系，久已流行省内各地，原是典型的下层民间食俗。据说其来源于重庆江边纤夫的杂合菜。重庆两江（长江、嘉陵江）江流之处的朝天门，原是回民屠宰牲口之地，回民只要牛的肉、骨、皮，而将内脏弃之。于是岸边的水手、纤夫将其捡回，洗净后加入辣椒、花椒、姜、蒜、盐等辛辣之物煮而食之，一来饱腹，二来驱寒、祛湿，久而久之，就成了重庆最早的也是最有名气的“麻辣毛肚火锅”。后因水牛内脏价格便宜，当时重庆江北的一些小贩便将它们洗净后煮切成小块，然后挑上一个担子，一头装上这些煮熟的水牛内脏，另一头放炭炉，炉上置一大铁盆，煮着麻、辣、咸的卤汁沿街叫卖。至20世纪30年代，重庆商业场街的一家小饭店如法炮制，在桌面中部挖一圆形孔，下置炉灶，上安赤铜小锅，用牛骨汤、固体牛油、豆瓣、辣椒粉、花椒粉等配制卤汁，煮开后先放蒜苗，再将半熟的牛肚等用筷子夹住放入锅中烫食。蘸料由顾客自行配制，菜肴有荤有素，食者可丰可俭。于是，毛肚火锅慢慢得到了中上层食客的青睐。火锅的菜也越来越广，后来，又增加了水牛的其他内脏，以及生鱼片、鳝鱼片、鸡血、鸭血、猪肝、猪腰、猪肉等，还有白菜、豆芽、豌豆尖等素菜，逐渐形成麻辣味厚、鲜香脆嫩的特色。之后，重庆的街头小巷遍布火锅店，从早到晚热气腾腾。一些高级餐馆也专设火锅待客，一些火锅店如“桥头火锅”“崇龙园”等盛名远扬。重庆火锅遂成为名小吃，外地人到重庆多以品尝火锅为快。

重庆火锅之所以广受欢迎，主要有以下几个特点：

一是重庆火锅虽然调味突出辣与麻，但它很注意“五味”的和谐，从而具有辣而不燥、麻而不烈、进口味浓、回味绵长的特点。

二是火锅桌面大，可以使几代同堂的大家庭同桌而食，长幼同锅，大快朵

---

① 沈涛、詹珂：《浅析传统川菜筵席符合现代营养观点的元素》，四川烹饪高等专科学校学报，2010年第1期。

颐，尽享天伦之乐。待客或者亲朋好友聚会吃火锅，众人围坐于热气腾腾的火锅四周，谈笑愉悦，融和欢快，从美食中享受友情。这种共而食之的典型形式，符合中国传统文化中“尚和”的思想。

三是在食法上，所有食品都要自己动手烫，增加了食客的参与性乐趣。这些都给人耳目一新的感觉。

四是从吃火锅过程中折射出重庆人的地域性格特征，重庆人在炎炎夏日也吃火锅，食客挥汗如雨，并产生了“三伏天吃酒烫火锅——热心热肠”的歇后语，形象地表现出重庆人的生活特点和性格特点。

五是在吃火锅过程中，将饮食与民俗联系起来，产生了一些意味深长颇具地方特色的俚俗语，如“雄起”是川渝有名的一句俚俗语。源自纤夫在沿岸拉船时喊的号子“嘿唑！嘿唑！雄起！雄起！”用于激励互相加劲，后来被重庆人使用于吃火锅中，意指边吃火锅边喝酒时要扛得住，不能倒下或者拒喝，形象地表现出重庆人豪爽的性格。

20世纪70年代末期，经过改良后的重庆火锅向成都、乐山、宜宾、南充、泸州等地发展，短短几年，火锅在四川普及，一些传统川菜馆也转而经营火锅。80年代后，重庆、四川大中城市市民最时髦的休闲便是跳舞和吃火锅。90年代后火锅向正规化、规模化和高档化发展，成都的“狮子楼”“川王府”等火锅酒楼崛起，重庆的“小天鹅”在成都经营中低价位的“自助餐火锅”也颇受欢迎。于是，许多火锅酒楼又转向自助餐式。进入21世纪，新式火锅涌现，羊肉火锅、鱼头火锅、鲢鱼火锅、山珍火锅、药膳火锅等面世，火锅进入无所不烫、包罗万象的臻善境界，并逐步向全国各地进军，北京、天津、上海、广州等地皆有四川火锅。

5. 小吃、糕点历久长盛

改革开放后，成都小吃发展更加完备，大体可分为席点、传统小吃、通俗小吃三类。常见的品种有500多个，小吃店铺遍及大街小巷，有的街道鳞次栉比，据不完全统计有5000多家。蜚声中外的夫妻肺片、陈麻婆豆腐、治德号小笼蒸牛肉等，都是有代表性的小吃。

成都小吃发展至今，调味技艺炉火纯青，色味独到。在多种复合味中，以麻辣为特色，以麻辣中的“辣”味为例来说明味型的丰富：虽然都是辣味，但由于调制时要根据不同的要求取色、取香、取味，在调料的配制上，多以一味为主、他味为辅而各具特色。如钟水饺、豆花面、甜水面、张老五凉粉，虽然同为辣味，但辣法不同，有香辣、鲜辣、甜辣、麻辣、酸辣等区别，口味上也绝不雷同，于色、香、味、形上各尽其妙。另一些小吃，在制作上烹饪技法多样，分别采用煎、炸、烤、烙、烧、炒、烩、蒸、煮、烘、腌、渍等十多种方法，形成了酥脆、酥松、酥泡、松泡、细嫩、软糯等多种口感。如牛肉焦饼、油炸馓子、方块油糕等品种的“酥脆”，军屯锅魁、鲜花饼、韭菜盒子等品种的“酥松”，波丝油糕、凤尾酥、油酥蛋卷等品种的“酥泡”，猪油发糕、白蜂糕、韩包子等品种的“松泡”，麻婆豆腐、酸辣豆花、冰汁杏淖等品种的细嫩，珍珠圆子、叶儿粑、郭汤圆等的软糯，都能在视觉、嗅觉、味觉、触觉上给人以美感和享受。

四川自古每年都有赶花会、灯会、庙会所习俗，每逢此节日期间，各类小吃分陈于肆，各显绝技，并历久不衰。改革开放以来，伴随经济的发展，四川的饮食文化空前繁荣，市场更加活跃，小吃展销活动频繁，尤其是“美食节”和国际性节日不断举办，成为市民向往趋拥之处，也成为外国人了解成都，了解四川文化的一个方面。成都的小吃还进军北京、广州、昆明等地，甚至远走异国他乡，令外国人交口称赞。

糕点的发展也颇为可观。据统计，全川糕点花色品种常年保持在1000余种，仅成渝两地，经常上市的糕点分别在700种左右。四川糕点不仅川内人喜爱，省外及外国朋友也十分赞赏。一位杭州消费者曾写诗赞美重庆糕点说：“天府名糕点，香飘西子湖，寄语重庆人，下江羡巴蜀。”一位泰国游客品尝了川式糕点后，给予“齿颊留香”的评价。

四川糕点之所以兴盛，是因为它具有鲜明的品质特点：

第一，四川糕点很多是传统老字号制作，产品质量好，信誉高，历久不衰。如成都“凤尾酥”相传始于明代，它造型奇特，外表呈浅金黄色，外酥内软；“新都桂花糕”创制于明朝末期，产品内嫩外酥，滋润化渣，香甜适口；成都“蛋烘糕”源自清道光年间，酥嫩爽口，老少皆宜。“内江蜜饯”创制于清咸丰年间，以其独特的生产工艺久负盛名，经久不衰。

第二，四川糕点在制作上讲究选料精，工艺严，注重刀工、手锋与火候，制作精良，质量上乘。如凤尾酥工艺考究，造型奇丽，制作上采取烫面软炸，酥丝均匀，呈薄云状，上部的酥丝若云、若雾、若轻纱、若鸟羽。新都桂花糕经过蒸、炒、磨、拌、擀、匣、刀切等工序精制而成，具有洁白如玉、清甜爽口、细腻化渣、桂香浓郁的特点。川式糕点制作不断精进，总结出“捏、擀、切、搓、嵌、扭、卷、翻、凑、划、拉、揉”成型工艺十二诀。四川糕点与川菜小吃类似，突出了“一点一味”而名扬四海。

第三，四川糕点形成了地域性风味特点，可概括为“甜肥软糯，香酥松脆，余味悠长”十二字。甜肥，即重糖重油，讲究甜而适口，油而不腻；软糯，即粑和滋润，如叶儿粑、合川桃片、峨眉糕、桂花糕、白米糕等都有此特点；香酥松脆，既香且酥，松散易化，脆爽适口，如麻饼、凤尾酥、成都香油饼、长寿薄脆、忠县冰薄月饼等，既有好的口感，又不顶嘴粘牙；余味悠长，是川式糕点食时给人的感觉和食后留下的印象，如米花糖类、鲜花点心、玫瑰点心、椒盐桃片等，食后香味犹存，经久不去。

第四，四川糕点出售方式灵活。分为冷卖与热卖两种，冷卖有专业糕点铺，热卖又有名吃小店与走街串巷的小贩。如蛋烘糕、蒸蒸糕等，许多名小吃店都有制作，但仍有许多小贩挑担销售。蛋烘糕和蒸蒸糕的特色是香喷喷、金灿灿，绵软滋润，营养丰富，老少“打尖”最宜。一些餐厅还以套餐的形式销售，筵席上也常作为中点改换的情趣。

第五，平民性与适众性。糕点价格便宜，平民消费得起。不同糕点风味特色不同，而一种糕点具有多种口味。如凤尾酥心料可随季节变化而有鲜花、龙虾、金钩等几种。蛋烘糕常见的馅心有芝麻、仁锦、八宝、水晶、蜜枣、鲜肉榨菜、金钩、蟹黄、火腿等，喜爱不同口味的人都适合，更是婴幼儿、孕妇、产妇、病人的理想食品。新都桂花糕，糕质细软滋润，色泽洁白，入口化渣，具有浓郁的桂花清香，适宜人群也十分广泛。内江蜜饯有40余个品种，60多个花色，成品形态多样，味道各异，保糖保汁，滋润化渣，香甜可口，入口生津。一直深受广大群众欢迎。

第六，糕点中富含各种人体需要的维生素与矿物质，具有养生保健作用。内江蜜饯具止咳化痰、疗脾开胃的功效；樱桃蜜饯具有调中益气之功效；天冬蜜饯具有润肺养胃、清热生津的功效。蓬溪姜糕以糯米、蜜糖、麻油、姜汁为料精制而成，具有食疗保健功能。因糯米养胃温中，姜汁散寒祛痰，蜂蜜养阴益寿，麻油润肠保肝。它既是素食之妙品，又是病家之佳食。

6. 茶馆文化盈盈不衰

随着改革开放的深入和人民生活水平的提高，人们越来越注重对品茶文化的深层次体验，茶文化、茶休闲、茶健康的观念日渐深入人心，茶馆文化空前繁荣。20世纪80年代后茶馆再次兴旺，成都茶馆的数量仍为全川之最。大街小巷、公园、名胜等地，均有茶馆或设有茶座、茶厅、茶吧。都市中的各类茶馆有不同的情调，想怀旧可去会展中心的“顺兴老茶馆”，古桌古椅，古树古装，晚间有川剧或其他曲艺演出及茶道表演；想领略浪漫风情可去“圣淘沙茶楼”，欧式的装修格调，悠扬的外国名曲，品茶同时还可享受烛光西餐。不同档次的茶馆，足以满足不同层次客人的需求：或想静坐深思、或想读书赏景、或想生意谈判、或想娱乐放松、或想闲聊度时均可找到归宿，这一时期还出现了“音乐茶馆”“科技茶馆”“人才交流茶馆”等具有时代特色的茶馆。有的茶馆还可以上网，有的可以浴足，服务周到，一应俱全。绿树点缀，格调高雅的茶楼，已成为茶客们的理想场所，它更强调饮茶艺术是一种高品位的享受，它的传承与发展将推动生活方式向更先进、更科学的方向迈进。

据20世纪末不完全统计，成都市仅市区高档茶馆就有近400家，加上星罗棋布大街小巷的茶馆，估计超过3000家。成都每天约有20万人次泡茶馆。[①]成都茶馆的普及与特色，以及消费魅力使其具有了国际声誉，以至有人把成都茶馆与巴黎酒吧、维也纳咖啡馆并列为“世界之饮”。成都的茶馆文化散发着巴蜀泥土的芬芳，已成为成都民俗文化旅游的重要亮点。1980年，著名汉学家、澳大利亚格利费兹大学校长考林·马林克教授到成都，指名要到梓潼桥西街的“森园茶社”饮茶、听扬琴演奏。四川新津画家曹辉，在帆布上画了18幅四川道地的《茶馆》画，生动展现四川茶馆的情态风貌，享誉巴黎画坛；1986年“成都茶馆”出现在巴黎第十五届秋季艺术节上并献技表演，赢得热烈掌声。[②]

7. 饮食消费观念与消费形式的更新

饮食消费观念也在悄然改变。改革开放后，人们的家庭收入增多，年节之际，一些家庭一改过去自制自做菜肴以节约开支的传统，而是以娱乐、休闲为要，在餐厅包席桌、茶屋团聚，吃喝玩乐，轻松度过假日。消费习惯也有所改变。20世纪80年代前，餐馆吃饭是先买票，再凭票排队自己端饭取菜。80年代后私营馆子兴起，服务态度是竞争的重要内容之一，顾客入馆后，总是先看菜谱点菜，由餐馆服务人员一一端上桌，吃后由一人付钱。90年代后，受外来文化影响，部分年轻人乃有AA制之举，现在众人聚餐多采取这一付款方式。

改革开放后，随着生活水平的提高，人们吃饭已从重质量向个性化发展。餐馆饭店也越来越注重文化内涵的体现，不但在服务管理方面进行改进，还讲究用餐的环境布置，彰显饮食文化意蕴，注重个性，提升品位。除一般餐馆外，20世纪90年代起，“私房菜馆”悄然兴起，菜馆讲求装修豪华，宣扬餐饮情调，渐受人们欢迎。主要原因是这些食客追求的不只是味觉观感，且追求菜品营养与就餐环境所带来的心理愉悦，表现了崇尚品位与个性的时尚。所谓“私房”，一般是菜馆老板的私人之家，或独家小院，或大厦里的一屋一室。大多选取闹市地段，却独显别院小亭式的就餐环境。拉开了与大众餐厅的档次，满足朋友宴请和家庭聚会时人们对家庭温暖的需求。私房菜馆的菜式独特精致，食具考究华丽，服务人性体贴，这一饮食文化特点，反映了饮食时尚消费的由俗而雅，雅俗并存的新趋势，以及正在不断提升的消费品位。

① 雷喻义:《巴蜀文化》，四川人民出版社，2000年，第1140页。

② 徐金华:《徐公品茶》，四川人民出版社，1999年，第32页、45页。

8. 追求健康的饮食新风

当今，人们对饮食的要求，越来越注重食疗保健功能。由于生活水平普遍提高，城市文明病凸显，患高血脂、高血压、高胆固醇的人数飙升，忌食大鱼大肉大油腻的保健化饮食方式成为时尚。

素席。一些餐馆创造了用豆制品制作的素席，如以豆腐、豆花、豆丝、豆皮、豆干、豆粉、面粉、面筋、米粉、土豆、红苕为主要原材料，配以蔬菜、菌类、笋类、瓜果等烹制成“全素席”，受到顾客的欢迎。其制作、入馔原料及成菜特点与斋席大体相同，全素席中有素鸡、素火腿、素鱼、素排骨、素肉丝、素肉片、素圆子等，其外形与内在口味质量几乎达到“以假替真”“以素胜荤”的地步。这些豆制品和蔬菜、菌笋、芋薯、瓜果再相搭配，取代了油重肉多的厚腻口味，有益于人体健康。

药膳。由药物、食物和调料三部分组成。取药物之性，借食物之味，食借药力，药助食功，相得益彰。药膳的时兴适应当代消费者对食物的要求：既具营养价值，更具防病治病、保健强身、延年益寿的功效。药膳配料也成为一些商家的开发产品。各大中药堂、宾馆都纷纷建立了滋补药膳食店或餐厅，其花色品种增多，而且配制成小袋专卖。21世纪初，成都时兴吃“连锅王”的滋补火锅。火锅的精汤中一般放入少量的川参、川芎、枸杞、贝母、红枣、山楂、苡仁、砂仁等滋补药料，而底汤有排骨汤、鸡汤、鱼汤等。再加上各种禽肉、水产、海产肉片，以及各种菌类、蔬菜、豆制品，取舍随意，不仅可以食取各种营养丰富的菜品，还可以品饮药膳精汤的美味。

食疗菜品。它不同于药膳，它不以药物入肴为主，而是凭借食物本身与生俱来的保健功能，使人们在享受美食中使身体得到滋补，使疾病得到治疗。不少大餐厅、大宾馆都专设食疗菜谱如“双鞭壮阳汤”“解暑益气汤”“十全大补汤”等，显示了四川人在日常生活中总结出的食疗、食补的养生之道。

药茶。是茶与中国传统医学密切结合的产物，对养生有着重要的价值。它常与滋补强壮的中药配伍饮用，而达到补肝肾、益气血、调阴阳、养神、益智等防病治病的作用。自古以来，养生健身、防病治病的药茶方法很多，如凉山彝族的苦荞茶是新一代的健康饮品，它以凉山海拔2200米以上高寒山区的苦荞麦作原料，采用传统方法与现代科技相结合的特殊工艺精工制作而成，富含生物类黄酮、芦丁、叶绿素、粗蛋白以及各种微量元素，对人体有降低胆固醇、防止动脉硬化的作用。再如，与枸杞配伍的枸杞茶，久服可坚筋骨，轻身，耐老。现代研究也表明，许多药茶长期饮用可以提高肌体的免疫能力，防止人体衰老。

野菜。20世纪90年代以来，我国把绿色食品开发作为开创性的工作予以重视。人们青睐无污染、优质、安全、营养的绿色食品，遂使野生菜得到开发。

1982年出版的《中国野菜图谱》，选出100个优良品种和57个参考菜食品种，为野菜的开发提供了科学依据。据崇州市蔬菜公司的调查统计，四川有野菜115种，年蕴藏量达1000万公斤以上，较普遍的有水芹菜、鹅脚板、蕨基台、山油菜、山椿芽、野韭菜、马齿苋、野蘑芋、苡仁、山药、山侧尔根、地地菜、野槐花、斑竹笋等和可食野生菌30多种。有学者提出，四川野菜可开发出经典野菜名肴、时令野菜名肴，还可开发出《诗经》野菜系列、药食野菜系列、佛道野菜系列、农家乐野菜系列、市民野菜系列等。①21世纪初，在成都的餐厅餐馆，都已开始在宴席上搭配野菜，野菜重新回归人们的餐桌，给人们带来全身心享受健康食品的新感受。

乡土风味菜。许多地方的野生河鲜出现在川菜馆。成都不少餐馆推出乡土菜、野菜，菜肴的原料使用不喂人工饲料、而在天然环境里生长的土鸡、土鸭、生态猪，其中以刘少坤的双流“少坤甲鱼馆”和成都的“少坤乡村风味酒楼”最为典型，他推出的“土豆烧甲鱼”，曾在1996年红遍川西坝子，被誉为“乡味一绝”，并被各家酒楼餐馆效仿。刘氏创制的系列乡村菜肴如“藿香泡菜鲫鱼”“豆瓣拌鸭肠”“盐菜回锅肉”“青椒煸小鸡”“泡菜蹄花”“冲菜拌白肉”“米汤煮苕菜”等上百个农家风味菜，吸引得四方食客蜂拥而至，成为人们感受乡风的美食乐园。再如，“乡老坎”的菜肴是以川西民间家常风味为特色，餐馆门前的对联“山珍海味固然好，民间乡土味更真”，道出其中的真谛。曾经大量使用人工色素和味精制作的菜点，如今在一些餐厅也已改用天然色素和高汤制作。

花卉饮食。21世纪以来，绿色食品及具有保健功能的食品进入大众生活。人们将花卉入肴，成为一种时尚吃法，成都“药膳滋补餐厅”推出的“兰花鸡丝”“菊花肉片”，是川菜中的新品，颇受食者青睐。研究表明，一些食用花卉的蛋白质含量远胜于牛肉、鸡蛋；一些食用花卉的维生素C含量高于水果，又如菊花、玫瑰、紫罗兰和南瓜科植物的花朵，对大脑发育有帮助。21世纪初，几乎所有大中餐厅里都会有几款当家的鲜花菜。应验了“秀色可餐”这句话。食鲜花主要是吃花瓣，再搭配一些其他菜肴，如炒桂花干贝、桃花凤尾虾等；也可做成糕点，如桂花糕、莲花糕等；也可做成粥，如百合粥、梅花粥等；也可制成茶，如玫瑰茶、茉莉花茶等；还可做成酒，如桂花酒、杏花酒等。现在时兴的花肴新品有，百合花煎蛋、菊花鱼丸、菊花瓣炒蛋或煮肉片汤或烧豆腐羹、玉兰花炒肉片、玉兰花炒蛋、牡丹花烧肉等。还有一些酒店将仙人球和仙人掌做成菜肴，如

---

① 黄小平、陈柏青：《回归自然爽，川味野菜香——关于川菜发展的一点思考》，四川省民俗学会：《川菜文化研究》，四川大学出版社，2001年，第90页。

凉拌仙人掌丝、清炒仙人球片等，色泽碧绿，口感清鲜。[①]

9. 少数民族饮食文化的交流与开发

随着改革开放的深入，各民族经济发展中注入饮食发展的内容，多民族风格的餐饮文化荟萃于省内大小城市。各民族饮食文化的交流与融合，是新时期民族文化的新趋势。这对于少数民族饮食文化的可持续发展，都市多民族、多元文化的形成，增进各民族之间的沟通与认同，均具有深远的意义。一些具有民族风味的少数民族餐馆在大都市获得了普遍认可，其中以回族和藏族的餐馆最受人欢迎。如四川皇城“伊斯兰大餐厅”自1993年开业以来，一直是西南最大的具有民族特色的餐饮店。餐厅面积1400多平方米，分中餐厅、清真火锅厅及各种豪华雅厅，以伊斯兰传统菜为主，辅以各种清真小吃，受到成都市人民的喜爱。成都市还拥有多家藏餐馆，主营藏族特色食品：酸奶、糌粑、酸菜面块、牛肉面块、酥油茶、奶茶等风味小吃及牛羊肉菜肴。为适应都市不同身份、不同层次、不同口味顾客的需要，餐馆经营内容多样：有专供酥油茶的“喜马拉雅藏茶馆”“康巴酥油茶”“嘉绒店”等专饮店，也有供藏餐的“西藏风情屋”“香巴拉藏餐店”，还有同时经营中餐与藏餐的“巴适快餐”等餐馆。这些餐馆为适应都市文化，不仅在饮食内容上多样化，而且内外部装饰也较之民族地区高档。

有些受众较少的少数民族传统饮食也在不断精进，由农村进入城市，由家庭走向市场。凉山州府所在地西昌市，仅由彝族人开办的彝族风味餐馆就有数十家，并改变过去落后的烹饪器具，使用新的烹饪设备和方法创制出荞烙饼、荞蒸糕和荞馒头等新食品，获得市场认可。再以木里藏族自治县为例。其县城的藏餐已随着人们生活水平的提高而在传统烹饪的基础上不断改良，不仅添加烹饪原料，而且注重绿色、营养、现代、品位等多文化元素，更加符合大众的口味。例如，仅糌粑而言，就有各种粮食作物磨粉炒熟磨成的：青稞糌粑（贡宗白）、大麦糌粑（夏白）、小麦糌粑（咪吉白）、玉米糌粑（卡西白）、燕麦糌粑（向阳白）几种，以满足不同人群的需要。酥油茶是藏民的日常饮料，现在煮茶方法较之过去有较大改变，一般都要添加炒熟的苏麻、核桃、花生仁酱，以增加香味和口感。现在在木里县城，各个民族都嗜好酥油茶，来此打工和经商的汉族也迷上了酥油茶。而且，酥油茶泡大米饭也成为一道独特的藏餐风味，滋味新鲜、香美可口，它既有藏族的传统饮食习俗，也符合了川人“好吃不过茶泡饭”的习惯，两

---

① 范英：《饮花食卉，活色添香》，《四川日报》，2002年7月16日。

者结合了汉藏饮食习俗，相融成趣。

还有一些民族特色饮食也通过交流逐渐被市场认可。如过去款待贵宾的生肉酱“夏打”，用无油牦牛肉剁碎或舂细，拌以木槿手、辣椒、大蒜、味精、盐等作料，再用凉开水搅成肉酱，用羹匙舀食，香嫩爽滑，味道鲜美，毫无生肉腥臊味，受到大众喜爱。

改革开放以来，少数民族地区重视优势、特色食品的开发。例如，凉山彝族充分利用凉山丰富而优质的食品资源，发展具有民族特色与地方风味的传统食品和新兴食品，促进食品工业的发展。如在稻麦加工系列方面，利用凉山特产荞麦、荞面、燕麦面、芸豆、黑豆、玉米与蕨粉，经现代设备加工，制成各种高营养的袋装或盒装荞麦粉、荞麦羹、燕麦羹、燕麦片、洋芋脆片、荞麦饼干和各种荞麦酒等，进入市场并远销州外省外。在畜产品加工系列方面，利用凉山原始的乌金猪加工成火腿、火腿肠、各种罐头制品和烤乳猪；利用凉山具有肉质肥嫩、无膻味、鲜味浓等特点的凉山黄牛和黑山羊，加工成风味独特的肉干、肉松等畜肉食品。在野生植物开发方面也创建了新局面，如对食用菌价值较高的松茸、鸡枞、薇菜、牛肝菌、香菇等进行人工培植，开发为优势产业。

随着民族地区旅游业的发展，文化的含金量不断加大，少数民族饮食文化也被摆上重要位置。建立民族地区的“农家乐”，引领游客到少数民族家做客，了解少数民族生活习俗，品尝异域饮食文化，成为旅游中不可或缺的项目。如在彝区吃荞米饭、炒面凉羹、砣砣肉、连渣豆花，饮咂酒；在藏区吃糌粑、喝酥油茶、马茶、酸奶，吃鲜美的手抓羊肉；在羌区，则食玉米馍馍、猪膘肉，喝“竿竿酒”，在餐饮过程中唱酒歌、祝福歌等饮食文娱活动，给游客带来特殊的生活感受。这种独特的体验，具有鲜明的民族特色与浓郁的生活气息，是旅游活动中的民族文化资源。同时，各民族在接待游客的过程中，也会不断挖掘本民族的特色食品，并精益求精，创新发展。这样，不仅使本民族的饮食文化得到继承与发扬光大，也促进民族饮食文化更上一个台阶。

西南少数民族地区是绿色资源宝库，绿色植被广袤，野生果树种类很多。四川地区现已对野生沙棘、猕猴桃、刺梨、橄榄果、山楂、酸枣、野李子等进行开发。通过科学分析，沙棘含蛋白质、多种糖、微量元素、果胶、氨基酸，且多种维生素含量高，具有抗辐射、抗衰老、抗疲劳的效果，是加工高级食品的理想原料。目前，凉山州木里县已开发生产沙棘酒。猕猴桃主要产于长江中、上游，所含维生素丰富，并对消化道疾病、心血管疾病、各种炎症和眼病有一定疗效。刺梨主要分布在云贵高原和西南地区，其性能与猕猴桃大致相同，维生素C、维生素V含量则比猕猴桃高10倍，现已初步开发，制成多种饮料问世。橄榄（又名

"余甘子"）对肝胆、肠胃等具有较好的保健功能。近年凉山州开发"余甘子"10万余株，年产果约1000吨。

第二节　云贵桂地区的经济振兴与文化思考

改革开放以来，随着各种生产责任制的落实和多种经营方式的实现，使云贵桂地区的社会经济发展水平大幅提高，饮食文化得到全面发展。

一、社会经济的恢复与振兴

1978年召开的中共十一届三中全会，全面纠正"文化大革命"的错误，作出把工作重点转移到经济建设上来的重大决策，中国人民迎来了春天。使云贵桂地区的粮食、烤烟、茶叶、酒、肉、菜蔬等饮食资源大幅增长。尤其是1982年以来，云南等地农村全面推行家庭联产承包责任制，极大地调动了农民发展生产的积极性。农业也从单一种植向多种经营、全面发展方向转变。同时城镇集体经济和个体经济也得到恢复和振兴，商品经济得到巨大的发展。

在云南，制糖、茶叶加工业与牲畜饲养业都有很大的发展，产量逐步提高。1990年，云南省日榨甘蔗能力由1985年的3.8万吨增至5.3万吨；至1999年云南产糖量首次超过广东，跃居全国第二位。茶叶加工自实现机械化和半机械化的生产后，1991年全省精制茶产量达3.7万吨，较1985年增长70%；2000年全省茶园面积达251万亩，产量7.9万吨，分别居全国第二位与第三位。[①]到1998年，云南省的牲畜存栏总数已达4261万头，肉类总产量达180万余吨，早已结束从省外调入冻肉的历史。在贵州，牲畜饲养业、蔬菜种植与酒业发展迅速。在确立大牲畜饲养"户养为主"的方针后，1982年，全省大牲畜存栏数以年均4.6%的速度递增，居南方13个省区的第三位。贵州最具特色的蔬菜是辣椒，如遵义等地的朝天椒、大方的七寸椒、黔南的线椒闻名中外。贵州常年种植辣椒的土地面积约250万亩，年产干辣椒约40万吨。

贵州酒闻名天下。1998年全省生产饮料酒48万吨，已形成茅台、贵州醇、习酒、鸭溪窖酒、董酒等著名的品牌，成为中国的名酒之乡。

广西的社会经济发展十分迅速，为社会消费奠定了坚实基础，追求饮食的时

---

①《当代云南简史》，当代中国出版社，2004年，第540页。

图12-1 被称为“美酒河”的茅台酒水源赤水河

尚与积极创新菜肴，成为广西自治区饮食发展的重要趋势。粤式菜品和食法在广西大中城市广受欢迎，广西南宁本地特色菜亦受重视并予推广，较知名的有吴圩的“王府牛杂”与“柠檬鸭”。此外，广西还积极推广邕州传统菜。在文化上，人们讲究日常饮食生活的放松与情趣。各地农村兴起的“农家乐”，既有不同的特色，也使人们可以品尝到新鲜的蔬菜瓜果，以及自然状态下饲养的家禽或鱼类，因此受到普遍欢迎。

改革开放以后，人民群众的物质生活日渐丰富，仅满足于温饱已成为远去的历史。人们不仅要求吃得好，还讲究吃得营养，吃得环保与卫生，讲究饮食应有科学合理的结构。人们对饮食文化的内涵与演变的历史也颇为关注并深感兴趣。滇黔桂地区的饮食文化，成为西南各省区乃至全国热衷的话题，西南边疆诸省区的饮食文化，由此迎来了流光溢彩的繁荣时期。

二、饮食文化的繁荣与思考

1. 云贵桂饮食文化的繁荣

实行改革开放后，饮食文化与经济发展及社会前进同步，滇黔桂地区出现了繁荣的景象。

云贵桂地区居民喜爱的主食，既有籼米、糯米、小麦等主粮，也有荞麦、玉米、洋芋、红薯等杂粮。当今的饮食风尚是强调营养全面，注重纤维素与维生

图12-2 云南元阳的哈尼族梯田

素。因此，荞麦、玉米、红薯、高粱、小米等成为广受欢迎的主食。云南近年研究科学的加工烹饪方法，改善口味，推出南瓜饼、藕饼、鲜玉米饼等，颇受欢迎。山区的杂粮也得到开发。据报道，①十年前摆在西双版纳机场地摊上售卖的版纳小包谷，因口味独特、既香且糯而迅速走红。

酿酒和制茶均有很大发展。传统名酒在提高产品质量的同时，逐渐形成知名品牌。近年云南省评选出云南十大名酒，涌现出包括“醉明月”“地道云南”“玉林泉”在内的一批名酒。饮用果酒也得到开发，如“云南红”“藏秘”等品牌的葡萄酒，在国内外均获得成功。此外，还有啤酒类低度酒，如近年云南扩大景颇族“司岗里”木瓜酒的生产，得到市场的认可。茶叶方面，大叶种茶为云南茶叶的主要品种，栽培面积达全国大叶种茶的50%以上。其中以普洱茶最为有名，近年其具有的保健功能与特色口味得到不断开发，在国外的知名度也不断提高。据说在韩国谈起中国茶叶，100个人中有90个人会提到普洱茶，认为普洱茶在韩国是知名度最高的中国茶叶。②

此外，云贵桂地区的植物资源十分丰富，近年已有一些新型饮料上市。以野

---

① 戴振华：《版纳小包谷，闯出亿元大市场》，《春城晚报》，2009年4月7日第二版。

② 胡建芳：《韩国市场需要精品普洱茶》，《春城晚报》，2007年11月5日第15版。

生植物为原料制成的代茶饮料、以富含蛋白质及不饱和脂肪酸的果仁加工乳化制成的乳化饮料，以及各种果汁和果浆饮料，发展十分迅速。如三七花茶、山楂茶等代茶饮料，西番莲、桑植等制成的果汁与果浆饮料，以及核桃仁、松子仁制成的乳化饮料等。这些饮品不但有良好的口感，还有保健作用。如芦笋汁中的芦笋，即含有丰富的营养与多种生物活性物质，有抑制癌细胞、升高血细胞含量等作用，服用芦笋汁还可抗疲劳、耐缺氧、抗衰老和镇痛。

地方特色的饮食产品得到发展，传统饮食得以继承和开发。如昆明三七汽锅鸡、蒙自过桥米线、宣威火腿、大理沙锅鱼、文山酸汤鸡、版纳傣族酸笋鸡、玉溪刺桐关辣子鸡、红河小卷粉、宣威洋芋鸡、大理三道茶、云南普洱茶等地方性菜肴或饮料，在云面省内重要城市随处可见，并与流行全国的广州海鲜、北京烤鸭、重庆火锅、内蒙古小肥羊等知名饮食品牌并肩而立。在贵州和广西两省区，近年推出的地方性饮食产品，亦受到城乡居民的广泛喜爱。此外，其中，深受云南人喜爱的云南烤鸭，仍然继承宜良烤鸭须砌土坯焖炉、以松毛暗燃烘烤的传统工艺，进而发展为云南传统菜肴中的特色品牌。宜良烤鸭现已列入云南省非物质文化遗产名录，以加工宜良烤鸭见长的宜良学成饭店，也被评为云南省餐饮名店。精致小吃为云贵桂地区饮食的一大特色，有悠久的传统与广泛的基础。酱菜、药膳等也颇受群众欢迎，如云南酱菜中的禄丰醋、昆明玫瑰大头菜、太和豆豉、路南卤腐、剥隘七醋等，均颇具地方特色。

酒楼餐饮方面也有所创新。云贵桂地区的各民族历来有重视饮食氛围的传统，在饮食活动中都伴有歌舞、说唱与表演。因此，近年云贵桂地区的一些饭店

图12-3　云南山区汉族的古装戏

与酒楼，弘扬了这一优良的传统，将饮食消费与民族艺术表演结合起来。如昆明“吉鑫园”在席间表演民族歌舞，有宾客即席赋诗：“彝歌苗笛傣家情，昆明客宴多创新。一丢荷包欢声动，酒不醉人情醉人。”

在研究和开发滇菜方面，云南省有了长足的进步。2010年，在全省评选出滇菜烹饪大师与滇菜烹饪名师各30位，评出云南名宴10席、云南名菜100道，以及云南名点30道和云南名小吃24个。[①]还筹建了一些特色食品博物馆、云南省临沧市已成立了“茶叶博物馆”，茅台酒厂在贵州仁怀成立了“国酒博物馆”，为推动饮食文化发展将起到重大作用。

目前，云贵桂地区的饮食文化，其应用部分的开发，面临十分难得的发展机遇。从总体上看，饮食文化已成为我国社会文明的重要组成部分，与人民的身体健康及生活质量的提高，与发展相关产业和进行环境保护，都有着十分密切的关系。饮食文化因此受到人们的普遍重视。人们有理由相信，植根于边疆沃土上的云贵桂饮食文化这枝奇葩，在社会各界的关心和扶持下，必将绽放出更加艳丽芬芳的花朵，为发展社会经济，提高人们的生活水平，为建设更为幸福美满的生活做出贡献。

2. 对云贵桂地区饮食文化发展现状的思考

云贵桂地区的饮食文化，虽以本色突出、复杂多元和丰富多彩引人注目，但发展程度毕竟有限，在原料加工、菜式设计、规范操作以及相关文化的发展等方面，较先进省份稍逊一筹，如云贵桂三地的饮食文化中发展较好的云南菜也并未形成被烹饪界认可的“滇式菜系”。

关于云贵桂饮食文化发育程度较低的问题。大致有以下三个方面的原因：

首先，受到边疆地区生产发展水平较低的限制。云贵桂地区是属于多民族融合聚居的边疆地区。在相当长的时期，包含农业、畜牧业、养殖业、采集和狩猎成分的初级复合型经济，是云贵桂大部分地区主要的经济形态。这种经济形态以非集约型农业为基础，同时畜牧、养殖、采集和狩猎也是获取生活资料的重要手段。初级复合型经济发展的水平不高，但具有顽强的生命力；在地形、气候条件复杂的云贵桂地区，初级复合型经济有很强的对区域差异的适应性以及整体经济成分上的互补性。古代云贵桂地区较少出现严重饥荒，与这种初级复合型经济类型的普遍存在有重要关联。

初级复合型类型经济的普遍存在，深刻地影响了云贵桂地区的饮食文化。长

① 《关于公示2010年度云南省餐饮业品牌表彰活动评定结果的公告》，《春城晚报》，2010年12月29日第三版。

期以来，云贵桂地区的大部分居民稍有温饱即告满足，常见带有原始共产主义遗迹的共享风气，对食物的款式、加工要求不高，还滞留在注重本色及简单操作的阶段，导致饮食方面只讲究原汁原味而不注重烹饪技法。一些地方的少数民族，则有以野菜、昆虫、花卉、苔藓与各种野生动物入席，以及喜爱生食、半生食和冷食的习惯，形成与中原几大菜系风格完全不同的饮食特点。在这种饮食原生态化的基础上，还应该吸纳进来更多的现代化元素及科技手段。

其次，云贵桂地区饮食产品的设计与生产滞后，与长期以来该地区未形成占主导地位的区域性饮食文化核心，以及未形成内涵一致并有深刻导向性的区域性整体饮食文化有关。以云南省为例。从战国后期至元明的数千年间，云南地区的行政、经济与文化的中心，经历了四次较大规模的转移。战国后期至东汉，云南的中心位于滇国和西汉所置益州郡的核心区域即今滇池周围地区。蜀汉至南北朝时期，云南的中心转移到蜀汉庲降都督治地及大姓势力最集中的今曲靖一带。自唐代前期南诏与唐朝失和，至宋朝后期蒙古军攻灭大理国的500余年间，云南地方政权南诏、大理国均以今洱海流域为统治中心，以今昆明市的拓东城为陪都。1274年元朝在云南建立行省，把省治设在今昆明。云南的中心再次转移，历明、清、民国至今未变。由于历史上行政、经济与文化的中心多次转移，对云南形成占主导地位的饮食文化核心区域产生了不利的影响。贵州和广西也有类似的情形。

在民族关系方面，数千年间，云南经历了本地民族与外来民族人口融合的复

图12-4　云南佤族的镖牛活动（《云南民族·旅游卷》，人民出版社）

杂过程。直至明末清初，在云南的传统农业地区才形成人口占多数的本地汉族群体，在此之前在云南影响最大的是白蛮，使诸少数民族得以长期共存，由此形成云南汉族与诸少数民族共存及文化复杂多元的格局。云南饮食文化复杂多元的情形，恰是云南民族分布格局及民族关系错综复杂的写照。由于经历了民族关系跌宕起伏的嬗变过程，云南难以形成底蕴成熟、内涵一致的整体性饮食文化体系。

其三，有关部门和专家学者对云贵桂饮食文化的整理、研究与宣传不够，也是造成这一地区饮食产品的设计与生产滞后，乃至饮食文化进步较慢的重要原因。按照文化学的观点，文化包括传统文化与现实文化两个部分，传统文化是整体文化存在与演进的基础，现实文化则是对传统文化的继承与发展。传统文化具有相对稳定性，同时对现实文化在深层产生影响。现实文化较易随着时代的发展而改变，其嬗变反之又影响整体文化，饮食文化亦是如此。正是由于对云贵桂地区的传统饮食文化缺乏发掘、整理和研究，无法切实把握某精髓与深层内涵，更谈不上在此基础上对云贵桂地区饮食文化进行新的诠释，所以也无法对现实饮食文化在充分研究和准确把握的前提下，力求创新与发展。

同时，我们也应辩证地思考，云贵桂地区饮食产品的设计与生产不够成熟，亦说明云贵桂地区的饮食文化还有很大发展余地，在风格方面的可塑性较强，若加改进便可得到健康稳定的发展。与云贵桂地区的服饰文化及舞台文化相似，由于注重体现本色和原汁原味，云贵桂地区的饮食文化同样具有鲜明的地方与民族特色，对国内外的消费者有很大的吸引力。同时，将它与云贵桂地区的旅游业、特色产业及绿色产业等结合起来，便更有利于其发展。

图12-5　云南昆明金殿

第三节 西藏地区饮食文化空前发展

随着西藏改革开放的深入，人民生活水平的提高，饮食观念的改变，无论城镇还是乡村，大多数地区的饮食都从单一性向多样化发展。藏族不仅承袭前代的饮食文明与烹饪精华，保持了本民族的传统饮食文化特色，而且在不断吸收外来饮食文化的基础上，形成更加科学、合理的饮食结构，具有鲜明的时代特点。

一、经济迅速发展与民众饮食消费

1. 农副业全面发展

改革开放后，西藏的经济发展取得举世瞩目的成就。特别是1989年以来，全区农业连续10年获得丰收，西藏地区经济发展，社会稳定，人民安居乐业，物阜民丰。1998年，全区农牧业生产总值达43.8亿元，较1959年增长30.4倍；粮食产量增长4.6倍，牲畜存栏数增长2.3倍。90%以上的农牧民解决了温饱问题，50%以上的农牧民已进入小康社会，为西藏的饮食文化发展打下了坚实的经济基础。①

蔬菜水果生产有了长足发展。拉萨的蔬菜生产走在全藏之先。从20世纪80年代起，拉萨市政府把解决市民菜篮子、酥油篮子、肉篮子的问题提到重要议事日程，认真抓了全市的蔬菜生产和酥油、肉类的营销，缓解了居民吃菜难、吃肉难、吃酥油难的问题。1989年，拉萨市开辟蔬菜基地1300多公顷，年产蔬菜2250万公斤，其中商品菜1700万公斤。蔬菜品种增多，细菜比重增大，品种达46个之多，过去拉萨人很难吃到的莴笋、冬瓜、西红柿、蒜苗、芹菜、青椒等蔬菜，现已成为餐桌上的常见菜。甲鱼、鳗鱼、海参、龙虾等水产海鲜也都能买到，荔枝、莲藕、枇杷、西瓜、香蕉、葡萄等水果在市场上屡见不鲜，很多品种是用飞机从四川、西安等到地运进的，价格也不算昂贵。

据统计，至2002年拉萨市蔬菜种植面积达4.35万亩，年产蔬菜1.018亿公斤。目前拉萨拥有规模较大的农贸零售市场15个，蔬菜品种达100余个，当地生产的蔬菜占市场总量的45%。②其中最大的菜市场是宗角禄康农贸市场，即便寒冬腊月，这里每天上市的蔬菜品种仍多达70余种，人们可以买到各种时令蔬菜，其中八成以上为当地生产的菜种。

---

① 汪德军：《辉煌的四十年》，《西藏研究》，1999年第3期。

② 刘志扬：《饮食、文化传承与流变——一个藏族农村社区的人类学田野调查》，《开放时代》，2004年第2期。

日喀则白朗县还专门修建了闻名全藏的蔬菜大棚。从1998年试种成功至2005年西藏自治区成立40周年，白朗县的蔬菜种植，经历了从无到有、从少到多及从低水平到具备一定生产规模的发展过程，获得显著的经济效益和社会效益，成为西藏地区农业产业结构调整的一面旗帜。2005年该县已有3个生产基地，2043个温室，占地面积1500余亩。先后引进大棚蔬菜30多个品种，有黄瓜、西葫芦、茄子、甜椒、西红柿等，年产量达800万斤。所种植的西瓜、香瓜、甜瓜、樱桃等大棚水果，不仅在本县销售，还销往日喀则、江孜、拉萨等地，为西藏人民的饮食提升提供了丰富的物质基础。①

2. 食品消费结构的嬗变

改革开放后，随着西藏地区人民收入水平的提高，人们的消费观念逐渐发生变化，食品消费更加注重膳食结构，追求营养均衡。从食品消费的构成看，呈现消费结构优化、消费水平逐步提高的态势。同时西藏内外民营企业、个体商贩大批涌入拉萨，从事饮食、粮食、蔬菜、水果、肉类、酥油等方面的经营，使拉萨市场出现欣欣向荣、应有尽有的景象，给拉萨人的生活带来了极大的方便。主要表现在：

西藏普通市民的饮食结构，改革开放后由主食糌粑、面粉、酥油与肉食，向多层次、多种类、多营养型饮食变化，饮食消费也日益多样化和科学化。从对拉萨市鲁固居委会45户居民的民族学调查得知，这些居民1994年的饮食结构类别与金额支出，按所占比重的大小排序分别为：牛肉、酥油、蔬菜和大米，香烟的支出比糌粑还多。此外，面粉、猪、羊肉、酒类、菜油、乳制品、糖果和茶叶的消费均大幅度增加，水果、鸡鸭肉、营养保健品、黄油、鱼类等也开始进入普通居民的消费。

在蔬菜消费方面，藏族传统上是一个不喜欢吃蔬菜的民族，现在，就连过去认为蔬菜是“草”的藏北牧民，也开始对蔬菜、水果产生兴趣。而城里人更是尝到了吃蔬菜的甜头，逐渐离不开菜蔬。除了传统的土豆、萝卜、白菜以外，西红柿、青辣椒、黄瓜、莴笋、茄子、豇豆、西葫芦、苦瓜、南瓜、佛手瓜等都进入了拉萨市民的菜谱。吃法除传统的炖和烩外，炒菜也很普遍。据统计，20世纪末西藏城镇职工居民人均日消费蔬菜0.6公斤，农牧民人均日消费蔬菜0.3公斤，达到或相当于内地城镇居民的消费水平。

在肉食方面，过去只吃牛羊肉，对其他肉食禁忌颇多。鱼等水生动物被认为是水中神灵，不能随便侵犯，鸡鸭肉也几乎不吃，更不食驴肉等。现在，拉萨居

---

① 杨亚明：《生命之绿——白朗县的蔬菜大棚》，《中国西藏——庆祝西藏自治区成立40周年专刊》，2005年。

图12-6　丰富多彩的现代藏北风味餐（《西藏民俗》，五洲传播出版社）

民肉类的消费数量不断增多，品种日益多样，从肉食中所摄取的蛋白质日益增多和丰富。变化最显著的是海鲜已成为许多藏民的美味佳肴，特别是年青一代。每至下班时间，位于拉萨市北京中路的一家海鲜美食店总是人声鼎沸、座无虚席，许多人还在饭店门口排队等候，而服务员正忙着端出香辣蟹、美味海虾等菜品。橱柜摆放的自助菜除新鲜的蔬菜外，还有鳝鱼、龙虾、鲤鱼等水产。海鲜由成都空运，虽然运费成本稍高，但仍然供不应求。

在副食方面，过去水果和糖类不但吃得少，消费品种单调，且多是从新疆、印度运来的干果和红碗糖，新鲜的葡萄、苹果、橘子、西瓜之类很少见到。而现在糖果、干果、瓜子、点心与水果，都是普通百姓家的日常零食与节日的必备小吃。

在餐食搭配方面，改革开放后，除主、副食消费品种与比例变化明显以外，藏民饮食结构与消费行为最突出的一个特点，就是藏汉混合餐日趋普遍。与过去相比，日常饮食藏餐越来越少，汉式中餐和外来面食越来越多，藏汉食品并行而食。就早中晚餐而言，城镇居民的早餐越来越趋向在外就餐，并以外来早点为主，中餐和晚餐是传统藏餐和汉餐同食并用。农牧区居民早餐仍以藏式早餐为主，但有所减弱，中餐和晚餐以藏餐和藏汉混合餐为主，汉式中餐、外来面食有所增加。这种状况，在牧区居民、农区居民、城郊居民和城市居民中，其变化程度依次增强，即离城市越近的藏族居民饮食变化越大，离城市越远的藏族居民饮食变化越小。

在就餐选择方面，汉式中餐、外来面食和火锅餐饮等外来饮食增加比较快，涉及群体非常广，西式餐饮有所增加，但涉及群体很小。从年龄层次来看，青少年比中老年人饮食变化更显著，可能原因在于年龄小的人其饮食消费具有比较大的可塑性，特别是工业食品和西式餐饮对儿童吸引力比较强。在就餐形式上，城镇居民、中青年的居民更容易选择外出就餐，早餐比中餐和晚餐更容易外出就餐。

以上现象，导源于藏民饮食消费观念的变化。年轻一辈的藏民逐渐吃大米、面粉较多，而吃糌粑较少，而且衡量一户人家富裕的标志倾向已发生改变，是看其主餐有无大米饭、炒不炒菜，而是否吃糌粑并不重要。这是典型的饮食观念转变的表现之一。同时，随着市场经济的日益深化和经济社会融合性的加强，藏民族对外来饮食文化表现出越来越大的兴趣，越来越愿意接受便利性食品和便利性就餐方式，因而越来越多的藏民也就加入到这种饮食消费结构改变的人群中来。①

由此可见，藏族传统的饮食观念和饮食结构，随着西藏的经济发展和社会的进步，正在由传统型向现代型悄然转变，过去那种单调的、简单的饮食结构，正向丰富、多样的方向发展。②它揭示出藏族人民生活质量的不断提高和饮食文化的进步。

3. 饮食器具、燃料逐步现代化

藏族的餐具有木碗、木盘、木盒、酥油桶、陶钵、陶火炉等，进食工具有刀、筷、勺等，大都沿袭传统使用至今。变化较大的是在材质上，改革开放后，铝铁铜质用具已较普遍，尤其是铝锅、铝壶，因其传热快、轻便耐用、价格低廉，而受到藏民的普遍欢迎。在样式上也更加丰富，如筷子就有现代的木筷、竹筷、塑料筷、铝筷等。另外，在高寒牧区，由于高原的气压和沸点低，牧民们爱吃的米饭和面条必须使用高压锅才能煮熟，所以牧区流行使用高压锅。

民主改革前，拉萨市的主要燃料是牛粪和草皮，另加少量木柴。1980年建成格尔木至拉萨的输油管道，炼油、柴油成为家庭的主要燃料，拉萨市场上以牛粪、草皮为主的燃料市场逐渐萎缩并且趋于消失。自1992年石油化气大量进入拉萨，1994年拉萨又建立液化气储运罐供应站，家庭使用石油液化气已基本普及。煤气灶具、家用燃料的新发展，体现着家庭生活方式的进步和现代化水平，为西藏人民饮食文化的发展打下了良好基础。

4. 茶饮与酒宴

改革开放以后，西藏群众喝茶的方法仍与内地“泡茶”不同，他们无论喝清茶、甜茶还是酥油茶，均依旧式将茶叶熬煮成浓汁，放糖或加盐，搅打使之水乳交融，便成为不同的茶种。但现今茶饮品种更为多样，有酥油茶、清茶、糌粑茶、菜油茶、奶茶、骨头茶、甜茶、面茶等多种。

① 刘天平、卓嘎、旦巴：《藏民族饮食消费成因与变化分析初探》，《消费经济》，2011年第2期。

② 中国藏学研究中心社会经济研究所编：《西藏家庭四十年变迁》，中国藏学出版社，1996年，第332页。

图12-7　芒康县农家的厨房
（《西藏民俗》，五洲传播出版社）

酥油茶的制作大致沿袭传统方法，但又有些微变化。制作普通的酥油茶时，将砖茶或沱茶用水久熬为浓汁，熬好后将茶渣滤出，再加入三四两酥油及少许盐巴，或加入一些糌粑或鸡蛋，放入茶桶来回抽几十下，待油茶交融即成。然后装入陶制或铜质的茶壶，置于温火上的火钵，便可随时热饮。酥油茶的优良与否，主要是看茶的浓淡和油的多寡。俗话说："茶桶一响，酥油三两。"制作上等的酥油茶，还要在上述作料中加入碾细的核桃仁、花生米，以及葡萄干、鸡蛋、牛奶和芝麻，使茶味更加甜润可口，芬芳扑鼻。糌粑茶以糌粑为主要原料，藏语称"卡豆"或"豆玛"。饮用时先在碗底放一小勺糌粑，稍微压一下，一倒茶水时，糌粑便从碗底全翻上来，然后放少许奶渣、酥油和白糖，再往碗里倒些茶水。"骨头茶"是用骨头汤打制的茶，藏语称"瑞恰"。此茶虽比酥油茶档次低，但也别有风味。"面茶"的制法，是将面粉在锅中炒熟，或用糌粑撒入热水或开水锅，边沸边搅，再投入捣细的茶叶粉和盐而成。其中，"甜茶馆"为改革开放后藏茶文化的一个突出特色。

至20世纪20年代，拉萨街上出现了甜茶馆。那时有资格进入甜茶馆的仅有贵族及其公子以及部分商人，是谈天说地、结识朋友、成交贸易的理想场所。从20世纪90年代，甜茶馆如雨后春笋般发展，甜茶成为大众化的商业性饮品。饮用甜茶成为人们日常生活中不可缺少的一件事。许多拉萨和日喀则人，视喝甜茶为生活的重要内容。街头甜茶馆比比皆是，逛甜茶馆是藏民喜爱的消磨时光的方式。甜茶馆大都没有豪华的装饰，有的茶馆门口挂着藏饰门帘，大多数茶馆摆放着简便的木制桌子和板凳。每家茶馆均用较好的音箱播放电影插曲和流行歌曲，"吉韧"（藏式克郎球）也普遍进入茶馆。以后，茶馆里又出现象棋、扑克牌、电视、

图12-8 寺庙开办的饭馆（《西藏民俗》，五洲传播出版社）

录像机等娱乐设施，用于招徕茶客。

藏族有饮酒的饮食习俗。在改革开放后，人民生活水平提高，西藏盛行在节日或者喜庆时举办酒宴。酒宴的主要饮料是青稞酒。藏族尚勇，常以“烈酒般的勇气”自豪，故酒宴十分热闹。酒宴形式是主客各自坐于厚垫，身前摆放餐桌分开进食。菜肴有风干肉、奶渣糕、人参果糕、炸羊肉、辣牛肚、灌肠、灌肺、炖羊肉和炖羊头等；主食有糌粑、奶渣包子、藏式包子、藏式饺子、面条和油炸面果等。随着时代的发展，汉餐和西餐西点也摆上了藏家的酒宴。

5. 餐饮业的发展和地方风味的形成

餐饮业不断发展壮大。20世纪80年代初，西藏的本地餐厅很少，了解藏餐的人也不多。餐馆大多经营川菜，口味稍有改良，一般人尚可接受。以后本地餐厅学习内地，供应一些汉族菜系的搭配、摆盘、雕花和炒菜。经营藏餐者先要学“墩子”，即学习热菜方面的切菜配菜，然后才能上灶台炒菜。涉外宾馆还供应西餐，有的还伴有藏族歌舞表演。

20世纪、21世纪之交，拉萨、日喀则、泽当等城镇有了各种档次的餐馆，这些餐馆的装潢和布置均体现出当地特色。如有绘着花纹的藏式“狗蹄”木桌，铁皮火炉，“八瑞”瓷碗，藏式蒲团，极富藏族文化特色的各种吉祥图以及壁画等，令人领略到藏地的风情，品尝到有特色的藏餐。近年越来越多的商家开起粤菜、川菜、湘菜馆，北京涮羊肉、重庆火锅、东北水饺、兰州拉面、新疆手抓饭、云南米线等全国各地的风味美食，在拉萨街头随处可见。如今，藏餐的影响也越来越大，内地的一些地方也开设了藏餐厅，如北京的玛吉阿米十分红火，吸引了许多食客前来用餐。

随着人民生活水平的不断提高，藏餐在保持传统制作方法的同时，也不断改良，以适应不同人群的需求。如藏民饮酒的种类趋向多样化。在城市中啤酒受到喜爱，这可能与啤酒的性、味均与青稞酒近似，却比青稞酒易饮易购有关。面临啤酒等工业化生产饮料的挑战，青稞酒也将打破家庭酿造的传统而转为工业化生产。受到顾客欢迎的，还有那曲的虫草、阿里的藏红花、浪卡子县雅卓嘎玛的风干羊肉、工布江达县错高乡的香猪和亚东的鱼等地方特色食品。

地方风味的饮食逐步形成。改革开放后，西藏逐渐形成地方特色的饮食风格，出现了诸如羌菜、卫藏菜、荣菜、宫廷菜等一系列藏地地方菜。“羌菜”即指高原牧区流行的饮食，其菜系的特色是注重原汁原味，取料相对单一，饮食以奶酪、牛蹄、酸奶、酥油等为主要原料，味道侧重于咸、鲜、酸、香。所谓“卫藏菜”，是指拉萨、山南、日喀则等地区流行的饮食，主要体现农区或半农半牧区的风味，其特色为取料广泛，除了奶制品、牛羊肉外，还采用各种农作物，因此荤素配合得当，烹饪善于把握火候，调味以鲜咸、淡爽为特色。制作手段也较丰富，擅长煮、炒、烧、焖和炸，食品有“萝卜炖牛肉”“手抓羊肉”等，以“曲瑞”（奶豆腐）、生牛肉酱知名。所谓“荣菜”，是指低海拔的藏东南地区的饮食，食物取材于高山森林，以菌类、野生药材为主，制作方法古朴、食物风味清鲜、咸中带甜、浓而不腻，尤以烤制香猪见长。所谓“宫廷菜”，是指旧时王家贵族及官府中的菜。这种菜是在原有藏餐的基础上，精工细做、博采各家之长而形成的综合菜肴，材料均取自本土，选料严谨、制作精细，技法全面、色泽美观，为藏餐中的精品，各地方的人都能接受。

二、藏式饮食文化的形成

1. 饮食习俗的承继与变迁

改革开放后，藏民家庭的经济收入和生活水平有所提升，促进了藏族饮食文化的整体提升，这与汉族饮食原料、现代食品、烹饪方式和厨用炊具等的引入是分不开的，折射出城乡藏族人民在现代化发展的进程中，其饮食文化的吸入、适应、整合与变迁的过程。

主食。糌粑承袭传统仍作为主食，但糌粑的制法较前增多，可分为青稞糌粑、豌豆糌粑以及青稞和豌豆混合、玉米和燕麦混合制成的糌粑。其中以青稞糌粑最为普遍，牧区还有用风干牛肉制成的牛肉糌粑。吃法更为多样：一种是搓成坨食，先在碗中放少许清茶或酥油茶、奶茶，然后放糌粑，用手在碗中捏成团即可食用，俗称“搓糌粑”。另一种是调糌粑汤，即在碗中放多半碗清茶或酥油茶、奶茶，再放入少量糌粑，用手指或筷子等调和成糊状食用，一般病人或小孩多食。还有一种是舔“卡提”，即在碗里先放少半碗糌粑，用手指背将糌粑压紧，然后盛清茶或酥油茶、奶茶，喝完茶后将茶浸湿的一层糌粑用舌头舔掉，周而复始，直至将糌粑舔尽。也有放酥油，或放奶渣、奶饼掺和吃的。有时也用肉丁或萝卜、油菜叶加糌粑煮成粥，制成“图巴”，供食后饮用。总之，糌粑的种类与食法，较过去都更丰富并注重营养。

肉食，主要为牛肉、羊肉、猪肉三种。在牧区牛肉、羊肉既是主食，也是副食，每人每月的食用量达60斤以上。藏族食用牛羊肉讲究新鲜，民间吃肉时不用筷子，而是将大块肉盛入盘中，用刀子割食。现在的吃法主要有三种：一种是做成肉糌粑；一种是切成块，在锅里煮熟后用刀削着吃，称“坨坨肉”；还有一种是利用藏区的寒冷气候，让其自然风干，然后切成块用刀削着吃。另外，农区的牛羊猪肉，有炒着吃的，也有煮“坨坨肉”食用的习惯。

酥油的用途得到拓展，大致有以下几种：一是制作酥油茶。作为主要饮料，酥油茶是待客的佳品。二是因为酥油热量很高，日食酥油用以御寒。三是把酥油当成很多特色食品不可缺少的原料，如用酥油制成的各种点心，既好看又香脆。四是开发酥油的药用价值。据说在1000多年前吐蕃便用热酥油止血。藏医学也认为酥油可使男性精液增多，能润泽气色，使人精力充沛，皮肤不至粗裂。五是作为燃料使用。西藏大小寺庙内长年不熄的灯，即是用酥油作为燃料。六是以酥油祝福。凡有人出门远行，亲友前来送别，总是献上洁白的哈达，再敬上一碗又一碗的酥油茶，祝远行者逢凶化吉，一路顺风。七是把酥油当成艺术创作的原料。“酥油花”即是藏族特色艺术品的代表，别具一格。

图12-9　藏餐——土豆（李玉琴摄影）

蔬菜水果。改革开放后，藏区蔬菜品种增多，主要生产萝卜、洋芋、白菜、青笋、莲花白和圆根，温暖的河谷地区还出产辣椒、葱、蒜、二季豆等。圆根，是藏族人喜爱的蔬菜，冬季多以圆根叶自制的酸菜做菜肴。干酸菜能长期保存，不易变味，不生虫，可炒吃或煮汤。藏区的食用菌类繁多，有松茸、一寓菌、膺水菌、扫把茵、猴头菌等，松茸肉质细嫩，营养丰富，是藏家待客的佳肴。一些海拔低的农区还有苹果、梨等水果。蔬菜的烹调与内地有些不同。如做土豆，除了传统的炒制外，还可用做糌粑的做法烹制，即将土豆煮熟剥皮，再与酥油、奶渣和盐相拌，做出来的土豆既有奶香，又有土豆的本味，十分可口。再如，“烤蘑菇”是将蘑菇拌以糌粑、盐和酥油放在火上烘烤，亦别有风味。丰富的蔬菜品种改变了当地藏族农民传统的饮食结构和生活方式，各种时令蔬菜成为他们日常饮食的一部分。即使是原来视蔬菜为“草”的牧民，现在也都接受，并认为在吃大米饭时一般要配炒菜。藏民在传统饮食的红食、白食之外，也吸收了绿食，形成更为合理的饮食结构。

在饮品上，既有青稞酒，也有啤酒和白酒，还有雪碧、可乐、杏仁露、椰子汁等饮料，它们分属不同的人群：男人喝啤酒和白酒；妇女喝青稞酒；孩子喝雪碧、杏仁露等饮料，老人喝青稞酒。外来饮品的进入已整合为藏族饮食文化的一部分，但存在城乡之间的身份之别，男女的社会角色之分，现代与传统的时空距离和老与少的代际差异。

同时，汉式菜肴和汉式烹饪技术正被越来越多的藏民接受并喜爱，不仅城市的藏民时常进汉餐馆用餐，农村的藏民也去汉餐馆进餐，而且每次进餐时，都会刻意记住所喜欢菜式的配料，回家后再如法炮制。许多藏民通过各种途径学习、掌握汉式烹饪技术。汉族常用炒、煎、烧等手法的烹调方式，对传统藏式的以炖、煮为主的烹饪方式无疑是一种补充。①

虽然这一时期饮食品种增多、烹制方法多样，满足了藏族人民的生活所需，但作为传统饮食，糌粑和酥油茶至今仍是藏族家庭每日不可或缺的，他们是食品传承的主要载体，特别是老年人在饮食习惯上更多地保留了传统的成分，每天都离不开糌粑和酥油茶。糌粑和酥油茶成了藏民族物质文化的特征之一。尽管现在一部分孩子不喜吃糌粑而喜食白面、大米，但是几乎每个家庭的早餐，主食仍旧毫无例外的是糌粑。在家长们看来，不吃糌粑就不能算是真正的藏族。吃糌粑是强化年青一代的民族认同的一个必不可少的手段和方式，是进行传统文化传承的

---

① 刘志扬：《饮食、文化传承与流变——一个藏族农村社区的人类学田野调查》，《开放时代》2004年第2期。

一种潜移默化的教育。这样，糌粑作为藏族的主要传统饮食，已经不再仅仅具有实用的饮食功能，被赋予了民族归属感和文化认同的意义，衍生为藏民族传统文化的符号。同时，也延伸、扩展和渗透到藏族日常生活的各个方面，在一些特定的宗教、节庆、劳动等场合，糌粑更被人们赋予了特殊的文化象征意蕴。因此，“吃糌粑”与“不吃糌粑”不仅是饮食习惯问题，也是区别于藏族与其他民族的民族身份并构成了“我群”与“他群”之间不同的族群性特征。①

2. 饮食结构与养生功能

改革开放以后，随着生活的日渐富足，藏族民众开始注重讲求饮食营养和养生，更加重视食品的食疗功能。藏族人民通过历史记载的方法，又经现代科学手段检测，确认诸多藏餐食品具有药用与养生的价值，它们滋养强壮了一个民族。

青稞。藏民把青稞称为养育众生之母，经加工后的糌粑被视为其“无价长子”，青稞酒则称为滋补身心的“甘露妹子”。藏医典籍《晶珠本草》将青稞作为重要的药物，认为可治疗多种疾病。经现代生物医学研究，青稞富含比其他麦类更高的β－葡聚糖，能起到稳定血糖的作用，还有较多的膳食纤维、支链淀粉和多种维生素。据有关机构统计，西藏农牧区患痛风病、糖尿病的比例很低，发病率仅为0.01%，与长期食用糌粑有关。青稞可清热化湿、祛风寒、宁肺定喘，治疗阳虚肾亏，并有降血脂的功效。青稞的营养价值不低于其他谷类，随着糌粑保健功效的深入挖掘，糌粑正走向全国和世界。用青稞酿的酒也有很好的保健作用，在温热的青稞酒中加入红糖、酥油、奶渣及糌粑，可以补血、补气，是产妇的特别饮食。

酥油。酥油是藏民生活中不可或缺的食品。有关研究证明，酥油能滋润肠胃，有和脾温中的作用，其脂肪含量高达80%~90%，藏民称之为“生命油”“油脂精华”，有很高的营养价值。酥油还含有蛋白质、钙、磷、铁、维生素A、核黄素、尼克酸等多种维生素。每市斤（0.5千克）酥油在人体中产生热量约4000卡，食用后能耐寒耐饥。藏区地处高原，气候寒冷，高热量的食物可增强食用者抵抗低温的能力，并补充人体多方面的需要。不同的酥油还有诸多药用功效，如犏牛酥油能调理身体，黄牛、山羊酥油能凉息风热，牦牛、绵羊制成的酥油性热，能祛风去寒。

酥油茶与甜茶。酥油茶与甜茶，是分别用酥油、牛奶或奶粉加茶叶、盐、白糖制成的饮料。酥油茶与甜茶都是具有茶功能的营养品，酥油茶可补充食用者的

---

① 刘志扬：《饮食、文化传承与流变——一个藏族农村社区的人类学田野调查》，《开放时代》，2004年第2期。

热能与维生素A，而甜茶则可补充蛋白质和其他一些营养素。尤其是酥油茶，有生津、御寒、止渴的综合功效，是十分适合高寒地区的饮料。

牛奶。藏医学认为牛奶在消化过程中属苦味，含油脂，使人活力增加，面色红润，皮肤有光泽，增加黏液，能治疗胆汁及气类的疾病。牛奶还可兴奋人的脑力，能消除疲劳，可治疗眩晕、中毒、咳嗽、过度口渴等。其中西藏牦牛奶的营养价值很高，含有18种氨基酸和丰富的维生素，以及钙、铁、锌、硒等微量元素，乳铁蛋白含量和免疫球蛋白含量超过牛初乳，长期饮用会有助于提高人体免疫力。

酸奶。酸奶味道酸甜，含有比牛奶更多的乳酸、脂肪酸、蛋白酶和糖分，有镇静、催眠、开胃、补气等作用，并易于消化吸收，还有驱杀肠道中腐败菌的作用。经常食用酸奶的人不易腹胀，也不会产生便秘。酸奶还有益寿作用，人衰老的一个主要原因，是由于人体肠道中由腐败菌产生的毒素，如能驱杀这些毒素，人就可能长寿，而酸奶中的乳酸菌即可抑制腐败菌的产生，且能驱杀分解毒素。西藏的酸奶以牦牛奶为原料，分为两种，一种是奶酪，藏语叫“达雪”，是用提炼过酥油的奶制作的；另一种用未提炼过酥油的牛奶制作，叫“俄雪”。

牦牛。牦牛为典型的高寒地区动物，性极耐寒，被称为雪域高原的“生命之舟”，身体强壮，以具备高免疫性、抗逆性、抗缺氧、抗紫外线而著称。它全身是宝，从角、骨、骨髓、舌、喉头、心、胆、汁，到血、睾丸、肉和皮毛，牦牛不同部位的肉或器官，可治疗不同的疾病，被世人称为高原之宝。

此外还有藏地茴香、野蒜、榆树等，这些既是食品调料，也是常用的藏药，由这些材料做成的藏餐食品，既美味可口，还有养生健身的作用。

3. 藏式烹调的特点

改革开放后，藏餐在原料与烹调上更加精进，花色品种丰富，讲求天然、绿色和养生，体现了许多方面的藏地特色。

一是原料广博，选料严格。主食原料选择的往往是本土栽培的青稞。藏餐中的牛肉以高原牦牛肉为主，羊肉大多是绵羊肉。牦牛肉颜色鲜红、肉质细嫩、味美可口，并讲究用牛羊不同部位的肉做不同的菜肴。通常里脊用来切丝炒菜，其他各部位如胸前的三角肌肉、前腿肉、贴骨肉等各有各的做法；后腿肉因脂肪最少，被用来制作生牛肉酱“夏卜钦”；骨头熬制的高汤可随时用于菜肴。

二是精于刀工。藏式烹调的刀工十分讲究，刀法多样，刀技精巧，有切、剁、斩、砍、排、削、拍、敲等，仅“切”就有直切、斜切、推切、锯切、拉切、侧切、滚切等方法。藏餐厨师虽没有西餐、中餐厨师所用的名目繁多的刀具，但一把菜刀当10把使用，使用刀具的手法十分娴熟。加工后的原料有块、丁、片、条、段、球、丝、粒、末、茸等形状，在实际生活以整块和片、段、泥茸等为常见。

三是配料讲究质、味、量的配合。通常主张软配软、脆配脆；味道方面除保持原有香味外，还辅以其他香料补充；量的配合要求主料突出，配料补充。

四是讲究菜肴的原汁原味。藏餐做法相对简单，但讲究菜肴的原汁原味，使用的调味品都是天然的植物，极少使用经过人工调配的调味品，如经过人工调配的味精、酱油和醋等。

五是注重“绿色”和“保健”。藏餐原料大都来自无污染的高原地区，是天然的绿色食品。牛肉须用高原生长的牦牛肉，羊要吃野草长大的绵羊，鸡肉要用吃草籽长大的柴鸡。牛肉在制作前要经过腌制；炖菜一定要用牛骨髓熬制的高汤等等。西藏绝大多数地方都是四季分明，也形成烹饪原料季节性强的鲜明特色。如有“春有连鱼，夏有奶酪，秋有肥牛、冬有羊”的俗语。从对人体的作用看，不同季节的原料性质也不一样，如有“三月的曲瑞（奶酪豆腐）赛虫草”的说法，许多原料过了季，食用价值就降低或失去了。西藏还有一些珍贵的原料，常用的有藏红花、手掌参、人参果、虫草、“廓聂”、“夏廓唐杰”等，对人体的滋补作用十分明显，凸显出藏餐的保健养生作用。藏红花能够活血化瘀，散郁开结，是藏地的名药之一。“廓聂”对眼睛有益，是一种天然草药，也是做菜的较好香料。

用这些原料制成的菜肴，不仅是西藏传统高档筵席上的珍品佳肴，也是食物中的精品，达到了“风味纯正、营养均衡、药食合一”的餐饮至高境界。

六是烹饪技法多样。藏餐的烹调技法也很多，据说有热菜技法30种，冷菜常用技法5种。

七是注重火候。这体现在选用不同的燃料和工具、运用不同的火候和使用不同的传热介质上。

4. 特色食品及藏菜的地域特征

改革开放前，藏餐就兼容了汉、回等民族的饮食风格，吸收了印度、尼泊尔、不丹等国餐饮之所长，丰富了藏族饮食文化。改革开放后，更是品种纷繁，形成质量上乘的藏族特色饮食。

“卓巴卡擦”，将牛肚煮熟后切成片，加咖喱、茴香、味精、盐等调料拌匀即成。

“学果馍馍”，学果即土豆，把土豆煮熟去皮，与面粉混合，备作馍外皮。将拌好的调料、炒熟的碎肉像包“元宵”一样用馍外皮包起来，滚上面包屑，再放进酥油里炸，炸熟即成。

“折当果折”，将面粉调拌擀好，切成条，放进菜油中炸。炸熟后再放入事先熬化的红糖里搅拌，捞出沥干，装到食品盒中食用。

“哲色莫古”，将大米放在锅里煮熟后改用高压锅煮，然后倒入融化的酥油和红糖、白糖、葡萄干、盐等，搅拌均匀即成。

“甲火”，即“汉式火锅”。像内地火锅一样边吃边煮，主要原料有粉条、海带、蘑菇、猪肉、牛羊肉丸子、竹笋等，还要加盐、味精等调料。一般举办大型宗教活动时大喇嘛要吃此菜。

“夏巴吐”，将肉剁成馅，用面粉擀成皮包上馅成丸子状，加萝卜丝、奶渣，放进骨头汤中一起煮熟即成。

“安多包子”，用烫面做成面皮，馅以牛羊肉为主，掺进少量嫩葱，再调入清油、花椒、盐巴、肉汤拌成馅。再把烫面面皮捏成波纹皱褶，填入肉馅，转动手捏而成莲花盛开状，其造型考究美观，味道可口，不腥不腻。

此外，还有青稞薄饼、粑粑包肉、人参果饭、松茸炸牛排、藏红花烤羊排、手撕牦牛肉等。

由于青藏高原独特的生态环境与人文背景，衍生出来的藏菜与其他民族的菜式风格迥然不同，既吸收了外来饮食文化，又保持了本民族的传统风格，凸显出以下特征：

第一，地域性食材突出，民族风味浓郁。如青稞、牦牛、藏红花等都是当地产的，且在菜肴中使用概率较大，凸显了藏族风情，这是由青藏高原的生态因素决定的。

第二，受外来饮食文化的影响较大。如内地的烹调技术和食品影响日益明显。饮料则主要受印度、尼泊尔的影响大，带有浓郁的印、尼式风格。

第三，传统藏菜烹饪方法以煮、炸为主，辅以一定的拌、蒸食品和生吃食

图12-10　藏餐——水晶包（李玉琴摄影）

品，较少有炒菜，这主要是由于西藏海拔高，菜不易炒熟。随着蔬菜的种植和食用在高原的推广，蔬菜频频出现在藏民的餐桌上，炒菜也越来越多。

第四，藏菜文化中最高水平的产品集中在拉萨和日喀则。受历史影响，可以说拉萨、日喀则是藏菜的中心。西藏其他不少地方的藏菜尽管也极具特色，但就藏菜品种的齐全、制作工艺、烹饪技术的精湛而言，则无法与这两地相比。尤其是拉萨的藏菜，已成为藏菜的代表。①

5. 藏族饮食文化的演进

从总体来看，藏族饮食文化的发展与形成大致可以分为五个阶段：

第一个阶段从公元6世纪开始。其时藏餐的烹调技术首次发生较大变化。当时吐蕃与中原内地、周边国家和地区开展了广泛的经济文化交流，吐蕃因与中原内地和中亚各国通商，烹调原料和技法不断传入西藏，使西藏的烹调技术得到了发展，尤其是文成公主入藏和丝绸之路的开通，开辟了藏汉两族饮食文化交融的先河。人们开始注重博食和养食。博食，即烹调用的原料品种繁多，包括粮食、畜乳、蔬菜、瓜果等门类；养食，即提倡“医食同源”“药膳同功”，说明西藏在医药的食补方面也有了长足发展。《四部医典》全面揭示了人与自然之间和谐而有机的联系，向人们展示了西藏烹调原料的丰富资源，并从医药理论上阐述与饮食有关的上千种本土植物、动物、矿物的药理功效，告诉人们什么东西不可食，什么东西可食以及怎样食，会给身体带来什么好处。《四部医典》的问世，标志着藏民族饮食文化进入了较迅速的发展阶段，也为西藏饮食烹饪理论奠定了坚实的基础。其次是中西雅食文化的进入，使西藏药膳制作逐渐兴起，为西藏饮食文化理论奠定了基础。

第二个阶段可以追溯至13世纪。此时西藏基本上结束了分裂割据的局面，除与元朝中央政府的关系更加密切外，还以藏传佛教为纽带，加强了与中原的联系。藏族与蒙古族的民间交往也日趋频繁。蒙古族的饮食文化在元代已十分发达，蒙古族与藏族有着共同的游牧与畜牧生产方式，其饮食必然有共通的一面。重要的是，藏族萨迦法王八思巴是蒙藏政治宗教文化相互学习与传播的重要桥梁。哈达就是在元朝时由八思巴传入西藏的，他在会见元世祖忽必烈后回西藏时，带来了第一条哈达。同理，在饮食文化上八思巴不可能不将蒙古族的饮食习俗带到西藏，特别是八思巴家族与蒙古族联姻，可以对饮食习俗产生直接影响。据前述，青稞蒸馏酒和酥油搅拌分离法以及酥油茶

---

① 李涛：《藏菜种种及特色》，《民族》，2002年第6期。

都可能是在元代受蒙古族饮食制作方法的影响，从而提高了饮食制作水平，丰富了藏餐的内涵。

第三个阶段是18世纪。这一时期是清代筵席发展的鼎盛时期，其种类多，规模大，菜肴丰盛，烹调精美，并出现了堪称筵席之最的满汉全席。以后随着藏汉经济文化的交流，内地的饮食文化逐渐传入西藏。藏人称满汉全席为“嘉赛柳觉杰”，意为汉食十八道。这一时期在拉萨、江孜、日喀则等藏区重镇的街面上，各种蔬菜、瓜果，厨具、器具也明显增多，一些烹饪技术也在民间流传，促进了西藏饮食文化的较快发展。

在这一时期，融食、娱、游、乐于一体的饮食文化开始进入上层贵族家庭，但由于西藏政治、经济、宗教、文化、地理以及信息等方面的原因，无论是来自中原的美食佳肴还是来自南亚、北亚、西亚的西方饮食文化的影响，在西藏仍十分有限，这些只为少数西藏贵族及商人家庭所了解，而西藏广大的农牧民仍靠传统简单的饮食方式度过漫长岁月，这种状况一直延续到20世纪50年代。

第四个阶段是民主改革后至改革开放前。藏餐的形成主要在20世纪50年代后期。在拉萨市区红山布达拉宫前面的街上，出现了不同档次的标准藏餐。主食以米、面、青稞为主，肉食原料以牛、羊、猪、鸡等畜禽肉为主，蔬菜以土豆、萝卜等为主。喜欢重油、厚味以及香酥甜脆的食品，调料多辣或酸，重用香料，常用烤炸煎煮等方法烹调。传统的待客筵席由奶茶、蕨麻米饭、灌汤包子、手抓羊肉、大烩菜、酸奶六道食品组成，代表性菜品是牛肉、烧羊、糌粑、酥油茶和青稞酒。筵席上的菜品口味讲究清淡与平和，少放辛辣调料。民间吃肉多不用筷子，而是将大块肉盛入盘中用刀子割食，具有浓郁的民族风味。

第五个阶段始于20世纪80年代。在改革开放政策的推动下，西藏的旅游热使饮食文化得到空前发展。藏餐菜品不多，但不同地方的菜点风格各异。藏餐可分为四种类型：以阿里、那曲为代表的“羌菜”；以拉萨、日喀则、山南为代表的“卫藏菜”，也称“拉萨菜”；以林芝、墨脱、梓木为代表的“荣菜”；以过去王家贵族及官府中的菜肴为代表的“宫廷菜”，共有200多种。在保持传统特色的前提下，新的原料不断增加。在饮食对象、饮食烹饪、饮食方式等方面，呈现出由简至繁、由粗至精、由低级到高级的发展趋势。厨师的地位不断提高，烹调技术逐渐走向成熟，甚至还出现了烹调专著。西藏拉萨饭店厨师次仁群培所著《藏餐菜谱》《藏族常用饮食辞典》，系统而全面地讲述了藏餐烹饪知识，有力地推进了西藏饮食烹饪的发展。世代以糌粑、牛羊肉、酥油为主食的藏民的饮食结构，正在发生变化，并逐渐形成自己的特色。藏餐、中餐、西餐等多种餐饮文化相互融合、优势互补的新格局，揭开了西藏饮食文化的新篇章。

三、其他少数民族的饮食文化

西藏是个多民族的地区，除藏族为主体外，还有珞巴族、门巴族、蒙古族、回族、怒族、纳西族、僜人、夏尔巴人等其他少数民族，他们居住在喜马拉雅山脉以东或喜马拉雅南侧比较温暖的地区，其饮食文化与藏族既有相类又有不同，同藏族饮食文化共同构成了西藏地区的地域饮食文化，形成了青藏高原各民族饮食习俗多元化的特点。其中，珞巴族和门巴族是居住在中国西藏的古老民族，具有较完备的饮食文化。

1. 珞巴族的饮食文化

（1）珞巴族的社会经济概况　珞巴族大部分集居在珞瑜地区，一部分散居在察隅、米林、墨脱、隆子、朗县等地。至西藏民主改革前，珞巴人还生活在原始社会末期，农业停留在刀耕火种的阶段，一些部落以采集、狩猎和刀耕火种为生。珞巴族人从饮食中寻找到生活的智慧，形成自己独特的饮食文化习俗。如在部族生活中，他们以一个火塘为伙食单位，用来代表一个小家庭。以采集来划分季节和月份，如布瑞部落，以一二月为采集竹笋的季节，三至五月为采集鲜果的季节，六月采集“达谐”（棕榈科植物），七月采集蕉类，八月采柑橘，九月采“希如”（油果子），十月或十一月采集核桃，十二月采集作为织布缝衣原料的树皮纤维。

采集。珞瑜地区气候温和，森林茂密，物产丰富，给珞巴族人提供了丰富的饮食来源。单采集食物种类就很多，如野果类有桃、柑橘、芭蕉、青冈籽、猪油果等；寄生菌类有木耳和各类蘑菇；根茎叶类有竹笋、山芋、野山薯等10余种；昆虫及相关产品有蚱蜢、蝗虫、蜂蜜和蜂蜡等。

渔猎。珞巴人生活的高山峡谷地区，森林茂密，野生动物资源丰富，为狩猎创造了优越的条件。珞瑜地区水网密布，盛产鱼类。珞巴人捕鱼大多是集体活动。每年七八月份，全村的劳动力去采集一种有毒的草根，砸烂捣碎后投入流水缓慢的河湾。当鱼被毒死或毒晕后，大家下水捕捞，谁捞到就归谁所有。

饲养业。珞巴人饲养的家畜、家禽主要有鸡、猪和牛。鸡也是最早的饲养动物之一，在他们的原始宗教仪式中有重要的作用。养猪也很普遍。牛在各地都有饲养，品种主要是大额牛，这是珞巴人在长期实践中，培养出的适合亚热带潮湿森林气候的优良品种。这种牛既不同于康藏高原的牦牛和犏牛，也不同于印度平原的黄牛，是一种身躯高大、膘肥体壮、能抗拒各种蚊虫叮咬、成熟期较快的优质肉用牛。另外还有黄牛、犏牛等。一些地区也饲养少量的山羊和绵羊。因气候炎热潮湿，不宜养马。饲养业在珞巴社会经济中的地位仅次于农业，是重要的家庭副业。

农业。珞巴人生活的地区属热带、亚热带和湿温带气候，享有“西藏江南”之誉，可种植水稻、旱稻、玉米、鸡爪谷（黍类作物）、荞麦、黄豆、绿豆、芝麻和土豆等作物。其中，“鸡爪谷”是珞巴人最喜爱的粮食。

饮食器具。珞瑜地区的制陶历史悠久，珞巴人称陶器为“达岗木布京”，主要有陶锅和陶罐两类。每类又分大中小三种，大陶锅高约一尺（0.33米），直径一尺二寸（0.4米），多用来煮酿酒用的玉米或鸡爪谷。小的高约五寸（0.16米），直径六寸（0.2米），通常用来煮饭。其制作的陶器，具有坚硬、耐火和不漏水的特点，是竹、木饮食器具的进一步发展。

此外，还有石、铜、铝制的饮食器具。当时石制的生活用具较普遍，如石板和石锅。博嘎尔等部落就用质地柔软又耐火烧的石料凿成石锅炖煮食物，成为珞巴族人较完备的炊具。从器具的发展历程来说，石锅是陶锅的进一步发展，以石质代替了陶质，克服了陶锅易裂易碎的缺点。一个石锅如果不受到严重的撞击，能使用数十年。但炉灶较简单，一般用三块石头当锅庄。铜锅是后来从藏区输入的炊具。一些富有人家使用直径约1米的大铜锅，上有图案花纹，价格昂贵，多用于加工奶制品或贮存水，宴请宾客时又用来煮肉。碗是用嫩竹缝制的方盒或用藤竹制的纺织物，有的使用一节竹筒，或用芭蕉叶卷起盛饭菜。新中国成立后，铝锅大量输入，成为主要炊具，逐步替代陶罐、竹筒和石锅。

民主改革后，珞巴人的经济水平有了长足进步，改变了过去刀耕火种的习俗，开荒造田，劈山引水，不断扩大耕地面积，粮食产量逐年提高。至1979年，粮食产量较1969年提高1.5倍，畜牧业也有所发展，牲畜数量增加了3倍多。特别

图12-11 石锅（《西藏民俗》，五洲传播出版社）

是进入20世纪80年代后农业有较大发展，刀耕火种已为精耕细作所取代，种植的作物除玉米、青稞外，还有水稻、棉花等，用上了播种机、扬场机、脱粒机等生产工具。政府提倡科学种田，很多村子建立了试验田和种子田，珞巴人正朝着现代化生产迈进。珞巴人开始富裕，家中有存款，谷仓有余粮，家家户户养猪、牛、鸡，呈现出六畜兴旺、衣食丰裕的景象。

（2）珞巴的饮食文化　食品制作方式。珞巴的一些部落还保持着古老的饮食习俗，如生食、烧烤、石烹、竹煮等，它们是饮食发展的最初阶段，有的习俗逐渐演变为珞巴族人的饮食特色。如生食，从珞巴人的一些饮食习俗中，仍可窥见珞巴先民的生食遗风。如一部分珞巴人常把獐子肉剁成肉酱，拌上辣椒和姜末作为其他食品的配料。烧烤，是珞巴人常见的加工食物的方式。其中以石片烙熟食品的方法颇具特色。如把荞麦、玉米研磨后和“达谐”加工提取的淀粉用水调成稀面团，摊于烧红的石片上，烙熟一面再翻烙另一面，如果饼太厚，烙过后再埋入火塘的灰烬中，待其熟透再食。石烹，也很独特。崩如、苏龙部落将“达谐”调成浆后，放入硕大的葫芦中，然后投入烧红的石头，利用石头的热量烹熟。

饮食习俗。珞巴人通常一日三餐。传统主食是玉米和鸡爪谷，也食用大米，多有磨成粉再煮成稠糊或做成烙饼的习俗。在靠近藏族居住的地方也食青稞，食法与藏族同。肉食有牛、羊、猪、鸡、鱼及各种兽肉。盐、姜、辣椒、花椒是主要调味品。珞瑜盛产辣椒，男女均喜欢吃辣椒。

珞巴人普遍不喜喝茶，少数迁到藏区的人喝酥油茶。但善酿酒，酒类较多，饮用量很大。除饮青稞酒外，有用稻米做的醪糟酒称“米酒”，甘甜醇香；玉米或鸡爪谷可酿水酒，清澈酸甜；用“达谐”“达荠”和“达白”等做的酒，清淡爽口，消渴解暑，是珞瑜地区南部一些部落的日常饮料；还有以竹花果、蜜蜡或其他水果酿制的各种黄酒。他们以酒的酿造性质把酒分为水酒和白酒两种。他们夏天一般喝酸奶水，珞巴多数部落养牛，但不会挤奶和制作奶制品。唯博嘎尔和纳部落从藏区引入了产奶较多的犏牛和黄牛，并学会挤奶、制取酥油、做酸奶和奶渣等工艺，之后，便有了丰富的奶制品。对珞巴人来说，这些都是稀有的高级食品，一般人家仅在祭神和宴请宾客时才食用。酥油除在宗教仪式上使用外，通常掺入白酒喝。①

此外，烟是珞巴男女的嗜好品。烟叶晒干或烤干后揉碎吸用，烟斗分别用竹、木和铜制成。一些部落的人还有口嚼烟叶的习惯。一些与藏族、门巴族杂居的人还学会了吸鼻烟。

---

① 李坚尚、刘芳贤：《珞巴族的社会和文化》，四川民族出版社，1992年，第180页。

进入20世纪80年代后，珞巴人饮食习俗发生了较大变化。在与藏、门巴、汉等兄弟民族的交往中，珞巴人吸收了其他民族的一些饮食习俗，替代了本民族的一些饮食习俗。例如，有的村民已经以大米、麦子为主食，加工方式是蒸与焖，以干食为主；麦子为主要面食，多烙、烤。青稞则用于酿酒。又如，平时村民已大都饮茶而不喝酥油茶，但家中来客时仍以酥油茶敬客。部分人家待客的酥油茶已不再用茶桶打，而用搅拌机搅拌，这种方式既省时又省力。在整个西藏自治区有不少家庭都采用了这种颇具现代色彩的方式。

基于图腾崇拜的饮食禁忌习俗。珞巴各部落都有崇拜的图腾，他们对崇拜的动植物不采不猎不食，形成了极有特色的饮食习俗，体现了“天人合一”的饮食思想。各部落崇拜的图腾有所不同，表现形式也不尽相同。如有些部落的珞巴人以猪、狗为崇拜的图腾，在早稻开镰前，需让狗和猪尝新后方能开镰收割。一些部落崇拜蛇，若有人被蛇咬伤，则禁食类似藤科状的菜果和辛辣食物，有的禁止一年内喝酒。

他们对土地和火灶也有崇拜和敬畏之心，认为土地是人类的衣食之源，凡选地、开垦、播种、除草、收割直至粮食归仓，均有祭祀活动，以示对土地神的酬谢。他们认为火灶是珞巴族的饮食圣地，是灶神常年守护着火灶，给全家带来富裕、幸福和吉祥。有许多家庭祭祀是在火灶旁进行的，如崩尼人认为火塘里有三个女乌佑（可能与三块支锅石有关），每当新米煮成第一餐饭，主妇将其一部分连同酒肉一起投入火塘，向灶神供祭。对灶神的敬意，也发展为诸多禁忌。如严禁跨越火塘，不准向火灶吐痰、扔废弃之物，也不得在灶旁大声喧哗、说脏话等。

2. 门巴族的饮食文化

门巴族聚居区位于喜马拉雅山南麓以达旺为中心的门隅地区，其余少数散居在墨脱、米林、林芝等县。门隅地区北高南低，高处海拔可达3600米，低处只有100多米左右，雅鲁藏布江在林芝、墨脱一带急转南下形成河谷地带。这里山峦绵亘，森林茂密，气候温暖，雨量充沛，土地肥沃，物产丰富，被誉为青藏高原上的江南。

（1）社会经济概况　民主改革前，门巴族人主要从事农业，但停留在刀耕火种阶段。人们总结为“点火一烧荒，木棍把地撬，撒下一把种，无人再照管；有收是天赐，无收命不好”。[1]落后的生产方式，使门巴人必须靠采集野生植物和打猎来补充食物来源。民主改革后改进了耕作技术，推广了良种和新式农具，耕地

① 赤烈曲扎：《西藏风土志》，西藏人民出版社，1985年，第47页。

面积较民主改革前扩大了1.5倍，单产提高了近3倍，粮食自给自足，人们生活水平有了较大提高。尤其是20世纪80年代以来，门巴族的农业生产得到长足发展。农作物品种大增，有水稻、旱稻、玉米、荞麦、青稞、鸡爪谷、小麦、大豆、棉花、芝麻等，一年可收获两三次。此外，还有高粱、豌豆、油菜、茶树、香蕉、甘蔗、橘、柚、桃、梨、苹果和烟草等蔬果及经济作物。门巴人还兼营牧业，在牧场中畜养了牛、羊、驴、骡等牲畜。

饮食器具。门隅地区有丰富的竹木资源。门巴族人十分擅长加工木碗和编织竹器的技艺，多用竹木制作食具，有木碗、竹碗、杓、木匙、竹锅铲、竹饭盒；炊具有石锅、陶锅、铁锅和铝锅。他们喜用石锅，认为用其做出的饭菜更可口。他们制作的传统木碗别具一格，在西藏享有盛誉。

（2）日常饮食习俗与文化　门巴族的饮食有鲜明的民族特点，由于受地域的限制，其饮食结构因地而异。一般而言，食物以大米、玉米、荞麦、鸡爪谷为主。饮食习惯一日三餐，大米的吃法与汉族相同，玉米和鸡爪谷则做成糊粥。他们喜食荞麦饼或玉米面饼，蘸辣椒水吃；也兼食糌粑、面饼和奶渣；食牛羊肉，也吃猪肉和野味，尤嗜食熏制的肉，嗜吸鼻烟且爱饮酒。他们把用稻米酿的酒叫米酒，清亮醇香；用玉米酿的酒称黄酒，色黄酒浓；用青稞酿的酒为青稞酒，甘甜醇香。他们喝的茶有清茶、酥油茶和清油茶。门巴族沿用藏历，节日与藏族相同。节日期间要杀牛宰羊，置办丰盛的酒菜，宴请宾客。

参考文献※

一、古籍文献

[1] 司马迁. 史记. 北京：中华书局，1959.
[2] 班固. 汉书. 北京：中华书局，1962.
[3] 范晔. 后汉书. 北京：中华书局，1965.
[4] 袁宏. 后汉纪. 天津：天津古籍出版社，1987.
[5] 张仲景. 伤寒论. 重庆：重庆市人民出版社，1955.
[6] 陈寿. 三国志. 北京：中华书局，1959.
[7] 魏收. 魏书. 北京：中华书局，1974.
[8] 李延寿. 北史. 北京：中华书局，1974.
[9] 贾思勰. 齐民要术校释. 缪启愉，校释. 北京：农业出版社，1982.
[10] 倪辂. 南诏野史. 昆明：云南人民出版社，1990.
[11] 樊绰. 蛮书. 北京：中国社会科学出版社，1985.
[12] 房玄龄，等. 晋书. 北京：中华书局，1974.
[13] 薛居正，等. 旧五代史. 北京：中华书局，1976.
[14] 魏徵，等. 隋书. 北京：中华书局，1973.
[15] 刘煦，等. 旧唐书. 北京：中华书局，1975.
[16] 杜佑. 通典. 北京：中华书局，1988.
[17] 徐坚，等. 初学记. 北京：中华书局，1962.
[18] 宋祁，欧阳修，等. 新唐书. 北京：中华书局，1975.
[19] 李昉. 太平广记. 北京：中华书局，1961.
[20] 李昉，等. 太平御览. 北京：中华书局，1963.
[21] 吴自牧. 梦粱录. 杭州：浙江人民出版社，1980.
[22] 司马光. 资治通鉴. 北京：中华书局，1956.
[23] 孟元老. 东京梦华录. 北京：商业出版社，1982.
[24] 常璩. 华阳国志. 成都：巴蜀书社，1984.
[25] 杨芳灿，常明，等. 四川通志. 成都：巴蜀书社，1984.

※ 编者注：本书“参考文献”，主要参照中华人民共和国国家标准GB/T 7714-2005《文后参考文献著录规则》著录。

[26] 周去非. 岭外代答. 上海：上海远东出版社，1996.
[27] 范成大. 桂海虞衡志. 南宁：广西民族出版社，1984.
[28] 毕沅. 续资治通鉴. 长沙：岳麓书社，1992.
[29] 王象之. 舆地纪胜. 成都：四川大学出版社，2005.
[30] 脱脱，等. 宋史. 北京：中华书局，1977.
[31] 忽思慧. 饮膳正要. 四部丛刊本. 上海：上海书店，1985.
[32] 段成式. 酉阳杂俎. 四部丛刊本. 上海：上海书店，1985.
[33] 乐史. 太平寰宇记. 北京：中华书局，1985.
[34] 李京. 云南志略. 昆明：云南民族出版社，1986.
[35] 熊梦祥. 析津志. 北京：北京古籍出版社，1983.
[36] 陈文，等. 景泰云南图经志书. 昆明：云南民族出版社，2002.
[37] 苏天爵. 元朝名臣事略. 北京：中华书局，1996.
[38] 札马剌丁，等. 元一统志. 北京：中华书局，1966.
[39] 马可·波罗. 马可·波罗游记. 石家庄：河北人民出版社，1999.
[40] 高濂. 遵生八笺. 成都：巴蜀书社，1988.
[41] 宋濂，等. 元史. 北京：中华书局，1976.
[42] 严从简. 殊域周咨录. 北京：中华书局，1993.
[43] 刘文征. 滇志. 昆明：云南教育出版社，1991.
[44] 徐霞客. 徐霞客游记. 昆明：云南人民出版社，1985.
[45] 钱古训，等. 百夷传. 昆明：云南人民出版社，1983
[46] 沈德符. 万历野获编. 北京：中华书局，1959.
[47] 曹学佺. 蜀中广记. 四库全书本. 北京：商务印书馆，2005.
[48] 谭希思. 四川土夷考. 影印本. 山东：齐鲁书社，1997.
[49] 张廷玉，等. 明史. 北京：中华书局，1974.
[50] 赵尔巽，等. 清史稿. 北京：中华书局，1977.
[51] 罗养儒. 云南掌故. 昆明：云南民族出版社，1996.
[52] 魏源. 圣武记. 北京：中华书局，1984.
[53] 曹雪芹. 红楼梦. 海口：海南出版社，1995.
[54] 徐珂. 清稗类钞. 北京：中华书局，1984.
[55] 徐家干. 苗疆闻见录. 贵阳：贵州人民出版社，1997.
[56] 檀萃. 滇海虞衡志. 昆明：云南人民出版社，1990.
[57] 倪蜕. 滇云历年传. 昆明：云南大学出版社，1992.
[58] 袁枚. 随园食单. 扬州：广陵书社，1998.

[59] 龙云，等. 新纂云南通志. 昆明：云南人民出版社，2007.

二、现当代著作

[1] 黄奋生. 西藏情况. 北京：地图出版社，1954.
[2] 本书编写组. 中国少数民族. 北京：人民出版社，1981.
[3] 广西民族研究所编. 广西少数民族地区石刻碑文集. 南宁：广西人民出版社，1982.
[4] 西藏研究编辑部. 西藏志 卫藏通志. 拉萨：西藏人民出版社，1982.
[5] 陈丽琼. 试谈四川古代瓷器的发展及工艺//史学论文集. 成都：四川人民出版社，1982.
[6] 方国瑜. 彝族史稿. 成都：四川民族出版社，1984.
[7] 陈椽. 茶业通史. 北京：农业出版社，1984.
[8] 尤中. 中国西南民族史. 昆明：云南人民出版社，1985.
[9] 文闻子. 四川风物志. 成都：四川人民出版社，1985.
[10] 中央民族学院藏族文学史编写组. 藏族文学史. 成都：四川民族出版社，1985.
[11] 石泰安. 西藏的文明. 耿升，译. 拉萨：西藏社科院汉文编辑室，1985.
[12] 冉光荣，李绍明，周锡银. 羌族史. 成都：四川民族出版社，1985.
[13] 赤烈曲扎. 西藏风土志. 拉萨：西藏人民出版社，1985.
[14] 吴玉书，等. 卡若遗址的孢粉分析与栽培作物的研究. 北京：文物出版社，1985.
[15] 迦萨・索南坚赞. 王统世系明鉴. 陈庆英，仁庆扎西，译注. 沈阳：辽宁人民出版社，1985.
[16] 四川简史编写组. 四川简史. 成都：四川省社会科学院出版社，1986.
[17] 林孔翼. 成都竹枝词. 增订本. 成都：四川人民出版社，1986.
[18] 达仓宗巴・班觉桑布. 汉藏史集. 陈庆英，译. 拉萨：西藏人民出版社，1986.
[19] 胡焕庸，等. 中国人口地理. 上海：华东师大出版社，1986.
[20] 藏族简史编写组. 藏族简史. 拉萨：西藏人民出版社，1986.
[21] 四川省文物志编辑部. 四川省文物志征求意见稿：2. 成都：四川省文物志编辑部，1987.
[22] 汤开建. 党项风俗述略//藏族史论文集. 成都：四川民族出版社，1988.
[23] 黄现璠，等. 壮族通史. 南宁：广西民族出版社，1988.
[24] 鲁子健. 清代四川财政史料：下册. 成都：四川省社会科学院出版社，1988.
[25] 童恩正. 西藏考古综述//藏族史论文集. 成都：四川人民出版社，1988.
[26] 丁世良，赵放. 中国地方志民俗资料汇编：西南卷. 北京：书目文献出版社，1989.
[27] 孙旭军，蒋松，陈卫东. 四川民俗大观. 成都：四川人民出版社，1989.

[28] 林孔冀，沙铭璞. 四川竹枝词. 成都：四川人民出版社，1989.
[29] 孔祥贤. 陆游饮食诗选注. 北京：中国商业出版社，1989.
[30] 贾大泉，陈一石. 四川茶业史. 成都：巴蜀书社，1989.
[31] 杨毓才. 云南各民族经济发展史. 昆明：云南民族出版社，1989.
[32] 四川省文物志编辑部. 四川省志・文物志. 成都：四川省文物志编辑部，1990.
[33] 车辐. 川菜杂谈. 重庆：重庆出版社，1990.
[34] 赵荣光. 中国饮食史论. 哈尔滨：科学技术出版社，1990.
[35] 熊四智. 川菜大全丛书. 重庆：重庆出版社，1990.
[36] 马汝珩，等. 清代边疆开发研究. 北京：中国社会科学出版社，1990.
[37] 王从仁. 玉泉清茗. 上海：上海古籍出版社，1991.
[38] 熊四智. 中国人的饮食奥秘. 郑州：河南人民出版社，1992.
[39] 李坚尚，刘芳贤. 珞巴族的社会和文化. 成都：四川民族出版社，1992.
[40] 吴天颖. 井盐史探微. 成都：四川人民出版社，1992.
[41] 鲁克才. 中华民族饮食风俗大观. 北京：世界知识出版社，1992.
[42] 江应梁. 中国民族史. 北京：民族出版社，1993.
[43] 段渝. 四川通史：一. 成都：四川大学出版社，1993.
[44] 罗开玉. 四川通史：二. 成都：四川大学出版社，1993.
[45] 李敬洵. 四川通史：三. 成都：四川大学出版社，1993.
[46] 贾大泉，周原孙. 四川通史：四. 成都：四川大学出版社，1993.
[47] 陈世松，柯建中，王刚. 四川通史：五. 成都：四川大学出版社，1993.
[48] 吴康零，彭朝贵，曾绍敏，等. 四川通史：六. 成都：四川大学出版社，1993.
[49] 温贤美，马宣伟，刘子建，等. 四川通史：七. 成都：四川大学出版社，1993.
[50] 石硕. 西藏文明东向发展史. 成都：四川人民出版社，1994.
[51] 冯汉镛，屈小强. 巴蜀科技史研究. 成都：四川大学出版社，1995.
[52] 冯汉镛. 四川科技史. 成都：四川大学出版社，1995.
[53] 林惠君. 巴蜀旅游文化. 重庆：重庆出版社，1995.
[54] 陈汎舟. 略论元代藏汉民间互市//四川藏学研究：三. 成都：四川民族出版社，1995.
[55] 杨岭多吉. 四川藏学研究：三. 成都：四川民族出版社，1995年.
[56] 林向. 巴蜀酒文化比较研究//巴蜀文化新论. 成都：成都出版社，1995.
[57] 李珪. 云南近代经济史. 昆明：云南民族出版社，1995.
[58] 中国藏学研究中心社会经济研究所. 西藏家庭四十年变迁. 北京：中国藏学出版社，1996.
[59] 张明，扎嘎. 西藏的手工业和工艺品. 北京：中国藏学出版社，1996.

[60] 中国社会科学院世界宗教所道教研究室．道教文化面面观．济南：齐鲁书社，1996.
[61] 四川省政协文史资料委员会．四川文史资料集粹：第三卷．成都：四川人民出版社，1996.
[62] 四川省政协文史资料委员会．四川文史资料集粹：第五卷．成都：四川人民出版社，1996.
[63] 王学泰．华夏饮食文化．北京：中华书局，1997.
[64] 郭正忠．中国盐业史．北京：人民出版社，1997.
[65] 中国第一历史档案馆，等．清初五世达赖喇嘛档案史料选编．北京：中国藏学出版社，1998.
[66] 朱瑞熙，等．辽宋西夏金社会生活史．北京：中国社会科学出版社，1998.
[67] 罗琨，张永山．原始社会．北京：中国青年出版社，1998.
[68] 周宏伟．清代两广农业地理．长沙：湖南教育出版社，1998.
[69] 四川省文联．四川民俗大典．成都：四川人民出版社，1999.
[70] 四川省地方志编纂委员会．四川省志・文物志．成都：四川人民出版社，1999.
[71] 钟文典．广西通史．南宁：广西人民出版社，1999.
[72] 周德高．道教文化与生活．北京：宗教文化出版社，1999.
[73] 妙卿．家常素食．上海：上海佛学书局，1999年.
[74] 徐金华．徐公茶品．成都：四川人民出版社，1999.
[75] 潘显一，冉昌光．宗教与文明．成都：四川人民出版社，1999.
[76] 廖东凡．西藏风情恋．呼和浩特：内蒙古人民出版社，1999.
[77] 谢定源．新概念中华名菜谱・四川名菜．北京：中国轻工业出版社，1999.
[78] 赵济，等．中国地理．北京：高等教育出版社，1999.
[79] 四川省地方志编纂委员会．四川省志・民俗志．成都：四川人民出版社，2000.
[80] 李新．川菜烹饪事典．重庆：重庆出版社，2000.
[81] 沈庆生．千年回首话四川．成都：巴蜀书社，2000.
[82] 雷喻义，屈小强，李殿元．巴蜀文化与四川旅游资源开发．成都：四川人民出版社，2000.
[83] 路遇，等．中国人口通史．济南：山东人民出版社，2000.
[84] 江礼旸．食趣．上海：学林出版社，2001.
[85] 四川省民俗学会，四川省名人协会．川菜文化研究．成都：四川大学出版社，2001.
[86] 石硕．藏族族源与藏东古文明．成都：四川人民出版社，2001.
[87] 宋兆麟．中国风俗通史．上海：上海文艺出版社，2001.
[88] 冯敏．万户千门入画图——巴蜀少数民族文化．成都：四川人民出版社，2001.

[89] 崔显昌．旧蓉城的市声//成都掌故：三．成都：四川大学出版社，2001.
[90] 熊四智，杜莉．举箸思吾蜀——巴蜀饮食文化纵横．成都：四川人民出版社，2001.
[91] 李树人，杨代欣，麦建玲．川菜纵横谈．成都：成都时代出版社，2002.
[92] 凉山彝族自治州民族食文化研究会．凉山彝族饮食文化概要．成都：四川民族出版社，2002.
[93] 方铁，等．亚洲民族论坛．昆明：云南大学出版社，2003.
[94] 方铁．西南通史．郑州：中州古籍出版社，2003.
[95] 杜莉．川菜文化概论．成都：四川大学出版社，2003.
[96] 罗桑丹增，周润年．藏族民俗．成都：巴蜀书社，2003.
[97] 童恩正．南方文明//西藏考古新发现．重庆：重庆出版社，2004.
[98] 本书编写组．当代云南简史．北京：当代中国出版社，2004.
[99] 杨寿川，等．云南特色文化．北京：社会科学文献出版社，2006.
[100] 才让．吐蕃史稿．兰州：甘肃人民出版社，2007.
[101] 白九江．巴盐与盐巴．重庆：重庆出版社，2007.
[102] 周霭联．西藏纪游．北京：中国藏学出版社，2007.
[103] 胡朴安．中华全国风俗志．北京：科学技术文献出版社，2008.
[104] 格勒．藏学人类学论文集：汉文卷下．北京：中国藏学出版社，2008.
[105] 段渝．四川通史：卷一．成都：四川人民出版社，2010.
[106] 罗开玉．四川通史：卷二．成都：四川人民出版社，2010.
[107] 李敬洵．四川通史：卷三．成都：四川人民出版社，2010.
[108] 贾大泉，周原孙．四川通史：卷四．成都：四川人民出版社，2010.
[109] 陈世松，李映发．四川通史：卷五．成都：四川人民出版社，2010.
[110] 吴康零，等．四川通史：卷六．成都：四川人民出版社，2010.

三、期刊、报纸

[1] 四川省博物馆．四川牧马山灌溉渠古墓清理简报．考古，1959（8）.
[2] 呈文．东汉水田模型．云南文物，1977（7）.
[3] 贤者喜宴．黄颢，译．西藏民族学院学报，1980（4）.
[4] 张文．浅淡广西倒水出土的耙田模型．农业考古，1982（2）.
[5] 秦保生．汉代农田水利的布局及人工养鱼业．农业考古，1984（1）.
[6] 大理州文管所．云南大理大展屯二号汉墓．考古，1988（5）.
[7] 王有鹏．试论我国蒸馏酒之起源．四川文物，1989（4）.
[8] 张世明．清代西藏社会经济的产业结构．西藏研究，1991（1）.

[9] 安新国. 西藏的盐粮交换. 西藏研究，1992（3）.
[10] 邓显皇. 万县地区盐文化刍论. 盐业史研究，1992（4）.
[11] 李涛. 说说拉萨旧日的菜园子. 中国西藏，1993（秋季号）.
[12] 陈世松. 宋代成都游乐之风的历史考察. 四川文物，1998（3）.
[13] 丁玲辉. 藏区养生民俗. 西藏民俗，1998（2）.
[14] 管维良. 大巫山盐泉与巴族兴衰. 重庆三峡学院学报，1999（3），1999（4）.
[15] 苏发祥. 论民国时期西藏地方的社会与经济. 中央民族大学学报，1999（5）.
[16] 汪德军. 辉煌的四十年. 西藏研究，1999（3）.
[17] 罗亨长. 成都少城食风娓谈：一、二. 四川烹饪，1999（12），2000（1）.
[18] 成都市文物考古研究所. 四川成都水井街酒坊遗址发掘简报. 文物，2000（3）.
[19] 成文. 让世界认识川味——访范敬一先生. 中国烹饪，2000（11）.
[20] 龙晦. 蜀酒与烧酒. 中华文化论坛，2001（2）.
[21] 陈剑. 四川酒文化考古新发现述折. 中华文化论坛，2001（2）.
[22] 傅大雄. 西藏昌果沟遗址新石器时代农作物遗存的发现、鉴定与研究. 考古，2001（3）.
[23] 杨志琴，龚雄兵. 创新观念，直面竞争，做中国文化酒的引领者——“酒鬼”酒文化经营发展战略再绽新姿. 人民日报，2001-10-11.
[24] 杨东晨，杨建国. 三国至隋前西藏地区的民族与文化. 西藏大学学报，2002（2）.
[25] 李涛. 藏菜种种及特色. 民族，2002（6）.
[26] 次仁央宗. 旧西藏拉萨贵族过年习俗. 西藏民俗，2002（3、4）.
[27] 范英. 饮花食卉，活色添香. 四川日报，2002-7-16.
[28] 李英. 旧成都的茶馆. 成都晚报，2002-04-7.
[29] 孙华. 四川盆地盐业起源论纲——渝东盐业考古的现状、问题与展望. 盐业史研究，2003（1）.
[30] 刘志扬. 饮食、文化传承与流变——一个藏族农村社区的人类学田野调查. 开放时代，2004（2）.
[31] 任新建. 藏族饮茶历史小考. 中国西藏，2005（5）.
[32] 杨亚明. 生命之绿——白朗县的蔬菜大棚. 中国西藏，2005（庆祝西藏自治区成立40周年专刊）.
[33] 刘志群. 夏尔巴人生活习俗及其婚俗. 中国西藏，2005（8）.
[34] 于乃昌. 珞巴族饮食文化. 中国西藏，2006（6）.
[35] 仇保燕. 藏族牧人的吃肉习俗. 中国西藏，2007（3）.
[36] 成崇德. 清代西藏开发. 中华文史网，2007-8-3.
[37] 张银河. 中国民族文学暨古代盐文化的绝唱——《格萨尔王传·姜岭大战》赏析.

中国盐业，2007（10）.
[38] 胡建芳. 韩国市场需要精品普洱茶. 春城晚报，2007-11-5（15）.
[39] 戴振华. 版纳小包谷，闯出亿元大市场. 春城晚报，2009-4-7（2）.
[40] 张菁. 成都私房菜中的餐饮文化审美. 四川烹饪高等专科学校学报，2009（5）.
[41] 张奉森，李九如. 旧成都餐饮业的缩影. 档案天地，2009（12）.
[42] 卢一. 论川菜的核心. 四川烹饪高等专科学校学报，2010（1）.
[43] 云南省商业厅. 关于公示2010年度云南省餐饮业品牌表彰活动评定结果的公告. 春城晚报，2010-12-29（3）.

索　　引※

A

安多包子　355

B

“粑角”　273，311

坝子　4，237，333

白食　187，317，351

白蛮　4，102，106，142，143，163，342

白盐　47，122

白瓷　89，90，123

百菜百味　5，61，196，201，240，241，325

保宁醋　170，195，205，248

《本草纲目》　101，171，172

鼻饮　77，78

边茶　168，172，196，197，237，285，324

槟榔　80，107，109，143，145，182，264，268

“波突”　300

饼茶　87，172，261

C

草市　71，72，88

茶马互市　5，111，115，126，151，152，169，185，218

茶花鸡　215

《茶经》　28，29，86

茶倌　290

抄手　201，204，244，246，248

巢菜　120，135，139

成都小吃　131，322，328

《成都通览》　195，204，205，207，251

成都茶馆　251，252，289，290，330，331

赤豆羹　180，181

重碧酒　99，100，134

重庆火锅　196，327，328，339，348

川茶　6，56，86，87，97，125，126，151，155，168，169，172，196，197，217，236，237，284，289，324

糍粑　204，219，226，227，247，263，269，286

船宴　3，6，73，93，94，129，248

醋麸子　170，171，172

D

“达岗木布京”　359

淡香斋　207

《登成都白菟楼》　73，75

《滇南闻见录》　212，214，215，216，217

《滇略》　143，176，180，181

东坡肉　136，203

东坡羹　135，136

都江堰　40，43，82，118，149，282

※　编者注：本书“索引”，主要参照中华人民共和国国家标准GB/T 22466-2008《索引编制规则（总则）》编制。

剁生　106，225

E
鹅儿黄　99，100，134，152

F
风干鱼　256
风干牛肉　256，300，301，349
蜂糖　74，120

G
甘露　56，113，137，155，156，217，232，278，285，308，324，352
割牲　106
桂林米粉　267
《桂海虞衡志》142，144
过桥米线　7，263，294，295，339
锅盔　300

H
海棠春　263，295
黑瓷　123，124
红豆酸汤　223，224
红扣　227
红食　187，317，351
胡豆　196，243，250，253，285，288
胡麻饼　97
胡葱　171
《华阳国志》69，70，72
《黄帝内经》95，96
黄腊鱼　108
火把节　224，225
火蝉肉　221

J
鸡爪谷　359，360，362
“甲火”　355
剑南春　98，134，237，284
角黍　130，180，265，269
《晶珠本草》232，352
井盐　46，72，85，88，118，121，122，123，125，127，167，193，194，195，205，231，232
“久玛”　300，301
军屯　76，148，149，158，175，176，329
菌桂　66，170，171，172

K
康郎鱼　177，264
烤茶　224

L
擂茶　173
荔枝绿　127，134，169
连渣闹　223
凉粽　219，268
《岭表录异》104，105，107，108，109
《岭外代答》142，144，145，146
六大茶山　211，218，219
陆羽　86，98
陆游　119，120，122，127，129，131，132，133，134，138，139
“萝卜萝果”　299

M

马可·波罗　151，157，158，159，163

马蹄糕　267

麦瓜　217

《蛮书》86，105，106

茅台酒　197，285，340

门巴族　358，360，361，362

蒙山茶　56，86，98，156，172

蒙顶茶　97，98，155

米饼　263，267，338

蜜饯　120，207，208，224，246，262，327，329，330

蜜饼　97

绵竹大曲　197，236，237，284

N

奶茶　230，231，298，310，315，334，346，349，350，357

奶酪　112，187，257，299，317，349，353，354

牛干巴　181，182，267，295

酿豆腐　267，268

柠檬鸭　220，337

P

“帕杂莫古”　299，312

郫筒酒　74，133，140，152

琵琶猪　214，215，255，256

普洱茶　142，211，215，217，218，219，261，338，339

Q

汽锅鸡　7，215，263，295，339

青城贡茶　155，156

青精饭　153，154

青羹　145

清蒸豆腐圆　226，227

“曲瑞”　299，349

R

乳糖狮子　121

S

“萨干察门”　300

三月街　178，225

三蒸九扣　5，202，203

“沙贡”　297

射洪春酒　99

燊海井　193

石屏豆腐　7，295

《食医心鉴》95

酥饼　201，264

《蜀都赋》28，43，46，51，55，56，57，58，60，61，69，71，72，74，75，97，171

蜀芋　119，120，131

蜀姜　28，171

苏东坡　100，119，134，135，136

孙思邈　95，96

水烟　254，266

《四部医典》115，116，232，356

《岁华纪丽谱》128，129，153，173

T

檀萃　210，214，364

汤饼　92，248

《糖霜谱》119，121

天人合一　96，153，318，361

甜茶　275，279，296，298，346，347，352，353

铜爨　77

《僮约》42，55，56，57，70

“图巴”　230，272，273，297，350

W

望果节　315，316

乌蛮　102，103，106，127，162

五色糯米饭　219，226，269

五粮液　100，134，169，197，236，237，284，323

X

西番茶　151，184

《贤者喜宴》37，112

乡老坎　321，333

小刀烧鸭　263

小雅　242，244，245

“学果馍馍”　354

雪顿节　276，277，318

雪茄　198，254

“雪董”　304

Y

岩蜜　74

盐麸子　170，171，172

薏苡　65，95，107，138

游宴　3，6，60，93，94，128，129，130，153，173

《酉阳杂俎》91，92，107

鱼鲊　146

元修菜　135，139

圆根　69，174，228，254，256，257，270，297，351

云安曲米春　99

Z

咂酒　25，143，144，174，197，222，224，255，335

灶神　180，311，312，317，361

“折当果折”　354

“哲色莫古”　355

蒸馏酒　133，134，169，222，224，356

中馈　206

猪膘肉　256，335

竹叶青　99，133，155，179，285，324

自流井　168，193，194

后记

本书包括川云贵桂藏在内的西南地区，历史悠久，民族众多，传统文化丰富多彩，是我国饮食文化十分发达且颇具特色的地区。由于《中国饮食文化史》（十卷本）系填补空白之作，可资借鉴的成果甚少，故本书仅对西南诸省区饮食文化的形成、发展和特色等做简单的勾画。若要对西南饮食文化做更深入、细致的研究，尚有待时日，并需诸同好共同努力。

本书写作的分工如下：

方铁（云南大学西南边疆少数民族研究中心教授），撰写第一章“概述”及云贵桂地区部分，并负责全书的统稿。

冯敏（四川省民族研究所研究员），撰写四川地区和西藏地区部分。

写作中参考了前贤的一些研究成果，引用之处均注明出处，谨此向有关作者致谢！

需要特别说明的是：《中国饮食文化史》中的“西藏地区饮食文化史”原定为独立分册，为此主编赵荣光先生一直在各地寻觅理想的合作者，但未能如愿。为了弥补地区缺位这一重要不足，后经出版社提议将西藏部分放入西南分册。而此时，四川和云贵桂部分早已完成。冯敏临时受命，遂克服了多重困难，尽最大努力奋力劳作而不辍，终至完成了撰写任务。在参考资料中，除了一些书籍以外，还有一部分资料为从网上查取，特此说明，并向有关的作者致以谢意！

本书写作得到了赵荣光先生的悉心指导。广西民族大学的潘岳、潘艳勤、滕兰花诸老师提供了广西地区的一些资料。中国轻工业出版社的马静副总编辑与方程编辑，认真审阅书稿，提出中肯的修改建议，统编时又付出大量辛劳。据悉，出版社对西藏部分的内容特请了国家宗教局、国家民委、中国藏学研究中心的专家们进行了专题把关审阅，于此一并致谢！

祈望读者提出批评意见，以利改进，幸甚。

作　者

2012年8月

编辑手记

为了心中的文化坚守
——记《中国饮食文化史》（十卷本）的出版

《中国饮食文化史》（十卷本）终于出版了。我们迎来了迟到的喜悦，为了这一天，我们整整守候了二十年！因此，这一份喜悦来得深沉，来得艰辛！

（一）

谈到这套丛书的缘起，应该说是缘于一次重大的历史机遇。

1991年，“首届中国饮食文化国际学术研讨会”在北京召开。挂帅的是北京市副市长张建民先生，大会的总组织者是北京市人民政府食品办公室主任李士靖先生。来自世界各地及国内的学者济济一堂，共叙“食”事。中国轻工业出版社的编辑马静有幸被大会组委会聘请为论文组的成员，负责审读、编辑来自世界各地的大会论文，也有机缘与来自国内外的专家学者见了面。

这是一次高规格、高水准的大型国际学术研讨会，自此拉开了中国食文化研究的热幕，成为一个具有里程碑意义的会议。这次盛大的学术会议激活了中国久已蕴藏的学术活力，点燃了中国饮食文化建立学科继而成为显学的希望。

在这次大会上，与会专家议论到了一个严肃的学术话题——泱泱中国，有着五千年灿烂的食文化，其丰厚与绚丽令世界瞩目——早在170万年前元谋（云南）人即已发现并利用了火，自此开始了具有划时代意义的熟食生活；古代先民早已普遍知晓三点决定一个平面的几何原理，制造出了鼎、鬲等饮食容器；先民发明了二十四节气的农历，在夏代就已初具雏形，由此创造了中华民族最早的农耕文明；中国是世界上最早栽培水稻的国家，也是世界上最早使用蒸汽烹饪的国家；中国有着令世界倾倒的美食；有着制作精美的最早的青铜器酒具，有着世界最早的茶学著作《茶经》……为世界饮食文化建起了一座又一座的丰碑。然而，不容回避的现实是，至今没有人来系统地彰显中华民族这些了不起的人类文明，因为我们至今都没有一部自己的饮食文化史，饮食文化研究的学术制高点始终掌握在国外学者的手里，这已成为中国学者心中的一个痛，一个郁郁待解的沉重心结。

这次盛大的学术集会激发了国内专家奋起直追的勇气，大家发出了共同的心声：全方位地占领该领域学术研究的制高点时不我待！作为共同参加这次大会的出版工作者，马静和与会专家有着共同的强烈心愿，立志要出版一部由国内专家学者撰写的中华民族饮食文化史。赵荣光先生是中国饮食文化研究领域建树颇丰的学者，此后由他担任主编，开始了作者队伍的组建，东西南北中，八方求贤，最终形成了一支覆盖全国各个地区的饮食文化专家队伍，可谓学界最强阵容。并商定由中国轻工业出版社承接这套学术著作的出版，由马静担任责任编辑。

此为这部书稿的发端，自此也踏上了二十年漫长的坎坷之路。

（二）

撰稿是极为艰辛的。这是一部填补学术空白与出版空白的大型学术著作，因此没有太多的资料可资借鉴，多年来，专家们像在沙里淘金，爬梳探微于浩瀚古籍间，又像春蚕吐丝，丝丝缕缕倾吐出历史长河的乾坤经纶。冬来暑往，饱尝运笔滞涩时之苦闷，也饱享柳暗花明时的愉悦。杀青之后，大家一心期待着本书的出版。

然而，现实是严酷的，这部严肃的学术著作面临着商品市场大潮的冲击，面临着生与死的博弈，一个绕不开的话题就是经费问题，没有经费将寸步难行！我们深感，在没有经济支撑的情况下，文化将没有任何尊严可言！这是苦苦困扰了我们多年的一个苦涩的原因。

一部学术著作如果不能靠市场赚得效益，那么，出还是不出？这是每个出版社都必须要权衡的问题，不是一个责任编辑想做就能做决定的事情。1999年本书责任编辑马静生病住院期间，有关领导出于多方面的考虑，探病期间明确表示，该工程必须下马。作为编辑部的一件未尽事宜，我们一方面八方求助资金以期救活这套书，另一方面也在以万分不舍的心情为其寻找一个“好人家”“过继”出去。由于没有出版补贴，遂被多家出版社婉拒。在走投无路之时，马静求助于出版同仁、老朋友——上海人民出版社的李伟国总编辑。李总编学历史出身，深谙我们的窘境，慷慨出手相助，他希望能削减一些字数，并答应补贴10万元出版这套书，令我们万分感动！

但自“孩子过继”之后，我们心中出现的竟然是在感动之后的难过，是“过继”后的难以割舍，是“一步三回头”的牵挂！“我的孩子安在？”时时袭上心头，遂“长使英雄泪满襟”——它毕竟是我们已经看护了十来年的孩子。此时心中涌起的是对自己无钱而又无能的自责，是时时想“赎回”的强烈愿望！至今写到这里仍是眼睛湿润唏嘘不已……

经由责任编辑提议，由主编撰写了一封情辞恳切的“请愿信”，说明该套丛书出版的重大意义，以及出版经费无着的困窘，希冀得到饮食文化学界的一位重量级前辈——李士靖先生的帮助。这封信由马静自北京发出，一站一站地飞向了全国，意欲传到十卷丛书的每一位专家作者手中签名。于是这封信从东北飞至西北，从东南飞至西南，从黄河飞至长江……历时一个月，这封满载着全国专家学者殷切希望的滚烫的联名信件，最终传到了“北京中国饮食文化研究会”会长、北京市人民政府食品办公室主任李士靖先生手中。李士靖先生接此信后，如双肩荷石，沉吟许久，遂发出军令一般的誓言：我一定想办法帮助解决经费，否则，我就对不起全国的专家学者！在此之后，便有了知名企业家——北京稻香村食品有限责任公司董事长、总经理毕国才先生慷慨解囊、义举资助本套丛书经费的感人故事。毕老总出身书香门第，大学读的是医学专业，对中国饮食文化有着天然的情愫，他深知这套学术著作出版的重大价值。这笔资助，使得这套丛书得以复苏——此时，我们的深切体会是，只有饿了许久的人，才知道粮食的可贵！……

在我们获得了活命的口粮之后，就又从上海接回了自己的“孩子”。在这里我们要由衷感谢李伟国总编辑的大度，他心无半点芥蒂，无条件奉还书稿，至今令我们心存歉意！

有如感动了上苍，在我们一路跌跌撞撞泣血奔走之时，国赐良机从天而降——国家出版基金出台了！它旨在扶助具有重要出版价值的原创学术精品力作。经严格筛选审批，本书获得了国家出版基金的资助。此时就像大旱中之云霓，又像病困之人输进了新鲜血液，由此全面盘活了这套丛书。这笔资金使我们得以全面铺开精品图书制作的质量保障系统工程。后续四十多道工序的工艺流程有了可靠的资金保证，从此结束了我们捉襟见肘、寅吃卯粮的日子，从而使我们恢复了文化的自信，感受到了文化的尊严！

（三）

我们之所以做苦行僧般的坚守，二十年来不离不弃，是因为这套丛书所具有的出版价值——中国饮食文化是中华文明的核心元素之一，是中国五千年灿烂的农耕文化和畜牧渔猎文化的思想结晶，是世界先进文化和人类文明的重要组成部分，它反映了中国传统文化中的优秀思想精髓。作为出版人，弘扬民族优秀文化，使其走出国门走向世界，是我们义不容辞的责任，尽管文化坚守如此之艰难。

季羡林先生说，世界文化由四大文化体系组成，中国文化是其中的重要组成部分（其他三个文化体系是古印度文化、阿拉伯–波斯文化和欧洲古希腊–古罗马文化）。中国是世界上唯一没有中断文明史的国家。中国自古是农业大国，有着古老而璀璨的农业文明，它是中国饮食文化的根基所在，就连代表国家名字的专用词“社稷”，都是由“土神”和“谷神”组成。中国饮食文化反映了中华民族这不朽的农业文明。

中华民族自古以来就有着“五谷为养，五果为助，五畜为益，五菜为充”的优良饮食结构。这个观点自两千多年前的《黄帝内经》时就已提出，在两千多年后的今天来看，这种饮食结构仍是全世界推崇的科学饮食结构，也是当代中国大力倡导的健康饮食结构。这是来自中华民族先民的智慧和骄傲。

中华民族信守“天人合一”的理念，在年复一年的劳作中，先民们敬畏自然，尊重生命，守天时，重时令，拜天祭地，守护山河大海，守护森林草原。先民发明的农历二十四个节气，开启了四季的农时轮回，他们既重“春日”的生发，又重“秋日”的收获，他们颂春，爱春，喜秋，敬秋，创造出无数的民俗、农谚。“吃春饼”“打春牛”“庆丰登”……然而，他们节俭、自律，没有掠夺式的索取，他们深深懂得人和自然是休戚与共的一体，爱护自然就是爱护自己的生命，从不竭泽而渔。早在周代，君王就已经认识到生态环境安全与否关乎社稷的安危。在生态环境严重恶化的今天，在掠夺式开采资源的当代，对照先民们信守千年的优秀品质，不值得当代人反思吗?

中华民族笃信“医食同源”的功用，在现代西方医学传入中国以前，几千年来“医食同源”的思想护佑着中华民族的繁衍生息。中国的历史并非长久的风调雨顺、丰衣足食，而是灾荒不断，迫使人们不断寻找、扩大食物的来源。先民们既有“神农尝百草，日遇七十二毒”的艰险，又有“得茶而解”的收获，一代又一代先民，用生命的代价换来了既可果腹又可疗疾的食物。所以，在中华大地上，可用来作食物的资源特别多，它是中华先民数千年戮力开拓的丰硕成果，是先民们留下的宝贵财富;“医食同源”也是中国饮食文化最杰出的思想，至今食疗食养长盛不衰。

中华民族有着“尊老”的优良传统，在食俗中体现尤著。居家吃饭时第一碗饭要先奉给老人，最好吃的也要留给老人，这也是农耕文化使然。在古老的农耕时代，老人是农耕技术的传承者，是新一代劳动力的培养者，因此使老者具有了权威的地位。尊老，是农耕生产发展的需要，祖祖辈辈代代相传，形成了中华民族尊老的风习，至今视为美德。

中国饮食文化的一个核心思想是“尚和”，主张五味调和，而不是各味单一，强调“鼎中之变”而形成了各种复合口味，从而构成了中国烹饪丰富多彩的味型，构建了中国烹饪独立的文化体系，久而升华为一种哲学思想——尚和。《中庸》载“和也者，天下之达道”，这种“尚和”的思想体现到人文层面的各个角落。中华民族自古崇尚和谐、和睦、和平、和顺，世界上没有哪一个国家能把“饮食”的社会功能发挥到如此极致，人们以食求和体现在方方面面：以食尊师敬老，以食飨友待客，以宴贺婚、生子以及升迁高就，以食致歉求和，以食表达谢意致敬……“尚和”是中华民族一以贯之的饮食文化思想。

“一方水土养一方人”。这十卷本以地域为序，记述了在中国这片广袤的土地上有如万花筒一般绚丽多彩的饮食文化大千世界，记录着中华民族的伟大创造，也记述了各地专家学者的最新科研成果——旧石器时代的中晚期，长江下游地区的原始人类已经学会捕鱼，使人类的食源出现了革命性的扩大，从而完成了从蒙昧到文明的转折；早在商周之际，长江下游地区就已出现了原始瓷；春秋时期筷子已经出现；长江中游是世界上最早栽培稻类作物的地区。《吕氏春秋·本味》述于2300年前，是中国历史上最早的烹饪“理论”著作；中国最早的古代农业科技著作是北魏高阳（今山东寿光）太守贾思勰的《齐民要术》；明代科学家宋应星早在几百年前，就已经精辟论述了盐与人体生命的关系，可谓学界的最先声；新疆人民开凿修筑了坎儿并用于农业灌溉，是农业文化的一大创举；孔雀河出土的小麦标本，把小麦在新疆地区的栽培历史提早到了近四千年前；青海喇家面条的发现把我国食用面条最早记录的东汉时期前提了两千多年；豆腐的发明是中国人民对世界的重大贡献；有的卷本述及古代先民的“食育”理念；有的卷本还以大开大阖的笔力，勾勒了中国几万年不同时期的气候与人类生活兴衰的关系等等，真是处处珠玑，美不胜收！

这些宝贵的文化财富，有如一颗颗散落的珍珠，在没有串成美丽的项链之前，便彰显不出它的耀眼之处。如今我们完成了这一项工作，雕琢出了一串光彩夺目的珍珠，即将放射出耀眼的光芒！

（四）

编辑部全体工作人员视稿件质量为生命，不敢有些许懈怠，我们深知这是全国专家学者20年的心血，是一项极具开创性而又十分艰辛的工作。我们肩负着填补国家学术空白、出版空白的重托。这个大型文化工程，并非三朝两夕即可一蹴而就，必须长年倾心投入。因此多年来我们一直保持着饱满的工作激情与高度的工作张力。为了保证图书的精品质量并尽早付梓，我们无年无节、终年加班而无怨无悔，个人得失早已置之度外。

全体编辑从大处着眼，力求全稿观点精辟，原创鲜明。各位编辑极尽自身多年的专业积累，倾情奉献：修正书稿的框架结构，爬梳提炼学术观点，补充遗漏的一些重要史实，匡正学术观点的一些讹误之处，并诚恳与各卷专家作者切磋沟通，务求各卷写出学术亮点，其拳拳之心殷殷之情青天可鉴。编稿之时，为求证一个字、一句话，广查典籍，数度披阅增删。青黄灯下，蹙眉凝思，不觉经年久月，眉间“川”字如刻。我们常为书稿中的精辟之处而喜不自胜，更为瑕疵之笔而扼腕叹息！于是孜孜矻矻、秉笔躬耕，一句句、一字字吟安铺稳，力求语言圆通，精炼可读。尤其进入后期阶段，每天下班时，长安街上已是灯火阑珊，我们却刚刚送走一个紧张工作的夜晚，又在迎接着一个奋力拼搏的黎明。

为了不懈地追求精品书的品质，本套丛书每卷本要经过40多道工序。我们延请了国内顶级专家为本书的质量把脉，中华书局的古籍专家刘尚慈编审已是七旬高龄，她以古籍善本为据，为我们的每卷书稿逐字逐句地核对了古籍原文，帮我们纠正了数以千计的舛误，从她那里我们学到了非常多的古籍专业知识。有时已是晚九时，老人家还没吃饭在为我们核查书稿。看到原稿不尽如人意时，老人家会动情地对我们喊起来，此时，我们感动！我们折服！这是一位学者一种全身心地忘我投入！为了这套书，她甚至放下了自己的个人著述及其他重要邀请。

中国社会科学院历史研究所李世愉研究员，为我们审查了全部书稿的史学内容，匡正和完善了书稿中的许多漏误之处，使我们受益匪浅。在我们图片组稿遇到困难之时，李老师凭借深广的人脉，给了我们以莫大的帮助。他是我们的好师长。

本书中涉及各地区少数民族及宗教问题较多，是我们最担心出错的地方。为此我们把书稿报送了国家宗教局、国家民委、中国藏学研究中心等权威机构精心审查了书稿，并得到了他们的充分肯定，使我们大受鼓舞！

我们还要感谢北京观复博物馆、大连理工大学出版社帮我们提供了许多有价值的历史图片。

为了严把书稿质量，我们把做辞书时使用的有效方法用于这部学术精品专著，即对本书稿进行了二十项“专项检查”以及后期的五十三项专项检查，诸如，各卷中的人名、地名、国名、版图、疆域、公元纪年、谥号、庙号、少数民族名称、现当代港澳台地名的表述等，由专人做了逐项审核。为使高端学术著作科普化，我们对书稿中的生僻字加了注音或简释。

其间，国家新闻出版总署贯彻执行“学术著作规范化”，我们闻风而动，请各卷作者添加或补充了书后的参考文献、索引，并逐一完善了书稿中的注释，严格执行了总署的文件规定不走样。

我们还要感谢各卷的专家作者对编辑部非常“给力”的支持与配合，为了提高书稿质量，我们请作者做了多次修改及图片补充，不时地去“电话轰炸”各位专家，一头卡定时间，一头卡定质量，真是难为了他们！然而，无论是时处酷暑还是严冬，都基本得到了作者们的高度配合，特别是和我们一起“摽”了二十年的那些老作者，真是同呼吸共命运，他们对此书稿的感情溢于言表。这是一种无言的默契，是一种心灵的感应，这是一支二十年也打不散的队伍！凭着中国学者对传承优秀传统文化的责任感，靠着一份不懈的信念和期待，苦苦支撑了二十年。在此，我们向此书的全体作者深深地鞠上一躬！致以二十年来的由衷谢意与敬意！

由于本书命运多蹇迁延多年，作者中不可避免地发生了一些变化，主要是由于身体原因不能再把书稿撰写或修改工作坚持下去，由此形成了一些卷本的作者缺位。正是我们作者团队中的集体意识及合作精神此时彰显了威力——当一些卷本的作者缺位之时，便有其他卷本的专家伸出援助之手，像接力棒一样传下去，使全套丛书得以正常运行。华中师范大学的博士生导师姚伟钧教授便是其中最出力的一位。今天全书得以付梓而没有出现缺位现象，姚老师功不可没！

“西藏”“新疆”原本是两个独立的部分，组稿之初，赵荣光先生殚精竭虑多方奔走物色作者，由于难度很大，终而未果，这已成为全书一个未了的心结。后期我们倾力进行了接续性的推动，在相关专家的不懈努力下，终至弥补了地区缺位的重大遗憾，并获得了有关审稿权威机构的好评。

最令我们难过的是本书“东南卷”作者、暨南大学硕士生导师、冼剑民教授没能见到本书的出版。当我们得知先生患重病时即赶赴探望，那时先生已骨瘦如柴，在酷热的广州夏季，却还身着毛衣及马甲，接受着第八次化疗。此情此景令人动容！后得知冼先生化疗期间还在坚持修改书稿，使我们感动不已。在得知冼先生病故时，我们数度哽咽！由此催发我们更加发愤加快工作的步伐。在本书出版之际，我们向冼剑民先生致以深深的哀悼！

在我们申报国家项目和有关基金之时，中国农大著名学者李里特教授为我们多次撰写审读推荐意见，如今他竟然英年早逝离我们而去，令我们万分悲痛！

在此期间，李汉昌先生也不幸遭遇重大车祸，严重影响了身心健康，在此我们致以由衷的慰问！

（五）

中国饮食文化学是一门新兴的综合学科，涉及历史学、民族学、民俗学、人类学、文化学、烹饪学、考古学、文献学、地理经济学、食品科技史、中国农业史、中国文化交流史、边疆史地、经济与商业史等诸多学科，现正处在学科建设的爬升期，目前已得到越来越多领域的关注，也有越来越多的有志学者投身到这个领域里来，应该说，现在已经进入了最好的时期，从发展趋势看，最终会成为显学。

早在1998年于大连召开的“世界华人饮食科技与文化国际学术研讨会”，即是以“建立中国饮食文化学”为中心议题的。这是继1991年之后又一次重大的国际学术会议，是1991年国际学术会议成果的继承与接续。建立“中国饮食文化学”这个新的学科，已是国内诸多专家学者的共识。在本丛书中，就有专家明确提出，中国饮食文化应该纳入“文化人类学”的学科，在其之下建立“饮食人类学”的分支学科。

为学科理论建设搭建了开创性的构架。

这套丛书的出版，是学科建设的重要组成部分，它完成了一个带有统领性的课题，它将成为中国饮食文化理论研究的扛鼎之作。本书的内容覆盖了全国的广大地区及广阔的历史空间，本书从史前开始，一直叙述到当代的21世纪，贯通时间百万年，从此结束了中国饮食文化无史和由外国人写中国饮食文化史的局面。这是一项具有里程碑意义的历史文化工程，是中国对世界文明的一种国际担当。

二十年的风风雨雨、坎坎坷坷我们终于走过来了。在拜金至上的浮躁喧嚣中，我们为心中的那份文化坚守经过了炼狱般的洗礼，我们坐了二十年的冷板凳但无怨无悔！因为由此换来的是一项重大学术空白、出版空白的填补，是中国五千年厚重文化积淀的梳理与总结，是中国优秀传统文化的彰显。我们完成了一项重大的历史使命，我们完成了老一辈学人对我们的重托和当代学人的夙愿。这二十年的泣血之作，字里行间流淌着中华文明的血脉，呈献给世人的是祖先留给我们的那份精神财富。

我们笃信，中国饮食文化学的崛起是历史的必然，它就像那冉冉升起的朝阳，将无比灿烂辉煌！

《中国饮食文化史》编辑部

二〇一三年九月